7·9급 공무원 시험대비 2023 Sunny

써니 행정법총론 SOS
Summary Of Sunny
써니 요약집

박준철 편저

공단기
gong.conects.com

필수 옳은 지문

PREFACE 머리말

〈써니 행정법총론 SOS〉(Summary Of Sunny, 써니 요약집)는 요약서 출간에 대한 수험생들의 강한 요청에 따라 2018년에 처음으로 출간되었고 수험서 시장에서 큰 반향을 불러일으켰습니다. 특히 필수 기출지문을 모두 옳은 지문화한 〈써니 행정법총론 SOS〉의 '필수 옳은 지문 워크북'은 압축적이면서도 빠짐없는 내용 구성, 놀라운 적중으로 인해 압도적인 지지와 사랑을 받았습니다. 그러한 인기에 힘입어, 수험생들에게 더욱더 전략적이고 효율적인 마무리 학습 교재로 다가가고자 매년 전면 개정을 하였고, 이제 최신 판례와 최신 기출문제, 제·개정법령 등을 반영한 『2023 써니 행정법총론 SOS』를 새롭게 내놓습니다.

이 책은 행정법총론의 핵심 내용을 빠짐없이 단기간에 정리하거나 시험 직전에 시간 효율적으로 마무리 정리를 할 수 있도록 구성하였습니다. 특히 이번 『2023 써니 행정법총론 SOS』는 최신 출제경향에 맞춰 필수 기출지문을 새롭게 선정하여 옳은 지문을 구성하고 휴대성을 제고하였습니다. 구체적인 내용과 특징을 살펴보면 다음과 같습니다.

첫째, 꼭 풀어야 할 기출문제를 최신 기출문제(2022 지방직 7급)까지 최대한 반영함으로써 약 3,000개의 필수 기출지문(문제)들을 수록하였습니다. 특히 23년판에서는 기출○× 문제 외에 객관식 형태의 기출문제도 선지들을 촘촘히 수록함으로써 기출 회독의 학습 효과를 얻을 수 있습니다. 본서의 기출지문(문제)들은 『2023 써니 행정법총론 핵심집약』에 실린 기출지문들로, 해당 페이지까지 표기함으로써 학습의 편의를 도모하였습니다.

둘째, 정선한 기출지문들을 모두 옳은 지문화하였습니다. 기출지문 혹은 기출문제 중 ○에 해당하는 문제는 그대로 싣고, ×에 해당하는 문제는 옳은 지문화하였습니다(오답지문을 정답지문으로 바꾸는 과정에서 단어와 문구의 변형이 있었음을 미리 밝힙니다). 이때 행정기본법을 비롯한 최신 제·개정법령과 판례 내용도 빠짐없이 반영함으로써 시험 경향에 충실히 대비할 수 있도록 했습니다.

셋째, 모든 기출지문마다 키워드를 선정해 색 글자로 표기하였습니다. 이로써 기출지문의 출제 포인트를 쉽게 파악하여 학습의 효율성을 높였습니다.

넷째, 필수 문제는 별표(☆) 표시를 추가함으로써 마무리 단계에서 학습의 강도를 조절할 수 있도록 하였습니다.

본서는 꼭 알아두어야 할 기출지문을 옳은 지문으로써 학습하되, 시험의 출제 포인트가 되는 키워드까지 숙지할 수 있는 파이널 교재입니다. 이 책을 통해 이제까지 공부한 내용들을 한 번 더 압축 정리함으로써 효과적으로 최종 마무리하시기 바랍니다.

끝으로 이 책으로 공부하는 수험생들에게 진심으로 축복이 함께하기를 기원합니다.

2023년 4월
편저자 박준철 씀

CONTENTS 차례

써니 행정법총론 SOS

제1편 행정법통론 5

제2편 행정작용법 34

제3편 행정절차, 행정공개 92

제4편 행정의 실효성 확보수단 110

제5편 행정구제 1(행정상 손해전보) 131

제6편 행정구제 2(행정쟁송) 157

제1편 행정법통론

제1강 행정

〈2023 써니 행정법총론 핵심집약〉 페이지 기준

p.11

01 　　　　　　　　　　　　　　2017 국가직 7급
행정청이 행정처분의 단계에서 당해 처분의 근거가 되는 법률이 위헌이라 판단하여 그 적용을 거부하는 것은 권력분립의 원칙상 허용될 수 없다.

02 　　　　　　　　　　　　　　2010 경행특채
행정심판의 재결은 실질적 의미의 사법이지만, 형식적 의미의 행정에 속한다.

03 　　　　　　　　　　　　　　2010 경행특채
대통령령의 제정은 실질적 의미에서는 입법이지만, 형식적 의미에서는 행정에 속한다.

04 　　　　　　　　　　　　　　2010 경행특채
국회사무총장의 직원 임명은 실질적 의미에서는 행정에 속하나, 형식적 의미에서는 입법이다.

p.13

☆ **01** 　　　　　　　　　　　　　　2016 교육행정직 9급
대통령의 특별사면은 통치행위이다.

☆ **02** 　　　　　　　　　　　　　　2020 경행경채
대통령의 긴급재정·경제명령은 국가긴급권의 일종으로서 고도의 정치적 결단에 의하여 발동되는 행위이고 그 결단을 존중하여야 할 필요성이 있는 행위라는 의미에서 이른바 통치행위에 속한다고 할 수 있으나, 그것이 국민의 기본권침해와 직접 관련되는 경우에는 당연히 헌법재판소의 심판대상이 된다.

03 　　　　　　　　　　　　　　2020 경행경채
대통령의 서훈취소행위는 통치행위로 볼 수 없다.

☆ **04** 　　　　　　　　　　　　　　2016 교육행정직 9급
남북정상회담의 개최는 통치행위이다.

☆ **05** 　　　　　　　　　　　　　　2020 경행경채
남북정상회담의 개최과정에서 재정경제부장관(현 기획재정부장관)에게 신고하지 아니하거나 통일부장관의 협력사업 승인을 얻지 아니한 채 북한 측에 사업권의 대가 명목으로 송금한 행위 자체는 헌법상 법치국가의 원리와 법 앞에 평등원칙 등에 비추어 볼 때 사법심사의 대상이 된다.

06 　　　　　　　　　　　　　　2018 소방직 9급
일반사병의 이라크 파견결정은 성격상 국방 및 외교에 관련된 고도의 정치적 결단을 요하는 문제이다.

07 　　　　　　　　　　　　　　2011 경행특채
대통령이 한미연합 군사훈련의 일종인 2007년 전시증원연습을 하기로 한 결정은 통치행위에 해당하지 않는다.

☆ **08** 　　　　　　　　　　　　　　2015 국가직 9급
비상계엄의 선포와 그 확대행위가 국헌문란의 목적을 달성하기 위하여 행하여진 경우에는 법원은 그 자체가 범죄행위에 해당하는지의 여부에 관하여 심사할 수 있다.

09 　　　　　　　　　　　　　　2018 소방직 9급
통치행위는 정부에 의해 이루어지는 것이 일반적이며, 국회에 의해 이루어질 수도 있다.

10 　　　　　　　　　　　　　　2013 지방직 9급
통치행위의 개념을 인정한다고 하더라도 과도한 사법심사의 자제가 기본권을 보장하고 법치주의 이념을 구현하여야 할 법원의 책무를 태만히 하거나 포기하는 것이 되지 않도록 그 인정을 지극히 신중하게 하여야 하며, 그 판단은 오로지 사법부만에 의하여 이루어져야 한다.

제2강 행정법의 의의

☞ p.15

☆ **01** [1][2][3] · 2021 국가직 9급
국가가 국민의 생명·신체의 안전에 대한 보호의무를 다하지 않았는지 여부를 헌법재판소가 심사할 때에는 국가가 이를 보호하기 위하여 적어도 적절하고 효율적인 최소한의 보호조치를 취하였는가 하는 '과소보호금지원칙'의 위반 여부를 기준으로 삼는다.

02 [1][2][3] · 2019 서울시 1회 7급
법치행정원리의 현대적 의미는 형식적 법치주의에서 실질적 법치주의로의 전환이다.

☆ **03** [1][2][3] · 2008 관세사
형식적 법치국가에서는 국회에서 제정된 형식적 법률을 중시하며, 법의 내용적 측면이나 인권은 중요시하지 아니한다.

04 [1][2][3] · 2021 군무원 9급
행정은 공공의 이익을 위하여 적극적으로 추진되어야 한다.

☆ **05** [1][2][3] · 2022 소방직 9급, 2021 경행경채
행정작용은 법률에 위반되어서는 아니 되며, 국민의 권리를 제한하거나 의무를 부과하는 경우와 그 밖에 국민생활에 중요한 영향을 미치는 경우에는 법률에 근거하여야 한다.

06 [1][2][3] · 2018 교육행정직 9급
법률우위의 원칙이란 국가의 행정은 합헌적 절차에 따라 제정된 법률에 위반되어서는 아니 된다는 것을 말한다.

07 [1][2][3] · 2019 서울시 1회 7급
법우위의 원칙에서 법은 형식적 법률뿐 아니라 법규명령과 관습법 등을 포함하는 넓은 의미의 법이다.

08 [1][2][3] · 2018 교육행정직 9급
법률우위의 원칙은 행정의 모든 영역에 적용된다.

09 [1][2][3] · 2019 사회복지직 9급
「국가를 당사자로 하는 계약에 관한 법률」에 따른 계약서를 따로 작성하는 등 그 요건과 절차를 거치지 않고 체결된 계약은 무효이다.

☞ p.17

☆ **01** [1][2][3] · 2018 교육행정직 9급
법률유보의 원칙은 행정권의 발동에 있어서 조직규범 외에 작용규범이 요구된다는 것을 의미한다.

02 [1][2][3] · 2019 국가직 9급
개인택시운송사업자에게 운전면허취소사유가 있으나 그에 따른 운전면허취소처분이 이루어지지 않은 경우 행정청은 개인택시운송사업면허를 취소할 수는 없다.

03 [1][2][3] · 2013 국회속기직
법률우위의 원칙은 행정의 법률에의 구속성을 의미하는 소극적인 성격의 것인 반면에 법률유보의 원칙은 행정은 법률의 수권에 의하여 행해져야 한다는 적극적 성격의 것이다.

☆ **04** [1][2][3] · 2019 서울시 1회 7급
법률유보원칙에서 '법률의 유보'라고 하는 경우의 '법률'은 국회에서 법률제정의 절차에 따라 만들어진 형식적 의미의 법률을 의미하고 국회의 의결을 거치지 않은 명령이나 불문법원으로서의 관습법이나 판례법은 포함하지 않는다.

☆ **05** [1][2][3] · 2017 국가직 9급
헌법재판소는 법률에 근거를 두면서 헌법 제75조가 요구하는 위임의 구체성과 명확성을 구비하는 경우에는 위임입법에 의하여도 기본권을 제한할 수 있다고 한다.

06 [1][2][3] · 2019 서울시 9급
헌법재판소 결정에 따를 때 기본권 제한에 관한 법률유보원칙은 법률에 근거한 규율을 요청하는 것이므로 그 형식이 반드시 법률일 필요는 없더라도 법률상의 근거는 있어야 한다.

07 `1` `2` `3`   2019 서울시 9급
헌법재판소는 국회의 의결을 거쳐 확정되는 예산도 일종의 규범이지만 예산은 법률과 달리 국가기관만을 구속할 뿐 국민을 구속하지 않는다고 본다.

08 `1` `2` `3`   2012 지방직 9급
급부행정유보설에 따르더라도 침해적 행정작용에는 법률의 근거가 필요하다.

09 `1` `2` `3`   2013 지방직 9급
전부유보설은 모든 행정작용이 법률에 근거해야 한다는 입장으로, 행정의 자유영역을 부정하는 견해이다.

10 `1` `2` `3`   2016 사회복지직 9급
법률유보의 적용범위는 행정의 복잡화와 다기화, 재량행위의 확대에 불구하고 축소되고 있는 것은 아니고, 이에 대해 헌법재판소는 의회유보의 입장을 취하고 있다.

11 `1` `2` `3`   2013 지방직 9급
중요사항유보설은 행정작용에 법률의 근거가 필요한지 여부에 그치지 않고 법률의 규율정도에 대해서도 설명하는 이론이다.

☞ p.19
01 `1` `2` `3`   2022 소방직 9급, 2019 국가직 9급
국회가 형식적 법률로 직접 규율하여야 하는 필요성은 규율 대상이 기본권 및 기본적 의무와 관련된 중요성을 가질수록, 그에 관한 공개적 토론의 필요성 또는 상충하는 이익 사이의 조정 필요성이 클수록 더 증대된다.

02 `1` `2` `3`   2012 국회(속기·경위직) 9급
병의 복무기간은 국방의무의 본질적 내용에 관한 것이어서 반드시 법률로 정하여야 할 입법사항에 속한다.

☆ **03** `1` `2` `3`   2019 경행경채 2차
텔레비전방송수신료의 금액은 납부의무자의 범위 등과 함께 수신료에 관한 본질적인 중요한 사항이므로 국회가 스스로 결정·관여하여야 한다.

04 `1` `2` `3`   2011 지방직 7급
판례에 따르면 국가의 통치조직과 작용에 관한 기본적이고 본질적인 사항은 반드시 국회가 정하여야 한다.

☆ **05** `1` `2` `3`   2018 서울시 9급
지방의회의원에 대하여 유급보좌인력을 두는 것은 개별 지방의회의 조례로써 규정할 사항이 아니라 국회의 법률로써 규정하여야 할 입법사항이다.

06 `1` `2` `3`   2022 국회직 8급
토지 등 소유자가 조합을 설립하지 않고 도시환경정비사업을 시행하는 경우 도시환경정비사업시행인가 신청시 요구되는 토지 등 소유자의 동의정족수를 정하는 것은 법률유보 내지 의회유보의 원칙이 지켜져야 할 영역이다.

07 `1` `2` `3`   2022 소방직 9급
납세의무자에게 조세의 납부의무뿐만 아니라 스스로 과세표준과 세액을 계산하여 신고하여야 하는 의무까지 부과하는 경우에는 신고의무불이행에 따른 불이익의 내용을 법률로 정하여야 한다.

08 `1` `2` `3`   2017 지방직(하) 9급
헌법재판소는 중학교 의무교육 실시 여부 자체는 법률로 정하여야 하는 기본사항으로서 법률유보사항이나 그 실시의 시기·범위 등 구체적 실시에 필요한 세부사항은 반드시 법률로 정하여야 할 사항이 아니라고 하였다.

09 `1` `2` `3`   2019 사회복지직 9급
수신료 징수업무를 한국방송공사가 직접 수행할지 제3자에게 위탁할지 여부는 국민의 기본권 제한에 관한 본질적인 사항이 아니다.

제3강 행정법의 법원과 효력

☞ p.21

01 1 2 3 2019 서울시 9급
인간다운 생활을 할 권리와 같은 헌법상의 추상적인 기본권에 관한 규정도 행정법의 법원이 된다.

02 1 2 3 2016 교육행정직 9급
지방자치단체의 학생인권조례는 행정법의 법원이 된다.

03 1 2 3 2018 소방직 9급
지방자치단체의 자치에 관한 규정은 행정법의 법원(法源)으로서 헌법이 직접 규정하고 있다.

☆ **04** 1 2 3 2015 경행특채 1차
헌법에 의하여 체결·공포된 조약과 일반적으로 승인된 국제법규는 국내법과 같은 효력을 가진다.

☆ **05** 1 2 3 2017 교육행정직 9급
「남북 사이의 화해와 불가침 및 교류협력에 관한 합의서」는 국가 간의 조약이 아니다.

06 1 2 3 2015 경행특채 2차
일반적으로 승인된 국제법규는 별도의 입법절차 없이 행정법의 법원이 된다.

07 1 2 3 2011 지방직 9급
헌법에 의하여 체결·공포된 조약과 일반적으로 승인된 국제법규가 동일한 효력을 가진 국내의 법률, 명령과 충돌하는 경우에는 신법우위의 원칙 및 특별법우위의 원칙이 적용된다.

☆ **08** 1 2 3 2021 국가직 9급
지방자치단체가 제정한 조례가 헌법에 의하여 체결·공포된 조약에 위반되는 경우 그 조례는 효력이 없다.

☆ **09** 1 2 3 2017 국가직(하) 9급
회원국 정부의 반덤핑부과처분이 WTO 협정위반이라는 이유만으로 사인이 직접 국내법원에 취소를 구하는 소를 제기할 수 없다.

☞ p.23

01 1 2 3 2015 경행특채 1차
관습법이란 사회의 거듭된 관행으로 생성한 사회생활규범이 사회의 법적 확신과 인식에 의하여 법적 규범으로 승인 강행되기에 이른 것을 말한다.

02 1 2 3 2007 국가직 9급
국세기본법은 조세행정에서 행정선례법의 존재를 인정하는 조항을 두고 있다.

03 1 2 3 2014 지방직 9급
판례는 국세행정상 비과세의 관행을 일종의 행정선례법으로 인정한다.

04 1 2 3 2014 지방직 9급
수산업법은 민중적 관습법인 입어권의 존재를 명문으로 인정하고 있다.

05 1 2 3 2018 교육행정직 9급
일반적으로 관습법은 성문법에 대하여 보충적 효력을 가진다.

06 1 2 3 2017 국가직(하) 9급
사회의 거듭된 관행으로 생성된 사회생활규범이 관습법으로 승인되었다고 하더라도 사회구성원들이 그러한 관행의 법적 구속력에 대하여 확신을 갖지 않게 되었다면 그러한 관습법은 법적 규범으로서의 효력이 부정될 수밖에 없다.

07 1 2 3 2012 지방직 9급
헌법재판소는 「신행정수도의 건설을 위한 특별조치법」의 위헌확인사건에서 관습헌법은 성문헌법과 같은 헌법개정절차를 통해서 개정될 수 있다고 판시하였다.

08 1 2 3 2010 경행특채
법원조직법에는 상급법원의 재판에 있어서의 판단은 해당 사건에 관하여 하급심을 기속한다는 규정이 있다.

✪ 09 1 2 3 2011 국가직 9급
동종사건에 관하여 대법원의 판례가 있더라도 하급법원은 그 판례와 다른 판단을 하는 것이 가능하다.

✪ 10 1 2 3 2017 경행경채
대법원의 판례가 법률해석의 일반적인 기준을 제시한 경우에 유사한 사건을 재판하는 하급심법원의 법관은 판례의 견해를 존중하여 재판하여야 하는 것이나, 판례가 사안이 서로 다른 사건을 재판하는 하급심법원을 직접 기속하는 효력이 있는 것은 아니다.

11 1 2 3 2012 지방직 9급
헌법재판소에 의한 법률의 위헌결정은 국가기관과 지방자치단체를 기속한다는 헌법재판소법 제47조에 의해 법원으로서의 성격을 가진다.

12 1 2 3 2010 국가직 9급
헌법재판소가 법률의 위헌 여부를 판단하기 위하여 한 법률해석에 대법원이나 각급 법원이 구속되는 것은 아니다.

13 1 2 3 2018 교육행정직 9급
법원(法院)은 보충적 법원(法源)으로서의 조리에 따라 재판할 수 있다.

☞ p.25

✪ 01 1 2 3 2016 교육행정직 9급
대통령령은 특별한 규정이 없으면 공포한 날부터 20일이 경과함으로써 효력을 발생한다.

02 1 2 3 2020 경행경채
국민의 권리제한 또는 의무부과와 직접 관련되는 법률, 대통령령, 총리령 및 부령은 긴급히 시행하여야 할 특별한 사유가 있는 경우를 제외하고는 공포일로부터 적어도 30일이 경과한 날부터 시행되도록 하여야 한다.

03 1 2 3 2022 서울시 지적 7급
법령과 조례·규칙은 그 시행일에 관하여 특별한 규정이 없으면, 공포한 날로부터 20일을 경과함으로써 효력을 발생한다.

04 1 2 3 2021 군무원 9급
조례와 규칙은 특별한 규정이 없으면 공포한 날부터 20일이 경과함으로써 효력을 발생한다.

05 1 2 3 2022 국회직 8급, 2021 행정사
법령 등을 공포한 날부터 시행하는 경우에는 공포한 날을 시행일로 한다.

06 1 2 3 2022 국회직 8급, 2021 행정사
법령 등을 공포한 날부터 일정 기간이 경과한 날부터 시행하는 경우 법령 등을 공포한 날을 첫날에 산입하지 아니한다.

07 1 2 3 2021 행정사
법령 등을 공포한 날부터 일정 기간이 경과한 날부터 시행하는 경우 그 기간의 말일이 토요일 또는 공휴일인 때에는 그 말일로 기간이 만료한다.

08 1 2 3 2021 지방직·서울시 9급
국회법에 따라 하는 국회의장의 법률 공포는 서울특별시에서 발행되는 둘 이상의 일간신문에 게재함으로써 한다.

09 1 2 3 2020 경행경채
헌법개정·법률·조약·대통령령·총리령 및 부령의 공포와 헌법개정안·예산 및 예산 외 국고부담계약의 공고는 관보(官報)에 게재함으로써 한다.

10 1 2 3 2021 지방직·서울시 9급
관보의 내용 해석 및 적용 시기 등에 대하여 종이관보와 전자관보는 동일한 효력을 가진다.

11 1 2 3 2021 지방직·서울시 9급
법령의 공포일은 해당 법령을 게재한 관보 또는 신문이 발행된 날로 한다.

12 　　　　　　　　　　　　2022 서울시 지적 7급, 2021 지방직·서울시 7급
새로운 법령 등은 법령 등에 특별한 규정이 있는 경우를 제외하고는 그 법령 등의 효력발생 전에 완성되거나 종결된 사실관계 또는 법률관계에 대해서는 적용되지 아니한다.

p.27

01 　　　　　　　　　　　　　　　　　　2015 서울시 9급
과거에 완성된 사실에 대하여 신법을 적용하는 것은 당사자의 법적 안정성을 해치는 것이므로 이를 인정하지 않는 것이 원칙이고, 다만 법령을 소급적용하더라도 일반국민의 이해에 직접 관계가 없는 경우, 오히려 그 이익을 증진하는 경우, 불이익이나 고통을 제거하는 경우 등의 특별한 사정이 있는 경우에 한하여 예외적으로 허용될 수 있다.

02 　　　　　　　　　　　　　　　　　　2015 사회복지직 9급
법령의 효력이 시행일 이전에 소급하지 않는다는 것은 시행일 이전에 이미 종결된 사실에 대하여 법령이 적용되지 않는다는 것을 의미하는 것이지, 시행일 이전부터 계속되는 사실에 대하여도 법령이 적용되지 않는다는 의미가 아니다.

03 　　　　　　　　　　　　　　　　　　2015 서울시 9급
소득세법이 개정되어 세율이 인상된 경우, 법개정 전부터 개정법이 발효된 후까지 걸쳐 있는 과세기간(1년)의 전체 소득에 대하여 인상된 세율을 적용하는 것은 부진정소급이므로 허용된다.

04 　　　　　　　　　　　　　　　　　　2022 국가직 9급
수강신청 후에 징계요건을 완화하는 학칙개정이 이루어지고 이어 시험이 실시되어 그 개정학칙에 따라 대학이 성적불량을 이유로 학생에 대하여 징계처분을 한 경우라면 이는 이른바 부진정소급효에 관한 것으로서 특별한 사정이 없는 한 위법이라고 할 수 없다.

05 　　　　　　　　　　　　　　　　　　2020 국가직 9급
진정소급입법이라 하더라도 예외적으로 국민이 소급입법을 예상할 수 있었거나 신뢰보호의 요청에 우선하는 심히 중대한 공익상의 사유가 소급입법을 정당화하는 경우 등에는 허용될 수 있다.

06 　　　　　　　　　　　　　　　　　　2019 경행경채 2차
'친일재산을 그 취득·증여 등 원인행위시에 국가의 소유로 한다.'고 정한 「친일반민족행위자 재산의 국가귀속에 관한 특별법」 제3조 제1항의 규정은 진정소급입법에 해당하지만 공익적 요구가 압도적으로 크므로 예외적으로 허용된다.

p.29

01 　　　　　　　　　　　　　　　　　　2021 국회직 8급
계속 중인 사실이나 그 이후에 발생한 요건사실에 대한 법률적용을 인정하는 부진정소급입법의 경우 개인의 신뢰보호와 법적 안정성을 내용으로 하는 법치국가원리에 의하여 허용되는 것이 원칙이다.

02 　　　　　　　　　　　　　　　　　　2017 국가직 7급
부진정소급입법은 원칙적으로 허용되지만 소급효를 요구하는 공익상의 사유와 신뢰보호의 요청 사이의 형량과정에서 신뢰보호의 관점이 입법자의 형성권에 제한을 가하게 된다.

03 　　　　　　　　　　　　　　　　　　2021 국가직 9급
개정법령이 기존의 사실 또는 법률관계를 적용대상으로 하면서 국민의 재산권과 관련하여 종전보다 불리한 법률효과를 규정하고 있는 경우, 그러한 사실 또는 법률관계가 개정법률이 시행되기 이전에 이미 완성 또는 종결된 것이 아니라면 소급입법금지원칙에 위반되지 않는다.

04 　　　　　　　　　　　　　　　　　　2015 사회복지직 9급
법률조항에 대하여 헌법재판소가 헌법불합치 결정을 하여 그 법률조항을 합헌적으로 개정 또는 폐지하는 임무를 입법자의 형성재량에 맡긴 이상, 그 개선입법의 소급적용 여부와 소급적용의 범위는 원칙적으로 입법자의 재량에 달려 있다.

05 　　　　　　　　　　　　　　　　　　2012 사회복지직 9급
한시법은 명문으로 정해진 유효기간이 경과하면 당연히 그 효력이 소멸된다.

06 　　　　　　　　　　　　　　　　　　2008 국가직 9급
법령이 전문개정된 경우 특별한 사정이 없는 한 종전의 법률 부칙의 경과규정도 모두 실효된다.

07 ☐1 ☐2 ☐3 2022 소방간부

법령이 일부 개정된 경우에는 기존 법령 부칙의 경과규정을 개정 또는 삭제하거나 이를 대체하는 별도의 규정을 두는 등의 특별한 조치가 없는 한 개정법령에 다시 경과규정을 두지 않았다고 하여 기존 법령 부칙의 경과규정이 당연히 실효되는 것은 아니다.

08 ☐1 ☐2 ☐3 2008 경기도 9급

하나의 지방자치단체의 조례가 다른 지방자치단체의 구역 내에서도 그 효력을 가지는 경우가 있다.

09 ☐1 ☐2 ☐3 2016 교육행정직 9급

행정법령의 대인적 효력은 속지주의를 원칙으로 한다.

10 ☐1 ☐2 ☐3 2012 국회(속기·경위직) 9급

속인주의에 따라 국외의 자국인에 대해서도 국내법령이 적용된다.

제4강 행정법의 일반원칙

📄 p.31

01 ☐1 ☐2 ☐3 2005 관세사

비례의 원칙은 우리 헌법 제37조 제2항에서 근거를 찾을 수 있다.

02 ☐1 ☐2 ☐3 2022 국가직 7급

행정기본법은 비례의 원칙을 명문으로 규정하고 있다.

03 ☐1 ☐2 ☐3 2013 국가직 9급

비례의 원칙은 침해행정인가 급부행정인가를 가리지 아니하고 행정의 전 영역에 적용된다.

04 ☐1 ☐2 ☐3 2020 지방직·서울시 9급

비례의 원칙은 행정에만 적용되는 원칙이 아니라 입법·사법 등 모든 국가작용에 적용된다.

05 ☐1 ☐2 ☐3 2022 지방직·서울시 9급

비례의 원칙은 법치국가원리에서 당연히 파생되는 헌법상의 기본원리이다.

06 ☐1 ☐2 ☐3 2008 국가직 7급

위험한 건물에 대하여 개수명령으로써 목적을 달성할 수 있음에도 불구하고 철거명령을 발령하는 것은 비례원칙의 내용 중 필요성원칙에 반한다.

07 ☐1 ☐2 ☐3 2013 국가직 9급

협의의 비례원칙인 상당성의 원칙은 재량권행사의 적법성의 기준에 해당한다.

08 ☐1 ☐2 ☐3 2020 국가직 7급

음주운전으로 인한 운전면허취소처분의 재량권 일탈·남용 여부를 판단할 때는 음주운전으로 인한 교통사고를 방지하여야 하는 일반예방적 측면이 운전면허의 취소로 상대방이 입게 될 불이익보다 강조되어야 한다.

📄 p.33

01 ☐1 ☐2 ☐3 2008 국회직 8급

경찰관이 난동을 부리던 범인을 검거하면서 가스총을 근접 발사하여 가스와 함께 발사된 고무마개가 범인의 눈에 맞아 실명한 경우에는 국가배상이 인정된다.

02 ☐1 ☐2 ☐3 2012 국가직 7급

헌법재판소는 비례원칙을 위헌법률심사의 기준으로 한다.

03 ☐1 ☐2 ☐3 2021 소방직 9급

대법원은 원고가 단지 1회 훈령에 위반하여 요정출입을 하다가 적발된 정도라면, 면직처분보다 가벼운 징계처분으로서도 능히 위 훈령의 목적을 달성할 수 있다고 볼 수 있는 점에서 이 사건 파면처분은 이른바 비례의 원칙에 어긋난 것으로 위법하다고 판시하였다.

04 ☐1 ☐2 ☐3 2019 국회직 8급

자동차를 이용하여 범죄행위를 한 경우 범죄의 경중에 상관없이 반드시 운전면허를 취소하도록 한 규정은 비례원칙을 위반한 것이다.

05 `1 2 3` · 2021 소방직 9급
대법원은 수입녹용 중 일정성분이 기준치를 0.5% 초과하였다는 이유로 수입녹용 전부에 대하여 전량폐기 또는 반송처리를 지시한 처분은 비례원칙을 위반한 것이 아니라고 판시하였다.

06 `1 2 3` · 2021 소방직 9급
대법원은 사법시험 제2차시험에 과락제도를 적용하고 있는 (구)사법시험령 제15조 제2항은 비례의 원칙, 과잉금지의 원칙, 평등의 원칙에 위반되지 않는다고 판시하였다.

07 `1 2 3` · 2020 소방직 9급
옥외집회의 사전신고의무를 규정한 구「집회 및 시위에 관한 법률」제6조 제1항 중 '옥외집회'에 관한 부분은 과잉금지원칙에 위배하여 집회의 자유를 침해하는 것으로 볼 수 없다는 것이 헌법재판소의 태도이다.

☞ p.35

☆ **01** `1 2 3` · 2017 국가직 7급
신뢰보호의 원칙은, 국민이 법률적 규율이나 제도가 장래에 지속할 것이라는 합리적인 신뢰를 바탕으로 개인의 법적 지위를 형성해 왔을 때에는 국가에게 그 국민의 신뢰를 되도록 보호할 것을 요구하는 법치국가원리의 파생원칙이다.

02 `1 2 3` · 2018 지방직 9급
행정절차법과 국세기본법에서는 법령 등의 해석 또는 행정청의 관행이 일반적으로 국민에게 받아들여졌을 때와 관련하여 신뢰보호의 원칙을 규정하고 있다.

03 `1 2 3` · 2021 국가직 7급
행정청은 공익 또는 제3자의 이익을 현저히 해칠 우려가 있는 경우를 제외하고는 행정에 대한 국민의 정당하고 합리적인 신뢰를 보호하여야 한다.

☆ **04** `1 2 3` · 2019 국가직 7급
신뢰보호의 원칙상 법령이나 비권력적 사실행위인 행정지도 등도 신뢰의 대상이 되는 선행조치에 포함된다.

05 `1 2 3` · 2020 지방직·서울시 9급
행정청의 선행조치는 반드시 처분청 자신의 견해표명일 필요는 없으며 명시적 표시·묵시적 표시, 적극적·소극적 조치를 불문한다.

☆ **06** `1 2 3` · 2018 소방직 9급
신뢰보호의 원칙에서 행정기관의 공적인 견해표명은 명시적인 경우뿐만 아니라 묵시적인 경우에도 인정된다.

07 `1 2 3` · 2019 서울시 9급
위법한 행정관행에 대해서도 신뢰보호의 원칙이 적용될 수 있다.

08 `1 2 3` · 2014 국회직 8급
신뢰의 대상인 행정청의 선행조치가 문서에 의한 형식적 행위이어야 할 필요는 없다.

☆ **09** `1 2 3` · 2020 지방직·서울시 7급
면허세의 근거법령이 제정되어 폐지될 때까지의 4년 동안 과세관청이 면허세를 부과할 수 있음을 알면서도 수출확대라는 공익상 필요에서 한 건도 부과한 일이 없었다면 비과세의 관행이 이루어졌다고 보아도 무방하다.

10 `1 2 3` · 2011 국회직 8급
시의 도시계획과장과 도시계획국장이 도시계획사업의 준공과 동시에 사업부지에 편입한 토지에 대한 완충녹지 지정을 해제함과 아울러 당초의 토지소유자들에게 환매하겠다는 약속을 했음에도, 이를 믿고 토지를 협의매매한 토지소유자의 완충녹지 지정해제신청을 거부한 것은 신뢰보호의 원칙에 위반된다.

☞ p.37

01 `1 2 3` · 2022 소방간부
국세기본법 제18조 제3항에서 말하는 비과세관행이 성립하려면 상당한 기간에 걸쳐 과세를 하지 않은 객관적 사실이 존재할 뿐만 아니라, 나아가 과세관청 자신이 그 사항에 관하여 과세할 수 있음을 알면서도 어떤 특별한 사정 때문에 과세하지 않는다는 주관적인 의사까지 요구되는 것이다.

02 [2017 지방직 7급]
국세기본법에 따른 비과세관행의 성립요건인 공적 견해나 의사의 묵시적 표시가 있다고 하기 위해서는 과세관청이 상당기간의 불과세 상태에 대하여 과세하지 않겠다는 의사표시를 한 것으로 볼 수 있는 사정이 있어야 한다.

03 [2006 관세사]
대법원 판례는 행정기관의 추상적 질의에 대한 일반적 견해표명에 대하여 신뢰보호원칙이 적용될 수 없다고 보았다.

04 [2021 국가직 7급]
「개발이익환수에 관한 법률」에 정한 개발사업을 시행하기 전에, 행정청이 민원예비심사에 대하여 관련부서 의견으로 '저촉사항 없음'이라고 기재한 것은 공적인 견해표명에 해당하지 않는다.

05 [2022 국가직 9급]
병무청 담당부서의 담당공무원에게 공적 견해의 표명을 구하지 아니한 채 민원봉사 담당공무원이 상담에 응하여 안내한 것을 신뢰한 경우에는 신뢰보호의 원칙이 적용되지 아니한다.

06 [2017 지방직 7급]
과세관청이 납세의무자에게 부가가치세 면세사업자용 사업자등록증을 교부하거나 고유번호를 부여하였다고 하더라도 그가 영위하는 사업에 관하여 부가가치세를 과세하지 않겠다는 언동이나 공적 견해를 표명한 것으로 볼 수 없다.

07 [2012 경행특채]
판례에 의하면, 문화관광부(현 문화체육관광부)장관이 지방자치단체장에게 한 사업승인가능성에 대한 회신은 사업신청자인 민원인에 대한 공적 견해표명이 아니다.

☆**08** [2021 지방직·서울시 9급]
재량권행사의 준칙인 행정규칙의 공표만으로 상대방은 보호가치 있는 신뢰를 갖게 되었다고 볼 수 없다.

09 [2021 국회직 8급]
지구단위계획을 수립하면서 그 권장용도를 판매·위락·숙박시설로 결정하여 고시한 행위를 당해 지구 내에서는 공익과 무관하게 언제든지 숙박시설에 대한 건축허가를 받을 수 있을 것이라는 공적 견해를 표명한 것이라고 평가할 수는 없다.

10 [2022 소방직 9급]
주무부처인 중앙행정기관이 입법예고를 통해 법령안의 내용을 국민에게 예고한 적이 있더라도, 그것이 법령으로 확정되지 아니하였다면 국가가 위 법령안에 관련된 사항에 대해 이해관계자들에게 어떠한 신뢰를 부여한 것으로 볼 수 없다.

☆**11** [2019 지방직·교육행정직 9급]
헌법재판소의 위헌결정은 행정청이 개인에 대하여 신뢰의 대상이 되는 공적인 견해를 표명한 것이라고 할 수 없으므로 그 결정에 관련한 개인의 행위에 대하여는 신뢰보호의 원칙이 적용되지 않는다.

☆**12** [2021 국가직 7급, 2021 지방직·서울시 9급]
행정청이 공적 견해를 표명하였는지를 판단할 때는 반드시 행정조직상의 형식적인 권한분장에 구애될 것은 아니다.

☞ p.39

01 [2019 소방직 9급]
처분청 자신의 공적 견해표명이 있어야만 하는 것은 아니며, 경우에 따라서는 보조기관인 담당공무원의 공적인 견해표명도 신뢰의 대상이 될 수 있다.

02 [2022 소방간부]
납세자에게 신뢰의 대상이 되는 공적인 견해가 표명되었다는 사실은 신뢰보호원칙을 주장하는 납세자(원고)가 주장·입증하여야 한다.

☆**03** [2018 경행경채 3차]
도시계획구역 내 생산녹지로 답(畓)인 토지에 대하여 종교회관 건립을 이용목적으로 하는 토지거래계약의 허가를 받으면서 담당공무원이 관련법규상 허용된다 하여 이를 신뢰하고 건축준비를 하였으나 그 후 토지형질변경허가신청을 불허가한 것은 신뢰보호원칙에 반한다.

☆ **04** 1 2 3　　　　　　　　　　　　2022 소방간부
폐기물관리법령에 따른 관할관청의 폐기물처리업 사업계획에 대한 적정통보는 그 사업부지 토지에 대한 국토이용계획 변경신청을 승인하여 주겠다는 취지의 공적인 견해표명을 한 것으로 볼 수 없다.

05 1 2 3　　　　　　　　　　　　2021 국가직 9급
일반적으로 행정청이 폐기물처리업 사업계획에 대한 적정통보를 한 경우 이는 토지에 대한 형질변경신청을 허가하는 취지의 공적 견해표명까지 포함하는 것은 아니다.

☆ **06** 1 2 3　　　　　　　　　　　　2019 소방직 9급
수익적 행정행위가 수익자의 귀책사유가 있는 신청에 의해 행하여졌다면 그 신뢰의 보호가치성은 인정되지 않는다.

☆ **07** 1 2 3　　　　　　　　　　　　2009 국회직 8급
공적 견해표명을 신뢰한 자가 사실은폐 등 적극적 부정행위를 하지 않았더라도 행정청의 견해표명에 하자가 있음을 알았거나 중대한 과실로 알지 못한 경우에도 귀책사유는 인정된다.

☆ **08** 1 2 3　　　　　　　　　　　　2018 서울시 1회 7급
신뢰가 보호할 만한 것인가는 정당한 이익형량에 의한다. 사후에 선행조치가 변경될 것을 사인이 예상하였거나 중대한 과실로 알지 못한 경우 또는 사인의 사위나 사실은폐 등이 있는 경우에는 보호가치 있는 신뢰라고 보기 어렵다.

☆ **09** 1 2 3　　　　　　　　　　　　2021 경행경채
수익적 행정처분에 하자가 있음을 이유로 처분청이 이를 취소하는 경우, 그 처분의 하자가 당사자의 사실은폐나 기타 사위의 방법에 의한 신청행위에 기인한 것이라면, 처분의 상대방은 그 처분에 의한 이익이 위법하게 취득되었음을 알아 그 취소가능성도 예상하고 있었다고 할 것이므로 행정청이 당사자의 신뢰이익을 고려하지 아니하였다고 하여도 재량권의 남용이 되지 아니한다.

📖 p.41

☆ **01** 1 2 3　　　　　　　　　　　　2021 국가직 7급
신뢰보호의 원칙이 적용되기 위한 요건 중 귀책사유의 유무는 상대방과 그로부터 신청행위를 위임받은 수임인 등 관계자 모두를 기준으로 판단하여야 한다.

☆ **02** 1 2 3　　　　　　　　　　　　2022 국가직 9급
건축주와 그로부터 건축설계를 위임받은 건축사가 관계법령에서 정하고 있는 건축한계선의 제한이 있다는 사실을 간과한 채 건축설계를 하고 이를 토대로 건축물의 신축 및 증축허가를 받은 경우, 그 신축 및 증축허가가 정당하다고 신뢰한 데에는 귀책사유가 있다.

03 1 2 3　　　　　　　　　　　　2016 지방직 9급
법령개정에 대한 신뢰와 관련하여, 법령에 따른 개인의 행위가 국가에 의하여 일정한 방향으로 유인된 경우에 특별히 보호가치가 있는 신뢰이익이 인정될 수 있다.

04 1 2 3　　　　　　　　　　　　2018 국가직 7급
법률에 따른 개인의 행위가 국가에 의하여 일정 방향으로 유인된 신뢰의 행사가 아니라 단지 법률이 부여한 기회를 활용한 것이라면, 신뢰보호의 이익이 인정되지 않는다.

05 1 2 3　　　　　　　　　　　　2019 서울시 2회 7급
신뢰보호원칙이 적용되려면 개인이 행정청의 견해표명을 신뢰하고 이에 상응하는 어떠한 행위를 하였어야 한다.

06 1 2 3　　　　　　　　　　　　2008 국회직 8급
행정청의 선행조치와 무관하게 우연히 행해진 사인의 처리행위는 신뢰보호의 대상이 될 수 없다.

07 1 2 3　　　　　　　　　　　　2019 서울시 2회 7급
신뢰보호원칙이 적용되려면 행정청이 그 견해표명에 반하는 처분을 함으로써 견해표명을 신뢰한 개인의 이익이 침해되는 결과가 초래되어야 한다.

08 1 2 3　　　　　　　　　　　　2014 국회직 8급
'공익을 해할 우려가 있는 경우가 아니어야 함'은 물론 '제3자의 정당한 이익을 해할 우려가 있는 경우가 아니어야 함'은 신뢰보호원칙의 성립요건이다.

☆ **09** 1 2 3　　　　　　　　　　　　2012 사회복지직 9급
신뢰보호의 이익과 공익 또는 제3자의 이익이 상호 충돌하는 경우에는 이들 상호 간에 이익형량을 하여야 한다.

10 　　　　　　　　　　　　　　　　2020 지방직·서울시 7급

신뢰보호의 원칙과 행정의 법률적합성의 원칙이 충돌하는 경우 두 원칙 모두 법치주의의 구성요소로서 대등한 효력을 가지므로 구체적인 사안마다 이익을 비교·형량하여 두 원칙의 우열을 결정해야 한다.

11 　　　　　　　　　　　　　　2022 국가직 7급, 2021 변호사

신뢰보호의 원칙은 행정청이 공적인 견해를 표명할 당시의 사정이 그대로 유지됨을 전제로 적용되는 것이 원칙이므로, 사후에 그와 같은 사정이 변경된 경우에는 그 공적인 견해가 더 이상 개인에게 신뢰의 대상이 된다고 보기 어려운 만큼, 특별한 사정이 없는 한 행정청이 그 견해표명에 반하는 처분을 하더라도 신뢰보호의 원칙에 위반된다고 할 수 없다.

12 　　　　　　　　　　　　　　　　　　　　　2016 경행경채

국가가 공무원임용결격사유가 있는 자에 대하여 결격사유가 있는 것을 알지 못하고 공무원으로 임용하였다가 사후에 결격사유가 있는 자임을 발견하고 공무원 임용행위를 취소함은 당사자에게 원래의 임용행위가 당초부터 당연무효이었음을 통지하여 확인시켜 주는 행위에 지나지 아니하는 것이므로, 그러한 의미에서 당초의 임용처분을 취소함에 있어서는 신의칙 내지 신뢰의 원칙을 적용할 수 없다.

☞ p.43

01 　　　　　　　　　　　　　　　　　　　　　2018 국가직 7급

甲이 국가공무원법에 따라 일반직 공무원으로 임용된 사람인 경우 임용 당시 甲에게 임용결격사유가 있었다면 비록 국가의 과실에 의하여 임용결격자임을 밝혀내지 못하였다 하더라도 그 임용행위는 당연무효이다.

02 　　　　　　　　　　　　　　　　　　　　　2022 소방직 9급

행정청은 권한행사의 기회가 있음에도 불구하고 장기간 권한을 행사하지 아니하여 국민이 그 권한이 행사되지 아니할 것으로 믿을 만한 정당한 사유가 있는 경우에는 그 권한을 행사해서는 아니 된다. 다만, 공익 또는 제3자의 이익을 현저히 해칠 우려가 있는 경우는 예외로 한다.

03 　　　　　　　　　　　　　　　　　　　　　2019 국가직 7급

처분청이 착오로 행정서사업 허가처분을 한 후 20년이 다 되어서야 취소사유를 알고 행정서사업 허가를 취소한 경우, 그 허가취소처분은 실권의 법리에 저촉되지 않는다.

04 　　　　　　　　　　　　　　　　　　　　　2013 국가직 9급

교통사고가 일어난 지 1년 10개월이 지난 뒤 그 교통사고를 일으킨 택시에 대하여 운송사업면허를 취소한 경우, 택시운송사업자로서는 자동차운수사업법의 내용을 잘 알고 있어 교통사고를 낸 택시에 대하여 운송사업면허가 취소될 가능성을 예상할 수 있었으므로 별다른 행정조치가 없을 것으로 자신이 믿고 있었다 하여도 신뢰의 이익을 주장할 수는 없다.

05 　　　　　　　　　　　　　　　　　　　　　2020 소방직 9급

행정처분에 하자가 있음을 이유로 처분청이 이를 취소하는 경우에도 그 처분이 국민에게 권리나 이익을 부여하는 이른바 수익적 행정행위인 때에는 취소하여야 할 공익상 필요와 취소로 인하여 당사자가 입게 될 기득권과 신뢰보호 및 법률생활안정의 침해 등 불이익을 비교·교량한 후 공익상 필요가 당사자가 입을 불이익을 정당화할 만큼 강한 경우에 한하여 취소할 수 있다.

06 　　　　　　　　　　　　　　　　　　　　　2019 국가직 7급

당초 정구장시설을 설치한다는 도시계획결정을 하였다가 정구장 대신 청소년 수련시설을 설치한다는 도시계획 변경 결정 및 지적승인을 한 경우 당초의 도시계획결정만으로는 도시계획사업의 시행자 지정을 받게 된다는 공적 견해를 표명했다고 할 수 없다.

07 　　　　　　　　　　　　　　　　　　　　　2012 지방직 7급

정구장시설 설치의 도시계획결정을 청소년수련시설 설치의 도시계획으로 변경한 경우, 사업시행자로 지정받을 것을 예상하고 정구장 설계비용 등을 지출한 자의 신뢰이익을 침해한 것으로 볼 수 없다.

☞ p.45

01 　　　　　　　　　　　　　　　　　　　　　2012 지방직 7급

법령의 개정에도 신뢰보호의 원칙이 적용된다.

02 ①②③   2019 지방직·교육행정직 9급
법령 개폐에 있어서 신뢰보호원칙의 위반 여부는 한편으로는 침해받은 신뢰이익의 보호가치, 침해의 중한 정도, 신뢰침해의 방법 등과 다른 한편으로는 새 입법을 통해 실현코자 하는 공익목적을 종합적으로 비교·형량하여 판단하여야 한다.

03 ①②③   2021 국회직 8급
재건축조합에서 일단 내부규범이 정립되면 조합원들은 특별한 사정이 없는 한 그것이 존속하리라는 신뢰를 가지게 되므로, 내부규범을 변경할 경우 내부규범 변경을 통해 달성하려는 이익이 종전 내부규범의 존속을 신뢰한 조합원들의 이익보다 우월해야 한다.

04 ①②③   2021 지방직·서울시 9급
신뢰보호원칙의 위반은 국가배상법상의 위법 개념을 충족시킨다.

☆ 05 ①②③   2017 서울시 9급
폐기물처리업에 대하여 관할관청의 사전 적정통보를 받고 막대한 비용을 들여 허가요건을 갖춘 다음 허가신청을 하였음에도 청소업자의 난립으로 효율적인 청소업무의 수행에 지장이 있다는 이유로 한 불허가처분은 신뢰보호의 원칙에 반하여 재량권을 남용한 위법한 처분이다.

06 ①②③   2018 경행경채
운전면허 취소사유에 해당하는 음주운전을 적발한 경찰관의 소속 경찰서장이 사무착오로 위반자에게 운전면허정지처분을 한 상태에서 위반자의 주소지 관할 지방경찰청장(현 시·도경찰청장)이 위반자에게 운전면허취소처분을 한 것은 선행처분에 대한 당사자의 신뢰 및 법적 안정성을 저해하는 것으로서 허용될 수 없다.

07 ①②③   2017 국가직(하) 7급
동일한 사유에 관하여 보다 무거운 면허취소처분을 하기 위하여 이미 행하여진 가벼운 면허정지처분을 취소하는 것은 선행처분에 대한 당사자의 신뢰 및 법적 안정성을 크게 저해하는 것이 되어 허용될 수 없다.

08 ①②③   2022 소방간부
행정청이 착오로 인하여 국적이탈을 이유로 주민등록을 말소한 행위는 법령에 따라 국적이탈이 처리되었다는 견해를 표명한 것으로 보아야 하고, 상대방이 이러한 주민등록말소를 통하여 자신의 국적이탈이 적법하게 처리된 것으로 신뢰하였다면 이는 보호할 가치 있는 신뢰에 해당한다.

09 ①②③   2013 국가직 7급
과세관청이 비과세대상에 해당하는 것으로 잘못 알고 일단 비과세 결정을 하였으나 그 후 과세표준과 세액의 탈루 또는 오류가 있는 것을 발견한 때에는, 이를 조사하여 결정할 수 있다.

10 ①②③   2015 사회복지직 9급
국립공원 관리권한을 가진 행정청이 실제의 공원구역과 다르게 경계측량과 표지를 설치한 십수 년 후 착오를 발견하여 지형도를 수정한 조치는 신뢰보호원칙에 위배되지 않는다.

11 ①②③   2022 지방직·서울시 9급
법원이 하는 과태료재판에는 원칙적으로 행정소송에서와 같은 신뢰보호의 원칙이 적용되지 않는다.

☞ p.47

01 ①②③   2021 군무원 9급
행정청은 합리적 이유 없이 국민을 차별하여서는 아니 된다.

02 ①②③   2021 국가직 9급
평등원칙은 일체의 차별적 대우를 부정하는 절대적 평등을 의미하는 것이 아니라 입법과 법의 적용에 있어서 합리적인 근거가 없는 차별을 배제하는 상대적 평등을 뜻한다.

03 ①②③   2021 군무원 9급
국가기관이 채용시험에서 국가유공자의 가족에게 10%의 가산점을 부여하는 규정은 평등권과 공무담임권을 침해한다.

04 ①②③   2012 국회(속기·경위직) 9급
국가유공자 등과 그 가족에 대한 가산점제도는 입법정책상 일정한 한계 내에서 허용될 수 있다.

05 2017 서울시 9급

지방의회의 감사 또는 조사를 위하여 출석요구를 받은 증인이 출석하지 않을 경우 증인의 사회적 지위에 따라 과태료의 액수에 차등을 두는 것을 내용으로 하는 조례안은 헌법에 규정된 평등의 원칙에 위배된다.

☆ **06** 2020 지방직·서울시 9급

같은 정도의 비위를 저지른 자들 사이에 있어서도 그 직무의 특성 등에 비추어 개전의 정이 있는지 여부에 따라 징계종류의 선택과 양정에서 차별적으로 취급하는 것은 평등원칙에 반하지 아니한다.

07 2011 국회직 8급

일반직 직원의 정년을 58세로 규정하면서 전화교환직렬 직원만은 정년을 53세로 규정하여 5년간의 정년차등을 둔 것은 사회통념상 합리성이 인정되므로 평등원칙에 위반되지 않는다.

08 2020 소방직 9급

연구단지 내 녹지구역에 위험물저장시설인 주유소와 LPG충전소 중에서 주유소는 허용하면서 LPG충전소를 금지하는 시행령 규정은 합리적 이유에 근거한 것이므로 평등원칙에 위배된다고 볼 수 없다.

09 2018 국가직 9급

행정의 자기구속원칙은 법적으로 동일한 사실관계, 즉 동종의 사안에서 적용이 문제되는 것으로 주로 재량의 통제법리와 관련된다.

☆ **10** 2011 사회복지직 9급

행정의 자기구속의 법리는 평등의 원칙이나 신뢰보호의 원칙에 근거하여 적용된다는 것이 판례의 입장이다.

☆ **11** 2020 지방직·서울시 9급

재량권행사의 준칙인 행정규칙이 그 정한 바에 따라 되풀이 시행되어 행정관행이 이루어지게 되면 평등의 원칙이나 신뢰보호의 원칙에 따라 행정기관은 그 상대방에 대한 관계에서 그 규칙에 따라야 할 자기구속을 받게 된다.

☞ p.49

☆ **01** 2018 서울시 2회 7급

재량준칙이 정한 바에 따라 되풀이 시행되어 행정관행이 이루어지게 되면 평등의 원칙이나 신뢰보호의 원칙에 따라 행정청은 상대방에 대한 관계에서 그 규칙에 따라야 할 자기구속을 받게 되므로, 이러한 경우에는 특별한 사정이 없는 한 그에 반하는 처분은 평등의 원칙이나 신뢰보호의 원칙에 어긋나 재량권을 일탈·남용한 위법한 처분이 된다.

02 2019 서울시 9급

행정의 자기구속의 원칙은 처분청이 아닌 제3자 행정청에 대해서는 적용되지 않는다.

☆ **03** 2021 군무원 9급

재량준칙이 공표된 것만으로는 행정의 자기구속의 원칙이 적용될 수 없고, 재량준칙이 되풀이 시행되어 행정관행이 성립한 경우에 적용될 수 있다.

☆ **04** 2019 서울시 1회 7급

재량권행사의 준칙인 행정규칙이 있다 하더라도 그에 따른 행정관행이 이루어졌다고 볼 수 없는 경우에는 행정기관이 상대방에 대한 관계에서 그 규칙에 따라야 할 자기구속을 받는다고 볼 수 없다.

☆ **05** 2022 지방직·서울시 9급

평등의 원칙은 본질적으로 같은 것을 자의적으로 다르게 취급함을 금지하는 것인데, 위법한 행정처분이 수차례에 걸쳐 반복적으로 행하여졌다 하더라도 행정청에 대하여 자기구속력을 갖게 된다고 할 수 없다.

☆ **06** 2022 국가직 7급

행정처분이 수차례에 걸쳐 반복적으로 행하여졌다 하더라도 그 처분이 위법한 것인 때에는 행정청에 대하여 자기구속력을 갖게 된다고 할 수 없다.

☆ **07** 2021 경행경채

고속국도의 관리청이 고속도로 부지와 접도구역에 송유관 매설을 허가하면서 상대방과 체결한 협약에 따라 송유관 시설을 이전하게 될 경우 상대방에게 그 비용을 부담하도록 한 부관은 부당결부금지원칙에 반하지 않는다.

08 1 2 3   2021 군무원 9급
행정청은 행정작용을 할 때 상대방에게 해당 행정작용과 실질적인 관련이 없는 의무를 부과해서는 아니 된다.

09 1 2 3   2008 지방직 7급
부당결부금지의 원칙은 공법상 계약에 있어서도 그 적용이 있다.

📖 p.51

☆ **01** 1 2 3   2016 국가직 7급
지방자치단체장이 사업자에게 주택사업계획승인을 하면서 그 주택사업과는 아무런 관련이 없는 토지를 기부채납하도록 하는 부관은 부당결부금지의 원칙에 위반되어 위법하지만 당연무효라고 볼 수 없다.

☆ **02** 1 2 3   2022 국가직 7급, 2022 지방직·서울시 9급
주택사업계획승인을 하면서 그 주택사업과 아무 관련이 없는 토지를 기부채납하도록 하는 부관을 붙인 경우, 그 부관은 부당결부금지원칙에 위반되어 위법하다.

☆ **03** 1 2 3   2020 소방직 9급
행정주체가 행정작용을 함에 있어서 상대방에게 이와 실질적 관련이 없는 의무를 부과하거나 그 이행을 강제하여서는 아니 된다.

04 1 2 3   2004 서울시 9급
부당결부금지의 원칙에 위반한 국가 등의 작용은 위헌·위법한 것이 된다.

05 1 2 3   2018 서울시 9급
한 사람이 여러 종류의 자동차운전면허를 취득하는 경우뿐 아니라 이를 취소 또는 정지함에 있어서도 서로 별개의 것으로 취급하는 것이 원칙이다.

06 1 2 3   2018 지방직 9급
행정청이 여러 종류의 자동차운전면허를 취득한 자에 대해 그 운전면허를 취소하는 경우, 취소사유가 특정 면허에 관한 것이 아니고 다른 면허와 공통된 것이거나 운전면허를 받은 사람에 관한 것일 경우에는 여러 면허를 전부 취소할 수 있다.

07 1 2 3   2010 지방직 9급
대법원은 승합차를 혈중알코올농도 0.1% 이상의 음주상태로 운전한 자에 대하여 제1종 보통운전면허 외에 제1종 대형운전면허까지 취소한 행정청의 처분이 부당결부금지원칙을 위반한 것은 아니라고 보았다.

08 1 2 3   2015 국가직 9급
제1종 보통면허로 운전할 수 있는 차량을 음주운전한 경우 제1종 보통면허의 취소 외에 동일인이 소지하고 있는 제1종 대형면허와 원동기장치자전거면허도 취소할 수 있다.

09 1 2 3   2020 소방직 9급
행정절차법상 규정이 없는 경우에도 행정권행사가 적정한 절차에 따라 행해지지 아니하면 그 행정권행사는 적법절차의 원칙에 반한다.

10 1 2 3   2022 소방직 9급
세무조사가 과세자료의 수집 또는 신고내용의 정확성 검증이라는 본연의 목적이 아니라 부정한 목적을 위하여 행하여진 것이라면 이는 세무조사에 중대한 위법사유가 있는 경우에 해당하고, 이러한 세무조사에 의하여 수집된 과세자료를 기초로 한 과세처분 역시 위법하다.

11 1 2 3   2022 군무원 7급
행정청은 행정권한을 남용하거나 그 권한의 범위를 넘어서는 아니 된다.

📖 p.53

01 1 2 3   2021 국회직 8급
근로복지공단의 요양불승인처분의 적법 여부는 사실상 근로자의 휴업급여청구권 발생의 전제가 된다고 볼 수 있는 점 등에 비추어, 근로자가 요양불승인에 대한 취소소송의 판결확정시까지 근로복지공단에 휴업급여를 청구하지 않았던 것에 대한 근로복지공단의 소멸시효 항변은 신의성실의 원칙에 반하여 허용될 수 없다.

02 1 2 3   2021 국가직 9급

공무원임용신청 당시 잘못 기재된 호적상 출생연월일을 생년월일로 기재하고, 임용 후 36년 동안 이의를 제기하지 않다가, 정년을 1년 3개월 앞두고 정정된 출생연월일을 기준으로 정년연장을 요구하는 것은 신의성실의 원칙에 반하지 않는다.

03 1 2 3   2021 국회직 8급

관할관청이 위법한 직업능력개발훈련과정 인정제한처분을 하여 사업주로 하여금 제때 훈련과정 인정신청을 할 수 없도록 하였음에도, 인정제한처분에 대한 취소판결확정 후 사업주가 인정제한기간 내에 실제로 실시하였던 훈련에 관하여 비용지원신청을 한 경우에, 사전에 훈련과정 인정을 받지 않았다는 이유만을 들어 훈련비용 지원을 거부하는 것은 신의성실의 원칙에 반하여 허용될 수 없다.

제5강 행정법관계

p.55

01 1 2 3   2020 지방직·서울시 9급

공법관계는 행정소송의 대상이 되며, 사인 간의 법적 분쟁에 관한 사법관계는 민사소송의 대상이 된다.

02 1 2 3   2018 국가직 7급

국유 일반재산의 대부료 징수에 관하여 국세 체납처분의 예에 따른 간이하고 경제적인 특별한 구제절차가 마련되어 있으므로, 특별한 사정이 없는 한 민사소송으로 일반재산의 대부료 지급을 구하는 것은 허용되지 않는다.

☆**03** 1 2 3   2022 변호사

행정재산에 대한 사용허가의 법적 성질은 강학상 특허에 해당한다.

☆**04** 1 2 3   2017 서울시 7급

국유재산의 관리청이 행정재산의 사용·수익을 허가하는 행위는 강학상 특허에 해당하고, 그 후 사용·수익하는 자에 대한 사용료 부과는 행정처분이다.

☆**05** 1 2 3   2021 군무원 7급

국유재산의 무단점유자에 대한 변상금 부과는 관리청이 공권력을 가진 우월한 지위에서 행한 것으로 항고소송의 대상이 되는 행정처분의 성격을 갖는다.

06 1 2 3   2017 국가직(하) 7급

귀속재산처리법에 의한 귀속재산의 매각행위는 공법관계라는 것이 판례의 입장이다.

☆**07** 1 2 3   2017 사회복지직 9급

농지개량조합의 직원에 대한 징계처분은 처분성이 인정된다.

☆**08** 1 2 3   2021 군무원 7급

산림청장이 산림법령이 정하는 바에 따라 국유임야를 대부하는 행위는 사경제주체로서 하는 사법상의 행위이다.

☆**09** 1 2 3   2020 국회직 8급

일반재산의 대부계약은 사법상 계약으로서 이를 다투는 소송은 민사소송이다.

☆**10** 1 2 3   2017 지방직(하) 9급

행정재산의 무단점유자에 대한 변상금부과행위는 처분이지만, 대부한 일반재산에 대한 사용료부과고지행위는 처분이 아니다.

11 1 2 3   2019 소방직 9급

「공익사업을 위한 토지 등의 취득 및 보상에 관한 법률」에 따른 협의취득은 판례에 의하면 사법관계이다.

12 1 2 3   2015 지방직 7급

공공사업에 필요한 토지 등의 협의취득에 기한 손실보상금의 환수통보는 사법상의 이행청구에 해당하는 것으로서 항고소송의 대상이 될 수 없다.

☆**13** 1 2 3   2020 지방직·서울시 9급

입찰보증금의 국고귀속조치는 국가가 사법상의 재산권의 주체로서 행위하는 것이지, 공권력을 행사하는 것이거나 공권력작용과 일체성을 가진 것이 아니라 할 것이다.

14 　　　　　　　　　　　　　　2022 국가직 9급
「공익사업을 위한 토지 등의 취득 및 보상에 관한 법률」상 환매권의 존부에 관한 확인을 구하는 소송 및 환매금액의 증감을 구하는 소송은 민사소송이다.

☆ **15** 　　　　　　　　　　　　　2020 국가직 7급
개발부담금 부과처분이 취소된 후의 부당이득으로서의 과오납금 반환에 관한 법률관계는 사법상 법률관계이다.

16 　　　　　　　　　　　　　　2019 국회직 8급
서울특별시지하철공사 임직원을 징계하는 행위는 항고소송의 대상이 되는 행정처분에 해당하지 않는다.

☞ p.57

01 　　　　　　　　　　　　　　2019 국가직 9급
수도법에 의하여 지방자치단체인 수도사업자가 그 수돗물의 공급을 받는 자에게 하는 수도료 부과·징수와 이에 따른 수도료 납부관계는 공법상의 권리·의무관계이므로, 이에 관한 분쟁은 행정소송의 대상이다.

02 　　　　　　　　　　　　　　2020 국회직 8급
초·중등교육법상 사립중학교에 대한 중학교 의무교육의 위탁관계는 공법관계이다.

☆ **03** 　　　　　　　　　　　　　2018 지방직 9급
국가나 지방자치단체에 근무하는 청원경찰의 징계처분에 대한 소송은 행정소송법상의 행정소송에 해당한다.

04 　　　　　　　　　　　　　　2020 지방직·서울시 7급
「도시 및 주거환경정비법」상 행정주체인 주택재건축정비사업조합을 상대로 관리처분계획안에 대한 조합총회결의의 효력 등을 다투는 소송은 공법상 법률관계에 관한 것이므로, 이는 행정소송법상의 당사자소송에 해당한다.

05 　　　　　　　　　　　　　　2021 군무원 7급
지방자치단체의 관할구역 내에 있는 각급학교에서 학교회계직원으로 근무하는 것을 내용으로 하는 근로계약은 사법상 계약에 해당한다.

06 　　　　　　　　　　　　　　2021 군무원 7급
지방자치단체가 학교법인이 설립한 사립중학교에 의무교육 대상자에 대한 교육을 위탁한 때에 그 학교법인과 해당 사립중학교에 재학 중인 학생의 재학관계는 사법상 계약에 따른 법률관계이다.

07 　　　　　　　　　　　　　　2021 국회직 8급
사립학교 교원의 징계는 민사소송의 대상이다.

08 　　　　　　　　　　　　　　2019 사회복지직 9급
「국가를 당사자로 하는 계약에 관한 법률」에 따른 입찰절차에서의 낙찰자의 결정은 행정소송법상 처분에 해당하지 않는다.

09 　　　　　　　　　　　　　　2019 지방직 7급
지방자치단체가 체결하는 이른바 '공공계약'이 사경제의 주체로서 상대방과 대등한 위치에서 체결하는 사법상 계약에 해당하는 경우, 그 계약에는 법령에 특별한 정함이 있는 경우 외에는 사적 자치와 계약자유의 원칙 등 사법의 원리가 그대로 적용된다.

10 　　　　　　　　　　　　　　2022 서울시 지적 7급
지방자치단체가 일반재산을 입찰이나 수의계약을 통해 매각하는 것은 기본적으로 사경제주체의 지위에서 하는 행위이므로 원칙적으로 계약자유의 원칙이 적용된다.

11 　　　　　　　　　　　　　　2021 지방직·서울시 7급
구 정부투자기관관리기본법의 적용대상인 정부투자기관이 일방 당사자가 되는 계약은 사법상의 계약으로서 그에 관한 법령에 특별한 정함이 있는 경우를 제외하고는 사적 자치의 원칙이 그대로 적용된다.

☞ p.59

01 　　　　　　　　　　　　　　2011 사회복지직 9급
권력관계란 행정주체에게 개인에게는 인정되지 않는 우월적 지위가 인정되는 법률관계이다.

02 1 2 3　　　　　　　　　　　　2011 국회직 9급
국고관계란 국가 또는 공공단체 등의 행정주체가 우월적인 지위에서가 아니라 재산권의 주체로서 사인과 맺는 법률관계를 말한다.

03 1 2 3　　　　　　　　　　　　2021 행정사
행정기본법상 행정에 관한 의사를 결정하여 표시하는 국가 또는 지방자치단체의 기관은 행정청이다.

04 1 2 3　　　　　　　　　　　　2021 행정사
행정기본법상 법령에 따라 행정권한을 위탁받은 사인(私人)은 행정청이 될 수 있다.

05 1 2 3　　　　　　　　　　　　2017 국가직 7급
중앙행정심판위원회는 행정주체의 의사를 자기의 이름으로 외부에 표시하는 권한을 가진 기관이다.

06 1 2 3　　　　　　　　　　　　2017 국가직 7급
국가공무원법상 징계위원회는 행정주체의 의사를 결정하는 권한만을 가지고 이를 외부에 표시할 권한은 가지지 못하는 기관이다.

☆07 1 2 3　　　　　　　　　　　　2017 사회복지직 9급
「도시 및 주거환경정비법」상 주택재건축정비사업조합은 공법인으로서 목적범위 내에서 법령이 정하는 바에 따라 일정한 행정작용을 행하는 행정주체의 지위를 갖는다.

08 1 2 3　　　　　　　　　　　　2017 서울시 9급
법인격 없는 단체도 공무수탁사인이 될 수 있다.

09 1 2 3　　　　　　　　　　　　2018 서울시 1회 7급
「항공안전 및 보안에 관한 법률」상 경찰임무를 수행하는 항공기의 기장은 공무수탁사인에 해당된다.

10 1 2 3　　　　　　　　　　　　2018 서울시 1회 7급
「공익사업을 위한 토지 등의 취득 및 보상에 관한 법률」상 토지수용권을 행사하는 사인은 공무수탁사인에 해당된다.

11 1 2 3　　　　　　　　　　　　2018 서울시 1회 7급
「민영교도소 등의 설치·운영에 관한 법률」상 교정업무를 수행하는 민영교도소는 공무수탁사인에 해당된다.

12 1 2 3　　　　　　　　　　　　2010 지방직 9급
공무수탁사인은 공행정사무를 위탁받아 자신의 이름으로 처리할 수 있는 권한을 부여받았으므로, 행정임무를 자기책임하에 수행함이 없이 단순한 기술적 집행만을 행하는 사인인 행정보조인과는 구별된다.

📖 p.61

01 1 2 3　　　　　　　　　　　　2018 서울시 1회 7급
도로교통법상 견인업무를 대행하는 자동차견인업자는 사법상 계약에 의해 경영위탁을 받은 자로서 공무수탁사인이 아니다.

02 1 2 3　　　　　　　　　　　　2010 지방직 9급
소득세법에 의한 원천징수의무자의 원천징수행위는 법령에서 규정된 징수 및 납부의무를 이행하기 위한 것에 불과한 것이지, 공권력의 행사로서의 행정처분에 해당되지 아니한다고 보는 것이 판례의 입장이다.

03 1 2 3　　　　　　　　　　　　2010 지방직 9급
국가가 자신의 임무를 스스로 수행할 것인지 아니면 그 임무의 기능을 민간부문으로 하여금 수행하게 할 것인지에 대하여 입법자에게 광범위한 입법재량 내지 형성의 자유가 인정된다고 보는 것이 판례의 입장이다.

04 1 2 3　　　　　　　　　　　　2017 서울시 7급
국가가 공무수탁사인의 공무수탁사무수행을 감독하는 경우 수탁사무수행의 합법성뿐만 아니라 합목적성까지도 감독할 수 있다.

05 1 2 3　　　　　　　　　　　　2022 서울시 지적 7급
공무수탁사인은 특별한 사정이 없는 한 권한을 부여받은 법령의 범위 내에서 행정주체의 지위를 가진다.

06 ①②③   2017 사회복지직 9급
공무수탁사인은 수탁받은 공무를 수행하는 범위 내에서 행정주체이고, 행정절차법이나 행정소송법에서는 행정청이다.

07 ①②③   2022 서울시 지적 7급
공무수탁사인의 업무수행으로 인하여 권리가 침해당한 사인은 공무수탁사인을 상대로 행정소송을 제기할 수 있다.

08 ①②③   2010 지방직 9급
법령에 의하여 공무를 위탁받은 공무수탁사인이 행한 처분에 대하여 항고소송을 제기하는 경우 피고는 공무수탁사인이 된다.

09 ①②③   2022 서울시 지적 7급
공무수탁사인의 위법한 공무집행으로 손해를 입은 사인은 국가나 지방자치단체를 상대로 국가배상을 청구할 수 있다.

10 ①②③   2017 사회복지직 9급
지방자치단체는 행정주체이지만, 행정권 발동의 상대방인 행정객체가 될 수도 있다.

제6강 공권과 공의무관계

p.63

01 ①②③   2004 서울교행 9급
공권과 반사적 이익의 구별은 행정소송에서 원고적격의 인정 여부와 관련이 있다.

02 ①②③   2007 광주시 9급
행정상 법률관계에 있어 개인적 공권이 인정되는 경우에는 행정소송상 원고적격이 인정된다.

☆ **03** ①②③   2012 국가직 9급
개인적 공권은 일정한 경우, 기속행위뿐만 아니라 재량행위에도 성립할 수 있고, 근거법규뿐만 아니라 관련법규의 사익보호성을 성립요건으로 한다.

☆ **04** ①②③   2011 사회복지직 9급
처분의 근거법규가 공익뿐만 아니라 개인의 이익도 아울러 보호하고 있는 경우에 공권이 인정될 수 있다.

☆ **05** ①②③   2015 교육행정직 9급
처분의 직접적인 근거법규뿐만 아니라 관계법규가 사익을 보호하는 것으로 인정되는 경우에도 공권이 성립될 수 있다.

06 ①②③   2017 교육행정직 9급
헌법상의 기본권 규정으로부터 개인적 공권이 바로 도출될 수도 있다.

07 ①②③   2017 지방직 9급
소극적 방어권인 헌법상의 자유권적 기본권은 법률의 규정이 없다고 하더라도 직접 공권이 성립될 수도 있다.

08 ①②③   2015 교육행정직 9급
헌법상 자유권적 기본권은 법률에 의해 구체화되지 않더라도 재판상 주장될 수 있는 구체적 공권이다.

☆ **09** ①②③   2017 지방직 9급
환경정책기본법 제6조의 규정은 국민에게 구체적인 권리를 부여한 것으로 볼 수 없으므로 환경영향평가 대상지역 밖에 거주하는 주민에게 헌법상의 환경권 또는 환경정책기본법에 근거하여 공유수면매립면허처분과 농지개량사업시행인가처분의 무효확인을 구할 원고적격은 없다.

p.65

01 ①②③   2012 국가직 9급
근로자가 퇴직급여를 청구할 수 있는 권리와 같은 이른바 사회적 기본권은 헌법규정에 의하여 바로 도출되는 개인적 공권이라 할 수 없다.

02 ①②③   2017 지방직 9급
사회권적 기본권의 성격을 가지는 연금수급권은 헌법규정만으로는 실현할 수 없다.

03 ①②③ 2021 군무원 7급
공무원연금수급권은 법률에 의하여 비로소 확정된다.

04 ①②③ 2012 국가직 9급
개인적 공권은 성문법에 근거하지 않더라도 관습법, 조리 등 불문법에 의하여 성립할 수 있다.

☆05 ①②③ 2001 행정고시
법령상 검사임용신청 및 그 처리에 관한 명문규정이 없더라도 조리상 임용권자는 임용신청자들에게 전형의 결과인 임용 여부의 응답을 해 줄 의무가 있다.

06 ①②③ 2017 교육행정직 9급
공법상 계약을 통해서도 개인적 공권이 성립할 수 있다.

07 ①②③ 2010 국가직 9급
서울특별시의 '철거민에 대한 시영아파트특별분양개선지침'은 행정규칙이므로 이로부터 무허가건물소유자의 시영아파트 특별분양신청권이 도출되거나 개인적 공권이 성립할 수는 없다.

☆08 ①②③ 2017 지방직 9급
인·허가 등 수익적 처분을 신청한 여러 사람이 상호 경쟁관계에 있어서 일방에 대한 처분이 타방에 대한 불허가 등으로 될 수밖에 없는 때에는 수익적 처분을 받지 못한 사람은 당해 수익적 처분의 취소를 구할 수 있다.

☆09 ①②③ 2022 서울시 지적 7급
일반적으로 인·허가 등의 수익적 행정처분의 근거가 되는 법률이 해당업자들 사이의 과당경쟁으로 인한 경영의 불합리를 방지하는 것도 그 목적으로 하고 있는 경우, 기존의 업자는 경업자에 대하여 이루어진 인·허가 등 행정처분의 상대방이 아니라 하더라도 당해 행정처분의 취소를 구할 당사자적격이 있다.

☆10 ①②③ 2015 국가직 9급
허가를 받은 경업자에게는 원칙적으로 원고적격이 부정되지만, 특허사업의 경업자는 특별한 사정이 없는 한 원고적격이 인정된다.

☆11 ①②③ 2015 국회직 8급
기존 시내버스업자는 시외버스사업을 하는 자에 대해 시내버스로 전환함을 허용하는 사업계획변경인가처분의 취소를 구할 법률상 이익이 있다.

☆12 ①②③ 2018 소방직 9급
목욕탕영업허가에 대하여 기존 목욕탕업자는 판례가 취소소송의 원고적격을 부정한다.

📖 p.67

01 ①②③ 2017 국가직 9급
환경영향평가에 관한 자연공원법령 및 환경영향평가법령들의 취지는 환경공익을 보호하려는 데 그치는 것이 아니라 환경영향평가 대상지역 안의 주민들이 수인한도를 넘는 환경침해를 받지 아니하고 쾌적한 환경에서 생활할 수 있는 개별적 이익까지 보호하는 데 있다.

02 ①②③ 2012 지방직 7급
일반적인 시민생활에 있어 공물인 도로를 이용만 하는 사람은 그 용도폐지를 다툴 법률상 이익이 없다.

03 ①②③ 2015 서울시 7급
도로의 일반사용자가 도로의 용도폐지처분에 관하여 직접적이고 구체적인 이해관계를 가지고 있고 이익을 현실적으로 침해당했다면, 그 취소를 구할 법률상의 이익이 있다.

☆04 ①②③ 2017 경행경채
행정소송에 있어서의 소권은 개인의 국가에 대한 공권이므로 당사자의 합의로써 이를 포기할 수 없다.

☆05 ①②③ 2011 사회복지직 9급
제3자와 소권(訴權)의 포기에 관한 계약을 체결하더라도 그 계약은 무효이다.

06 ①②③ 2021 군무원 9급
당사자 사이에 석탄산업법 시행령 제41조 제4항 제5호 소정의 재해위로금에 대한 지급청구권에 관한 부제소합의가 있는 경우 그러한 합의는 무효라고 할 것이다.

07 1 2 3   2009 국가직 9급
개인적 공권은 일반적으로 일신전속적 성질을 가지므로 대행이나 위임이 제한되는 경우가 많다.

08 1 2 3   2005 국회직 8급
행정주체 간에도 권리·의무 및 지위의 이전·승계가 일어난다.

📖 p.69

01 1 2 3   2007 서울시 9급
법인합병의 경우 합병 후 존속하는 법인은 합병으로 인하여 소멸하는 법인에게 부과되거나 그 법인이 납부할 국세의 납세의무를 승계한다.

02 1 2 3   2021 국가직 7급
구 산림법에 의해 형질변경허가를 받지 아니하고 산림을 형질변경한 자가 사망한 경우, 해당 토지의 소유권을 승계한 상속인은 그 복구의무를 부담하므로, 행정청은 그 상속인에 대하여 복구명령을 할 수 있다.

☆**03** 1 2 3   2016 국회직 8급
대법원은 양도인·양수인 사이에 책임의 승계 및 법적 책임을 부과하기 이전 단계에서의 제재사유의 승계까지 인정하고 있다.

☆**04** 1 2 3   2011 국가직 7급
구 석유판매업허가는 대물적 허가의 성질을 갖는 것이므로 양도인의 허가취소사유가 양수인에게 승계된다.

📖 p.71

☆**01** 1 2 3   2017 국가직 9급
개인적 공권이 성립하려면 공법상 강행법규가 국가 기타 행정주체에게 행위의무를 부과해야 한다. 과거에는 그 의무가 기속행위의 경우에만 인정되었으나, 오늘날에는 재량행위에도 인정된다고 보는 것이 일반적이다.

☆**02** 1 2 3   2015 교육행정직 9급
처분의 근거법규가 재량규정으로 되어 있는 경우에도 공권이 성립될 수 있다.

03 1 2 3   2009 국가직 9급
무하자재량행사청구권은 기속규범에서는 인정되지 않고 재량규범에서 인정된다.

04 1 2 3   2014 지방직 9급
적법한 신청이 있는 경우 신청에 따른 행정청의 처분이 기속행위인 때에 행정청은 신청에 대한 응답의무를 지고, 재량행위인 때에도 응답의무가 있다.

05 1 2 3   2012 사회복지직 9급
검사의 임용 여부는 임용권자의 자유재량에 속하는 사항이나, 임용권자가 동일한 검사신규임용의 기회에 원고를 비롯한 다수의 검사지원자들로부터 임용신청을 받아 전형을 거쳐 자체에서 정한 임용기준에 따라 이들 일부만을 선정하여 검사로 임용하는 경우에 있어서 법령상 검사임용신청 및 그 처리의 제도에 관한 명문규정이 없다고 하여도 조리상 전형결과의 응답을 해 줄 의무가 있다.

06 1 2 3   2015 국가직 9급
다수의 검사임용신청자 중 일부만을 검사로 임용하는 결정을 함에 있어, 임용신청자들에게 전형의 결과인 임용 여부를 응답해 줄 의무는 있으므로 임용 여부의 응답을 할 것인지 여부는 임용권자의 편의재량사항이 아니다.

07 1 2 3   2018 교육행정직 9급
무하자재량행사청구권은 수익적 행정행위뿐만 아니라 부담적 행정행위에도 적용될 수 있다.

📖 p.73

01 1 2 3   2015 국가직 9급
개인의 신체, 생명 등 중요한 법익에 급박하고 현저한 침해의 우려가 있는 경우 재량권이 영(0)으로 수축된다.

02 1 2 3   2011 사회복지직 9급
재량권이 영(0)으로 수축하는 경우 무하자재량행사청구권이 행정개입청구권으로 전환된다.

03 1 2 3   2017 교육행정직 9급

재량권의 영(0)으로의 수축이론은 개인적 공권을 확대하는 이론이다.

☆ **04** 1 2 3   2018 교육행정직 9급

주거지역 내에서 법령상의 제한면적을 초과하는 연탄공장의 건축허가처분으로 불이익을 받고 있는 인근주민은 당해 처분의 취소를 소구할 법률상 자격이 있다.

☆ **05** 1 2 3   2012 지방직 7급

경찰관이 농민들의 시위를 진압하고 시위과정에 도로상에 방치된 트랙터 1대에 대하여 이를 도로 밖으로 옮기거나 후방에 안전표지판을 설치하는 것과 같은 위험발생방지조치를 취하지 아니한 채 그대로 방치하고 철수하여 버린 결과, 야간에 그 도로를 진행하던 운전자가 위 방치된 트랙터를 피하려다가 다른 트랙터에 부딪혀 상해를 입은 경우 경찰관 직무집행법 제5조의 위험발생방지조치는 경찰관에게 재량에 의한 직무수행권한을 부여한 것처럼 되어 있으나 구체적인 경우 권한의 불행사가 직무상 의무를 위반하여 위법한 것이 되므로 국가배상책임이 인정된다.

☆ **06** 1 2 3   2017 국가직(하) 7급

경찰관직무집행법상 경찰관에게 재량에 의한 직무수행권한을 부여한 것처럼 되어 있으나, 경찰관에게 권한을 부여한 취지와 목적에 비추어 볼 때 구체적인 사정에 따라 경찰관이 그 권한을 행사하여 필요한 조치를 취하지 않는 것이 현저하게 불합리하다고 인정되는 경우에 권한의 불행사는 직무상 의무를 위반한 것으로 위법하다.

07 1 2 3   2020 소방직 9급

음주운전으로 적발된 주취운전자가 도로 밖으로 차량을 이동하겠다며 단속경찰관으로부터 보관 중이던 차량열쇠를 반환받아 몰래 차량을 운전하여 가던 중 사고를 일으킨 경우, 국가배상책임이 인정된다.

☆ **08** 1 2 3   2015 국가직 9급

일반적인 개인적 공권의 성립요건인 사익보호성은 무하자 재량행사청구권이나 행정개입청구권에도 요구된다.

제7강 특별권력관계 등

p.75

☆ **01** 1 2 3   2005 서울시 9급

울레(Ule)의 수정설에 따르면 군인의 입대·제대와 같은 기본관계에 대해서는 사법심사가 허용된다.

02 1 2 3   2002 관세사

특별권력관계에 대한 설명 중 기본관계와 업무수행관계의 구분론에 따를 때, 기본관계에 해당하지 않는 것은?
① 공무원에 대한 징계처분
② 하급공무원의 직무수행에 대한 명령
③ 국립대학에 입학
④ 육군에서 만기제대
⑤ 공립고등학교에서 퇴학

[해설]
기본관계: 성립(③)·변경(①)·종료(④⑤) 등
경영관계(②): 내부질서의 유지 등

정답 ②

03 1 2 3   2005 국회직 8급

전통적인 특별권력관계의 성립원인으로는 직접 법률의 규정에 의한 경우와 본인의 동의에 의한 경우를 들 수 있다.

04 1 2 3   2009 국회속기직

특별권력관계의 성립은 직접 법률에 의거하는 경우와 상대방의 동의에 의하는 경우가 있는데, 상대방의 동의는 자유로운 의사에 기한 자발적인 동의와 법률에 의한 강제적 동의를 모두 인정한다.

05 1 2 3   2015 경행특채 1차

특별행정법관계(특별권력관계)의 종류에는 공법상의 근무관계, 공법상의 영조물이용관계, 공법상의 특별감독관계, 공법상의 사단관계가 있다.

06 1 2 3   2007 경북 9급

특별권력관계의 행정주체에게 명령권·징계권이 인정된다.

07 `1` `2` `3` 　　　　　　　　　2009 국회속기직
특별권력관계에서도 헌법 제37조 제2항의 기본권제한의 원칙에 따라 법률의 근거하에 기본권 제한이 인정된다.

08 `1` `2` `3` 　　　　　　　　　2011 지방직 9급
교도소장의 서신검열행위는 법률에 근거함이 없이 행하여졌다면 위법하다.

09 `1` `2` `3` 　　　　　　　　　2021 군무원 7급
육군3사관학교의 구성원인 사관생도는 학교 입학일부터 특수한 신분관계에 놓이지만, 이 경우에도 법률유보원칙, 과잉금지의 원칙 등 기본권제한의 헌법상 원칙은 지켜야 한다.

10 `1` `2` `3` 　　　　　　　　　2013 지방직(하) 7급
특별행정법관계에서의 행위도 행정소송법상 처분개념에 해당하면 사법심사의 대상이 된다.

11 `1` `2` `3` 　　　　　　　　　2011 지방직 9급
교도소장의 서신검열행위는 이른바 특별권력관계 내부에서의 행위이지만 그에 대한 사법심사는 가능하다.

12 `1` `2` `3` 　　　　　　　　　2015 경행특채 1차
국립교육대학 학생에 대한 퇴학처분은 행정처분으로서 행정소송의 대상이 된다.

📖 p.77

01 `1` `2` `3` 　　　　　　　　　2018 국회직 8급
대법원 판례는 손실보상규정이 없는 경우에 다른 손실보상 규정의 유추적용을 인정하는 경우가 있다.

02 `1` `2` `3` 　　　　　　　　　2008 국가직 7급
조세법규의 해석에 있어서 유추나 확장해석에 의하여 납세의무를 확대하는 것은 허용되지 아니하고, 이는 조세의 감면 또는 징수유예의 경우에도 또한 같다.

03 `1` `2` `3` 　　　　　　　　　2017 지방직 9급
특별한 규정이 없는 경우, 민법의 법률행위에 관한 규정 중 의사표시의 효력발생시기, 대리행위의 효력, 조건과 기한의 효력 등의 규정은 행정행위에도 적용된다.

☆ **04** `1` `2` `3` 　　　　　　　　　2016 국가직 9급
민법상의 일반법원리적인 규정은 행정법상 권력관계에 대해서도 적용될 수 있다.

제8강　행정법상의 법률요건과 법률사실

📖 p.79

01 `1` `2` `3` 　　　　　　　　　2016 국가직 9급
행정법관계에서 기간의 계산에 관하여 특별한 규정이 없으면 민법의 기간계산에 관한 규정이 적용된다.

02 `1` `2` `3` 　　　　　　　　　2021 국가직 7급
행정에 관한 기간의 계산에 관하여는 행정기본법 또는 다른 법령 등에 특별한 규정이 있는 경우를 제외하고는 민법을 준용한다.

03 `1` `2` `3` 　　　　　　　　　2022 국회직 8급
처분에서 의무를 부과하는 경우, 의무가 지속되는 기간의 계산은 기간을 일, 주, 월 또는 연으로 정한 경우에는 기간의 첫날을 산입하는 것이 원칙이나 국민에게 불리한 경우에는 이를 적용하지 아니한다.

04 `1` `2` `3` 　　　　　　　　　2022 국회직 8급
법령 등에서 국민의 권익을 제한하는 경우, 권익이 제한되는 기간의 계산에 있어 기간의 말일이 토요일 또는 공휴일인 경우에는 기간은 그 날로 만료한다.

05 `1` `2` `3` 　　　　　　　　　2021 경행경채
100일간 운전면허정지처분을 받은 사람의 경우, 100일째 되는 날이 공휴일인 경우에도 면허정지기간은 그 날(공휴일 당일)로 만료한다.

☆ **06** `1` `2` `3` 　　　　　　　　　2016 교육행정직 9급
금전의 급부를 목적으로 하는 국가의 권리로서 시효에 관하여 다른 법률에 규정이 없는 것은 5년 동안 행사하지 아니하면 소멸한다.

07 　　　　　　　　　　　　　　　　　2020 소방직 9급
소멸시효에 대해 국가재정법은 국가의 국민에 대한 금전채권은 물론이고 국민의 국가에 대한 금전채권에도 적용된다.

08 　　　　　　　　　　　　　　　　　2022 소방간부
금전의 급부를 목적으로 하는 국가의 권리의 경우 소멸시효의 중단·정지, 그 밖의 사항에 관하여 다른 법률의 규정이 없는 때에는 민법의 규정을 적용한다.

09 　　　　　　　　　　　　　　　　　2009 지방직 9급
관세법에 의한 관세과오납금반환청구권의 소멸시효도 5년이다.

p.81

01 　　　　　　　　　　　　　　　　　2016 지방직 9급
국가재정법상 5년의 소멸시효가 적용되는 '금전의 급부를 목적으로 하는 국가의 권리'에는 국가의 사법(私法)상 행위에서 발생한 국가에 대한 금전채무도 포함된다.

☆ **02** 　　　　　　　　　　　　　　　　2020 소방직 9급
소멸시효의 중단·정지에 관해서도 다른 법률에 특별한 규정이 없는 한 민법의 규정이 준용된다.

☆ **03** 　　　　　　　　　　　　　　　　2016 지방직 9급
납입고지(현 납부고지)에 의한 소멸시효의 중단은 그 납입고지에 의한 부과처분이 추후 취소되더라도 효력이 상실되지 않는다.

04 　　　　　　　　　　　　　　　　　2016 경행경채
세무공무원이 국세징수법 제26조(현 제35조)에 의하여 체납자의 가옥·선박·창고 기타의 장소를 수색하였으나 압류할 목적물을 찾아내지 못하여 압류를 실행하지 못하고 수색조서를 작성하는 데 그친 경우에도 소멸시효 중단의 효력이 있다.

☆ **05** 　　　　　　　　　　　　　　　　2018 서울시 1회 7급
변상금 부과처분에 대한 취소소송이 진행 중이라도 처분청은 위법한 처분을 스스로 취소하고 그 하자를 보완하여 다시 적법한 부과처분을 할 수 있다.

☆ **06** 　　　　　　　　　　　　　　　　2022 소방간부
국유재산법상 변상금 부과처분에 대한 취소소송이 진행되는 동안에도 그 부과권의 소멸시효는 진행한다.

07 　　　　　　　　　　　　　　　　　2016 경행경채
행정재산은 민법 제245조에도 불구하고 시효취득의 대상이 되지 아니한다.

08 　　　　　　　　　　　　　　　　　2017 서울시 7급
국유재산 또는 공유재산 중 일반재산을 제외한 공물은 공용폐지가 없는 한 시효취득의 대상이 되지 않는다.

09 　　　　　　　　　　　　　　　　　2016 국가직 9급
현행법상 행정목적을 위하여 제공된 행정재산에 대해서는 공용폐지가 되지 않는 한 민법상 취득시효규정이 적용되지 않는다.

10 　　　　　　　　　　　　　　　　　2022 서울시 지적 7급
행정재산이 기능을 상실하여 본래의 용도에 제공되지 않는 상태에 있더라도 관계법령에 의하여 용도폐지되지 않는 한 당연히 취득시효의 대상이 되는 일반재산이 되는 것은 아니다.

p.83

01 　　　　　　　　　　　　　　　　　2021 국가직 7급
행정재산이 본래의 용도에 제공되지 않는 상태에 놓여 있다는 사실만으로는 관리청의 이에 대한 공용폐지의 의사표시가 있었다고 볼 수 없다.

02 　　　　　　　　　　　　　　　　　2022 국가직 /급
공용폐지의 의사표시는 명시적 의사표시뿐 아니라 묵시적 의사표시이어도 무방하나 적법한 의사표시이어야 하고, 행정재산이 본래의 용도에 제공되지 않는 상태에 놓여 있다는 사실만으로 관리청의 이에 대한 공용폐지의 의사표시가 있었다고 볼 수 없다.

03 　　　　　　　　　　　　　　　　　2022 지방직·서울시 7급
행정재산이 공용폐지되어 시효취득의 대상이 된다는 점에 대한 증명책임은 시효취득을 주장하는 자에게 있다.

04 1 2 3 　　　　　　　　　　　2014 지방직 7급
원래의 행정재산이 공용폐지되어 취득시효의 대상이 된다는 입증책임은 시효취득을 주장하는 자에게 있다.

05 1 2 3 　　　　　　　　　　　2016 지방직 9급
국유재산법상 일반재산은 취득시효의 대상이 될 수 있다.

06 1 2 3 　　　　　　　　　　　2011 국회직 8급
구 국유재산법 제5조 제2항이 잡종재산(현 일반재산)에 대하여까지 시효취득을 배제하고 있는 것은 국가만을 우대하여 합리적 사유 없이 국가와 사인을 차별하는 것이므로 평등원칙에 위반된다.

07 1 2 3 　　　　　　　　　　　2017 지방직 9급
공법관계에 있어서 자연인의 주소는 주민등록지이고, 그 수는 1개소에 한한다.

☞ p.85

01 1 2 3 　　　　　　　　　　　2022 국가직 9급
사무처리의 긴급성으로 인하여 해양경찰의 직접적인 지휘를 받아 보조로 방제작업을 한 경우, 사인은 그 사무를 처리하며 지출한 필요비 내지 유익비의 상환을 국가에 대하여 민사소송으로 청구할 수 있다.

★**02** 1 2 3 　　　　　　　　　　　2017 지방직 9급
공법상 부당이득에 관한 일반법은 없으므로 특별한 규정이 없는 경우, 민법상 부당이득반환의 법리가 준용된다.

03 1 2 3 　　　　　　　　　　　2022 소방간부
제3자가 체납자가 납부해야 할 체납액을 체납자 명의로 완납한 경우, 제3자는 국가에 대하여 부당이득반환을 청구할 수 없다.

☞ p.87

01 1 2 3 　　　　　　　　　　　2020 소방직 9급
판례는 공법상 부당이득반환청구권은 사권(私權)에 해당되며, 그에 관한 소송은 민사소송절차에 따라야 한다고 보고 있다.

02 1 2 3 　　　　　　　　　　　2012 지방직 9급
부당이득과 가장 거리가 먼 것은?
① 조세과오납
② 공무원의 봉급과액수령
③ 처분이 무효 또는 소급 취소된 경우의 무자격자의 기초생활보장금의 수령
④ 자연재해시 빈 상점의 물건의 처분

[해설]

공법상 부당이득	①②③
공법상 사무관리	④

정답 ④

03 1 2 3 　　　　　　　　　　　2017 지방직 9급
공법상 부당이득반환에 대한 청구권의 행사는 개별적인 사안에 따라 행정주체도 주장할 수 있다.

04 1 2 3 　　　　　　　　　　　2021 국가직 7급
구 지방재정법에 의한 변상금 부과처분이 당연무효인 경우, 이 변상금 부과처분에 의하여 납부자가 납부한 오납금은 지방자치단체가 법률상 원인 없이 취득한 부당이득에 해당한다.

05 1 2 3 　　　　　　　　　　　2020 국가직 9급
변상금 부과처분이 당연무효인 경우, 당해 변상금 부과처분에 의하여 납부한 오납금에 대한 납부자의 부당이득반환청구권의 소멸시효는 변상금 납부시부터 진행한다.

제9강　사인의 공법행위

☞ p.89

01 1 2 3 　　　　　　　　　　　2014 서울시 9급
사인의 공법행위란 공법적 효과를 가져오는 사인의 행위를 말한다.

02 1 2 3 　　　　　　　　　　　2014 서울시 9급
현재 사인의 공법행위에 관한 전반적인 사항을 규율하는 일반법은 없다.

03 1 2 3　　　　　　　　　　　　2014 국가직 7급
사인의 공법행위는 법적 행위인 점에서 공법상 사실행위와 구별된다.

☆ **04** 1 2 3　　　　　　　　　　　2015 지방직 7급
사인의 공법행위에는 행정행위에 인정되는 공정력, 존속력, 집행력 등이 인정되지 않는다.

05 1 2 3　　　　　　　　　　　　2014 서울시 9급
사인의 공법행위에는 사인의 행위만으로 공법적 효과를 가져오는 것과 국가나 지방자치단체의 행위의 전제요건이 되는 것으로 구분할 수 있다.

06 1 2 3　　　　　　　　　　　　2016 서울시 9급
사인의 공법행위에는 행위능력에 관한 민법의 규정이 원칙적으로 적용된다.

07 1 2 3　　　　　　　　　　　　2010 국가직 7급
행위무능력자(현 제한능력자)에 의한 사인의 공법행위도 유효한 것이라고 보는 개별법이 있다.

📖 p.91

01 1 2 3　　　　　　　　　　　　2014 국가직 7급
명문의 금지규정이 있거나 일신전속적인 행위는 대리가 허용될 수 없으나, 그렇지 않은 사인의 공법행위는 대리에 관한 민법규정이 유추적용될 수 있다.

☆ **02** 1 2 3　　　　　　　　　　　2022 지방직·서울시 7급
민법상 비진의의사표시의 무효에 관한 규정은 그 성질상 공무원이 한 사직(일괄사직)의 의사표시와 같은 사인의 공법행위에 적용되지 않는다.

03 1 2 3　　　　　　　　　　　　2014 국가직 7급
권고사직의 형식을 취하고 있더라도 사직의 권고가 공무원의 의사결정의 자유를 박탈할 정도의 강박에 해당하는 경우에는 당해 권고사직은 무효이다.

04 1 2 3　　　　　　　　　　　　2019 경행경채 2차
사직서의 제출이 감사기관이나 상급관청 등의 강박에 의한 경우, 그 정도가 의사결정의 자유를 제한하는 정도에 그친다면 그 성질에 반하지 아니하는 한 의사표시에 관한 민법 제110조의 사기나 강박에 의한 의사표시 규정을 준용하여 그 효력을 따져보아야 할 것이다.

☆ **05** 1 2 3　　　　　　　　　　　2016 지방직 7급
사직원 제출자의 내심의 의사가 사직할 뜻이 없었더라도 민법상 비진의의사표시의 무효에 관한 규정이 적용되지 않으므로 그 사직원을 받아들인 의원면직처분을 당연무효라 볼 수는 없다.

06 1 2 3　　　　　　　　　　　　2010 국가직 7급
사인의 공법행위에는 원칙적으로 부관을 붙일 수 없다.

07 1 2 3　　　　　　　　　　　　2021 지방직·서울시 7급
사인의 공법상 행위는 명문으로 금지되거나 성질상 불가능한 경우가 아닌 한 그에 따른 행정행위가 행하여질 때까지 자유로이 철회할 수 있다.

08 1 2 3　　　　　　　　　　　　2022 소방간부
공무원이 한 사직 의사표시의 철회나 취소는 그에 터잡은 의원면직처분이 있을 때까지 할 수 있는 것이고, 일단 면직처분이 있고 난 이후에는 철회나 취소할 여지가 없다.

📖 p.93

01 1 2 3　　　　　　　　　　　　2019 서울시 1회 7급
신고대상인 건축물의 건축행위를 하고자 할 경우에는 관계 법령에 정해진 적법한 요건을 갖춘 신고민을 히면 그와 같은 건축행위를 할 수 있고, 행정청의 수리처분 등 별도의 조처를 기다릴 필요가 없다.

☆ **02** 1 2 3　　　　　　　　　　　2017 국가직(하) 7급
「체육시설의 설치·이용에 관한 법률」 제18조에 의한 변경신고서는 그 신고 자체가 위법하거나 그 신고에 무효사유가 없는 한 이것이 도지사에게 제출하여 접수된 때에 신고가 있었다고 볼 것이고, 도지사의 수리행위가 있어야만 신고가 있었다고 볼 것은 아니다.

제1편 행정법통론　29

☆ **03** [1][2][3] 2014 국가직 9급
구「체육시설의 설치·이용에 관한 법률」에 의한 골프장이용료 변경신고서는 행정청에 제출하여 접수된 때에 신고가 있었다고 볼 것이고, 행정청의 수리행위가 있어야만 하는 것은 아니다.

04 [1][2][3] 2022 서울시 지적 7급
수리를 요하는 신고는 행정청이 수리함으로써 비로소 신고의 법적 효과가 발생한다.

☆ **05** [1][2][3] 2015 사회복지직 9급
판례에 의할 때 액화석유가스충전사업의 지위승계신고를 수리하는 행위는 사실행위가 아니라 행정처분에 해당한다.

☆ **06** [1][2][3] 2021 지방직·서울시 7급
식품위생법에 의하여 허가영업의 양도에 따른 지위승계신고를 수리하는 허가관청의 행위는 사업허가자의 변경이라는 법률효과를 발생시키는 행위이다.

☆ **07** [1][2][3] 2013 국가직 7급
영업양도에 따른 지위승계신고를 수리하는 허가관청의 행위는 영업허가자의 변경이라는 법률효과를 발생시키는 행위로서 항고소송의 대상이 될 수 있다.

☆ **08** [1][2][3] 2022 서울시 지적 7급
사업양수에 의한 지위승계신고를 수리하는 허가관청의 행위는 그 실질에 있어서 사업허가자의 변경이라는 법률효과를 발생시키므로 수리의 거부는 항고소송으로 다툴 수 있다.

09 [1][2][3] 2021 지방직·서울시 9급
구 관광진흥법에 의한 지위승계신고를 수리하는 허가관청의 행위는 사실적인 행위에 그치는 것이 아니라, 항고소송의 대상이 되는 행정처분이다.

☞ p.95

01 [1][2][3] 2015 경행특채 1차
건축주명의변경신고 수리거부행위는 취소소송의 대상이 되는 처분이라고 하지 않을 수 없다.

☆ **02** [1][2][3] 2019 지방직 7급
유통산업발전법상 대규모점포의 개설 등록은 이른바 '수리를 요하는 신고'로서 행정처분에 해당한다.

03 [1][2][3] 2019 사회복지직 9급
수산업법상의 어업의 신고는 행정청의 수리에 의하여 비로소 그 효과가 발생하는 이른바 '수리를 요하는 신고'에 해당한다.

04 [1][2][3] 2017 국가직(하) 7급
수산업법상 어업신고를 적법하게 하였으나, 관할행정청이 수리를 거부한 경우에는 신고의 효과가 발생하지 않는다.

☆ **05** [1][2][3] 2022 서울시 지적 7급
인·허가의제 효과를 수반하는 건축신고는 일반적인 건축신고와 달리 특별한 사정이 없는 한 수리를 요하는 신고에 해당한다.

☆ **06** [1][2][3] 2021 지방직·서울시 9급
건축법에 의한 인·허가의제 효과를 수반하는 건축신고는 일반적인 건축신고와는 달리 행정청이 그 실체적 요건에 대한 심사를 한 후 수리하여야 하는 이른바 '수리를 요하는 신고'이다.

☆ **07** [1][2][3] 2020 지방직·서울시 9급
「국토의 계획 및 이용에 관한 법률」상의 개발행위허가가 의제되는 건축신고는 특별한 사정이 없는 한 행정청이 그 실체적 요건에 관한 심사를 한 후 수리하여야 하는 이른바 '수리를 요하는 신고'로 보아야 한다.

08 [1][2][3] 2018 국가직 9급
신고는 사인이 행하는 공법행위로 행정기관의 행위가 아니지만 행정절차법에는 신고에 관한 규정을 두고 있다.

09 [1][2][3] 2011 지방직 9급
행정절차법은 수리를 요하지 않는 신고를 규정하고 있다.

10 ☆ 2017 국가직 9급

법령 등에서 행정청에 일정한 사항을 통지함으로써 의무가 끝나는 신고를 규정하고 있는 경우 신고가 행정절차법 제40조 제2항 각 호의 요건을 갖춘 경우에는 신고서가 접수기관에 도달된 때에 신고의무가 이행된 것으로 본다.

11 2018 소방직 9급

법령 등에서 행정청에 일정한 사항을 통지함으로써 의무가 끝나는 신고를 규정하고 있는 경우에 행정청이 신고인에게 보완을 요구하고 상당한 기간 내에 보완을 하지 않을 경우 되돌려 보낼 수 있는 경우가 아닌 것은?
① 신고서의 기재사항에 흠이 있는 경우
② 신고의 내용이 현저히 공익을 해친다고 판단되는 경우
③ 필요한 구비서류가 첨부되어 있지 아니한 경우
④ 그 밖에 법령 등에 규정된 형식상의 요건에 부합하지 아니한 경우

[해설]
행정절차법 제40조 제2항
형식적 요건 ○: ①③④

[정답] ②

12 2014 국가직 9급

행정절차법상 신고요건으로는 신고서의 기재사항에 흠이 없고 필요한 구비서류가 첨부되어 있을 것 등이나, 신고의 기재사항의 진실함까지 입증될 필요는 없다.

p.97

01 2013 국가직 7급

수리를 요하는 신고의 경우 행정청은 형식적 심사를 하는 것 외에 실질적 심사를 하는 경우도 있다.

02 2014 국가직 9급

유료노인복지주택의 설치신고를 받은 행정관청은 그 유료노인복지주택의 시설 및 운용기준이 법령에 부합하는지와 설치신고 당시 부적격자들이 입소하고 있는지 여부를 심사할 수 있다.

03 ☆ 2015 지방직 9급

자기완결적 신고를 규정한 법률상의 요건 외에 타법상의 요건도 충족하여야 하는 경우, 타법상의 요건을 충족시키지 못하는 한 적법한 신고를 할 수 없다.

04 ☆ 2020 지방직·서울시 9급

식품위생법에 따른 식품접객업(일반음식점영업)의 영업신고의 요건을 갖춘 자라고 하더라도, 그 영업신고를 한 당해 건축물이 건축법 소정의 허가를 받지 아니한 무허가건물이라면 적법한 신고를 할 수 없다.

05 ☆ 2019 지방직·교육행정직 9급

구 의료법 시행규칙 제22조 제3항에 의하면 의원개설 신고서를 수리한 행정관청이 소정의 신고필증을 교부하도록 되어 있더라도 이는 신고사실의 확인행위에 불과하며, 이와 같은 신고필증의 교부가 없다 하여 개설신고의 효력을 부정할 수는 없다.

06 2020 국가직 7급

부가가치세법상 사업자등록은 단순한 사업사실의 신고에 해당하므로, 과세관청이 직권으로 등록을 말소한 행위는 항고소송의 대상인 행정처분에 해당하지 않는다.

07 ☆ 2014 국가직 9급

양도인이 자신의 의사에 따라 양수인에게 영업을 양도하면서 양수인으로 하여금 영업을 하도록 허락하였다면 영업승계신고 및 수리처분이 있기 전에 발생한 양수인의 위반행위에 대한 행정적 책임은 양도인에게 귀속된다.

08 2019 사회복지직 9급

납골당 설치신고가 구 장사법 관련규정의 모든 요건에 맞는 신고라 하더라도 신고인은 곧바로 납골당을 설치할 수는 없고, 이에 대한 행정청의 수리처분이 있어야만 신고한 대로 납골당을 설치할 수 있다.

09 2021 지방직·서울시 7급

수리를 요하는 신고에서 행정청의 수리행위에 신고필증 교부의 행위가 반드시 필요한 것은 아니다.

10 ☆ 2014 경행특채 2차

자기완결적 신고가 행정절차법상 요건을 갖춘 경우에는 신고서가 접수기관에 도달된 때에 신고의무가 이행된 것으로 본다.

11 ☐1 ☐2 ☐3　　　　　　　　　　　　2018 지방직 7급

자기완결적 신고에 있어 적법한 신고가 있는 경우, 행정청은 법규정에 정하지 아니한 사유를 심사하여 이를 이유로 신고수리를 거부할 수는 없다.

📖 p.99

★01 ☐1 ☐2 ☐3　　　　　　　　　　　　2015 교육행정직 9급

수리를 요하는 신고의 경우에는 신고의 요건을 갖춘 신고서가 접수기관에 도달된 것만으로는 신고의 효력이 발생하지 않는다.

★02 ☐1 ☐2 ☐3　　　　　　　　　　　　2021 국가직 7급

주민등록의 신고는 행정청에 도달하기만 하면 신고로서의 효력이 발생하는 것이 아니라 행정청이 수리한 경우에 비로소 신고의 효력이 발생한다.

★03 ☐1 ☐2 ☐3　　　　　　　2019 지방직·교육행정직 9급

부동산 투기나 이주대책 요구 등을 방지할 목적으로 주민등록전입신고를 거부하는 것은 주민등록법의 입법목적과 취지 등에 비추어 허용될 수 없다.

04 ☐1 ☐2 ☐3　　　　　　　　　　2020 지방직·서울시 7급

자영업에 종사하는 甲은 일정요건의 자영업자에게는 보조금을 지급하도록 한 법령에 근거하여 관할행정청에 보조금 지급을 신청하였으나 1차 거부되었고, 이후 다시 동일한 보조금을 신청하였다. 甲의 신청에 형식적 요건의 하자가 있었다면 그 하자의 보완이 가능함에도 보완을 요구하지 않고 바로 거부한 경우 그 거부는 위법하다.

05 ☐1 ☐2 ☐3　　　　　　　　　　　　2013 국회속기직

자기완결적 신고의 경우 부적법한 신고에 대하여 행정청이 수리하였더라도, 그 후의 영업행위는 무신고영업행위에 해당한다.

06 ☐1 ☐2 ☐3　　　　　　　　　　　　2015 국회직 8급

수산제조업 신고에 있어서 담당공무원이 관계법령에 규정되지 아니한 서류를 요구하여 신고서를 제출하지 못하였다는 사정만으로는 신고가 있었던 것으로 볼 수 없다.

07 ☐1 ☐2 ☐3　　　　　　　　　　　　2022 국회직 8급

수리를 요하지 아니한 신고에 있어서 적법한 요건을 갖춘 신고의 경우에는 행정청의 수리처분 등 별단의 조처를 기다릴 필요 없이 그 접수시에 신고로서의 효력이 발생하는 것이므로 그 수리가 거부되었다고 하여 무신고영업이 되는 것은 아니다.

08 ☐1 ☐2 ☐3　　　　　　　　　　　　2017 국가직(하) 7급

축산물위생관리법상 축산물판매업에 대한 부적법한 신고가 있었다면 관할행정청이 이를 수리한 경우이더라도 판례의 입장에 따를 때 신고의 효과는 발생하지 않는다.

09 ☐1 ☐2 ☐3　　　　　　　　　　　　2013 국회속기직

판례는 수리를 요하는 신고의 경우 법령상의 신고요건을 충족하지 못하는 경우 행정청은 당해 신고의 수리를 거부할 수 있다고 한다.

10 ☐1 ☐2 ☐3　　　　　　　　　　　　2022 소방간부

노인의료복지시설의 폐지신고는 수리를 필요로 하는 신고로서 행정청이 그 신고를 수리하였더라도 위조 등의 사유가 있어 신고행위 자체가 효력이 없다면, 그 수리행위는 수리행위 자체에 중대·명백한 하자가 있는지를 따질 것도 없이 당연히 무효이다.

📖 p.101

★01 ☐1 ☐2 ☐3　　　　　　　　　　　　2022 서울시 지적 7급

건축법상 신고는 자기완결적 신고로 적법한 신고행위가 있는 경우 그 효력이 발생하지만, 해당 신고에 대해 반려행위가 있다면 이는 침해되는 법률상 이익이 있다는 점에서 항고소송의 대상이 된다.

★02 ☐1 ☐2 ☐3　　　　　　　　　　2020 지방직·서울시 9급

다른 법령에 의한 인·허가가 의제되지 않는 일반적인 건축신고는 자기완결적 신고이지만 이에 대한 수리거부행위는 항고소송의 대상이 되는 처분이다.

☆ **03** 1 2 3   2020 국가직 9급

건축법상의 착공신고의 경우에는 신고 그 자체로서 법적 절차가 완료되어 행정청의 처분이 개입될 여지가 없지만, 행정청의 착공신고 반려행위는 항고소송의 대상인 처분에 해당한다.

☆ **04** 1 2 3   2021 지방직·서울시 9급

정보통신매체를 이용하여 학습비를 받고 불특정 다수인에게 원격평생교육을 실시하기 위해 구 평생교육법에서 정한 형식적 요건을 모두 갖추어 신고한 경우, 행정청은 신고대상이 된 교육이나 학습이 공익적 기준에 적합하지 않는다는 등의 실체적 사유를 들어 신고수리를 거부할 수 없다.

05 1 2 3   2015 지방직 9급

수리를 요하는 신고에서 수리는 행정소송의 대상인 처분에 해당한다.

06 1 2 3   2014 국가직 7급

수리를 요하는 신고의 경우 그 신고에 대한 거부행위는 행정소송의 대상이 되는 처분에 해당한다.

07 1 2 3   2020 국가직 7급

구 「체육시설의 설치·이용에 관한 법률」의 규정에 따라 체육시설의 회원을 모집하고자 하는 자의 '회원모집계획서 제출'은 수리를 요하는 신고이며, 이에 대하여 회원모집계획을 승인하는 시·도지사 등의 검토결과 통보는 수리행위로서 행정처분에 해당한다.

08 1 2 3   2009 관세사

행정청에 대하여 처분을 구하는 신청은 원칙적으로 문서로 하여야 하며, 특히 전자문서로 하는 경우에는 행정청의 컴퓨터 등에 입력된 때에 신청한 것으로 본다.

09 1 2 3   2009 관세사

적법한 신청이 있는 경우라 하더라도 행정청이 상당한 기간 내에 신청한 내용대로 처분할 의무는 없다.

10 1 2 3   2022 지방직·서울시 7급

행정청은 사인의 신청에 구비서류의 미비와 같은 흠이 있는 경우 신청인에게 보완을 요구하여야 하는바, 이때 보완의 대상이 되는 흠은 원칙상 형식적·절차적 요건상의 흠을 의미하는 것이지 실체적 발급요건상의 흠을 포함하는 것은 아니다.

11 1 2 3   2018 소방직 9급

흠결된 서류의 보완이 주요 서류의 대부분을 새로 작성함이 불가피하게 되어 사실상 새로운 신청으로 보아야 할 경우, 접수를 거부하거나 반려할 수 있다.

제2편 행정작용법

제10강 법규명령

☞ p.105

01 ①②③   2009 국가직 7급
법규명령이란 일반적으로 행정권이 정립하는 일반적·추상적 규정으로서 법규의 성질을 가지는 것을 말한다.

02 ①②③   2015 교육행정직 9급
현행 헌법상 헌법적 효력을 갖는 비상명령이 인정되지 않는다.

03 ①②③   2011 지방직 7급
대통령의 긴급명령, 긴급재정·경제명령은 헌법에 직접 근거를 둔 법규명령에 해당한다.

04 ①②③   2005 서울시 9급
헌법 제76조에 규정된 대통령의 긴급재정·경제명령은 법률대위적 법규명령이다.

05 ①②③   2006 경북 9급
위임명령은 헌법상의 일반적 근거만으로는 제정할 수 없다.

06 ①②③   2004 입법고시
위임명령은 법률이나 상위명령에서 구체적으로 범위를 정한 개별적인 위임이 있어야 제정할 수 있다.

☆ **07** ①②③   2020 국가직 7급
집행명령은 상위법령의 집행을 위해 필요한 사항을 규정한 것으로 법규명령에 해당하지만 법률의 수권 없이 제정할 수 있다.

☆ **08** ①②③   2019 지방직·교육행정직 9급
집행명령은 상위법령의 집행에 필요한 세칙을 정하는 범위 내에서만 가능하고 새로운 국민의 권리·의무를 정할 수 없다.

09 ①②③   2018 소방직 9급
대통령령, 총리령, 부령은 행정법의 법원(法源)으로서 헌법이 직접 규정하고 있다.

10 ①②③   2015 교육행정직 9급
헌법상 법규명령의 발령권자는 대통령과 국무총리, 행정각부의 장, 중앙선거관리위원회 등이다.

11 ①②③   2019 국회직 8급
대통령령은 총리령 및 부령보다 우월한 효력을 가진다.

12 ①②③   2015 사회복지직 9급
경찰공무원 채용시험에서의 부정행위자에 대한 5년간의 응시자격제한을 규정한 경찰공무원임용령 제46조 제1항은 일반국민이나 법원을 구속하는 법규명령에 해당하므로 그에 의한 처분은 기속행위이다.

13 ①②③   2012 국회(속기·경위직) 9급
입법자는 법률에서 구체적으로 범위를 정하기만 한다면 대통령령뿐만 아니라 부령에 입법사항을 위임할 수 있다.

☞ p.107

01 ①②③   2019 서울시 9급
행정각부가 아닌 국무총리 소속의 독립기관은 독립하여 법규명령을 발할 수 없다.

02 ①②③   2018 교육행정직 9급
법령상 대통령령으로 규정하도록 되어 있는 사항을 부령으로 정한 경우 그 부령은 무효이다.

03 ①②③   2018 소방직 9급
감사원규칙은 행정법의 법원(法源)으로서 헌법이 직접 규정하고 있지 않다.

04 `1` `2` `3` 2020 국가직 7급
헌법에서 인정한 법규명령의 형식을 예시적으로 이해하는 견해에 의하면 감사원규칙은 법규명령이다.

05 `1` `2` `3` 2018 교육행정직 9급
성질상 위임이 불가피한 전문적·기술적 사항에 관하여 구체적으로 범위를 정하여 법령에서 위임한 경우에는 고시 등으로 규제의 세부적인 내용을 정할 수 있다.

☆**06** `1` `2` `3` 2021 경행경채
헌법이 인정하고 있는 위임입법의 형식은 예시적인 것으로 보아야 할 것이고, 법률이 행정규칙에 위임하더라도 그 행정규칙은 위임된 사항만을 규율할 수 있으므로 국회입법의 원칙과 상치되지 않는다.

07 `1` `2` `3` 2020 군무원 9급
법률이 행정규칙 형식으로 입법위임을 하는 경우에도 포괄위임금지의 원칙은 적용된다.

08 `1` `2` `3` 2020 군무원 9급
재산권 등과 같은 기본권을 제한하는 작용을 하는 법률이 입법위임을 할 때에는 법규명령에 위임함이 바람직하고, 금융감독위원회의 고시와 같은 행정규칙 형식으로 입법위임을 할 때에는 적어도 행정규제기본법 제4조 제2항 단서에서 정한 바와 같이 법령이 전문적·기술적 사항이나 경미한 사항으로서 업무의 성질상 위임이 불가피한 사항에 한정된다.

☆**09** `1` `2` `3` 2014 서울시 9급
법규명령 중 위임명령은 원칙적으로 헌법 제75조와 헌법 제95조에 따라 법률이나 상위명령에 개별적인 수권규범이 있는 경우만 가능하다.

☆**10** `1` `2` `3` 2021 국회직 8급
법령의 위임이 없음에도 법령에 규정된 처분요건에 해당하는 사항을 부령에서 변경하여 규정한 경우에는 그 부령의 규정은 행정청 내부의 사무처리기준 등을 정한 것으로서 행정조직 내에서 적용되는 행정명령의 성격을 지닐 뿐 국민에 대한 대외적 구속력은 없다.

☆**11** `1` `2` `3` 2021 지방직·서울시 7급
법령의 위임이 없음에도 법령에 규정된 처분요건에 해당하는 사항을 부령에서 변경하여 규정한 경우에 처분의 적법 여부는 구속력을 가지는 법률 등 법규성이 있는 관계법령의 규정을 기준으로 판단하여야 한다.

12 `1` `2` `3` 2021 국가직 7급
법률의 시행령이나 시행규칙의 내용이 모법의 입법취지와 관련 조항 전체를 유기적·체계적으로 살펴보아 모법의 해석상 가능한 것을 명시한 것에 지나지 아니하는 때에는 모법에 이에 관하여 직접 위임하는 규정을 두지 아니하였다고 하더라도 이를 무효라고 볼 수는 없다.

p.109

☆**01** `1` `2` `3` 2021 지방직·서울시 9급
법률의 시행령 내용이 모법 조항의 취지에 근거하여 이를 구체화하기 위한 것인 때에는 모법에 직접 위임하는 규정을 두지 않았더라도 이를 무효라고 볼 수 없다.

☆**02** `1` `2` `3` 2022 국가직 9급
법률의 위임에 의하여 효력을 갖는 법규명령이 법개정으로 위임의 근거가 없어지게 되면 그때부터 효력을 상실한다.

03 `1` `2` `3` 2016 지방직 9급
법령의 위임관계는 반드시 하위법령의 개별조항에서 위임의 근거가 되는 상위법령의 해당 조항을 구체적으로 명시하고 있어야 하는 것은 아니다.

☆**04** `1` `2` `3` 2015 교육행정직 9급
대통령령에 대한 법률의 위임은 구체적으로 범위를 정해서 해야 하며 포괄적이어서는 안 된다.

☆**05** `1` `2` `3` 2004 입법고시
위임명령에 규정될 내용 및 범위의 기본사항은 구체적으로 규정되어 있어서 누구라도 당해 법령으로부터 위임명령에 규정될 내용의 대강을 예측할 수 있어야 한다.

06 ☐1☐2☐3 2011 사회복지직 9급
수권법률의 예측가능성 유무를 판단함에 있어서는 수권규정과 이와 관계된 조항, 수권법률 전체의 취지, 입법목적의 유기적·체계적 해석 등을 통하여 종합 판단하여야 한다.

07 ☐1☐2☐3 2014 국가직 9급
처벌법규나 조세법규는 다른 법규보다 구체성과 명확성의 요구가 강화되어야 한다.

08 ☐1☐2☐3 2011 사회복지직 9급
처벌법규나 조세법규는 일반적인 급부행정법규의 경우보다 그 위임의 요건과 범위가 더 엄격하게 제한적으로 규정되어야 한다.

09 ☐1☐2☐3 2017 지방직 9급
다양한 사실관계를 규율하거나 사실관계가 수시로 변화될 것이 예상되는 분야에서는 다른 분야에 비하여 상대적으로 입법위임의 명확성·구체성이 완화된다.

☆ **10** ☐1☐2☐3 2022 국회직 8급
헌법재판소에 따르면 지방자치단체의 조례에 대한 법률의 위임은 법규명령에 대한 위임과 달리 반드시 구체적으로 범위를 정하여야 할 필요가 없고 포괄적인 것으로 족하다.

📖 p.111

☆ **01** ☐1☐2☐3 2021 국가직 9급
법률이 공법적 단체 등의 정관에 자치법적 사항을 위임한 경우에는 헌법 제75조가 정하는 포괄적인 위임입법의 금지는 원칙적으로 적용되지 않지만, 그 사항이 국민의 권리·의무에 관련되는 것일 경우에는 적어도 국민의 권리·의무에 관한 기본적이고 본질적인 사항은 국회가 정하여야 한다.

02 ☐1☐2☐3 2022 소방간부
구 「도시 및 주거환경정비법」에서 주택재개발사업시행인가 신청시 토지 등 소유자의 동의요건을 재개발조합의 정관에 포괄적으로 위임하고 있는 것은 헌법 제75조에서 정하고 있는 포괄위임입법금지원칙에 위배되지 않는다.

☆ **03** ☐1☐2☐3 2022 국회직 8급
헌법재판소에 따르면 법률이 자치적인 사항을 공법적 단체의 정관으로 정하도록 위임한 경우에는 포괄위임입법금지 원칙이 적용되지 않는다.

04 ☐1☐2☐3 2014 지방직 9급
국회전속적 입법사항이라고 해도, 세부적 사항은 위임이 가능하다.

05 ☐1☐2☐3 2021 국가직 9급
과세요건과 징수절차에 관한 사항을 명령·규칙 등 하위법령에 구체적·개별적으로 위임하여 규정할 수 있다.

06 ☐1☐2☐3 2019 국가직 9급
특히 긴급한 필요가 있거나 미리 법률로써 자세히 정할 수 없는 부득이한 사정이 있는 경우 법률에 형벌의 종류·상한·폭을 명확히 규정하는 것을 조건으로 행정형벌에 대한 위임입법은 허용된다.

07 ☐1☐2☐3 2013 지방직(하) 7급
형사처벌에 관한 위임입법의 경우, 수권법률이 구성요건의 점에서는 처벌대상인 행위가 어떠한 것인지 이를 예측할 수 있을 정도로 구체적으로 정하고, 형벌의 점에서는 형벌의 종류 및 그 상한과 폭을 명확히 규정하는 것을 전제로 한다.

08 ☐1☐2☐3 2017 지방직 9급
법률의 시행령이 형사처벌에 관한 사항을 규정하면서 법률의 명시적인 위임범위를 벗어나 처벌의 대상을 확장하는 것은 죄형법정주의원칙에 어긋나는 것이므로, 그러한 시행령은 위임입법의 한계를 벗어난 것으로서 무효이다.

☆ **09** ☐1☐2☐3 2017 경행경채
법률에서 위임받은 사항을 전혀 규정하지 않고 재위임하는 것은 허용되지 않는다.

☆ **10** ☐1☐2☐3 2018 국가직 9급
법규명령이 법률에서 위임받은 사항에 관하여 대강을 정하고 그중의 특정사항에 대하여 범위를 정하여 하위법령에 다시 위임하는 경우에는 재위임이 허용된다.

☆ 11 2021 국가직 9급

법률에서 위임받은 사항에 관하여 대강을 정하고 그중의 특정사항을 범위를 정하여 하위법령에 다시 위임하는 경우에는 재위임이 허용된다. 이러한 법리는 조례가 지방자치법에 따라 주민의 권리제한 또는 의무부과에 관한 사항을 법률로부터 위임받은 후, 이를 다시 지방자치단체장이 정하는 '규칙'이나 '고시' 등에 재위임하는 경우에도 마찬가지이다.

☞ p.113

01 2006 관세사
법규명령은 상위법령에 저촉될 수 없고, 객관적으로 명확하며 실현 가능한 것이어야 한다.

☆ 02 2017 국가직(하) 7급
법률의 위임규정 자체가 그 의미내용을 정확하게 알 수 있는 용어를 사용하여 위임의 한계를 분명히 하고 있는데도 시행령이 위임규정에서 사용하고 있는 용어의 의미를 넘어 그 범위를 확장하거나 축소함으로써 위임내용을 구체화하는 단계를 벗어나 새로운 입법을 한 것으로 평가할 수 있는 경우라면 이는 위임의 한계를 일탈한 것으로 본다.

03 2019 사회복지직 9급
법률에서 하위법령에 위임을 한 경우에 하위법령이 위임의 한계를 준수하고 있는지 여부를 판단할 때에는, 하위법령이 규정한 내용이 입법자가 형식적 법률로 스스로 규율하여야 하는 본질적 사항으로서 의회유보의 원칙이 지켜져야 할 영역인지 등을 종합적으로 고려하여야 한다.

☆ 04 2015 서울시 9급
상위법령의 시행에 관하여 필요한 절차 및 형식에 관한 사항을 규정하는 집행명령은 상위법령의 명시적 수권이 없는 경우에도 발할 수 있다.

☆ 05 2012 사회복지직 9급
집행명령은 새로운 법규사항을 규정하지 않으므로 법령의 수권 없이 제정될 수 있다.

06 2017 국가직(하) 9급
대통령령을 제정하려면 국무회의의 심의와 법제처의 심사를 거쳐야 한다.

07 2018 경행경채
「법령 등 공포에 관한 법률」상 대통령령, 총리령 및 부령은 특별한 규정이 없으면 공포한 날부터 20일이 경과함으로써 효력을 발생한다.

08 2018 경행경채
「법령 등 공포에 관한 법률」상 국민의 권리제한 또는 의무부과와 직접 관련되는 법률, 대통령령, 총리령 및 부령은 긴급히 시행하여야 할 특별한 사유가 있는 경우를 제외하고는 공포일부터 적어도 30일이 경과한 날부터 시행되도록 하여야 한다.

09 2009 국가직 7급
법규명령이 그 성립·발효요건을 갖추지 못한 때에는 하자 있는 것으로 된다.

10 2017 교육행정직 9급
위법한 법규명령은 무효이다.

11 2021 지방직·서울시 7급
어느 시행령의 규정이 모법에 저촉되는지가 명백하지 않은 경우에는 모법과 시행령의 다른 규정들과 그 입법취지, 연혁 등을 종합적으로 살펴 모법에 합치된다는 해석도 가능한 경우라면 그 규정을 모법위반으로 무효라고 선언해서는 안 된다.

☞ p.115

01 2017 사회복지직 9급
하위법령은 그 규정이 상위법령의 규정에 명백히 저촉되어 무효인 경우를 제외하고는 관련법령의 내용과 그 입법취지, 연혁 등을 종합적으로 살펴서 그 의미를 상위법령에 합치되는 것으로 해석하여야 한다.

☆ 02 2006 관세사
하자 있는 법규명령은 무효이며, 위헌·위법의 법규명령에 근거한 행정행위는 중대·명백설에 따라 원칙적으로 당연무효라고 할 수 없다.

☆ **03** 1 2 3   2018 국회직 8급

조례가 법률 등 상위법령에 위배되더라도, 그 조례를 위법·무효라고 선언한 대법원의 판결이 선고되지 아니한 상태에서는 그 조례에 근거한 행정처분의 하자는 취소사유에 해당할 뿐 무효사유라 볼 수는 없다.

04 1 2 3   2007 국회직 8급

위임명령은 상위법령의 폐지에 의해 소멸된다.

☆ **05** 1 2 3   2021 지방직·서울시 9급

법규명령의 위임근거가 되는 법률에 대하여 위헌결정이 선고되면 그 위임에 근거하여 제정된 법규명령은 별도의 폐지행위가 없어도 원칙적으로 효력을 상실한다.

☆ **06** 1 2 3   2019 지방직·교육행정직 9급

집행명령은 상위법령이 개정되더라도 개정법령과 성질상 모순·저촉되지 아니하고 개정된 상위법령의 시행에 필요한 사항을 규정하고 있는 이상, 개정법령의 시행을 위한 집행명령이 제정·발효될 때까지는 여전히 그 효력을 유지한다.

07 1 2 3   2016 국회직 8급

법원에 의한 명령·규칙의 위헌·위법심사는 그 위헌 또는 위법의 여부가 재판의 전제가 된 경우에 비로소 가능하다.

08 1 2 3   2012 지방직 9급

법규명령에 대한 사법적 통제로 우리나라는 구체적 규범통제를 원칙으로 한다.

09 1 2 3   2018 소방직 9급

헌법은 대법원이 명령에 대한 심사권한이 있음을 직접 규정하고 있다.

10 1 2 3   2014 경행특채 2차

명령·규칙 또는 처분이 헌법이나 법률에 위반되는 여부가 재판의 전제가 된 경우에는 대법원이 이를 최종적으로 심사할 권한을 가진다.

📖 p.117

01 1 2 3   2018 소방직 9급

대법원은 유신헌법상 긴급조치가 법률이 아니므로 대법원이 심사권을 가진다고 판시하였다.

02 1 2 3   2020 지방직·서울시 7급

법원이 구체적 규범통제를 통해 위헌·위법으로 선언할 심판대상은, 해당 규정의 전부가 불가분적으로 결합되어 있어 일부를 무효로 하는 경우 나머지 부분이 유지될 수 없는 결과를 가져오는 특별한 사정이 없는 한, 원칙적으로 해당 규정 중 재판의 전제성이 인정되는 조항에 한정된다.

03 1 2 3   2019 경행경채 2차

헌법 제107조는 "명령·규칙 또는 처분이 헌법이나 법률에 위반되는 여부가 재판의 전제가 된 경우에는 대법원은 이를 최종적으로 심사할 권한을 가진다."고 규정하고 있는데, 이때 규칙에는 지방자치단체의 조례와 규칙도 포함된다.

04 1 2 3   2019 경행경채 2차

법령보충적 행정규칙은 헌법 제107조의 구체적 규범통제 대상이 되지만, 법규성이 없는 행정규칙은 헌법 제107조의 통제대상이 되지 않는다.

05 1 2 3   2019 경행경채 2차

헌법 제107조에 따른 구체적 규범통제의 결과 처분의 근거가 된 명령이 위법하다는 대법원의 판결이 난 경우, 그 명령은 일반적으로 효력이 상실되는 것이 아니라 당해 사건에 한하여 적용되지 않을 뿐이다.

06 1 2 3   2019 국가직 9급

행정소송에 대한 대법원판결에 의하여 명령·규칙이 헌법 또는 법률에 위반된다는 것이 확정된 경우에는 대법원은 지체 없이 그 사유를 행정안전부장관에게 통보하여야 한다.

☆ **07** 1 2 3   2015 지방직 9급

일반적·추상적인 법령 그 자체로서 국민의 구체적인 권리·의무에 직접적인 변동을 초래하는 것이 아닌 것은 취소소송의 대상이 될 수 없다.

☆ **08** 1 2 3　　　　　　　　　　　　　2018 소방직 9급
처분은 행정청이 행한 구체적 사실에 관한 법집행행위이므로 일반적·추상적 행위는 처분이 아니나, 그 효력이 다른 집행행위의 매개 없이 그 자체로서 직접 국민의 구체적인 권리와 의무나 법률관계를 규율하는 성격을 가지는 처분법규는 처분이 된다.

☆ **09** 1 2 3　　　　　　　　　　　　　2021 소방직 9급
조례가 집행행위의 개입 없이도 그 자체로서 직접 국민의 구체적인 권리·의무나 법적 이익에 영향을 미치는 등의 법률상 효과를 발생하는 경우 그 조례는 항고소송의 대상이 되는 행정처분에 해당한다.

☆ **10** 1 2 3　　　　　　　　　　　　　2009 국가직 7급
법규명령이 헌법이나 법률에 위반되는지 여부에 관한 심사권은 헌법상 헌법재판소의 배타적 권한이 아니다.

☆ **11** 1 2 3　　　　　　　　　　　　　2011 사회복지직 9급
헌법재판소는 법규명령이 재판의 전제가 됨이 없이 직접 개인의 기본권을 침해하는 경우에는 헌법소원의 대상이 된다고 하였다.

☆ **12** 1 2 3　　　　　　　　　　　　　2017 국가직 9급
헌법재판소는 대법원규칙인 구 법무사법 시행규칙에 대해, 법규명령이 별도의 집행행위를 기다리지 않고 직접 기본권을 침해하는 것일 때에는 헌법 제107조 제2항의 명령·규칙에 대한 대법원의 최종심사권에도 불구하고 헌법소원심판의 대상이 된다고 한다.

📖 p.119

01 1 2 3　　　　　　　　　　　　　2017 국가직(하) 9급
입법부가 법률로서 행정부에게 특정한 사항을 위임했음에도 불구하고 행정부가 정당한 이유 없이 이를 이행하지 않는다면 권력분립이 원칙과 법치국가 내지 법치행정의 원칙에 위배된다.

02 1 2 3　　　　　　　　　　　　　2017 서울시 7급
삼권분립의 원칙, 법치행정의 원칙을 당연한 전제로 하고 있는 우리 헌법하에서 행정권의 행정입법 등 법집행의무는 헌법적 의무라고 보아야 한다.

☆ **03** 1 2 3　　　　　　　　　　　　　2021 국회직 8급
행정입법부작위가 위헌 또는 위법이라고 하기 위해서는 행정청에게 행정입법을 하여야 할 작위의무를 전제로 하는 것이므로, 만일 하위 행정입법의 제정 없이 상위법령의 규정만으로도 집행이 이루어질 수 있는 경우라면 행정청에게 하위 행정입법을 제정하여야 할 작위의무가 인정되지 않는다.

☆ **04** 1 2 3　　　　　　　　　　　　　2022 지방직·서울시 7급
행정입법부작위는 부작위위법확인소송의 대상이 될 수 없다.

☆ **05** 1 2 3　　　　　　　　　　　　　2022 지방직·서울시 7급
부작위위법확인소송의 대상이 될 수 있는 것은 구체적 권리·의무에 관한 분쟁이어야 하고 추상적인 법령에 관하여 제정의 여부 등은 그 자체로서 국민의 구체적인 권리·의무에 직접적 변동을 초래하는 것이 아니어서 그 소송의 대상이 될 수 없다.

06 1 2 3　　　　　　　　　　　　　2016 사회복지직 9급
부진정입법부작위에 대해서는 입법부작위 그 자체를 헌법소원의 대상으로 할 수는 없고 법령에 대한 헌법소원을 제기하여야 한다.

☆ **07** 1 2 3　　　　　　　　　　　　　2010 지방직 9급
행정입법부작위의 경우 헌법소원의 대상이 될 수 있다.

08 1 2 3　　　　　　　　　　　　　2015 서울시 7급
행정입법부작위로 인하여 손해가 발생한 경우에 국가배상청구가 인정될 수 있다.

09 1 2 3　　　　　　　　　　　　　2022 소방직 9급
법률에서 군법무관의 보수의 구체적 내용을 시행령에 위임했음에도 불구하고 행정부가 정당한 이유 없이 시행령을 제정하지 않은 것은 불법행위이므로 이에 대하여 국가배상청구를 할 수 있다.

제11강 행정규칙 등

☞ p.121

01 2018 국가직 9급
재량권이 인정되는 영역에서 재량권행사의 기준이 되는 지침을 제정하는 것은 행정청이 법률의 근거규정 없이도 할 수 있는 조치이다.

☆**02** 2017 국가직(하) 7급
재량준칙은 일반적으로 행정조직 내부에서만 효력을 가질 뿐 대외적인 구속력을 갖지 않는다.

☆**03** 2020 소방직 9급
상급행정기관이 하급행정기관에 대하여 업무처리지침이나 법령의 해석・적용에 관한 기준을 정하여 발하는 이른바 행정규칙은 일반적으로 행정조직 내부에서만 효력을 가질 뿐 대외적인 구속력을 갖는 것은 아니다.

04 2014 서울시 9급
법규명령에 위반하는 행위는 위법행위가 된다.

05 2022 국가직 7급
처분이 행정규칙을 위반하였다고 해서 그러한 사정만으로 곧바로 위법하게 되는 것은 아니다.

06 2015 경행특채 2차
행정규칙을 위반하는 행위는 직무상의 의무위반으로 징계사유에 해당한다.

07 2019 서울시 9급
재량권행사의 기준을 정하는 행정규칙을 재량준칙이라 한다.

08 2021 경행경채
전결(專決)과 같은 행정권한의 내부위임은 법령상 처분권자인 행정관청이 내부적인 사무처리의 편의를 도모하기 위하여 그의 보조기관 또는 하급 행정관청으로 하여금 그의 권한을 사실상 행사하게 하는 것으로서 법률의 위임이 있어야만 허용되는 것은 아니다.

09 2022 국회직 8급
전결규정에 위반하여 원래의 전결권자 아닌 보조기관 등이 처분권자인 행정관청의 이름으로 행정처분을 한 경우라도 그 처분을 무효라고 할 수는 없다.

☆**10** 2013 서울시 9급
일반적으로 법규의 성질을 가지지 않는다고 할 수 있는 것은?
① 헌법 ② 법률
③ 대통령령 ④ 부령
⑤ 훈령

[해설]
훈령: 법규 ×, 행정규칙 ○

정답 ⑤

11 2015 경행특채 2차
행정규칙의 종류로는 훈령, 예규, 지시 등이 있다.

☆**12** 2019 국가직 7급
고시가 일반・추상적 성격을 가질 때에는 법규명령 또는 행정규칙에 해당하지만, 고시에 담긴 내용이 구체적 규율의 성격을 갖는다면 행정처분에 해당한다.

☆**13** 2019 서울시 9급
행정규칙인 고시가 법령의 수권에 의해 법령을 보충하는 사항을 정하는 경우에는 근거법령규정과 결합하여 대외적으로 구속력 있는 법규명령의 효력을 갖는다.

☞ p.123

☆**01** 2016 교육행정직 9급
부령의 형식으로 정해진 제재적 처분기준은 행정규칙이다.

02 2022 국가직 9급
부령의 형식으로 정해진 제재적 행정처분의 기준은 그 규정의 성질과 내용이 행정청 내부의 사무처리준칙을 정한 것에 불과하므로 대외적으로 국민이나 법원을 구속하는 것은 아니다.

03 〔1〕〔2〕〔3〕　　　　　　　　2021 지방직·서울시 7급
제재적 행정처분의 기준이 부령의 형식으로 규정되어 있는 경우 그러한 처분기준에 적합하다 하여 곧바로 당해 처분이 적법한 것이라고 할 수는 없다.

04 〔1〕〔2〕〔3〕　　　　　　　　2016 국가직 7급
제재적 처분기준이 부령의 형식으로 규정되어 있는 경우, 그 처분기준에 따른 제재적 행정처분이 현저히 부당하다고 인정할 만한 합리적인 이유가 없는 한 섣불리 그 처분이 재량권의 범위를 일탈하였거나 재량권을 남용한 것이라고 판단해서는 안 된다.

☆ **05** 〔1〕〔2〕〔3〕　　　　　　　　2017 교육행정직 9급
구 식품위생법 시행규칙에서 정한 제재적 처분기준은 행정규칙의 성질을 가진다.

06 〔1〕〔2〕〔3〕　　　　　　　　2018 경행경채 3차
규정형식상 부령인 시행규칙 또는 지방자치단체의 규칙으로 정한 행정처분의 기준은 행정처분 등에 관한 사무처리기준과 처분절차 등 행정청 내의 사무처리준칙을 규정한 것에 불과하므로 행정조직 내부에 있어서의 행정명령의 성격을 지닐 뿐 대외적으로 국민이나 법원을 구속하는 힘이 없다.

☆ **07** 〔1〕〔2〕〔3〕　　　　　　　　2020 지방직·서울시 9급
운전면허에 관한 제재적 행정처분의 기준이 도로교통법 시행규칙 [별표]에 규정되어 있는 경우에는 대외적 구속력을 인정할 수 없다.

☆ **08** 〔1〕〔2〕〔3〕　　　　　　　　2022 지방직·서울시 7급
부령에서 제재적 행정처분의 기준을 정하였다고 하더라도 이에 관한 처분의 적법 여부는 부령에 적합한 것인가의 여부에 따라 판단할 것이 아니라 처분의 근거법률의 규정 및 그 취지에 적합한 것인가의 여부에 따라 판단하여야 한다.

📖 p.125

☆ **01** 〔1〕〔2〕〔3〕　　　　　　　　2014 지방직 9급
구 식품위생법 시행규칙 제53조가 정한 [별표 15]의 행정처분기준은 구 식품위생법 제58조에 따른 영업허가의 취소 등에 관한 행정처분의 기준을 정한 것으로 대외적 구속력은 없다.

☆ **02** 〔1〕〔2〕〔3〕　　　　　　　　2017 서울시 9급
「공공기관의 운영에 관한 법률」에 따라 입찰참가자격 제한 기준을 정하고 있는 구 「공기업·준정부기관 계약사무규칙」, 「국가를 당사자로 하는 계약에 관한 법률 시행규칙」은 대외적으로 국민이나 법원을 기속하는 효력이 없다.

☆ **03** 〔1〕〔2〕〔3〕　　　　　　　　2017 국가직 9급
대법원은 구 「여객자동차 운수사업법 시행규칙」 제31조 제2항 제1·2·6호는 구 「여객자동차 운수사업법」 제11조 제4항의 위임에 따라 시외버스운송사업의 사업계획변경에 관한 절차, 인가기준 등을 구체적으로 규정한 것으로서 이를 행정청 내부의 사무처리준칙을 규정한 행정규칙에 불과하다고 할 수는 없다고 한다.

☆ **04** 〔1〕〔2〕〔3〕　　　　　　　　2017 사회복지직 9급
판례는 종래부터 법령의 위임을 받아 부령으로 정한 제재적 행정처분의 기준을 행정규칙으로 보고, 대통령령으로 정한 제재적 행정처분의 기준은 법규명령으로 보는 경향이 있다.

☆ **05** 〔1〕〔2〕〔3〕　　　　　　　　2015 경행특채 2차
부령의 형식으로 발령된 제재적 처분기준에 대해서 판례는 그 법규성을 부인하고 있다.

☆ **06** 〔1〕〔2〕〔3〕　　　　　　　　2013 국가직 9급
주택건설촉진법 시행령 제10조의3 제1항 [별표 1]은 주택건설촉진법 제7조 제2항의 위임규정에 터잡은 규정형식상 대통령령이므로 대외적으로 국민이나 법원을 구속하는 힘이 있다.

07 〔1〕〔2〕〔3〕　　　　　　　　2015 지방직 7급
「국토의 계획 및 이용에 관한 법률」 및 같은 법 시행령이 정한 이행강제금의 부과기준은 단지 상한을 정한 것에 불과한 것이 아니라 위반행위 유형별로 계산된 특정 금액을 규정한 것이므로 행정청에 이와 다른 이행강제금액을 결정할 재량권이 없다고 보아야 한다.

☞ p.127

☆ **01** ① ② ③   2018 지방직 9급
과징금 부과처분의 기준을 규정하고 있는 구 청소년보호법 시행령 제40조 [별표 6]은 법규명령의 성질을 갖는다.

☆ **02** ① ② ③   2019 지방직·교육행정직 9급
구 청소년보호법 시행령 제40조 [별표 6]의 위반행위의 종별에 따른 과징금처분기준에서 정한 과징금 수액은 정액이 아니고 최고한도액이다.

☆ **03** ① ② ③   2020 군무원 9급
상위법령의 위임에 의하여 정하여진 행정규칙은 위임한계를 벗어나지 아니하는 한 그 상위법령의 규정과 결합하여 대외적인 구속력이 있는 법규명령으로서의 효력을 갖게 된다.

04 ① ② ③   2019 국가직 7급
행정규칙인 고시가 법령의 수권에 의해 법령을 보충하는 사항을 정하는 경우에는 법령보충적 고시로서 근거법령규정과 결합하여 대외적으로 구속력을 가진다.

☆ **05** ① ② ③   2020 국가직 9급
법령의 규정이 특정 행정기관에게 법령내용의 구체적 사항을 정할 수 있는 권한을 부여하면서 권한행사의 절차나 방법을 특정하지 아니한 경우에는 수임행정기관은 행정규칙으로 법령내용이 될 사항을 구체적으로 정할 수 있다.

☆ **06** ① ② ③   2018 국가직 9급
행정각부의 장이 정하는 고시(告示)는 법령의 규정으로부터 구체적 사항을 정할 수 있는 권한을 위임받아 그 법령내용을 보충하는 기능을 가진 경우라면 대외적으로 구속력을 갖는다.

☆ **07** ① ② ③   2013 국가직 9급
국세청장의 훈령형식으로 되어 있는 재산제세사무처리규정은 소득세법 시행령의 위임에 따라 소득세법 시행령의 내용을 보충하는 기능을 가지므로 소득세법 시행령과 결합하여 대외적 효력을 갖는다.

08 ① ② ③   2020 지방직·서울시 7급
상위법령에서 세부사항 등을 시행규칙으로 정하도록 위임하였음에도 이를 고시 등 행정규칙으로 정하였다면 대외적 구속력을 가지는 법규명령으로서 효력이 인정될 수 없다.

☆ **09** ① ② ③   2022 소방직 9급
법령의 규정이 특정 행정기관에게 법령내용의 구체적 사항을 정하도록 권한을 부여하여 특정 행정기관이 행정규칙을 정하였으나 그 행정규칙이 상위법령의 위임범위를 벗어났다면, 그러한 행정규칙은 대외적 구속력을 가지는 법규명령으로서의 효력이 인정되지 않는다.

☞ p.129

☆ **01** ① ② ③   2019 국가직 7급
법령보충적 행정규칙은 법령의 수권에 의하여 인정되고, 그 수권은 포괄위임금지의 원칙상 구체적·개별적으로 한정된 사항에 대하여 행해져야 한다.

☆ **02** ① ② ③   2021 국가직 7급
고시가 비록 법령에 근거를 둔 것이더라도 규정내용이 법령의 위임범위를 벗어난 것일 경우에는 법규명령으로서의 대외적 구속력을 인정할 여지는 없다.

03 ① ② ③   2017 서울시 9급
법률의 위임규정 자체가 그 의미 내용을 정확하게 알 수 있는 용어를 사용하여 위임의 한계를 분명히 하고 있는데도 고시에서 그 문언적 의미의 한계를 벗어나면 이는 위임의 한계를 일탈한 것으로 허용되지 아니한다.

☆ **04** ① ② ③   2018 경행경채 3차
보건사회부장관(현 보건복지부장관)이 정한 1994년도 노인복지사업지침은 노령수당의 지급대상자를 '70세 이상'의 생활보호대상자로 규정함으로써 구 노인복지법 제13조 제2항과 구 노인복지법시행령 제20조 제1항에서 '65세 이상'의 자로 규정한 노령수당의 지급대상자를 부당하게 축소·조정하였으므로 그 부분은 법령의 위임한계를 벗어난 것이다.

05 ① ② ③   2008 관세사
법령보충적 행정규칙이 법규명령의 효력을 갖기 위해서 반드시 공포 등의 절차를 거칠 필요는 없다.

06 1 2 3   2019 서울시 1회 7급

고시가 법령의 규정을 보충하는 기능을 가지면서 그와 결합하여 대외적인 구속력이 있는 법규명령으로서의 효력을 가지는 경우에도 그 자체가 법령은 아니고 행정규칙에 지나지 않으므로 적당한 방법으로 이를 일반인 또는 관계인에게 표시 또는 통보함으로써 그 효력이 발생한다.

07 1 2 3   2011 국회직 9급

행정규칙은 보통 훈령, 고시, 예규의 형식으로 행하여지나 고유한 서식에 따라야 하는 것은 아니다.

08 1 2 3   2018 서울시 1회 7급

하자 있는 행정규칙은, 하자 있는 행정행위가 무효 또는 취소사유가 되는 것과는 달리, 무효가 된다.

☞ p.131

01 1 2 3   2005 대구시 9급

행정규칙은 내부적으로 구속력이 있으므로 공무원은 행정규칙의 적용을 일반적으로 거부할 수 없다.

02 1 2 3   2021 지방직·서울시 7급

행정규칙이 이를 정한 행정기관의 재량에 속하는 사항에 관한 것인 때에는 그 규정내용이 객관적 합리성을 결여하였다는 등의 특별한 사정이 없는 한 법원은 이를 존중하는 것이 바람직하다.

03 1 2 3   2021 군무원 7급

행정규칙의 내용이 상위법령이나 법의 일반원칙에 반하는 것이라면 그것은 법질서상 당연무효이고 취소의 대상이 될 수 없다.

☆ **04** 1 2 3   2019 서울시 1회 7급

행정처분이 법규성이 없는 내부지침 등의 규정에 위배된다고 하더라도 그 이유만으로 처분이 위법하게 되는 것은 아니고, 또 그 내부지침 등에서 정한 요건에 부합한다고 하여 반드시 그 처분이 적법한 것이라고 할 수도 없다.

05 1 2 3   2011 국가직 9급

상급행정기관이 하급행정기관에 대하여 업무처리지침이나 법령의 해석·적용에 관한 기준을 정하여서 발하는 이른바 행정규칙은 일반적으로 행정조직 내부에서만 효력을 가질 뿐 대외적인 구속력을 갖는 것은 아니다.

06 1 2 3   2013 지방직(하) 7급

행정청 내부에서의 사무처리지침이 단순히 하급행정기관을 지도하고 통일적 법해석을 기하기 위하여 상위법규 해석의 준거기준을 제시하는 규범해석규칙의 성격을 가지는 것에 불과한 경우, 그러한 해석기준이 상위법규의 해석상 타당하다고 보여지는 한 그에 따랐다는 이유만으로 행정처분이 위법하게 되는 것은 아니다.

☆ **07** 1 2 3   2008 지방직 9급

재량준칙이 행정청에 의하여 반복 시행되어 행정적 관행으로 성립된 경우, 이는 행정법상 일반원칙을 매개로 하여 간접적으로 대외적인 구속력을 가진다.

☆ **08** 1 2 3   2013 서울시 7급

재량준칙은 행정의 자기구속의 법리에 의거하여 간접적으로 대외적 구속력을 갖는다.

09 1 2 3   2017 사회복지직 9급

설정된 재량기준이 객관적으로 합리적이 아니거나 타당하지 않다고 볼 만한 다른 특별한 사정이 없다면 행정청의 의사는 존중되어야 한다.

☞ p.133

☆ **01** 1 2 3   2018 경행경채

이른바 법령보충적 행정규칙은 상위법령과 결합하여 대외적 구속력을 갖게 된다.

☆ **02** 1 2 3   2015 경행특채 2차

법령보충적 행정규칙은 상위법령과 결합하여 그 위임한계를 벗어나지 아니하는 범위 내에서 상위법령의 일부가 됨으로써 대외적 구속력을 발생한다.

03 ①②③ 2014 경행특채 1차
행정규칙 자체는 원칙적으로 행정소송법상 처분에 해당되지 않는다.

04 ①②③ 2012 국회직 8급
행정규칙이 직접적으로 국민의 권익을 침해하는 경우에는 처분성이 인정되어 항고소송에 의한 사법적 통제를 받게 된다.

05 ①②③ 2018 지방직 7급
법령보충규칙에 해당하는 고시의 관계규정에 의하여 직접 기본권침해를 받는다면 이에 대하여 바로 헌법재판소법 제68조 제1항에 의한 헌법소원심판을 청구할 수 있다.

☆ **06** ①②③ 2016 서울시 9급
헌법재판소 판례에 의하면, 재량준칙인 행정규칙도 행정의 자기구속의 법리에 의거하여 헌법소원심판의 대상이 될 수 있다.

☆ **07** ①②③ 2020 국가직 9급
재량권행사의 준칙인 행정규칙이 그 정한 바에 따라 되풀이 시행되어 행정관행이 형성되어 행정기관이 그 상대방에 대한 관계에서 그 행정규칙에 따라야 할 자기구속을 당하게 되는 경우에는 그 행정규칙은 헌법소원의 심판대상이 될 수도 있다.

제12강 행정행위의 기초개념

☞ p.135

01 ①②③ 2003 관세사
행정행위의 개념은 학문상 발전되어 온 개념이다.

02 ①②③ 2017 국가직 9급
행정소송법상 처분의 개념과 강학상 행정행위의 개념이 다르다고 보는 견해는 처분의 개념을 강학상 행정행위의 개념보다 넓게 본다.

☆ **03** ①②③ 2015 서울시 9급
행정권한을 위임받은 사인도 행정청으로서 행정행위를 할 수 있다.

☆ **04** ①②③ 2014 국가직 9급
교통안전공단이 구 교통안전공단법에 의거하여 교통안전분담금 납부의무자에게 한 분담금 납부통지는 행정처분이다.

05 ①②③ 2007 국회직 8급
행정행위는 행정청이 행하는 구체적 사실에 관한 법집행작용이라는 점에서 행정청에 의한 법의 제정작용은 행정행위가 아니다.

06 ①②③ 2009 관세사
특정 장소에의 통행금지와 같은 불특정 다수인에 대한 규율행위는 행정행위에 해당한다.

☆ **07** ①②③ 2016 서울시 9급
구체적 사실과 관련하여 불특정 다수인을 대상으로 하여 발하여지는 행정청의 권력적·단독적 규율행위인 일반처분도 행정행위의 한 유형에 속한다.

☞ p.137

☆ **01** ①②③ 2021 경행경채
횡단보도를 설치하여 보행자 통행방법 등을 규제하는 것은 특정사항에 대하여 의무의 부담을 명하는 행위이고, 이는 국민의 권리·의무에 직접 관계가 있는 행위로서 행정처분이다.

02 ①②③ 2015 서울시 9급
부하 공무원에 대한 상관의 개별적인 직무명령은 행정행위가 아니다.

03 ①②③ 2007 국회직 8급
다른 행정청의 동의를 얻어야 하는 행정행위에서 다른 행정청의 동의 그 자체는 외부성이 없으므로 행정행위가 아니다.

04 1 2 3 2015 교육행정직 9급
행정행위는 법적 행위이므로, 행정청이 도로를 보수하는 행위는 행정행위가 아니다.

05 1 2 3 2021 소방직 9급
건설부장관(현 국토교통부장관)이 행한 국립공원지정처분에 따른 경계측량 및 표지의 설치 등은 처분이 아니다.

06 1 2 3 2015 교육행정직 9급
행정청이 특정인에게 어업권과 같이 사권의 성질을 가지는 권리를 설정하는 행위는 공법에 근거한 공법상의 행위이므로 행정행위이다.

07 1 2 3 2012 사회복지직 9급
대물적 행정행위는 그 효과가 승계된다.

☆**08** 1 2 3 2019 국가직 9급
건축허가는 대물적 허가에 해당하므로, 허가의 효과는 허가대상 건축물에 대한 권리변동에 수반하여 이전되고 별도의 승인처분에 의하여 이전되는 것은 아니다.

p.139

01 1 2 3 2019 서울시 2회 7급
재량행위와 기속행위의 구분기준에 관한 효과재량설에 따르면 수익적 행정행위는 법규상 또는 해석상 특별한 기속이 없는 한 재량행위이다.

☆**02** 1 2 3 2020 지방직·서울시 9급
기속행위와 재량행위의 구분은 당해 행위의 근거가 된 법규의 체재·형식과 그 문언, 당해 행위가 속하는 행정 분야의 주된 목적과 특성, 당해 행위 자체의 개별적 성질과 유형 등을 모두 고려하여 판단하여야 한다.

03 1 2 3 2017 경행경채
어느 행정행위가 기속행위인지 재량행위인지 나아가 재량행위라고 할지라도 기속재량행위인지 또는 자유재량에 속하는 것인지의 여부는 이를 일률적으로 규정지을 수는 없는 것이고, 당해 처분의 근거가 된 규정의 형식이나 체재 또는 문언에 따라 개별적으로 판단하여야 한다.

04 1 2 3 2021 국회직 8급
주택법상 주택건설사업계획의 승인은 재량행위에 해당하므로, 처분권자는 주택건설사업계획이 법령이 정하는 제한사유에 배치되지 않는 경우에도 공익상 필요가 있으면 사업계획승인신청에 대하여 불허가결정을 할 수 있다.

05 1 2 3 2021 경행경채
마을버스운송사업면허의 허용 여부는 사업구역의 교통수요, 노선결정, 운송업체의 수송능력, 공급능력 등에 관하여 기술적·전문적인 판단을 요하는 분야로서 이에 관한 행정처분은 운수행정을 통한 공익실현과 아울러 합목적성을 추구하기 위하여 보다 구체적 타당성에 적합한 기준에 의하여야 할 것이므로 그 범위 내에서는 법령이 특별히 규정한 바가 없으면 행정청의 재량에 속한다.

06 1 2 3 2019 소방직 9급
개인택시운송사업면허는 특정인에게 권리나 이익을 부여하는 재량행위이다.

07 1 2 3 2017 지방직(하) 9급
야생동·식물보호법상 곰의 웅지를 추출하여 비누, 화장품 등의 재료를 사용할 목적으로 곰의 용도를 '사육곰'에서 '식·가공품 및 약용재료'로 변경하겠다는 내용의 국제적 멸종위기종의 용도변경승인행위는 재량행위이다.

08 1 2 3 2020 지방직·서울시 9급
「국토의 계획 및 이용에 관한 법률」상 개발행위허가는 허가기준 및 금지요건이 불확정개념으로 규정된 부분이 많아 그 요건에 해당하는지 여부는 행정청의 재량판단의 영역에 속한다.

09 1 2 3 2021 국회직 8급
「부동산 실권리자명의 등기에 관한 법률 시행령」 제3조의2 단서는 조세를 포탈하거나 법령에 의한 제한을 회피할 목적이 아닌 경우에 과징금의 100분의 50을 감경할 수 있다고 규정하고 있으므로 감경사유가 존재하더라도 과징금을 감경할 것인지 여부는 과징금 부과관청의 재량에 속한다.

10 〔1〕〔2〕〔3〕　2018 경행경채 3차
구 국유재산법 제51조 제1항에 의한 국유재산의 무단점유 등에 변상금 징수 여부는 기속행위에 해당한다.

11 〔1〕〔2〕〔3〕　2022 지방직·서울시 9급
국가공무원법상 휴직사유 소멸을 이유로 한 신청에 대한 복직명령은 기속행위이다.

📖 p.141

01 〔1〕〔2〕〔3〕　2022 서울시 지적 7급
기속행위란 법규상의 구성요건에서 정한 요건이 충족되면 행정청이 반드시 어떤 행위를 하거나 하지 말아야 하는 행정행위를 말한다.

02 〔1〕〔2〕〔3〕　2021 소방직 9급
재량행위가 합목적성의 판단을 그르친 경우에는 부당한 처분으로서 행정소송의 대상이 되지 않는다.

☆ **03** 〔1〕〔2〕〔3〕　2020 국가직 7급
기속행위의 경우 법원이 사실인정과 관련법규의 해석·적용을 통하여 일정한 결론을 도출한 후 그 결론에 비추어 행정청이 한 판단의 적법 여부를 독자의 입장에서 판정한다.

☆ **04** 〔1〕〔2〕〔3〕　2021 국회직 8급
재량행위에 대한 사법심사에 있어서 법원은 사실인정과 관련법규의 해석·적용을 통하여 일정한 결론을 도출함이 없이 당해 행위에 재량권의 일탈·남용이 있는지 여부를 심사한다.

☆ **05** 〔1〕〔2〕〔3〕　2014 국회직 8급
행정청의 재량이란 언제나 의무에 합당한 재량을 의미하며 재량권의 남용이나 일탈이 있는 때에는 사법심사의 대상이 된다.

☆ **06** 〔1〕〔2〕〔3〕　2016 교육행정직 9급
재량권의 일탈·남용이 있으면 위법하다.

07 〔1〕〔2〕〔3〕　2022 서울시 지적 7급
행정청의 재량에 속하는 처분이라도 재량권의 한계를 넘거나 그 남용이 있을 때에는 법원은 이를 취소할 수 있다.

📖 p.143

01 〔1〕〔2〕〔3〕　2012 사회복지직 9급
제재적 행정처분이 사회통념상 재량권의 범위를 일탈하였거나 남용하였는지 여부는 처분사유로 된 위반행위의 내용과 당해 처분행위에 의하여 달성하려는 공익목적 및 이에 따르는 제반 사정 등을 객관적으로 심리하여 공익침해의 정도와 그 처분으로 인하여 개인이 입게 될 불이익을 비교·교량하여 판단하여야 한다.

02 〔1〕〔2〕〔3〕　2008 국가직 9급
학생에 대한 징계권의 발동이나 징계의 양정(量定)이 징계권자의 교육적 재량에 맡겨져 있다 할지라도 법원이 심리한 결과 그 징계처분에 위법한 사유가 있다고 판단되는 경우에는 이를 취소할 수 있다.

03 〔1〕〔2〕〔3〕　2011 사회복지직 9급
법률에서 정한 액수 이상의 과태료를 부과한 처분은 부당한 처분이 아니라 위법한 처분이다.

04 〔1〕〔2〕〔3〕　2015 국가직 9급
재량권의 일탈이란 재량권의 외적 한계를 벗어난 것을 말하고, 재량권의 남용이란 재량권의 내적 한계를 벗어난 것을 말한다.

05 〔1〕〔2〕〔3〕　2020 국가직 7급
사실의 존부에 대한 판단에는 재량권이 인정될 수 없으므로 사실을 오인하여 재량권을 행사한 경우라면 그 처분은 위법하게 된다.

06 〔1〕〔2〕〔3〕　2015 국가직 9급
재량권의 불행사에는 재량권을 충분히 행사하지 아니한 경우도 포함된다.

07 〔1〕〔2〕〔3〕　2021 군무원 7급
행정청이 제재처분의 양정을 하면서 공익과 사익의 형량을 전혀 하지 않았거나 이익형량의 고려대상에 마땅히 포함되어야 할 사항을 누락한 경우 또는 이익형량을 하였으나 정당성·객관성이 결여된 경우에는 제재처분은 재량권을 일탈·남용한 것이라고 보아야 한다.

08 1 2 3 ・ 2022 소방직 9급

행정청이 제재처분 양정을 하면서 처분 상대방에게 법령에서 정한 임의적 감경사유가 있는 경우, 그 감경사유까지 고려하고도 감경하지 않은 채 개별처분기준에서 정한 상한으로 처분을 하였다면 재량권을 일탈·남용하였다고 단정할 수 없다.

p.145

01 1 2 3 ・ 2019 사회복지직 9급

민원사무를 처리하는 행정기관이 민원조정위원회를 개최하면서 민원인에게 그 회의일정 등을 사전에 통지하여야 함에도 불구하고 그러하지 아니한 경우에 이러한 사정만으로 곧바로 그 민원사항에 대한 행정기관의 장의 거부처분이 위법하다고 볼 수는 없다.

02 1 2 3 ・ 2018 경행경채

민원사무를 처리하는 행정기관이 민원1회방문처리제를 시행하는 절차의 일환으로 민원사항의 심의·조정 등을 위한 민원조정위원회를 개최하면서 사전통지의 흠결로 민원인에게 의견진술의 기회를 주지 아니한 결과 민원조정위원회의 심의과정에서 고려대상에 마땅히 포함시켜야 할 사항을 누락하는 등 재량권의 불행사 또는 해태로 볼 수 있는 구체적 사정이 있다면, 그 거부처분은 재량권을 일탈·남용한 것으로서 위법하다.

03 1 2 3 ・ 2021 소방직 9급

청소년유해매체물로 결정·고시된 만화인 사실을 모르고 있던 도서대여업자가 그 고시일로부터 8일 후에 청소년에게 그 만화를 대여한 것을 사유로 그 도서대여업자에게 금 700만원의 과징금이 부과된 경우, 그 과징금 부과처분은 재량권을 일탈·남용한 것으로서 위법하다.

04 1 2 3 ・ 2012 사회복지직 9급

생물학적 동등성 시험 자료에 조작이 있음을 이유로 해당 의약품의 회수, 폐기를 명한 처분에 어떠한 재량권의 일탈·남용이 있다고 할 수는 없다.

05 1 2 3 ・ 2022 소방직 9급

학교법인의 임원이 교비회계자금을 법인회계로 부당전출하였고, 업무집행에 있어서 직무를 태만히 하여 학교법인이 이를 시정하기 위한 노력을 하였으나 결과적으로 대부분의 시정요구사항이 이행되지 아니하였던 점 등을 고려하면, 교육부장관의 임원승인취소처분은 재량권을 일탈·남용한 것으로 볼 수 없다.

06 1 2 3 ・ 2015 경행특채 2차

경찰공무원이 교통법규위반 운전자에게 만원권 지폐 한 장을 두 번 접어서 면허증과 함께 달라고 한 경우에 내려진 해임처분은 징계재량권의 일탈·남용이 아니다.

07 1 2 3 ・ 2015 사회복지직 9급

전국공무원노동조합 시지부 사무국장이 지방공무원 복무조례개정안에 대한 의견을 표명하기 위하여 전국공무원노동조합 간부들과 함께 시장의 사택을 방문하였고, 이에 징계권자가 시장 개인의 명예와 시청의 위신을 실추시키고 지방공무원법에서 정한 집단행위 금지의무를 위반하였다는 등의 이유로 사무국장을 파면처분한 것은 재량권의 일탈·남용에 해당되지 않는다.

p.147

01 1 2 3 ・ 2017 국가직 9급

판단여지를 긍정하는 학설은 판단여지는 법률요건 인식의 문제이고 재량은 법률효과 선택의 문제라는 점, 양자는 그 인정근거와 내용 등을 달리하는 점에서 구별하는 것이 타당하다고 한다.

02 1 2 3 ・ 2010 국회속기직

판례는 재량행위와 판단여지를 구분하지 않고 판단여지가 인정될 수 있는 경우에도 재량권이 인정되는 것으로 본다.

03 1 2 3 ・ 2010 지방직 9급

판례는 교과서검정의 위법성을 재량심사에 의하여 판단하고 있다.

04 1 2 3 2013 지방직(하) 7급
판례는 공무원 임용을 위한 면접전형에서 임용신청자의 능력이나 적격성 등에 관한 판단이 면접위원의 자유재량에 속한다고 보고 있다.

05 1 2 3 2015 국회직 8급
구 전염병예방법 제54조의2 제2항에 따른 예방접종으로 인한 질병, 장애 또는 사망의 인정 여부 결정은 보건복지가족부장관(현 보건복지부장관)의 재량에 속한다.

06 1 2 3 2021 국회직 8급
의료법상 신의료기술의 안전성·유효성 평가나 신의료기술의 시술로 국민보건에 중대한 위해가 발생하거나 발생할 우려가 있는지 여부에 대한 판단과, 그 경우 행정청이 어떠한 종류와 내용의 지도나 명령을 할 것인지의 판단에 관해서는 행정청에 재량권이 부여되어 있다.

07 1 2 3 2017 지방직(하) 9급
「개발제한구역의 지정 및 관리에 관한 특별조치법」 및 구 「액화석유가스의 안전관리 및 사업법」 등의 관련법규에 의하면, 개발제한구역에서의 자동차용 액화석유가스충전사업허가는 그 기준 내지 요건이 불확정개념으로 규정되어 있으므로 그 허가 여부를 판단함에 있어서 행정청에 재량권이 부여되어 있다고 보아야 한다.

제13강 행정행위의 내용

p.149

01 1 2 3 2015 국가직 7급
형성적 행정행위는 명령적 행정행위와 함께 법률행위적 행정행위에 속하며, 이에는 특허·인가·대리가 속한다.

02 1 2 3 2008 지방직 9급
하명은 법령의 근거를 요하므로 법령이 정한 요건이 갖추어졌을 때에 행하여진다.

03 1 2 3 2008 지방직 9급
하명의 대상은 법률행위뿐만 아니라 사실행위일 수도 있다.

04 1 2 3 2008 지방직 9급
하명은 대부분 개별적·구체적 규율로서 행하여지나 일반처분으로도 행하여진다.

05 1 2 3 2008 지방직 9급
하명에 위반한 법률행위의 효과는 유효함이 원칙이다.

06 1 2 3 2021 군무원 9급
실정법상으로는 허가 이외에 면허, 인가, 인허, 승인 등의 용어가 사용되고 있기 때문에 그것이 학문상 개념인 허가에 해당하는지 검토할 필요가 있다.

☆**07** 1 2 3 2019 서울시 9급
지방경찰청장(현 시·도경찰청장)이 운전면허시험에 합격한 사람에게 발급하는 운전면허는 강학상 허가이다.

08 1 2 3 2021 군무원 9급
허가란 법령에 의해 금지된 행위를 일정한 요건을 갖춘 경우에 그 금지를 해제하여 적법하게 행위할 수 있게 해준다는 의미에서 상대적 금지와 관련되는 경우이다.

☆**09** 1 2 3 2011 국가직 9급
전통적 견해에 따르면 허가는 일반적 금지를 해제하여 본래의 자유를 회복시켜 주는 명령적 행위라고 할 수 있다.

10 1 2 3 2020 경행경채
한의사 면허는 경찰금지를 해제하는 명령적 행위인 강학상 허가에 해당한다.

p.151

01 1 2 3 2018 경행경채
식품위생법상 일반음식점영업허가는 성질상 일반적 금지의 해제에 불과하므로 허가권자는 허가신청이 법에서 정한 요건을 구비한 때에는 허가를 하여야 하고, 관계법령에서 정하는 제한사유 외의 사유를 들어 허가신청을 거부할 수 없다.

02 1 2 3 2021 행정사
기부금품모집규제법상 기부금품모집허가는 강학상 허가에 해당한다.

03 2014 지방직 9급
주류판매업면허는 강학상의 허가로 해석되므로 주세법에 열거된 면허제한사유에 해당하지 아니하는 한 면허관청으로서는 임의로 그 면허를 거부할 수 없다.

☆ **04** 2019 사회복지직 9급
환경의 보전 등 중대한 공익상 필요가 있다고 인정되면 법규에 명문의 근거가 없더라도 산림훼손기간연장허가를 거부할 수 있다.

05 2012 사회복지직 9급
입목굴채허가는 재량행위에 해당한다.

06 2016 교육행정직 9급
숙박용 건물의 건축허가는 중대한 공익상의 이유가 있는 경우 이익형량의 한도 내에서 재량행위가 되므로 예외적으로 그 허가를 거부할 수 있다.

☆ **07** 2019 국가직 9급
건축허가권자는 신청이 법령상 요건을 구비한 경우 원칙적으로 건축허가를 하여야 하고, 중대한 공익상의 필요가 없는데도 관계법령에서 정하는 제한사유 이외의 사유를 들어 요건을 갖춘 자에 대한 허가를 거부할 수는 없다.

☆ **08** 2019 서울시 1회 7급
건축허가는 원칙상 기속행위이지만 중대한 공익상 필요가 있는 경우 예외적으로 건축허가를 거부할 수 있다.

☆ **09** 2012 국회(속기·경위직) 9급
판례는 허가의 성격을 기속행위로 본 경우도 있고, 재량행위로 본 경우도 있다.

☆ **10** 2021 국가직 7급
「국토의 계획 및 이용에 관한 법률」상 토지의 형질변경허가는 그 금지요건이 불확정개념으로 규정되어 있으므로, 동법상 지정된 도시지역 안에서 토지의 형질변경행위를 수반하는 건축법상의 건축허가는 재량행위이다.

☆ **11** 2020 국가직 7급
의제되는 인·허가가 재량행위인 경우에는 주된 인·허가가 기속행위인 경우에도 인·허가가 의제되는 한도 내에서 재량행위로 보아야 한다.

12 2005 관세사
허가의 대상은 사실행위뿐만 아니라 법률행위일 경우도 있다.

13 2005 관세사
대법원 판례에 의하면 허가신청과 다른 내용의 허가는 당연무효가 아니다.

14 2011 국가직 7급
개축허가신청에 대해 착오로 행한 용도변경허가는 무효가 아니다.

📖 p.153

01 2007 국회직 8급
허가의 효과는 당해 허가행정청의 관할구역 내에서만 미치는 것이 원칙이지만 법령의 규정이 있거나 허가의 성질상 관할구역에 국한시킬 것이 아닌 경우에는 관할구역 외에까지 그 효과가 미치게 된다.

☆ **02** 2019 지방직·교육행정직 9급
甲이 강학상 허가에 해당하는 식품위생법상 영업허가를 신청하여 甲에게 허가가 부여된 이후 乙에게 또 다른 신규허가가 행해진 경우에, 특별한 규정이 없다면 甲에게는 乙에 대한 신규허가를 다툴 수 있는 원고적격이 인정되지 않는다.

03 2019 소방직 9급
유기장영업허가는 강학상 허가에 해당한다.

☆ **04** 2016 사회복지직 9급
담배 일반소매인으로 지정되어 영업을 하고 있는 기존업자의 신규 일반소매인에 대한 이익은 법률상 보호되는 이익이다.

☆ **05** 1 2 3　　　　　　　　　　　　　　　2014 서울시 9급
담배 일반소매인으로 지정되어 있는 기존업자가 신규 담배 구내소매인 지정처분을 다투는 경우 원고적격이 없다.

06 1 2 3　　　　　　　　　　　　　　　2014 서울시 9급
분뇨 관련 영업허가를 받은 기존업자가 다른 업자에 대한 영업허가처분을 다투는 경우 원고적격이 있다.

07 1 2 3　　　　　　　　　　　　　　2015 경행특채 2차
허가의 경우 특별한 규정이 없는 한 관계법상의 금지가 해제될 뿐이고, 타법상의 제한까지 해제되는 것은 아니다.

08 1 2 3　　　　　　　　　　　2019 지방직·교육행정직 9급
甲은 강학상 허가에 해당하는 식품위생법상 영업허가를 신청하였다. 甲이 공무원인 경우 허가를 받으면 이는 식품위생법상의 금지를 해제할 뿐이지 국가공무원법상의 영리업무금지까지 해제하여 주는 효과가 있는 것은 아니다.

☆ **09** 1 2 3　　　　　　　　　　　　　　　2006 국가직 7급
도로법 제50조 제1항에 의하여 접도구역으로 지정된 지역 안에 있는 건물에 관하여 같은 법조 제4·5항에 의하여 도로관리청으로부터 개축허가를 받았다 해도 건축법 제5조 제1항에 의한 건축허가를 다시 받아야 한다.

10 1 2 3　　　　　　　　　　　　　　　2013 서울시 9급
인·허가 의제제도는 하나의 인·허가를 받으면 다른 허가, 인가, 특허, 신고 또는 등록 등을 받은 것으로 보는 제도를 말한다.

11 1 2 3　　　　　　　　　　　　　　　2013 서울시 9급
인·허가 의제제도는 복합민원의 일종으로 민원인에게 편의를 제공하는 원스톱 서비스의 기능을 수행하게 된다.

12 1 2 3　　　　　　　　　　　　　　2019 서울시 2회 7급
건축법에서 인·허가 의제제도를 둔 취지는, 인·허가 의제 사항과 관련하여 건축허가의 관할행정청으로 창구를 단일화하고 절차를 간소화하며 비용과 시간을 절감함으로써 국민의 권익을 보호하려는 것이다.

13 1 2 3　　　　　　　　　　　　　　　2021 국가직 9급
건축법에서 관련 인·허가 의제제도를 둔 취지는 인·허가 의제사항 관련법률에 따른 각각의 인·허가 요건에 관한 일체의 심사를 배제하려는 것이 아니다.

📖 p.155

☆ **01** 1 2 3　　　　　　　　　　　　　　　2018 국가직 7급
인·허가 의제는 행정청의 소관사항과 관련하여 권한행사의 변경을 가져오므로 법령의 근거를 필요로 한다.

☆ **02** 1 2 3　　　　　　　　　　　　　　　2013 서울시 9급
인·허가 의제가 인정되는 경우 민원인은 주된 인·허가를 신청할 때 관련 인·허가에 필요한 서류를 함께 주된 인·허가 행정청에 제출하여야 한다.

03 1 2 3　　　　　　　　　　　　　　　2016 지방직 7급
주된 인·허가처분이 관계기관의 장과 협의를 거쳐 발령된 이상 의제되는 인·허가에 법령상 요구되는 주민의 의견청취 등의 절차는 거칠 필요가 없다.

04 1 2 3　　　　　　　　　　　　2022 지방직·서울시 7급
행정청이 주택법상 주택건설사업계획을 승인하면 「국토의 계획 및 이용에 관한 법률」상의 도시·군관리계획결정이 이루어진 것으로 의제되는데, 이 경우 도시·군관리계획 결정권자와의 협의절차와 별도로 「국토의 계획 및 이용에 관한 법률」에서 정한 도시·군관리계획 입안을 위한 주민의 견청취절차를 거칠 필요는 없다.

05 1 2 3　　　　　　　　　　　　　　　2022 소방직 9급
건축물의 건축이 「국토의 계획 및 이용에 관한 법률」상 개발행위에 해당할 경우 그 건축의 허가권자는 개발행위허가가 의제되는 건축허가신청이 국토계획법령이 정한 개발행위허가기준에 부합하지 아니하면 이를 거부할 수 있다.

📖 p.157

01 1 2 3　　　　　　　　　　　　　　　2016 지방직 7급
주된 인·허가에 의해 의제되는 인·허가는 원칙적으로 주된 인·허가로 인한 사업을 시행하는 데 필요한 범위 내에서만 그 효력이 유지되는 것이므로, 주된 인·허가로 인한 사업이 완료된 이후에는 효력이 없다.

☆ **02** 1 2 3　　　　　　　　　　　　2018 국가직 7급

주된 인·허가에 관한 사항을 규정하고 있는 법률에서 주된 인·허가가 있으면 다른 법률에 의한 인·허가를 받은 것으로 의제한다는 규정을 둔 경우, 주된 인·허가가 있으면 다른 법률에 의하여 인·허가를 받았음을 전제로 하는 그 다른 법률의 모든 규정들까지 적용되는 것은 아니다.

☆ **03** 1 2 3　　　　　　　　　　　　2018 국가직 7급

A허가에 대해 B허가가 의제되는 것으로 규정된 경우, A불허가처분을 하면서 B불허가사유를 들고 있다고 해서 A불허가처분과 별개로 B불허가처분이 존재하는 것은 아니다.

04 1 2 3　　　　　　　　　　　　2021 변호사

공유수면매립면허처분 이후에 매립실시계획이 승인되면, 공유수면법에 의해 다른 법률상의 인가·허가가 의제될 수 있는데, 이 경우 의제된 인·허가는 통상적인 인·허가와 동일한 효력을 가진다.

☞ p.159

☆ **01** 1 2 3　　　　　　　　　　　　2020 국가직 9급

어떠한 허가처분에 대하여 타법상의 인·허가가 의제된 경우, 의제된 인·허가는 통상적인 인·허가와 동일한 효력을 가지므로 '부분 인·허가 의제'가 허용되는 경우 그 의제된 인·허가에 대한 쟁송취소는 허용된다.

☆ **02** 1 2 3　　　　　　　　　　　　2022 지방직·서울시 7급

주된 인·허가에 의해 의제된 인·허가는 통상적인 인·허가와 동일한 효력을 가지고, '부분 인·허가 의제'가 허용되는 경우 의제된 인·허가의 취소나 철회가 허용될 수 있으므로 이해관계인이 의제된 인·허가의 위법함을 다투고자 하는 경우에는 의제된 인·허가 처분을 항고소송의 대상으로 삼아야 한다.

☆ **03** 1 2 3　　　　　　　　　　　　2022 지방직·서울시 7급

행정청이 건축불허가처분을 하면서 그 처분사유로 건축불허가사유뿐만 아니라 그 의제의 대상이 되는 형질변경불허가사유나 농지전용불허가사유를 들고 있다고 하여 그 건축불허가처분 외에 별도로 형질변경불허가처분이나 농지전용불허가처분이 존재하는 것은 아니다.

04 1 2 3　　　　　　　　　　　　2019 지방직·교육행정직 9급

甲이 강학상 허가에 해당하는 식품위생법상 영업허가를 신청하였는데, 甲에 대해 허가가 거부되었음에도 불구하고 甲이 영업을 한 경우, 당해 영업행위는 사법(私法)상 효력이 있는 것이 원칙이다.

05 1 2 3　　　　　　　　　　　　2014 사회복지직 9급

허가를 받아야 할 행위를 허가받지 아니하고 행한 경우, 그 행위는 행정강제나 행정벌의 대상은 되지만 **법률상의 효력은 유효함이 원칙이다.**

06 1 2 3　　　　　　　　　　　　2019 사회복지직 9급

건축허가는 수허가자에게 어떤 새로운 권리나 능력을 부여하는 것이 아니다.

07 1 2 3　　　　　　　　　　　　2014 지방직 9급

건축허가시 건축허가서에 건축주로 기재된 자가 당연히 그 건물의 소유권을 취득하는 것은 아니며, 건축 중인 건물의 소유자와 건축허가의 건축주가 일치할 필요는 없다.

08 1 2 3　　　　　　　　　　　　2005 관세사

대물적 허가는 양도와 친하다.

☆ **09** 1 2 3　　　　　　　　　　　　2017 서울시 9급

양도인의 위법행위로 양도인에게 이미 제재처분이 내려진 경우에 영업정지 등 그 제재처분의 효력은 양수인에게 당연히 이전된다.

☆ **10** 1 2 3　　　　　　　　　　　　2018 소방직 9급

판례는 대물적 영업의 양도의 경우 명시적인 규정이 없는 경우에도 양도 전에 존재하는 영업정지사유를 이유로 양수인에 대해서도 영업정지처분을 할 수 있다고 보고 있다.

☆ **11** 1 2 3　　　　　　　　　　　　2015 경행특채 2차

대물적 허가의 성질을 갖는 석유판매업이 양도된 경우, 양도인에게 허가를 취소할 위법사유가 있다면 이를 이유로 양수인에게 제재조치를 취할 수 있다.

☆ 12 1 2 3　　　　　　　　　　　2017 서울시 9급
회사분할시 분할 전 회사에 대한 제재사유가 신설회사에 대하여 승계되지 않으므로 회사의 분할 전 법위반행위를 이유로 신설회사에 대하여 과징금을 부과하는 것은 허용되지 않는다.

☆ 13 1 2 3　　　　　　　　　　　2020 국가직 7급
개인택시운송사업의 양도·양수에 대한 인가가 있은 후에 그 양도·양수 이전에 있었던 양도인에 대한 운송사업면허 취소사유를 들어 양수인의 사업면허를 취소할 수 있다.

📄 p.161

☆ 01 1 2 3　　　　　　　　　　　2022 소방직 9급
허가신청 후 허가기준이 변경된 경우에는 원칙적으로 처분시의 기준인 변경된 허가기준에 따라서 처분하여야 한다.

☆ 02 1 2 3　　　　　　　　　　　2022 서울시 지적 7급
당사자의 신청에 따른 처분은 법령 등에 특별한 규정이 있거나 처분 당시의 법령 등을 적용하기 곤란한 특별한 사정이 있는 경우를 제외하고는 처분 당시의 법령 등에 따른다.

☆ 03 1 2 3　　　　　　　　　　2019 지방직·교육행정직 9급
甲은 강학상 허가에 해당하는 식품위생법상 영업허가를 신청하였는데, 甲이 허가를 신청한 이후 관계법령이 개정되어 허가요건을 충족하지 못하게 된 경우, 행정청이 허가신청을 수리하고도 정당한 이유 없이 그 처리를 늦추어 그 사이에 허가기준이 변경된 것이 아닌 이상 甲에게는 불허가처분을 하여야 한다.

04 1 2 3　　　　　　　　　　　2015 경행특채 2차
허가의 요건은 법령으로 규정되어야 하며, 법령의 근거 없이 행정권이 독자적으로 허가요건을 추가하는 것은 허용되지 아니한다.

☆ 05 1 2 3　　　　　　　　　　　2006 국회직 8급
건설업면허의 갱신은 기존 면허의 효력의 동일성을 유지하면서 장래에 향하여 지속시키는 데 그친다.

☆ 06 1 2 3　　　　　　　　　　　2017 국가직 7급
허가의 갱신은 허가취득자에게 종전의 지위를 계속 유지시키는 효과를 갖게 하는 것으로 갱신 후라도 갱신 전 법위반사실을 근거로 허가를 취소할 수 있다.

07 1 2 3　　　　　　　　　　　2022 국가직 7급
기한의 도래로 실효한 종전의 허가에 대한 기간연장신청은 종전의 허가처분을 전제로 하여 단순히 그 유효기간을 연장하여 주는 행정처분을 구하는 것이라기보다는 새로운 허가를 내용으로 하는 행정처분을 구하는 것으로 보아야 한다.

08 1 2 3　　　　　　　　　　　2015 국회직 8급
갱신신청 없이 유효기간이 지나면 주된 행정행위는 효력이 상실되므로 갱신기간이 지나 신청한 경우에는 기간연장신청이 아니라 새로운 허가신청으로 보아야 하며 허가요건의 충족 여부를 새로이 판단하여야 한다.

☆ 09 1 2 3　　　　　　　　　　　2018 지방직 9급
허가에 붙은 기한이 그 허가된 사업의 성질상 부당하게 짧은 경우에 그 기한은 허가 자체의 존속기간이 아니라 허가조건의 존속기간으로 보아야 한다.

10 1 2 3　　　　　　　　　　　2017 사회복지직 9급
허가에 붙은 기한이 부당하게 짧은 경우에 허가기간의 연장신청이 없는 상태에서 허가기간이 만료하였다면 주된 행정행위의 효력은 상실된다.

📄 p.163

☆ 01 1 2 3　　　　　　　　　　　2019 서울시 2회 7급
허가에 붙은 기한이 그 허가된 사업의 성질상 부당하게 짧은 경우에는 이를 그 허가조건의 존속기간으로 보아야 한다.

☆ 02 1 2 3　　　　　　　　　　　2020 국가직 9급
허가에 붙은 기한이 그 허가된 사업의 성질상 부당하게 짧아 그 기한을 허가조건의 존속기간으로 볼 수 있는 경우에 허가기간이 연장되기 위하여는 그 종기가 도래하기 전에 그 허가기간의 연장에 관한 신청이 있어야 한다.

03 2021 국가직 9급

허가에 붙은 기한이 그 허가된 사업의 성질상 부당하게 짧아 이 기한을 허가 자체의 존속기간이 아닌 허가조건의 존속기간으로 해석할 수 있더라도, 그 후 당초의 기한이 상당 기간 연장되어 그 기한이 부당하게 짧은 경우에 해당하지 아니하게 된 경우에는 허가 여부의 재량권을 가진 행정청은 허가조건의 개정만을 고려하여야 하는 것은 아니고, 재량권의 행사로서 더 이상의 기간연장을 불허가하여 허가의 효력을 상실시킬 수 있다.

04 2018 국회직 8급

어업에 관한 허가 또는 신고에 유효기간연장제도가 마련되어 있지 않은 경우 그 유효기간이 경과하면 그 허가나 신고의 효력이 당연히 소멸하며, 재차 허가를 받거나 신고를 하더라도 허가나 신고의 기간만 갱신되어 종전의 어업허가나 신고의 효력 또는 성질이 계속된다고 볼 수 없고 새로운 허가 내지 신고로서의 효력이 발생한다고 할 것이다.

05 2013 국회직 8급

허가는 위험방지를 대상으로 하고 예외적 승인은 사회적으로 유해한 행위를 대상으로 한다.

06 2012 국가직 9급

다음 (가)그룹과 (나)그룹에 대한 설명으로 옳지 않은 것은? (다툼이 있는 경우 판례에 의함)

(가)	• 주거지역 내의 건축허가 • 상가지역 내의 유흥주점업 허가
(나)	• 개발제한구역 내의 건축허가 • 학교환경위생정화구역 내의 유흥주점업 허가

	(가)그룹	(나)그룹
①	예방적 금지의 해제	억제적 금지의 해제
②	허가	예외적 승인
③	법률행위적 행정행위	준법률행위적 행정행위
④	기속행위	재량행위

[해설]
(가)그룹 – 허가: 예방적 금지의 해제, 기속행위(법률행위적 행정행위)
(나)그룹 – 예외적 허가(승인): 억제적 금지의 해제, 재량행위(법률행위적 행정행위)

정답 ③

07 2021 행정사

구 도시계획법상 개발제한구역 내의 건축허가는 예외적 허가에 해당한다.

08 2017 교육행정직 9급

구 도시계획법상 개발제한구역 내에서의 건축허가는 원칙적으로 재량행위이다.

09 2019 국가직 7급

甲은 개발제한구역 내의 토지에 건축물을 건축하기 위하여 건축허가를 신청하였는데 甲의 허가신청이 관련법령의 요건을 모두 충족한 경우에 관할행정청이 허가를 할지는 재량사항이며, 관련법령상 제한사유 이외의 사유를 들어 허가를 거부할 수 있다.

10 2013 국회직 8급

의무해제라는 점에서 허가와 면제는 같으나 허가는 부작위의무의 해제인 데 반하여 면제는 작위, 급부 및 수인의무의 해제라는 점에서 다르다.

📄 p.165

01 2007 국가직 9급

형성적 행정행위는 국민에게 새로운 권리·능력, 기타 포괄적 법률관계를 발생·변경·소멸시키는 행위이다.

02 2022 지방직·서울시 7급

주택재건축조합설립인가처분은 법령상 요건을 갖출 경우 주택재건축사업을 시행할 수 있는 권한을 갖는 행정주체로서의 지위를 부여하는 일종의 설권적 처분의 성격을 갖는다.

03 2016 국회직 8급

조합설립결의에 하자가 있었으나 조합설립인가처분이 이루어진 경우에는 조합설립결의의 하자를 이유로 다투려면 조합설립인가처분에 대해 항고소송을 제기하여야 한다.

04 2022 변호사

주택재개발사업조합에 대한 조합설립인가는 주택재개발사업조합에 대하여 행정주체의 지위를 부여하는 설권적 처분이다.

05 ☐☐☐ 2020 국회직 8급
주택재개발조합설립인가에 따라 해당 재개발조합은 공법인으로서 지위를 갖게 된다.

06 ☐☐☐ 2022 변호사
재개발사업조합설립인가처분이 있은 후 조합설립결의의 하자를 이유로 조합설립의 효력을 부정하려면 항고소송으로 조합설립인가처분의 효력을 다투어야 한다.

07 ☐☐☐ 2013 지방직(하) 7급
전기·가스 등의 공급사업이나 철도·버스 등의 운송사업에 대한 허가는 강학상의 특허로 보는 것이 일반적이다.

☆**08** ☐☐☐ 2022 소방간부, 2016 국가직 9급
국립의료원 부설주차장에 관한 위탁관리용역운영계약은 특허에 해당한다.

09 ☐☐☐ 2018 경행경채
도로법에 따른 도로점용허가는 강학상 특허에 해당한다.

10 ☐☐☐ 2022 소방직 9급
하천법에 의한 하천의 점용허가는 강학상 특허에 해당한다.

☆**11** ☐☐☐ 2022 국회직 8급
개인택시운송사업면허는 특정인에게 권리나 의무를 부여하는 것이므로 강학상 특허에 해당한다.

12 ☐☐☐ 2015 교육행정직 9급
행정청이 귀화신청인에게 귀화를 허가하는 행위는 상대방에게 대한민국 국민으로서의 권리를 설정하는 행위로서 법적 효과를 발생시키는 행위이므로, 행정행위에 해당한다.

☞ p.167

01 ☐☐☐ 2019 서울시 1회 7급
특허는 불특정 다수인에게 행해질 수 없고, 특정인만을 대상으로 행해진다.

02 ☐☐☐ 2009 지방직 9급
공유수면매립면허는 협력을 요하는 행정행위로 보는 것이 일반적 견해이다.

03 ☐☐☐ 2021 국가직 7급
귀화허가는 강학상 특허에 해당하므로, 귀화신청인이 귀화요건을 갖추어서 귀화허가를 신청한 경우에 법무부장관은 귀화를 허가할 것인지 여부에 관하여 재량권을 가진다.

04 ☐☐☐ 2021 국가직 7급
공유수면점용허가는 특정인에게 공유수면이용권이라는 독점적 권리를 설정하여 주는 처분으로서 그 처분의 여부 및 내용의 결정은 원칙적으로 행정청의 재량에 속한다.

05 ☐☐☐ 2021 국가직 7급
「여객자동차 운수사업법」에 의한 개인택시운송사업면허는 특정인에게 권리나 이익을 부여하는 행정행위로서 법령에 특별한 규정이 없는 한 재량행위이다.

06 ☐☐☐ 2014 국가직 7급
도로법상 도로점용허가는 특정인에게 일정한 내용의 공물사용권을 설정하는 설권행위로서 공물관리자가 신청인의 적격성, 사용목적 및 공익상의 영향 등을 참작하여 허가를 할 것인지의 여부를 결정하는 재량행위이다.

07 ☐☐☐ 2015 사회복지직 9급
관세법 소정의 보세구역 설영특허는 공기업의 특허로서 그 특허의 부여 여부는 행정청의 자유재량에 속하고, 설영특허에 특허기간이 부가된 경우 그 기간의 갱신 여부도 행정청의 자유재량에 속한다.

08 ☐☐☐ 2019 서울시 9급
구 「수도권 대기환경개선에 관한 특별법」상 대기오염물질 총량관리 사업장 설치의 허가는 강학상 특허이다.

09 ☐☐☐ 2019 서울시 2회 7급
배출시설설치허가의 신청이 구 대기환경보전법에서 정한 허가기준에 부합하고 동 법령상 허가제한사유에 해당하지 아니하는 한 환경부장관은 원칙적으로 허가를 하여야 한다.

☆ **10** 1 2 3 　　　　　　　　　　2022 국회직 8급
공유수면의 점용·사용허가는 특정인에게 공유수면이용권이라는 독점적 권리를 설정하여 주는 처분으로서 특허에 해당한다.

☆ **11** 1 2 3 　　　　　　　　　　2022 소방직 9급
출입국관리법상 체류자격 변경허가는 재량행위이므로 신청인이 관계법령에서 정한 요건을 충족하였더라도 허가권자는 허가 여부를 결정할 수 있는 재량을 가진다.

12 1 2 3 　　　　　　　　　　2017 국가직 7급
「도시 및 주거환경정비법」상 토지 등 소유자들이 조합을 따로 설립하지 않고 직접 시행하는 도시환경정비사업시행인가는 특정인에 대하여 새로운 권리·능력 또는 포괄적 법률관계를 설정하는 행위(강학상 특허)이다.

13 1 2 3 　　　　　　　　　　2004 관세사
특허로 인하여 설정되는 권리는 공권인 경우도 있고 사권인 경우도 있다.

14 1 2 3 　　　　　　　　　　2003 관세사
행정행위는 공법적 효과 외에 사법(私法)적 효과도 발생시킨다.

📖 p.169

☆ **01** 1 2 3 　　　　　　　　　　2021 국가직 7급
인가는 당사자의 법률적 행위를 보충하여 그 법률적 효력을 완성시키는 행정주체의 보충적 의사표시로서의 법률행위적 행정행위이다.

☆ **02** 1 2 3 　　　　　　　　　　2015 국가직 9급
강학상 예외적 승인에 해당하지 않는 것은?
① 치료목적의 마약류사용허가
② 재단법인의 정관변경허가
③ 개발제한구역 내의 용도변경허가
④ 사행행위 영업허가

[해설]
①③④ 예외적 승인
② 인가

정답 ②

☆ **03** 1 2 3 　　　　　　　　　　2018 교육행정직 9급
토지거래계약허가는 행정청 승인으로 토지매매계약이라는 법률행위의 효력을 완성시켜주는 인가적 성질을 띤 것이다.

☆ **04** 1 2 3 　　　　　　　　　　2022 국회직 8급
행정청의 사립학교법인 임원취임승인행위는 학교법인의 임원선임행위의 법률상 효력을 완성하게 하는 보충적 법률행위로서 강학상 인가에 해당한다.

☆ **05** 1 2 3 　　　　　　　　　　2017 국가직 7급
「도시 및 주거환경정비법」상 도시환경정비사업조합이 수립한 사업시행계획인가는 행정청이 타자의 법률행위를 동의로써 보충하여 그 행위의 효력을 완성시켜 주는 행위이다.

06 1 2 3 　　　　　　　　　　2022 지방직·서울시 7급
주택재개발조합설립추진위원회 구성승인처분은 조합의 설립을 위한 주체인 주택재개발조합설립추진위원회의 구성행위를 보충하여 그 효력을 부여하는 처분이다.

07 1 2 3 　　　　　　　　　　2021 행정사
구 자동차관리법상 자동차정비조합설립인가는 강학상 인가에 해당한다.

08 1 2 3 　　　　　　　　　　2018 서울시 9급
판례가 그 법적 성질을 다르게 본 것은?
① 토지거래계약허가
② 학교환경위생정화구역의 금지행위해제
③ 사회복지법인의 정관변경허가
④ 자동차관리사업자단체의 조합설립인가

[해설]
①③④ 인가
② 예외적 허가(승인)

정답 ②

09 1 2 3 　　　　　　　　　　2020 국가직 9급
재단법인의 임원취임을 인가 또는 거부할 것인지 여부는 주무관청의 권한에 속하는 사항이라고 할 것이고, 재단법인의 임원취임승인신청에 대하여 주무관청이 이에 기속되어 이를 당연히 승인(인가)하여야 하는 것은 아니다.

10 〔1〕〔2〕〔3〕 2017 국가직(하) 9급
인가의 대상은 법률행위에 한하며, 사실행위는 인가의 대상이 될 수 없다.

11 〔1〕〔2〕〔3〕 2014 서울시 9급
인가의 대상인 법률행위에는 공법상 행위도 있고 사법상 행위도 있다.

☆ **12** 〔1〕〔2〕〔3〕 2014 서울시 9급
인가는 보충적 행위이므로 신청을 전제로 한다.

☆ **13** 〔1〕〔2〕〔3〕 2011 국가직 7급
다수설에 의하면 법령에 명문의 규정이 없는 한 수정인가를 할 수 없다.

14 〔1〕〔2〕〔3〕 2020 국가직 9급
공유수면매립면허의 공동명의자 사이의 면허로 인한 권리·의무양도약정은 면허관청의 인가를 받지 않은 이상 **법률상 아무런 효력도 발생할 수 없다.**

☞ p.171

☆ **01** 〔1〕〔2〕〔3〕 2015 국가직 9급
기본행위가 성립하지 않거나 무효인 경우에 인가가 있어도 당해 인가는 무효가 된다.

☆ **02** 〔1〕〔2〕〔3〕 2018 국회직 8급
인가의 대상이 되는 기본행위에 취소원인이 있다면 적법한 인가가 있더라도 기본행위의 흠은 치유되지 않는다.

☆ **03** 〔1〕〔2〕〔3〕 2007 국가직 9급
기본행위에 취소원인이 있다면 인가가 있은 후에도 기본행위를 취소할 수 있다.

☆ **04** 〔1〕〔2〕〔3〕 2015 국가직 9급
유효한 기본행위를 대상으로 인가가 행해진 후에 기본행위가 취소되거나 실효된 경우에는 인가도 실효된다.

☆ **05** 〔1〕〔2〕〔3〕 2020 지방직·서울시 9급
강학상 인가는 기본행위에 대한 법률상의 효력을 완성시키는 보충행위로서, 그 기본이 되는 행위에 하자가 있을 때에는 그에 대한 인가가 있었다 하여도 기본행위가 유효한 것으로 될 수 없다.

☆ **06** 〔1〕〔2〕〔3〕 2019 소방직 9급
기본행위가 무효이면 사립학교법인 임원의 선임에 대한 승인행위는 무효가 된다.

☆ **07** 〔1〕〔2〕〔3〕 2020 군무원 9급
구 외자도입법에 따른 기술도입계약에 대한 인가는 기본행위인 기술도입계약을 보충하여 그 법률상 효력을 완성시키는 보충적 행정행위에 지나지 아니하므로 기본행위인 기술도입계약이 해지로 인하여 소멸되었다면 위 인가처분은 무효선언이나 그 취소처분이 없어도 당연히 실효된다.

☆ **08** 〔1〕〔2〕〔3〕 2020 국가직 9급
인가처분에 하자가 없다면 기본행위에 하자가 있다 하더라도 따로 그 기본행위의 하자를 다투는 것은 별론으로 하고 기본행위의 무효를 내세워 바로 그에 대한 행정청의 인가처분의 취소 또는 무효확인을 소구할 법률상의 이익이 없다.

09 〔1〕〔2〕〔3〕 2020 군무원 9급
기본행위가 적법·유효하고 보충행위인 인가처분 자체에 흠이 있다면 그 인가처분의 무효나 취소를 주장할 수 있다.

☆ **10** 〔1〕〔2〕〔3〕 2020 지방직·서울시 9급
기본행위에 무효사유가 있더라도 인가처분에 하자가 없다면 기본행위의 무효를 내세워 그에 대한 행정청의 인가처분의 취소 또는 무효확인을 구할 소의 이익은 없다.

11 〔1〕〔2〕〔3〕 2021 국가직 7급
재단법인의 정관변경결의가 적법·유효하고 보충행위인 인가처분 자체에만 하자가 있다면 그 인가처분의 무효나 취소를 주장할 수 있다.

12 1 2 3　　　　　　　　　　　　　2014 사회복지직 9급
준법률행위적 행정행위가 아닌 것은?
① 발명특허
② 교과서의 검정
③ 도로구역의 결정
④ 행려병자의 유류품 처분

[해설]
①②③ 준법률행위적 행정행위(확인)
④ 법률행위적 행정행위(대리)

[정답] ④

☞ p.173

01 1 2 3　　　　　　　　　　　　　2020 경행경채
선거에 있어 당선인 결정은 준법률적 행정행위 중 확인에 해당한다.

02 1 2 3　　　　　　　　　　　　　2015 교육행정직 9급
행정심판의 재결은 확인행위에 해당한다.

03 1 2 3　　　　　　　　　　　　　2011 국회직 8급
공증행위는 특정한 사실 또는 법률관계의 존재를 공적으로 증명하는 행위로서 등기, 등록이 이에 해당한다. 발명특허는 확인에 해당한다.

04 1 2 3　　　　　　　　　　　　　2018 교육행정직 9급
「친일반민족행위자 재산의 국가귀속에 관한 특별법」에 따른 친일재산은 취득·증여 등 원인행위시에 국가의 소유로 된다.

05 1 2 3　　　　　　　　　　　　　2019 서울시 2회 7급
친일반민족행위자재산조사위원회의 친일재산 국가귀속결정은 문제된 재산이 친일재산에 해당한다는 사실을 확인하는 준법률행위적 행정행위이다.

06 1 2 3　　　　　　　　　　　　　2019 지방직 7급
건축허가관청은 특단의 사정이 없는 한 건축허가내용대로 완공된 건축물의 준공을 거부할 수 없다.

07 1 2 3　　　　　　　　　　　　　2015 국가직 7급
공증은 특정한 사실 또는 법률관계의 존재를 공적으로 증명하는 준법률행위적 행정행위이며, 그 예로는 합격증서의 발급 및 영수증의 교부 등을 들 수 있다.

08 1 2 3　　　　　　　　　　　　　2018 교육행정직 9급
서울특별시장의 의료유사업자 자격증 갱신발급은 특정한 사실 또는 법률관계의 존부를 공적으로 증명하는 소위 공증행위에 속하는 행정행위라 할 것이다.

09 1 2 3　　　　　　　　　　　　　2006 광주시 9급
확인은 의문·분쟁이 있음을 전제로 하는 데 반해, 공증은 의문·분쟁이 있음을 전제로 하지 않는다.

☆**10** 1 2 3
행정작용과 그 성격에 대하여 연결한 것 중 옳은 것을 모두 고르면? (다툼이 있는 경우 판례에 의함)　2011 사회복지직 9급

┌─────────────────────────────┐
│ ㉠ 공유수면매립면허 – 특허   │
│ ㉡ 개인택시운송사업면허 – 특허   │
│ ㉢ 건축물에 대한 준공검사처분 – 허가   │
│ ㉣ 한의사 면허 – 특허   │
│ ㉤ 의료유사업자 자격증 갱신발급행위 – 인가 │
└─────────────────────────────┘

① ㉠, ㉡
② ㉡, ㉢
③ ㉢, ㉣
④ ㉠, ㉤

[해설]
㉢ 확인, ㉣ 허가, ㉤ 공증

[정답] ①

11 1 2 3　　　　　　　　　　　　　2011 국회직 8급
11-1. 확인행위는 특정한 사실 또는 법률관계의 존부(存否) 또는 정부(正否)에 대하여 다툼이 있는 경우에 행정청이 공권적으로 판단하는 행위이다.

11-2. 각종 증명서 발급은 공증에 속한다.

p.175

01   2017 지방직(하) 9급
상표사용권설정등록행위는 강학상 공증행위이다.

02   2021 경행경채
건설업 등록증 및 건설업 등록수첩의 재발급은 건설업 등록을 하였다고 하는 사실을 증명하고 공적인 증거력을 부여하는 행정행위인 강학상의 공증행위에 해당한다.

03   2004 국회직 8급
공증은 반증에 의하지 아니하고는 전복될 수 없는 공적 증거력을 발생한다.

☆ **04**   2019 지방직 7급
무허가건물관리대장에서 삭제하는 행위는 당해 무허가건물에 대한 실체상의 권리관계에 변동을 가져오는 것이 아니므로 특별한 사정이 없는 한 항고소송의 대상이 되는 행정처분이 아니다.

05   2022 국가직 7급
자동차운전면허대장에 일정한 사항을 등재하는 행위와 운전경력증명서상의 기재행위는 행정소송의 대상이 되는 독립한 행정처분으로 볼 수 없다.

☆ **06**   2022 국가직 7급
지적공부 소관청의 지목변경신청 반려행위는 국민의 권리관계에 영향을 미치는 것으로서 항고소송의 대상이 되는 행정처분에 해당한다.

☆ **07**   2022 국가직 7급
건축물대장 소관청의 용도변경신청 거부행위는 국민의 권리관계에 영향을 미치는 것으로서 항고소송의 대상이 되는 행정처분에 해당한다.

☆ **08**   2019 소방직 9급
건축물대장 소관청의 건축물대장 작성신청 반려행위는 항고소송의 대상이 된다.

09   2017 지방직(하) 9급
특허출원의 공고는 통지행위에 해당한다.

10   2020 경행경채
특허출원의 공고, 귀화의 고시, 대집행의 계고는 모두 준법률적 행정행위 중 통지행위에 해당한다.

☆ **11**   2022 국가직 7급
공무원에 대한 당연퇴직의 인사발령은 법률상 당연히 발생하는 퇴직사유를 공적으로 확인하여 알려주는 이른바 관념의 통지에 불과하고 공무원의 신분을 상실시키는 새로운 형성적 행위가 아니므로 행정소송의 대상이 되는 행정처분이라고 할 수 없다.

12   2020 지방직·서울시 7급
국민건강보험공단에 의한 '직장가입자 자격상실 및 자격변동 안내' 통보 및 '사업장 직권탈퇴에 따른 가입자 자격상실 안내' 통보는 항고소송의 대상이 되는 처분이 아니다.

13   2018 국가직 9급
신고의 수리는 타인의 행위를 유효한 행위로 받아들이는 행정행위를 말하며, 수리를 요하는 신고에서 수리는 준법률행위적 행정행위인 수리로서 항고대상인 처분에 해당한다.

14   2006 관세사
수리는 행정청이 타인의 행위를 유효한 것으로서 수령하는 의사작용인 점에서 사실행위인 도달 또는 접수와 구별된다.

p.177

01   2022 소방직 9급
가설건축물 존치기간을 연장하려는 건축주 등이 법령에 규정되어 있는 제반 서류와 요건을 갖추어 행정청에 연장신고를 한 때에는 행정청은 원칙적으로 이를 수리하여 신고필증을 교부하여야 하고, 법령에서 정한 요건 이외의 사유를 들어 수리를 거부할 수는 없다.

02 1 2 3   2019 지방직 7급

의료법에 따라 정신과의원을 개설하려는 자가 법령에 규정되어 있는 요건을 갖추어 개설신고를 한 경우, 행정청은 법령에서 정한 요건 이외의 사유를 들어 의원급 의료기관 개설신고의 수리를 거부할 수는 없다.

03 1 2 3   2022 국회직 8급

허가대상건축물의 양수인이 형식적 요건을 갖추어 시장, 군수에게 적법하게 건축주의 명의변경을 신고한 때에는 시장, 군수는 그 신고를 수리하여야지 실체적인 이유를 내세워 그 신고의 수리를 거부할 수는 없다.

04 1 2 3   2015 국회직 8급

건축물의 소유권을 둘러싸고 소송이 계속 중이어서 판결로 소유권의 귀속이 확정될 때까지 건축주명의변경신고의 수리를 거부함은 상당하다.

☆ **05** 1 2 3   2011 국회직 8급

판례는 수리행위의 대상인 기본행위가 존재하지 않거나 무효인 때에는 그 수리행위는 당연무효가 된다고 한다.

제14강 행정행위의 부관

☞ p.179

01 1 2 3   2017 지방직(하) 9급

행정청이 행정행위에 부가한 부관과 달리 법령이 직접 행정행위의 조건을 정한 경우에 그 조건이 위법하면 이는 법률 및 법규명령에 대한 통제제도에 의해 통제된다.

☆ **02** 1 2 3   2006 국회직 8급

법정부관은 엄밀한 의미에서 부관이 아니다.

☆ **03** 1 2 3   2018 지방직 9급

행정행위의 부관은 법령이 직접 행정행위의 조건이나 기한 등을 정한 경우와 구별되어야 한다.

☆ **04** 1 2 3   2019 국회직 8급

고시에서 정하여진 허가기준에 따라 보존음료수 제조업의 허가에 부가된 조건은 행정행위에 부관을 부가할 수 있는 한계에 관한 일반적인 원칙이 적용되지 아니한다.

05 1 2 3   2015 교육행정직 9급

장래의 도래가 불확실한 사실에 행정행위의 효력 발생을 의존시키는 조건을 정지조건이라 한다.

06 1 2 3   2008 관세사

정지조건부 허가의 경우 조건이 성취되지 않은 상태에서는 허가의 대상이 되는 행위를 할 수 없다.

07 1 2 3   2020 소방직 9급

행정행위의 부관의 유형 중에서 장래의 불확실한 사실에 의해서 행정행위의 효력을 소멸시키는 것은 해제조건이다.

08 1 2 3   2015 사회복지직 9급

해제조건부 행정행위는 조건사실의 성취에 의하여 당연히 효력이 소멸된다.

☞ p.181

01 1 2 3   2020 경행경채

기한이란 행정행위 효력의 발생·소멸을 장래에 발생 여부가 확실한 사실에 종속시키는 부관을 말한다.

02 1 2 3   2012 국회(속기·경위직) 9급

'기한'은 행정행위의 시간상의 효력범위를 정하는 섬에서 조건과 같으나, 확정기한이든 불확정기한이든 그 도래가 확실하다는 점에서 조건과 구별된다.

03 1 2 3   2005 서울시 9급

기한이 도래함으로써 행정행위의 효력이 발생하는 기한을 시기라 하고, 기한이 도래함으로써 행정행위가 효력을 상실하는 기한을 종기라 한다.

☆ **04** 1 2 3   2006 관세사
그 내용상 장기계속성이 예정되는 행정행위에 부당하게 짧은 기한을 정한 경우에 그것은 행정행위의 존속기간으로 보기보다는 갱신기간으로 보는 것이 대법원의 견해이다.

☆ **05** 1 2 3   2009 지방직 7급
부담은 다른 부관과는 달리 행정행위의 불가분적 요소가 아니고, 그 존속이 본체인 행정행위의 존재를 전제로 하는 것일 뿐이므로 부담 그 자체로 행정쟁송의 대상이 될 수 있다.

☆ **06** 1 2 3   2016 국가직 7급
부담에 의하여 부과된 의무의 불이행으로 부담부 행정행위가 당연히 효력을 상실하는 것은 아니고 당해 의무불이행은 부담부 행정행위의 철회사유가 될 수 있다.

☆ **07** 1 2 3   2016 서울시 9급
부담의 불이행을 이유로 행정행위를 철회하는 경우에도 이익형량에 따른 철회의 제한원리가 적용된다.

08 1 2 3   2008 관세사
부담불이행은 후행행위 발령의 거부사유가 될 수 있다.

☆ **09** 1 2 3   2017 지방직 9급
부담부 행정행위의 경우 부담에서 부과하고 있는 의무의 이행이 없어도 주된 행정행위의 효력은 발생한다.

10 1 2 3   2012 국회(속기·경위직) 9급
영업허가를 발급하면서 일정한 시설설치의무를 부가하는 것을 '정지조건'으로 본다면, 시설설치의무를 불이행한 상태에서 한 영업은 부적법하다.

☆ **11** 1 2 3   2019 서울시 1회 7급
부담부 행정행위에 있어서 처분의 상대방이 부담을 이행하지 아니한 경우에 당해 부담부 행정행위는 당연히 그 효력이 소멸되는 것이 아니다.

☆ **12** 1 2 3   2005 서울시 9급
부담에 의해 부과된 의무의 불이행이 있는 경우에 당해 의무의 불이행은 독립하여 강제집행의 대상이 된다.

☆ **13** 1 2 3   2020 소방직 9급
부담과 조건의 구별이 명확하지 않은 경우에는 부담으로 보는 것이 행정행위의 상대방에게 유리하다고 본다.

☞ p.183

☆ **01** 1 2 3   2021 경행경채
행정청이 수익적 행정처분을 하면서 부가한 부담의 위법 여부는 처분 당시 법령을 기준으로 판단하여야 한다.

☆ **02** 1 2 3   2022 지방직·서울시 7급
수익적 행정처분에 있어서는 행정청이 행정처분을 하면서 부담을 일방적으로 부가할 수도 있지만, 부담을 부가하기 이전에 상대방과 협의하여 부담의 내용을 협약의 형식으로 미리 정한 다음 부가할 수도 있다.

☆ **03** 1 2 3   2022 지방직·서울시 7급
부담이 처분 당시 법령을 기준으로 적법하다면, 처분 후 부담의 전제가 된 주된 행정처분의 근거법령이 개정됨으로써 행정청이 더 이상 부관을 붙일 수 없게 된 경우라도 그 부담이 곧바로 위법하게 되거나 그 효력이 소멸하는 것은 아니다.

04 1 2 3   2010 국가직 9급
숙박영업허가를 함에 있어 윤락행위를 알선하면 허가를 취소한다는 부관을 붙인 경우에는 철회권의 유보이다.

05 1 2 3   2013 국회속기직
해제조건은 조건사실이 발생하면 당연히 행정행위의 효력이 소멸되지만 철회권유보는 유보된 사실이 발생하더라도 행정행위의 효력을 소멸시키려면 행정청의 별도의 의사표시(철회)가 필요하다.

06 1 2 3   2022 소방간부
행정청이 종교단체에 대하여 기본재산전환인가를 함에 있어 인가조건을 부가하고 그 불이행시 인가를 취소할 수 있도록 한 경우, 그 부관은 철회권의 유보이다.

07 1 2 3   2016 서울시 9급
수익적 행정행위에 대한 철회권 유보의 부관은 그 유보된 사유가 발생하여 철회권이 행사된 경우 상대방이 신뢰보호 원칙을 원용하는 것을 제한한다는 데 실익이 있다.

☆ 08 1 2 3   2013 국가직 9급
행정행위의 부관으로 철회권의 유보가 되어 있는 경우라 하더라도 그 철회권의 행사에 대해서는 행정행위의 철회의 제한에 관한 일반원리가 적용된다.

☆ 09 1 2 3   2012 사회복지직 9급
철회권이 유보된 경우라도 철회권의 행사는 그 자체만으로는 정당화되지 않고 그 외에 철회의 일반적 요건이 충족되어야 한다.

☆ 10 1 2 3   2020 소방직 9급
지방국토관리청장이 일부 공유수면매립지에 대하여 한 국가 또는 직할시(현 광역시) 귀속처분은 법률효과의 일부배제에 해당하는 것으로 행정행위의 부관의 유형으로 볼 수 있다는 것이 판례의 태도이다.

11 1 2 3   2015 교육행정직 9급
법률효과의 일부배제는 법률에 근거가 있어야 한다.

📖 p.185

01 1 2 3   2017 지방직 9급
학설의 다수견해는 수정부담의 성격을 부관으로 보지 않는다.

☆ 02 1 2 3   2021 국가직 7급·지방직·서울시 9급
행정청은 처분에 재량이 없는 경우에는 법률에 근거가 있는 경우에 부관을 붙일 수 있다.

☆ 03 1 2 3   2015 서울시 9급
재량행위의 경우에는 법에 근거가 없는 경우에도 부관을 붙일 수 있다.

☆ 04 1 2 3   2017 지방직 9급
관련법령에 법적 근거가 없더라도 개인택시운송사업면허를 하면서 부관을 붙일 수 있다.

☆ 05 1 2 3   2019 국가직 9급
기속행위에 대해서는 법령상 특별한 근거가 없는 한 부관을 붙일 수 없고, 가사 부관을 붙였다고 하더라도 이는 무효이다.

06 1 2 3   2021 국회직 8급
A행정청은 甲에게 처분을 하면서 법령에 근거 없이 일정 토지를 기부채납하도록 하는 부담을 붙였다. 처분이 기속행위라면 甲은 기부채납 부담을 이행할 의무가 없다.

☆ 07 1 2 3   2022 소방직 9급
재량행위 중 수익적 행정처분에 있어서는 법령에 특별한 근거규정이 없어도 부관을 붙일 수 있다.

☆ 08 1 2 3   2021 군무원 9급
건축허가를 하면서 일정 토지를 기부채납하도록 하는 내용의 허가조건은 부관을 붙일 수 없는 기속행위 내지 기속적 재량행위인 건축허가에 붙인 부담이거나 또는 법령상 아무런 근거가 없는 부관이어서 무효이다.

☆ 09 1 2 3   2018 경행경채 3차
공유수면매립면허와 같은 재량적 행정행위에는 법률상의 근거가 없다고 하더라도 부관을 붙일 수 있다.

📖 p.187

01 1 2 3   2010 국가직 9급
법률행위적 행정행위에는 부관을 붙일 수 있는 것이 원칙이나 귀화허가 및 공무원의 임명행위 등과 같은 신분설정행위에는 부관을 붙일 수 없다.

02 1 2 3   2011 국가직 7급
판례는 행정행위가 인가에 해당하더라도 부관의 부과가 허용된다고 본다.

03 2017 사회복지직 9급
사회복지법인의 정관변경허가에 대해서는 부관을 붙일 수 있다.

04 2020 국가직 9급
공익법인의 기본재산처분에 대한 허가의 법률적 성질이 형성적 행정행위로서의 인가에 해당한다고 하여 조건으로서의 부관의 부과가 허용되지 아니한다고 볼 수는 없다.

☆05 2019 서울시 9급
처분을 하면서 처분과 관련한 소의 제기를 금지하는 내용의 부제소특약을 부관으로 붙이는 것은 허용되지 않는다.

06 2019 지방직·교육행정직 9급
기선선망어업의 허가를 하면서 운반선, 등선 등 부속선을 사용할 수 없도록 제한한 부관은 그 어업허가의 목적달성을 사실상 어렵게 하여 그 본질적 효력을 해하는 것이다.

07 2019 국회직 8급
관할행정청은 토지분할이 관계법령상 제한에 해당되어 명백히 불가능하다고 판단되는 경우에는 토지분할 조건부 건축허가를 거부하여야 한다.

☆08 2018 서울시 1회 7급
부관을 붙일 수 있는 경우에도 신뢰보호의 원칙, 부당결부금지의 원칙에 위배되어서는 안 된다.

☆09 2015 교육행정직 9급
부관은 주된 행정행위와 실질적 관련성이 있어야 한다.

10 2015 국가직 9급
부관이 주된 행정행위와 실질적 관련성을 갖더라도 주된 행정행위의 효과를 무의미하게 만드는 경우라면 그러한 부관은 비례원칙에 반하는 하자 있는 부관이 된다.

☆11 2021 지방직·서울시 9급
처분과 실제적 관련성이 없어 부관으로 붙일 수 없는 부담을 사법상 계약의 형식으로 처분의 상대방에게 부과할 수 없다.

☆12 2019 서울시 9급
부당결부금지원칙에 위반하여 허용되지 않는 부관을 행정처분과 상대방 사이의 사법상 계약의 형식으로 체결하는 것은 허용되지 않는다.

☆13 2021 국가직 9급
행정처분과 부관 사이에 실제적 관련성이 있다고 볼 수 없는 경우, 공무원이 공법상의 제한을 회피할 목적으로 행정처분의 상대방과 사이에 사법상 계약을 체결하는 형식을 취하였다면 법치행정의 원리에 반하는 것으로서 위법하다.

☞ p.189

☆01 2021 국가직 7급
행정청은 부관을 붙일 수 있는 처분이 당사자의 동의가 있는 경우에는 그 처분을 한 후에도 부관을 새로 붙이거나 종전의 부관을 변경할 수 있다.

☆02 2022 소방직 9급
사정변경으로 인하여 당초에 부담을 부가한 목적을 달성할 수 없게 된 경우에는 부관의 사후변경이 허용된다.

☆03 2021 군무원 9급
판례에 따르면 부관의 사후변경은, 법률에 명문의 규정이 있거나 그 변경이 미리 유보되어 있는 경우 또는 상대방의 동의가 있는 경우에 한하여 허용되는 것이 원칙이지만, 사정변경으로 인하여 당초에 부담을 부가한 목적을 달성할 수 없게 된 경우에도 그 목적달성에 필요한 범위 내에서 예외적으로 허용된다.

☆04 2018 국가직 9급
사정변경으로 인하여 처분에 부가되어 있는 부담의 목적을 달성할 수 없게 되어 부담의 내용을 변경하는 것은 행정청이 법률의 근거규정 없이도 할 수 있는 조치이다.

☆05 2019 지방직·교육행정직 9급
도로점용허가의 점용기간은 행정행위의 본질적인 요소에 해당한다고 볼 것이어서 부관인 점용기간을 정함에 있어서 위법사유가 있다면 이로써 도로점용허가처분 전부가 위법하게 된다.

☆ **06** 1 2 3   2016 사회복지직 9급

기부채납받은 공원시설의 사용·수익허가에서 그 허가기간은 행정행위의 본질적 요소에 해당하므로, 부관인 허가기간에 위법사유가 있다면 이로써 공원시설의 사용·수익허가 전부가 위법하게 된다.

☆ **07** 1 2 3   2021 소방직 9급

행정행위의 부관 중 행정행위에 부수하여 그 상대방에게 일정한 의무를 부과하는 행정청의 의사표시인 부담은 그 자체만으로 행정소송의 대상이 될 수 있다.

☆ **08** 1 2 3   2017 서울시 9급

부담이 아닌 부관은 독립하여 행정소송의 대상이 될 수 없으므로 이의 취소를 구하는 소송에 대하여는 각하판결을 하여야 한다.

☆ **09** 1 2 3   2020 지방직·서울시 9급

부관 중에서 부담은 다른 부관과는 달리 행정행위의 불가분적인 요소가 아니고 그 존속이 본체인 행정행위의 존재를 전제로 하는 것일 뿐이므로 부담 그 자체로서 행정쟁송의 대상이 될 수 있다.

☆ **10** 1 2 3   2021 지방직·서울시 9급

행정재산에 대한 사용·수익허가에서 공유재산의 관리청이 정한 사용·수익허가의 기간에 대해서는 독립하여 행정소송을 제기할 수 없다.

☆ **11** 1 2 3   2019 지방직·교육행정직 9급

공유수면매립준공인가처분을 하면서 매립지 일부에 대하여 한 국가 및 지방자치단체에의 귀속처분은 부관 중 법률효과의 일부배제에 해당하므로 독립하여 행정소송의 대상이 될 수 없다.

📖 p.191

☆ **01** 1 2 3   2022 소방간부

어업면허처분을 함에 있어 그 면허의 유효기간을 1년으로 정한 경우, 그 유효기간만의 취소를 구하는 행정소송은 허용될 수 없다.

☆ **02** 1 2 3   2014 경행특채 1차

형식상 부관부 행위 전체를 소송의 대상으로 하면서 내용상 일부, 즉 부관만의 취소를 구하는 소송형태는 부진정일부취소소송이다.

☆ **03** 1 2 3   2016 사회복지직 9급

부담을 제외한 나머지 부관에 대해서는 부관이 붙은 행정행위 전체의 취소를 통하여 부관을 다툴 수 있을 뿐, 부관만의 취소를 구할 수는 없다.

☆ **04** 1 2 3   2012 지방직 7급

판례에 따르면 부담 이외의 부관에 대하여는 진정일부취소소송을 제기하여 다툴 수 없고, 부진정일부취소소송의 형식으로도 다툴 수 없다.

☆ **05** 1 2 3   2019 서울시 1회 7급

부담 이외의 부관으로 인하여 권리를 침해당한 자는 부관부 행정행위 전체에 대해 취소소송을 제기하거나, 행정청에 부관이 없는 행정행위로 변경해 줄 것을 청구한 다음 그것이 거부된 경우 거부처분취소소송을 제기할 수 있다.

☆ **06** 1 2 3   2015 국회직 8급

기선선망어업 허가를 하면서 부속선을 사용할 수 없도록 제한한 위법한 부관에 대해서는 부속선을 사용할 수 있도록 어업허가사항변경신청을 한 다음 그것이 거부된 경우에 거부처분취소소송을 제기할 수 있다.

07 1 2 3   2022 지방직·서울시 7급

토지소유자가 토지형질변경행위허가에 붙은 기부채납의 부관에 따라 토지를 국가나 지방자치단체에 기부채납한 경우, 기부채납의 부관이 당연무효이거나 취소되지 아니한 이상 토지소유자는 위 부관으로 인하여 증여계약의 중요부분에 착오가 있음을 이유로 증여계약을 취소할 수 없다.

☆ **08** 1 2 3   2022 소방직 9급

행정처분에 붙은 부관인 부담이 무효가 되더라도 그 부담의 이행으로 한 사법상 법률행위가 당연히 무효가 되는 것은 아니다.

09 □1 □2 □3   2022 소방간부
행정처분에 부가된 부담이 제소기간의 도과로 불가쟁력이 생긴 경우에도, 부담의 이행으로 한 사법상 매매 등의 법률행위의 유효 여부를 별도로 다툴 수 있다.

10 □1 □2 □3   2021 국가직 9급
부담의 이행으로서 하게 된 사법상 매매 등의 법률행위는 부담을 붙인 행정처분과는 별개의 법률행위이므로, 그 부담의 불가쟁력의 문제와는 별도로 법률행위가 사회질서위반이나 강행규정에 위반되는지 여부 등을 따져보아 그 법률행위의 유효 여부를 판단하여야 한다.

제15강 행정행위의 요건과 효력

p.193

01 □1 □2 □3   2004 국회직 8급
우리 행정절차법은 행정청이 처분을 하는 때에는 다른 법령 등에 특별한 규정이 있는 경우를 제외하고는 문서로 하여야 한다고 하는 서면에 의한 처분원칙을 취하고 있다.

02 □1 □2 □3   2012 경행특채
행정청이 어떤 처분을 하였는지가 분명한 경우, 처분경위나 처분 이후의 상대방의 태도 등 다른 사정을 고려하여 처분서의 문언과는 달리 다른 처분까지 포함되어 있는 것으로 확대해석할 수는 없다.

03 □1 □2 □3   2022 지방직·서울시 7급
행정절차법상 문서주의 원칙에도 불구하고, 행정청의 처분서의 문언만으로는 행정청이 어떤 처분을 하였는지 불분명하다는 등 특별한 사정이 있는 때에는 처분경위나 처분 이후의 상대방의 태도 등 다른 사정을 고려하여 처분서의 문언과 달리 그 처분의 내용을 해석할 수도 있다.

☆ **04** □1 □2 □3   2021 소방직 9급
일반적으로 행정행위가 주체·내용·절차와 형식의 요건을 모두 갖추고 외부에 표시된 경우에 행정행위의 존재가 인정된다.

☆ **05** □1 □2 □3   2021 국가직 9급
행정의사가 외부에 표시되어 행정청이 자유롭게 취소·철회할 수 없는 구속을 받게 되는 시점에 처분이 성립하고, 그 성립 여부는 행정청이 행정의사를 공식적인 방법으로 외부에 표시하였는지를 기준으로 판단해야 한다.

06 □1 □2 □3   2015 서울시 7급
송달은 다른 법령 등에 특별한 규정이 있는 경우를 제외하고는 해당 문서가 송달받을 자에게 도달됨으로써 그 효력이 발생한다.

07 □1 □2 □3   2012 지방직 9급
행정처분의 송달은 민법상 도달주의와 마찬가지로 행정절차법 제15조에 의한 도달주의를 취한다.

p.195

☆ **01** □1 □2 □3   2017 서울시 9급
행정행위의 효력발생요건으로서의 도달은 상대방이 그 내용을 현실적으로 알 필요까지는 없고, 다만 알 수 있는 상태에 놓여짐으로써 충분하다.

02 □1 □2 □3   2018 국가직 9급
처분의 통지는 행정처분을 상대방에게 표시하는 것으로서 상대방이 인식할 수 있는 상태에 둠으로써 족하고, 객관적으로 보아 행정처분으로 인식할 수 있도록 고지하면 된다.

03 □1 □2 □3   2014 서울시 9급
송달은 우편, 교부 또는 정보통신망 이용 등의 방법으로 할 수 있다.

04 □1 □2 □3   2018 경행경채
행정청은 국내에 주소·거소·영업소 또는 사무소가 없는 외국사업자에 대하여 우편송달의 방법으로 문서를 송달할 수 있다.

☆ **05** □1 □2 □3   2017 교육행정직 9급
납세자가 과세처분의 내용을 미리 알고 있는 경우에도 납세고지서(현 납부고지서)의 송달은 필요하다.

06 1 2 3 2022 국가직 7급
상대방 있는 행정처분이 상대방에게 고지되지 아니한 경우에는 특별한 규정이 없는 한 상대방이 다른 경로를 통해 행정처분의 내용을 알게 되었다고 하더라도 행정처분의 효력이 발생한다고 볼 수 없다.

☆ **07** 1 2 3 2018 국가직 9급
등기에 의한 우편송달의 경우라도 수취인이 주민등록지에 실제로 거주하지 않는 경우에는 도달 추정이 되지 않으므로 우편물의 도달사실을 처분청이 입증해야 한다.

☆ **08** 1 2 3 2018 국가직 9급
처분서를 보통우편의 방법으로 발송한 경우에는 그 우편물이 상당한 기간 내에 도달하였다고 추정할 수 없다.

☆ **09** 1 2 3 2020 경행경채
내용증명우편이나 등기우편과는 달리, 보통우편의 방법으로 발송된 경우 송달의 효력을 주장하는 측에서 증거에 의하여 이를 입증하여야 한다.

10 1 2 3 2017 국가직(하) 7급
행정절차법상 교부에 의한 송달은 수령확인서를 받고 문서를 교부함으로써 하며, 송달하는 장소에서 송달받을 자를 만나지 못한 경우에는 그 사무원·피용자 또는 동거인으로서 사리를 분별할 지능이 있는 사람에게 문서를 교부할 수 있다.

☆ **11** 1 2 3 2017 국가직(하) 7급
행정절차법상 문서를 송달받을 자 또는 그 사무원 등이 정당한 사유 없이 송달받기를 거부하는 때에는 그 사실을 수령확인서에 적고, 문서를 송달할 장소에 놓아둘 수 있다.

☆ **12** 1 2 3 2018 교육행정직 9급
정보통신망을 이용한 송달은 송달받을 자가 동의하는 경우에만 한다.

☆ **13** 1 2 3 2020 국회직 8급
정보통신망을 이용한 송달의 경우 전자문서가 송달받을 자가 지정한 컴퓨터 등에 입력된 때에 도달된 것으로 본다.

☞ p.197

01 1 2 3 2021 소방직 9급
행정절차법은 행정행위 상대방에 대한 송달받을 자의 주소 등을 통상적인 방법으로 확인할 수 없는 경우, 송달이 불가능한 경우에는 공고의 방법에 의한 송달이 가능하도록 규정하고 있다.

02 1 2 3 2017 국가직(하) 7급
행정절차법상 송달이 불가능한 경우에는 송달받을 자가 알기 쉽도록 관보, 공보, 게시판, 일간신문 중 하나 이상에 공고하고 인터넷에도 공고하여야 한다.

03 1 2 3 2021 소방직 9급
행정절차법상 송달이 불가능하여 관보, 공보 등에 공고한 경우에는 다른 법령 등에 특별한 규정이 있는 경우를 제외하고 공고일부터 14일이 경과한 때에 그 효력이 발생한다. 다만, 긴급히 시행하여야 할 특별한 사유가 있어 효력발생시기를 달리 정해 공고한 경우에는 그에 따른다.

04 1 2 3 2011 지방직 9급
청소년유해매체물 결정 및 고시처분은 일반 불특정 다수인을 상대방으로 하여 일률적으로 표시의무, 포장의무, 청소년에 대한 판매·대여 등의 금지의무를 발생시키는 행정처분이다.

05 1 2 3 2018 국가직 9급
구 청소년보호법에 따라 정보통신윤리위원회가 특정 웹사이트를 청소년유해매체물로 결정하고 청소년보호위원회가 효력발생시기를 명시하여 고시하였다면, 정보통신윤리위원회와 청소년보호위원회가 웹사이트 운영자에게 위 처분이 있었음을 통지하지 않았다고 하여 그 효력이 발생하지 아니한 것으로 볼 수는 없다.

06 1 2 3 2018 지방직 7급
서훈은 서훈대상자의 특별한 공적에 의하여 수여되는 고도의 일신전속적 성격을 가지는 것이므로, 망인에게 수여된 서훈이 취소된 경우 그 유족은 서훈취소처분의 상대방이 되지 아니한다.

07 1 2 3　　　　　　　　　　2017 지방직(하) 9급

망인에 대한 서훈취소는 유족에 대한 것이 아니므로 유족에 대한 통지에 의해서만 성립하여 효력이 발생한다고 볼 수 없고, 그 결정이 처분권자의 의사에 따라 상당한 방법으로 대외적으로 표시됨으로써 행정행위로서 성립하여 효력이 발생한다고 봄이 타당하다.

☞ p.199

☆ **01** 1 2 3　　　　　　　　　　2014 지방직 7급

행정처분은 그 근거법령이 개정된 경우에도 경과규정에서 달리 정함이 없는 한, 처분 당시 시행되는 개정법령과 그에 정한 기준에 의하는 것이 원칙이다.

02 1 2 3　　　　　　　　　　2014 지방직 7급

장해급여 지급을 위한 장해등급결정과 같이 행정청이 확정된 법률관계를 확인하는 처분을 하는 경우에는 지급사유발생시 법령을 적용하여야 한다.

03 1 2 3　　　　　　　　　　2017 국가직(하) 7급

국민연금법상 장애연금지급을 위한 장애등급결정을 하는 경우에는 원칙상 장애연금지급청구권을 취득할 당시의 법령을 적용한다.

04 1 2 3　　　　　　　　　　2021 군무원 7급

법령을 위반한 행위의 성립과 이에 대한 제재처분은 법령에 특별한 규정이 있는 경우를 제외하고는 법령을 위반한 행위 당시의 법령에 따른다.

05 1 2 3　　　　　　　　　　2022 국가직 7급

법령위반행위가 2022년 3월 23일 있은 후 법령이 개정되어 그 위반행위에 대한 제재처분기준이 감경된 경우, 특별한 규정이 없다면 해당 제재처분에 대해서는 개정된 법령을 적용한다.

06 1 2 3　　　　　　　　　　2021 군무원 7급

법령을 위반한 행위 후 법령의 변경에 의하여 그 행위가 법령을 위반한 행위에 해당하지 아니하는 경우에는 해당 법령에 특별한 규정이 없는 경우 변경된 법령을 적용한다.

☞ p.201

01 1 2 3　　　　　　　　　　2009 국가직 9급

행정행위는 그 내용에 따라 일정한 법적 효과가 발생하고 관계행정청 및 상대방과 관계인을 구속하는 힘을 가진다.

02 1 2 3　　　　　　　　　　2020 국회직 8급

공정력이란 행정행위의 위법이 중대·명백하여 당연무효가 아닌 한 권한 있는 기관에 의해 취소되기까지는 행정의 상대방이나 이해관계자에게 유효하게 통용되는 힘을 말한다.

☆ **03** 1 2 3　　　　　　　　　　2021 지방직·서울시 9급

행정처분이 아무리 위법하다고 하여도 그 하자가 중대하고 명백하여 당연무효라고 보아야 할 사유가 있는 경우를 제외하고는 아무도 그 하자를 이유로 무단히 그 효과를 부정하지 못한다.

☆ **04** 1 2 3　　　　　　　　　　2022 국가직 7급

처분은 무효가 아닌 한 권한이 있는 기관이 취소 또는 철회하거나 기간의 경과 등으로 소멸되기 전까지는 유효한 것으로 통용된다.

05 1 2 3　　　　　　　　　　2020 국회직 8급

공정력을 인정하는 이론적 근거는 법적 안정성설이 통설이다.

☆ **06** 1 2 3　　　　　　　　　　2020 국회직 8급

위법한 행정처분으로 인해 피해를 입은 자가 제기한 국가배상청구소송에서 민사법원은 행정행위의 위법성 여부를 확인하여 배상청구를 인용할 수 있다.

07 1 2 3　　　　　　　　　　2022 서울시 지적 7급

위법한 대집행이 완료된 경우, 미리 그 행정처분의 취소판결이 있어야만 그 행정처분의 위법을 이유로 한 손해배상청구를 할 수 있는 것은 아니다.

☆ **08** 1 2 3　　　　　　　　　　2012 국가직 9급

위법한 철거명령을 받고 건축물이 철거된 자는 그 철거명령의 취소를 구하지 않고 곧바로 국가배상을 청구할 수 있다.

☆ **09** 1 2 3　　　　　　　　　　　2020 지방직·서울시 7급
물품세 과세대상이 아닌 것을 세무공무원이 직무상 과실로 과세대상으로 오인하여 과세처분을 행함으로 인하여 손해가 발생된 경우에는, 동 과세처분이 취소되지 아니하였다 하더라도, 국가는 이로 인한 손해를 배상할 책임이 있다.

📖 p.203

01 1 2 3　　　　　　　　　　　2019 지방직·교육행정직 9급
과세처분의 하자가 단지 취소할 수 있는 정도에 불과할 때에는 과세관청이 이를 스스로 취소하거나 행정쟁송절차에 의하여 취소되지 않는 한 그로 인한 조세의 납부가 부당이득이 된다고 할 수 없다.

☆ **02** 1 2 3　　　　　　　　　　　　2019 경행경채 2차
국민이 조세부과처분의 위법을 이유로 이미 납부한 세금의 반환을 청구하는 민사소송을 제기한 경우, 과세처분의 하자가 단지 취소할 수 있는 정도에 불과하다면, 당해 민사법원은 위법한 과세처분의 효력을 직접 상실시켜 납부된 세금의 반환을 명할 수 없다.

☆ **03** 1 2 3　　　　　　　　　　　　2017 사회복지직 9급
조세의 과오납으로 인한 부당이득반환청구소송에서 행정행위가 당연무효가 아닌 경우 민사법원은 그 처분의 효력을 부인할 수 없다.

04 1 2 3　　　　　　　　　　　　2021 국회직 8급
토지보상법상 재결에 대하여 불복절차를 취하지 아니함으로써 그 재결에 대하여 더 이상 다툴 수 없게 된 경우에는, 기업자는 그 재결이 당연무효이거나 취소되지 않는 한 이미 보상금을 지급받은 자에 대하여 민사소송으로 그 보상금을 부당이득이라 하여 반환을 구할 수 없다.

☆ **05** 1 2 3　　　　　　　　　　　　2019 국가직 9급
과·오납세금반환청구소송에서 민사법원은 그 선결문제로서 과세처분의 무효 여부를 판단할 수 있다.

☆ **06** 1 2 3　　　　　　　　　　　　2021 지방직·서울시 9급
민사소송에 있어서 어느 행정처분의 당연무효 여부가 선결문제로 되는 때에는 이를 판단하여 당연무효임을 전제로 판결할 수 있고 반드시 행정소송 등의 절차에 의하여 그 취소나 무효확인을 받아야 하는 것은 아니다.

📖 p.205

01 1 2 3　　　　　　　　　　　　2021 군무원 7급
어떤 법률에 의하여 행정청으로부터 시정명령을 받은 자가 이를 위반한 경우 그 때문에 그 법률에서 정한 처벌을 하기 위하여는 그 시정명령은 적법한 것이라야 한다.

02 1 2 3　　　　　　　　　　　　2022 국가직 9급
구 도시계획법상 원상회복 등의 조치명령을 받고도 이를 따르지 않은 자에 대해 형사처벌을 하기 위해서는 적법한 조치명령이 전제되어야 하며, 이때 형사법원은 그 적법 여부를 심사할 수 있다.

03 1 2 3　　　　　　　　　　　　2019 경행경채 2차
「개발제한구역의 지정 및 관리에 관한 특별조치법」에 따라 행정청으로부터 시정명령을 받은 자가 이를 이행하지 않은 경우, 당해 시정명령이 위법한 것으로 인정되는 한 죄가 성립하지 않는다.

04 1 2 3　　　　　　　　　　　　2022 소방간부
소하천정비법에 따라 행정청으로부터 시정명령을 받은 사람이 이를 위반한 경우, 그로 인하여 같은 법에서 정한 처벌을 하기 위해서는 그 시정명령이 적법해야 하고, 시정명령이 당연무효가 아니더라도 위법하다고 인정되는 한 그 위반죄가 성립될 수 없다.

☆ **05** 1 2 3　　　　　　　　　　　　2022 소방간부
관할 소방서장으로부터 소방시설 불량사항에 관한 시정보완명령을 받고도 따르지 아니하였다는 내용으로 기소된 사안에서, 담당 소방공무원이 시정보완명령을 구술로 고지하였다면, 이러한 행정처분은 당연무효이고 행정형벌을 부과할 수 없다.

p.207

01 `1 2 3` · 2014 지방직 9급
행정처분이 당연무효가 아닌 한 형사법원은 선결문제로 그 행정처분의 효력을 부인할 수 없다.

02 `1 2 3` · 2018 교육행정직 9급
형사법원은 행정행위가 당연무효라면, 선결문제로서 그 행정행위의 효력을 부인할 수 있다.

03 `1 2 3` · 2022 국가직 9급
연령미달 결격자가 다른 사람 이름으로 교부받은 운전면허는 당연무효가 아니고 취소되지 않는 한 유효하므로 그 연령미달 결격자의 운전행위는 무면허운전에 해당하지 아니한다.

04 `1 2 3` · 2016 지방직 7급
하자 있는 수입승인에 기초하여 수입면허를 받고 물품을 통관한 경우, 당해 수입면허가 당연무효가 아닌 이상 무면허수입죄가 성립되지 않는다.

05 `1 2 3` · 2022 국가직 9급
조세부과처분을 취소하는 행정판결이 확정된 경우 부과처분의 효력은 처분시에 소급하여 효력을 잃게 되므로 확정된 행정판결은 조세포탈에 대한 무죄를 인정할 명백한 증거에 해당한다.

p.209

01 `1 2 3` · 2016 사회복지직 9급
공정력은 행정청의 비권력적 행위, 사법(私法)행위에는 인정되지 않는다.

02 `1 2 3` · 2021 군무원 7급
공정력은 행정행위를 잠정적으로 유효한 것으로 통용시키는 효력에 불과하므로 공정력과 입증책임은 무관하다.

03 `1 2 3` · 2012 사회복지직 9급
공정력은 입증책임의 분배와 관련이 없다.

04 `1 2 3` · 2015 교육행정직 9급
구성요건적 효력은 유효한 행정행위에 인정되는 구속력이다.

05 `1 2 3` · 2008 선관위 9급
구성요건적 효력이란 유효한 행정행위가 존재하는 이상 모든 국가기관은 그의 존재를 존중하여 스스로의 판단기초 내지는 구성요건으로 삼아야 한다는 구속력을 말한다.

06 `1 2 3` · 2017 국가직 9급
공정력과 구성요건적 효력을 구분하는 견해에 따르면 행정행위의 효력으로서 공정력은 이론적 근거를 법적 안정성에서, 구성요건적 효력은 권력분립에 따른 기관 간 권한존중의 원칙에서 찾고 있다.

07 `1 2 3` · 2018 소방직 9급
행정행위의 불가쟁력은 형식적 존속력이라고도 한다.

08 `1 2 3` · 2015 서울시 9급
일정한 불복기간이 경과하거나 쟁송수단을 다 거친 후에는 더 이상 행정행위를 다툴 수 없게 되는 효력을 행정행위의 불가쟁력이라 한다.

09 `1 2 3` · 2018 교육행정직 9급
불가쟁력은 행정행위의 상대방이나 이해관계인에 대하여 발생하는 효력이다.

10 `1 2 3` · 2022 변호사
행정처분에 대하여 제소기간이 도과하여 불가쟁력이 발생한 경우에도 그 행정처분의 위법을 이유로 국가배상청구소송을 제기할 수 있다.

11 `1 2 3` · 2021 지방직·서울시 9급
불가쟁력이 발생한 행정행위로 손해를 입은 국민은 국가배상청구를 할 수 있다.

12 `1 2 3` · 2019 소방직 9급
무효인 행정행위에는 공정력, 불가쟁력이 인정되지 않는다.

p.211

★ 01 1 2 3　　　　　　　　　　2017 국가직(하) 7급
산업재해요양보상급여취소처분이 불복기간의 경과로 인해 확정되더라도 요양급여청구권 없음이 확정되는 것은 아니므로 다시 요양급여를 청구할 수 있다.

★ 02 1 2 3　　　　　　　　　　　　　2022 변호사
산업재해요양급여결정을 취소하는 처분에 대한 제소기간이 도과하여 불가쟁력이 발생한 경우라도 요양급여청구권의 부존재가 확정되는 것은 아니다.

★ 03 1 2 3　　　　　　　　　2019 지방직·교육행정직 9급
행정처분이 불복기간의 경과로 인하여 확정될 경우, 그 확정력은 처분으로 인하여 법률상 이익을 침해받은 자가 처분의 효력을 더 이상 다툴 수 없다는 의미일 뿐 판결에 있어서와 같은 기판력이 인정되는 것은 아니다.

★ 04 1 2 3　　　　　　　　　　　　2019 지방직 7급
행정처분에 대해 불가쟁력이 발생한 경우라도 그 처분의 기초가 된 사실관계나 법률적 판단이 확정된다거나 처분의 당사자가 당초 처분의 기초가 된 사실관계나 법률관계와 모순되는 주장을 할 수 없게 되는 것은 아니다.

★ 05 1 2 3　　　　　　　　　　　2019 사회복지직 9급
판례에 따르면 제소기간이 이미 도과하여 불가쟁력이 생긴 행정처분에 대하여는 개별법규에서 그 변경을 요구할 신청권을 규정하고 있거나 관계법령의 해석상 그러한 신청권이 인정될 수 있는 등 특별한 사정이 없는 한 국민에게 그 행정처분의 변경을 구할 신청권이 있다 할 수 없다.

★ 06 1 2 3　　　　　　　　　　　　2019 지방직 7급
영업허가를 취소하는 처분에 대해 불가쟁력이 발생한 이후에 사정변경을 이유로 그 허가취소의 변경을 요구하였으나 행정청이 이를 거부한 경우, 그 거부는 원칙적으로 항고소송의 대상이 되는 거부처분이 아니다.

p.213

01 1 2 3　　　　　　　　　　　2016 사회복지직 9급
행정행위에 불가변력이 발생한 경우 행정청은 당해 행정행위를 직권으로 취소할 수 없고 철회도 할 수 없다.

02 1 2 3　　　　　　　　　　　　2009 국가직 9급
행정행위가 발해지면 일정한 경우에 행정청 자신도 직권으로 자유로이 이를 취소 또는 철회할 수 없다.

03 1 2 3　　　　　　　　　　　　2018 소방직 9급
행정심판위원회의 재결에는 불가변력이 인정된다.

04 1 2 3　　　　　　　　　　2021 지방직·서울시 9급
행정행위의 불가변력은 당해 행정행위에 대해서만 인정되고, 동종의 행정행위라 하더라도 그 대상을 달리할 때에는 이를 인정할 수 없다.

05 1 2 3　　　　　　　　　　　　2021 소방직 9급
행정행위의 존속력에 관한 설명으로 옳지 않은 것은? (다툼이 있는 경우 판례에 의함)
① 불가변력은 처분청에 미치는 효력이고, 불가쟁력은 상대방 및 이해관계인에게 미치는 효력이다.
② 불가쟁력이 생긴 경우에도 국가배상청구를 할 수 있다.
③ 불가변력이 있는 행위가 당연히 불가쟁력을 발생시키는 것은 아니다.
④ 불가쟁력은 실체법적 효력만 있고, 절차법적 효력은 전혀 가지고 있지 않다.

[해설]
불가쟁력: 절차법적 효력
불가변력: 실체법적 효력

정답 ④

06 1 2 3　　　　　　　　　　　2017 국가직(하) 7급
불가변력은 모든 행정행위에 공통되는 것이 아니라 행정심판의 재결 등과 같이 예외적이고 특별한 경우에 처분청 등 행정청에 대한 구속으로 인정되는 실체법적 효력을 의미한다.

제2편 행정작용법　69

07 ① ② ③　　　　　　　　　　　　2018 소방직 9급
불가쟁력이 발생한 행정행위일지라도 불가변력이 없는 경우에는 행정청 등 권한 있는 기관은 이를 직권으로 취소할 수 있다.

08 ① ② ③　　　　　　　　　　　　2018 지방직 9급
위법한 점용허가를 다투지 않고 있다가 제소기간이 도과한 경우라도 처분청은 그 점용허가를 취소할 수 있다.

09 ① ② ③　　　　　　　　　　　　2009 지방직 7급
불가변력이 발생한 행정행위가 당연히 불가쟁력을 가지는 것은 아니다.

10 ① ② ③　　　　　　　　　　　2015 교육행정직 9급
불가변력이 있는 행정행위도 쟁송제기기간이 경과하기 전에는 쟁송을 제기하여 그 효력을 다툴 수 있다.

11 ① ② ③　　　　　　　　　　　2015 교육행정직 9급
상대방에게 일정한 의무를 부과하는 하명은 집행력을 가진다.

☆ **12** ① ② ③　　　　　　　　　　　2015 서울시 9급
판례에 따르면 행정행위의 집행력은 행정행위의 성질상 당연히 내재하는 효력이 아니라 행정행위의 실효성 확보를 위해 법이 특별히 부여한 효력으로서 하명의 근거 외에 별도의 법적 근거를 요한다.

제16강 행정행위의 하자와 하자승계

p.215

01 ① ② ③　　　　　　　　　　　2014 경행특채 1차
법규에 특별한 규정이 없는 한 단순한 계산의 착오만으로 행정행위의 효력에 영향이 없다.

02 ① ② ③　　　　　　　　　　　2014 국회직 8급
행정청은 처분에 오기·오산이 있을 때에는 직권으로 또는 신청에 따라 정정하고 그 사실을 당사자에게 통지하면 된다.

03 ① ② ③　　　　　　　　　　　2018 국회직 8급
공정거래위원회의 과징금 납부명령이 재량권 일탈·남용으로 위법한지는 다른 특별한 사정이 없는 한 과징금 납부명령이 행하여진 '의결일' 당시의 사실상태를 기준으로 판단하여야 한다.

04 ① ② ③　　　　　　　　　　　2013 국회속기직
무효와 취소 양자의 구별기준으로 중대·명백설이 통설 및 판례이다.

☆ **05** ① ② ③　　　　　　　　　　　2013 서울시 7급
중대·명백설은 하자 있는 행정처분이 당연무효이기 위해서는 그 하자가 적법요건의 중대한 위반과 일반인의 관점에서도 외관상 명백한 것을 기준으로 한다.

06 ① ② ③　　　　　　　　　　　2020 국가직 7급
명백성 보충요건설에서는 행정행위의 무효의 기준으로 원칙적으로 중대성 요건만을 요구하지만, 제3자나 공공의 신뢰보호의 필요가 있는 경우에는 보충적으로 명백성 요건도 요구한다.

07 ① ② ③　　　　　　　　　　　2017 지방직(하) 9급
명백성 보충설에 의하면 무효판단의 기준에 명백성이 항상 요구되지는 아니하므로 중대·명백설보다 무효의 범위가 넓어지게 된다.

08 ① ② ③　　　　　　　　　　　2015 서울시 7급
하자 있는 행정처분이 당연무효가 되기 위하여는 그 하자가 법규의 중요한 부분을 위반한 중대한 것으로서 객관적으로 명백한 것이어야 하며 하자가 중대하고 명백한 것인지 여부를 판별함에 있어서는 구체적 사안 자체의 특수성에 관하여 합리적으로 고찰함과 동시에 법규의 목적, 의미, 기능 등을 목적론적으로 고찰함을 요한다.

09 ① ② ③　　　　　　　　　　　2021 소방직 9급
행정처분의 대상이 되는 법률관계나 사실관계가 있는 것으로 오인할 만한 객관적인 사정이 있고 사실관계를 정확히 조사하여야만 그 대상이 되는지 여부가 밝혀질 수 있는 경우에는 비록 그 하자가 중대하더라도 명백하지 않아 무효로 볼 수 없다.

📖 p.217

01 1 2 3   2022 소방직 9급
행정청이 사전환경성검토협의를 거쳐야 할 대상사업에 관하여 법의 해석을 잘못한 나머지 세부용도지역이 지정되지 않은 개발사업부지에 대하여 사전환경성검토협의를 할지 여부를 결정하는 절차를 생략한 채 승인 등의 처분을 하더라도, 그 행정처분은 당연무효라고 볼 수는 없다.

☆ **02** 1 2 3   2019 국가직 7급
구 「폐기물처리시설 설치촉진 및 주변지역 지원 등에 관한 법률」상 입지선정위원회가 동법 시행령의 규정에 위배하여 군수와 주민대표가 선정·추천한 전문가를 포함시키지 않은 채 임의로 구성되어 의결을 한 경우에, 이에 터잡아 이루어진 폐기물처리시설 입지결정처분은 당연무효가 된다.

03 1 2 3   2015 사회복지직 9급
행정기관의 무권한행위는 원칙적으로 무효이다.

04 1 2 3   2022 소방간부
조세채권의 소멸시효기간이 완성된 후에 부과된 과세처분은 당연무효이다.

☆ **05** 1 2 3   2022 지방직·서울시 7급
내부위임을 받은 데 불과하여 자신의 명의로 처분을 할 권한이 없는 행정청이 권한 없이 자신의 명의로 한 처분은 무효이다.

06 1 2 3   2012 지방직 7급
음주운전 단속경찰관이 자신의 명의로 운전면허행정처분통지서를 작성·교부하여 행한 운전면허정지처분의 효력은 무효이다.

☆ **07** 1 2 3   2019 지방직·교육행정직 9급
적법한 권한위임 없이 세관출장소장에 의하여 행하여진 관세부과처분은 그 하자가 중대하기는 하지만 객관적으로 명백하다고 할 수 없어 당연무효는 아니다.

☆ **08** 1 2 3   2018 지방직 9급
5급 이상의 국가정보원 직원에 대해 임면권자인 대통령이 아닌 국가정보원장이 행한 의원면직처분은 당연무효가 아니다.

09 1 2 3   2015 경행특채 2차
부동산을 양도한 사실이 없음에도 세무당국이 부동산을 양도한 것으로 오인하여 양도소득세를 부과하였다면 그 부과처분은 착오에 의한 행정처분으로서 그 표시된 내용에 중대하고 명백한 하자가 있어 당연무효이다.

10 1 2 3   2011 국회직 8급
구 「개발이익환수에 관한 법률」 시행 당시, 납부의무자가 아닌 조합원에 대하여 행한 개발부담금 부과처분은 무효이다.

📖 p.219

01 1 2 3   2018 서울시 1회 7급
징계위원회의 심의과정에 반드시 제출되어야 하는 공적 사항이 제시되지 않은 상태에서 결정한 징계처분은 징계양정이 결과적으로 적정한지와 상관없이 법령이 정한 징계절차를 지키지 않은 것으로서 위법하다.

02 1 2 3   2017 지방직 7급
택지개발촉진법상 택지개발예정지구를 지정함에 있어 거쳐야 하는 관계중앙행정기관의 장과의 협의를 거치지 않은 택지개발예정지구 지정처분은 위법하나 당연무효가 되는 것은 아니다(취소사유).

03 1 2 3   2022 소방직 9급
학교환경위생정화위원회의 심의절차를 누락한 채 학교환경위생정화구역에서의 금지행위 및 시설해제 여부에 관한 행정처분을 한 경우, 취소사유에 해당한다.

☆ **04** 1 2 3   2022 소방직 9급
환경영향평가를 거쳐야 하는 대상사업에 대하여 환경영향평가를 거치지 아니하였음에도 불구하고 승인 등 처분이 행해진 경우, 그 행정처분은 당연무효이다.

05 ① ② ③   2015 지방직 7급
「국방·군사시설사업에 관한 법률」 및 구 산림법에서 보전임지를 다른 용도로 이용하기 위한 사업에 대하여 승인 등 처분을 하기 전에 미리 산림청장과 협의를 하라고 규정한 의미는 그의 자문을 구하라는 것이지 그 의견에 따라 처분을 하라는 것이 아니므로, 이러한 협의를 거치지 아니하고서 행해진 승인처분은 당연무효가 아니다.

06 ① ② ③   2022 국가직 7급
환경영향평가절차를 거쳤다면, 환경영향평가의 내용이 다소 부실하다 하더라도, 그 부실의 정도가 환경영향평가를 하지 아니한 것과 다를 바 없는 정도의 것이 아니라면 당연히 당해 승인 등 처분이 위법하게 되는 것은 아니다.

07 ① ② ③   2019 지방직·교육행정직 9급
행정청이 사전에 교통영향평가를 거치지 아니한 채 '건축허가 전까지 교통영향평가 심의필증을 교부받을 것'을 부관으로 붙여서 한 '실시계획변경 승인 및 공사시행변경 인가처분'은 중대하고 명백한 흠이 있다고 할 수 없어 무효로 보기 어렵다.

★08 ① ② ③   2014 사회복지직 9급
무효인 행정처분에 해당되지 않는 것은? (다툼이 있는 경우 판례에 의함)
① 행정절차법상 문서주의에 위반하여 행해진 행정처분
② 환경영향평가법상 환경영향평가의 대상사업임에도 환경영향평가를 거치지 않고 행해진 사업승인처분
③ 주민등록법상 최고·공고절차가 생략된 주민등록말소처분
④ 취소판결의 기속력에 위반하여 행해진 행정처분

[해설]
③ 무효 ×

정답 ③

☞ p.221

★01 ① ② ③   2016 교육행정직 9급
법률상 청문을 요하는 행정처분의 경우 청문절차를 결여한 하자는 취소사유에 해당한다.

02 ① ② ③   2016 국회직 8급
예산의 편성에 절차적 하자가 있다는 사정만으로 그 예산을 집행하는 처분이 위법하게 되는 것은 아니다.

03 ① ② ③   2019 국가직 7급
과세관청이 과세예고 통지 후 과세전적부심사청구나 그에 대한 결정이 있기 전에 과세처분을 한 경우, 특별한 사정이 없는 한 그 과세처분은 절차상 하자가 중대·명백하여 당연무효이다.

04 ① ② ③   2020 지방직·서울시 7급
도지사의 인사교류안 작성과 그에 따른 인사교류의 권고가 전혀 이루어지지 않은 상태에서, 관할구역 내 A시의 시장이 인사교류로서 소속 지방공무원인 甲에게 B시 지방공무원으로 전출을 명한 처분은 당연무효이다.

05 ① ② ③   2022 지방직·서울시 7급
행정청이 어느 법률관계나 사실관계에 대하여 어느 법률의 규정을 적용하여 행정처분을 한 경우에, 그 법률관계나 사실관계에 대하여는 그 법률의 규정을 적용할 수 없다는 법리가 명백히 밝혀져 해석에 다툼의 여지가 없음에도 행정청이 그 규정을 적용하여 처분을 한 때에는 하자가 중대하고 명백하다.

06 ① ② ③   2020 소방직 9급
법률관계나 사실관계에 대하여 그 법률규정을 적용할 수 없다는 법리가 명백히 밝혀지지 않아 해석에 다툼의 여지가 있는 때에는 행정청이 이를 잘못 해석하여 행정처분을 했다고 하더라도 하자가 명백하다고 할 수 없다.

★07 ① ② ③   2016 서울시 7급
법령상 문서에 의하도록 한 행정행위를 문서에 의해 하지 아니한 때, 그 처분은 하자가 중대하고 명백하여 원칙적으로 무효이다.

★08 ① ② ③   2019 국가직 9급
건물소유자에게 소방시설 불량사항을 시정·보완하라는 명령을 구두로 고지한 것은 행정절차법에 위반한 것으로 하자가 중대·명백하여 당연무효이다.

☆ **01** 1 2 3 2019 소방직 9급
처분의 근거가 되었던 법률규정에 대하여 위헌결정이 내려진 후 행한 처분의 집행행위는 당연무효이다.

☆ **02** 1 2 3 2015 국가직 9급
헌법재판소가 법률을 위헌으로 결정하였다면 이러한 결정이 있은 후 그 법률을 근거로 한 행정처분은 중대하고 명백한 하자가 있는 것이므로 당연무효이다.

☆ **03** 1 2 3 2016 지방직 7급
법률이 위헌으로 선언된 경우, 위헌결정 전에 이미 형성된 법률관계에 기한 후속처분이더라도 그것이 새로운 위헌적 법률관계를 생성·확대하는 경우라면 당연무효라 볼 수 있다.

☆ **04** 1 2 3 2021 지방직·서울시 7급
과세처분 이후 조세부과의 근거가 되었던 법률규정에 대하여 위헌결정이 내려진 경우, 위헌결정 이후 그 조세채권의 집행을 위한 체납처분은 당연무효이다.

05 1 2 3 2013 서울시 7급
헌법재판소법 제47조는 위헌으로 결정된 법률 또는 법률의 조항은 원칙적으로 그 결정이 있는 날부터 효력을 상실한다고 규정하고 있다.

06 1 2 3 2022 서울시 지적 7급
헌법재판소의 위헌결정은 원칙적으로 장래효이지만 위헌결정이 있기 전에 이와 동종의 위헌 여부에 대하여 헌법재판소에 위헌 여부 심판제청을 한 사건에 대해서는 소급효를 인정한다.

07 1 2 3 2022 서울시 지적 7급
헌법재판소에 별도로 위헌제청신청을 하지는 않았으나 당해 법률 또는 법률조항이 재판의 전제가 되어 법원에 계속 중인 사건의 경우 위헌결정의 예외적 소급효가 인정된다.

☆ **01** 1 2 3 2019 사회복지직 9급
헌법재판소의 위헌결정의 효력은 위헌제청을 한 당해 사건은 물론 위헌제청신청은 아니하였지만 당해 법률 또는 법률의 조항이 재판의 전제가 되어 법원에 계속 중인 사건에도 미친다.

☆ **02** 1 2 3 2017 교육행정직 9급
취소소송의 제기기간을 경과하여 확정력이 발생한 행정처분에는 위헌결정의 소급효가 미치지 않는다.

☆ **03** 1 2 3 2012 국가직 7급
대법원은 처분이 있은 후에 근거법률이 위헌으로 결정된 경우, 그 처분은 법률의 근거가 없이 행하여진 것과 마찬가지의 하자가 인정되지만, 이미 불가쟁력이 발생한 행정처분에는 위헌결정의 소급효가 미치지 않는다고 보았다.

04 1 2 3 2014 지방직 9급
대법원은 금고 이상의 형의 선고유예를 받은 경우에 공무원직에서 당연히 퇴직하는 것으로 규정한 구 지방공무원법 제61조 중 제31조 제5호 부분에 대한 헌법재판소의 위헌결정의 효력에 대하여, 퇴직공무원의 권리구제의 요청에 비하여 종래의 법령에 의하여 형성된 공무원의 신분관계에 관한 법적 안정성과 신뢰보호의 요청이 현저하게 우월하므로, 위 위헌결정 이후 제소된 일반사건에 대하여 위 위헌결정의 소급효가 제한된다고 판시하였다.

☆ **01** 1 2 3 2022 국가직 7급
행정처분이 발하여진 후에 헌법재판소가 그 행정처분의 근거가 된 법률을 위헌으로 결정하였다 하더라도 행정처분의 하자는 헌법재판소의 위헌결정이 있기 전에는 객관적으로 명백한 것이라고 할 수는 없으므로 취소사유에 불과할 뿐 당연무효는 아니다.

☆ **02** 1 2 3 2019 사회복지직 9급
행정처분 이후에 처분의 근거법령에 대하여 헌법재판소 또는 대법원이 위헌 또는 위법하다는 결정을 하게 되면, 당해 처분의 하자는 위헌 또는 위법결정이 있기 전에는 객관적으로 명백한 것이라고 할 수는 없으므로 취소사유에 불과할 뿐 당연무효는 아니다.

03 `1` `2` `3` 2018 소방직 9급
행정처분 후, 대법원에서 처분의 근거 명령 등이 무효라고 선언된 경우 당해 행정처분은 취소사유에 해당한다.

04 `1` `2` `3` 2015 서울시 7급
헌법재판소는 위헌법률에 근거한 행정처분의 효력과 관련하여, 그 행정처분을 무효로 하더라도 법적 안정성을 크게 해치지 않는 반면에 그 하자가 중대하여 그 구제가 필요한 경우에 대해서는 예외적으로 당연무효사유로 보아야 한다는 입장을 취하고 있다.

05 `1` `2` `3` 2018 지방직 9급
헌법재판소에 따르면 행정처분 자체의 효력이 쟁송기간 경과 후에도 존속 중인 경우, 그 행정처분이 위헌인 법률에 근거하여 내려졌고 그 목적달성을 위해 필요한 후행 행정처분이 아직 이루어지지 않았다면 그 하자가 중대하여 그 구제가 필요한 경우에 대하여서는 쟁송기간 경과 후라도 무효확인을 구할 수 있다.

06 `1` `2` `3` 2018 경행경채
위헌법률에 기한 행정처분의 집행이나 집행력을 유지하기 위한 행위는 위헌결정의 기속력에 위반되어 허용되지 않는다.

07 `1` `2` `3` 2022 지방직·서울시 7급
과세처분 이후 과세의 근거가 되었던 법률규정에 대하여 위헌결정이 내려진 경우, 그 조세채권의 집행을 위해 새로운 체납처분에 착수하거나 이를 속행하는 것은 당연무효로 본다.

08 `1` `2` `3` 2022 서울시 지적 7급
과세처분의 근거가 되었던 법률규정에 대해 위헌결정이 내려진 후, 위헌결정의 효력에 위배하여 이루어진 체납처분은 당연무효이다.

09 `1` `2` `3` 2017 지방직 9급
과세처분 이후에 그 근거법률이 위헌결정을 받았으나 이미 과세처분의 불가쟁력이 발생한 경우, 당해 과세처분에 대한 조세채권의 집행을 위한 체납처분의 속행은 위법하다.

p.229

01 `1` `2` `3` 2019 서울시 1회 7급
법치주의원칙을 강조할 경우 행정행위의 하자의 치유는 원칙적으로 허용될 수 없지만 예외적으로 행정의 무용한 반복을 피하고 당사자의 법적 안정성을 위해 허용될 수 있다.

02 `1` `2` `3` 2014 지방직 7급
인근주민의 동의를 받아야 하는 요건을 결여하였다는 이유로 경원관계에 있는 자가 제기한 허가처분의 취소소송에서, 허가처분을 받은 자가 사후 동의를 받은 경우에 하자의 치유를 인정하는 것은 원고에게 불이익하게 되므로 이를 허용할 수 없다.

03 `1` `2` `3` 2019 소방직 9급
하자 있는 행정행위의 치유는 원칙적으로 허용되지 않는다.

04 `1` `2` `3` 2019 국회직 8급
선행처분인 개별공시지가결정이 위법하여 그에 기초한 개발부담금 부과처분도 위법하게 된 경우, 그 후 적법한 절차를 거쳐 공시된 개별공시지가결정이 종전의 위법한 공시지가결정과 그 내용이 동일하다는 사정만으로 그 개발부담금 부과처분의 하자가 치유되어 적법하게 된다고 볼 수 없다.

05 `1` `2` `3` 2018 서울시 2회 7급
재건축주택조합설립인가처분 당시 동의율을 충족하지 못한 하자는 후에 추가동의서가 제출되었다는 사정만으로 치유될 수 없다.

06 `1` `2` `3` 2016 국회직 8급
하자의 치유는 취소할 수 있는 행정행위에 대하여서만 인정된다.

07 `1` `2` `3` 2018 교육행정직 9급
행정행위의 하자의 치유는 무효인 행정행위에는 인정할 수 없다.

08 `1` `2` `3` 2019 지방직·교육행정직 9급
징계처분이 중대하고 명백한 하자 때문에 당연무효의 것이라면 징계처분을 받은 자가 이를 용인하였다 하여 그 하자가 치유되는 것은 아니다.

09 ① ② ③　　　　　　　　　　2019 국회직 8급
절차상 하자로 인하여 무효인 행정처분이 있은 후 행정청이 관계법령에서 정한 절차를 갖추어 다시 동일한 행정처분을 하였다면 당해 행정처분은 종전의 무효인 행정처분과 관계없이 새로운 행정처분이라고 보아야 한다.

☆**10** ① ② ③　　　　　　　　　　2016 국가직 9급
행정행위의 내용상의 하자는 치유의 대상이 될 수 없으나, 형식이나 절차상의 하자에 대해서는 치유가 인정된다.

☆**11** ① ② ③　　　　　　　2022 지방직·서울시 7급
행정청이 청문서 도달기간을 다소 어겼다 하더라도 당사자가 이에 대하여 이의하지 아니한 채 스스로 청문일에 출석하여 그 의견을 진술하고 변명하는 등 방어의 기회를 충분히 가졌다면 청문서 도달기간을 준수하지 아니한 하자는 치유되었다고 볼 수 있다.

p.231

☆**01** ① ② ③　　　　　　　　　　2019 국가직 7급
납세고지서에 세액산출근거 등의 기재사항이 누락되었거나 과세표준과 세액의 계산명세서가 첨부되지 않은 납부고지의 하자는 납세의무자가 그 나름대로 산출근거를 알고 있다거나 사실상 이를 알고서 쟁송에 이르렀다 하더라도 치유되지 않는다.

02 ① ② ③　　　　　　　　　　2014 지방직 9급
부과처분에 앞서 보낸 과세예고통지서에 납세고지서의 필요적 기재사항이 제대로 기재되어 있다면, 납세고지서에 그 기재사항의 일부가 누락되었더라도 이유제시의 하자는 치유의 대상이 될 수 있다.

03 ① ② ③　　　　　　　2021 지방직·서울시 9급
세액산출근거가 기재되지 아니한 납세고지서에 의한 부과처분은 그 후 부과된 세금을 자진납부하였다거나 또는 조세채권의 소멸시효기간이 만료되었다 하여 하자가 치유되는 것이라고는 할 수 없다.

☆**04** ① ② ③　　　　　　　　　　2018 지방직 9급
행정처분의 이유제시가 결여되어 있는 경우에 이를 사후적으로 추완하거나 보완하는 것은 늦어도 당해 행정처분에 대한 쟁송이 제기되기 전에는 행해져야 위법성이 치유될 수 있다.

☆**05** ① ② ③　　　　　　　　　2014 사회복지직 9급
하자의 치유는 늦어도 행정처분에 대한 불복 여부의 결정 및 불복신청을 할 수 있는 상당한 기간 내에 해야 하므로, 소가 제기된 이후에는 하자의 치유가 인정될 수 없다.

☆**06** ① ② ③　　　　　　　　　2017 국가직(하) 7급
세액산출근거가 누락된 납세고지서에 의한 과세처분에 대하여 상고심 계류 중 세액산출 근거의 통지가 행하여졌다고 하더라도 이로써 과세처분의 하자가 치유되었다고 볼 수 없다.

☆**07** ① ② ③　　　　　　　　　2019 서울시 1회 7급
행정행위의 하자가 치유되면 당해 행정행위는 처분 당시부터 하자가 없는 적법한 행정행위로 효력을 발생한다.

08 ① ② ③　　　　　　　　　2018 서울시 2회 7급
귀속재산을 불하받은 자가 사망한 후에 불하처분 취소처분을 수불하자의 상속인에게 송달한 때에는 그 상속인에 대하여 다시 그 불하처분을 취소한다는 새로운 행정처분을 한 것으로 본다.

p.233

01 ① ② ③　　　　　　　　　2017 지방직(하) 9급
후행행위의 하자를 이유로 선행행위를 다투는 것은 하자의 승계문제가 아닐뿐더러, 인정될 수도 없다.

02 ① ② ③　　　　　　　　　　2021 소방직 9급
계고처분의 후속절차인 대집행에 위법이 있다고 하여 그와 같은 후속절차에 위법성이 있다는 점을 들어 선행절차인 계고처분이 부적법하다는 사유로 삼을 수는 없다.

☆**03** ① ② ③　　　　　　　　　　2019 소방직 9급
단계적으로 진행되는 행정행위에서 선행행위가 무효인 경우에는 후행행위도 당연히 무효이다.

☆ **04** 1 2 3　　　　　　　　　2016 국회직 8급
선행 행정행위가 당연무효인 경우에 선행행위와 후행행위가 결합하여 하나의 효과를 목적으로 하든 양자가 서로 독립하여 별개의 효과를 목적으로 하든, 후행 행정행위는 당연무효가 된다.

☆ **05** 1 2 3　　　　　　　　　2022 국회직 8급
적법한 건축물에 대한 철거명령의 하자가 중대하고 명백하여 당연무효인 경우, 그 후행행위인 건축물철거 대집행계고처분도 당연무효이다.

☆ **06** 1 2 3　　　　　　　　2022 서울시 지적 7급
선행처분과 후행처분이 서로 독립하여 별개의 법률효과를 목적으로 하는 때에도 선행처분이 당연무효이면 선행처분의 하자를 이유로 후행처분의 효력을 다툴 수 있다.

07 1 2 3　　　　　　　　　2022 국회직 8급
조세부과처분과 압류 등의 체납처분은 별개의 행정처분으로서 독립성을 가지므로 조세부과처분에 하자가 있더라도 그 부과처분이 취소되지 아니하는 한 그에 근거한 체납처분은 위법이라고 할 수 없으나, 그 부과처분에 중대하고도 명백한 하자가 있어 무효인 경우에는 그 부과처분의 집행을 위한 체납처분도 무효이다.

08 1 2 3　　　　　　　　　2016 교육행정직 9급
하자의 승계가 인정되기 위해서는 선행행위와 후행행위가 모두 항고소송의 대상이 되는 처분이어야 한다.

09 1 2 3　　　　　　　　　2016 교육행정직 9급
하자의 승계가 인정되기 위해서는 선행행위와 후행행위가 모두 항고소송의 대상이 되는 처분이어야 한다.

10 1 2 3　　　　　　　　　2016 사회복지직 9급
원칙적으로 선·후의 행정행위가 결합하여 하나의 법적 효과를 완성하는지 여부를 기준으로 하자의 승계 여부를 결정한다.

11 1 2 3　　　　　　　　2018 서울시 1회 7급
다음 중 하자의 승계가 인정되는 경우가 아닌 것은? (다툼이 있는 경우 판례에 따름)
① 도시계획결정과 수용재결처분
② 계고처분과 대집행비용납부명령
③ 귀속재산의 임대처분과 후행매각처분
④ 한지의사시험자격인정과 한지의사면허처분

[해설]
① 하자승계 부정

[정답] ①

☞ p.235

01 1 2 3　　　　　　　　　2011 지방직 9급
대집행에 있어서 선행처분인 계고처분이 하자가 있는 위법한 처분이라면 후행처분인 대집행영장발부통보처분도 위법한 것이라고 주장할 수 있다.

02 1 2 3　　　　　　　　　2022 국가직 9급
건물철거명령이 당연무효가 아니고 불가쟁력이 발생하였다면 건물철거명령의 하자를 이유로 후행 대집행계고처분의 효력을 다툴 수 없다.

03 1 2 3　　　　　　　　2016 사회복지직 9급
과세처분과 체납처분 사이에는 취소사유인 하자의 승계가 인정되지 않는다.

04 1 2 3　　　　　　　　　2022 국가직 9급
선행처분인 공무원직위해제처분과 후행 직권면직처분 사이에는 하자의 승계가 인정되지 않는다.

05 1 2 3　　　　　　　　　2016 국회직 8급
선행 사업인정과 후행 수용재결 사이에는 하자가 승계되지 않는다.

06 1 2 3　　　　　　　　　2016 지방직 7급
법률에 규정된 공청회를 열지 아니한 하자가 있는 도시계획결정에 불가쟁력이 발생하였다면, 당해 도시계획결정이 당연무효가 아닌 이상 그 하자를 이유로 후행하는 수용재결처분의 취소를 구할 수는 없다.

07 2022 국가직 9급
이미 불가쟁력이 발생한 보충역편입처분에 하자가 있다고 하더라도 그것이 당연무효의 사유가 아닌 한 공익근무요원 소집처분에 승계되는 것은 아니다.

08 2022 지방직·서울시 7급
선행처분인 소득금액변동통지에 하자가 존재하더라도 당연무효사유에 해당하지 않는 한 그 하자는 후행처분인 소득세 납세고지처분에 그대로 승계되지 아니한다.

09 2018 국가직 9급
「도시 및 주거환경정비법」상 사업시행계획에 관한 취소사유인 하자는 관리처분계획에 승계되지 않는다.

10 2014 지방직 7급
헌법재판소의 결정에 따르면, 불가쟁력이 발생한 사업실시계획인가고시의 하자는 당연무효가 아닌 한 수용재결에 승계되지 아니한다.

☆ **11** 2020 지방직·서울시 7급
도시·군계획시설결정과 실시계획인가는 단계적 행정절차에서 별도의 요건과 절차에 따라 별개의 법률효과를 발생시키는 독립적인 행정처분이므로, 도시·군계획시설결정의 하자는 원칙적으로 실시계획인가에 승계되지 않는다.

☆ **12** 2017 지방직 9급
선행행위와 후행행위가 서로 독립하여 별개의 법률효과를 목적으로 하는 경우라도 선행행위의 불가쟁력이나 구속력이 그로 인하여 불이익을 입는 자에게 수인한도를 넘는 가혹함을 가져오고 그 결과가 예측가능한 것이 아닌 때에는 하자의 승계를 인정할 수 있다는 것이 판례의 입장이다.

p.237

01 2017 국가직(하) 9급
개별공시지가결정에 대한 재조사청구에 따른 감액조정에 대하여 더 이상 불복하지 아니한 경우에는 선행처분의 불가쟁력이나 구속력이 수인한도를 넘는 가혹한 것이거나 예측불가능하다고 볼 수 없어 이를 기초로 한 양도소득세 부과처분 취소소송에서 다시 개별공시지가결정의 위법을 당해 과세처분의 위법사유로 주장할 수 없다.

02 2012 지방직 9급
표준지공시지가결정이 위법한 경우에는 수용보상금의 증액을 구하는 소송에서 선행처분으로서 그 수용대상 토지가격 산정의 기초가 된 비교표준지공시지가결정의 위법을 독립한 사유로 주장할 수 있다.

☆ **03** 2017 서울시 7급
수용보상금증액청구소송에서 선행처분으로서 그 수용대상 토지가격 산정의 기초가 된 비교표준지공시지가결정의 위법을 독립한 사유로 주장할 수 있다.

04 2018 지방직 9급
친일반민족행위자로 결정한 최종발표와 그에 따라 그 유가족에 대하여 한 「독립유공자예우에 관한 법률」 적용배제자 결정은 별개의 법률효과를 목적으로 하는 처분이다.

☆ **05** 2017 서울시 9급
「일제강점하 반민족행위 진상규명에 관한 특별법」에 따른 친일반민족행위자결정과 「독립유공자예우에 관한 법률」에 의한 법적용 배제결정은 판례가 행정행위의 하자의 승계를 인정한다.

☆ **06** 2021 국회직 8급
근로복지공단이 사업주에 대하여 하는 개별 사업장의 사업종류 변경결정은 사업종류결정의 주체, 내용과 결정기준을 고려할 때 확인적 행정행위로서 처분에 해당한다.

제17강 행정행위의 폐지(취소·철회) 및 실효

p.239

01 2013 경행특채
행정청은 종전 처분과 양립할 수 없는 처분을 함으로써 묵시적으로 종전 처분을 취소할 수도 있다.

☆ **02** 2022 소방직 9급
행정처분을 한 행정청은 처분의 성립에 하자가 있는 경우 별도의 법적 근거가 없어도 직권으로 이를 취소할 수 있다.

03 ①②③   2019 지방직·교육행정직 9급
권한 없는 행정기관이 한 당연무효인 행정처분을 취소할 수 있는 권한은 당해 행정처분을 한 처분청에게 속하고, 당해 행정처분을 할 수 있는 적법한 권한을 가지는 행정청에게 그 취소권이 귀속되는 것이 아니다.

04 ①②③   2014 서울시 7급
「행정권한의 위임 및 위탁에 관한 규정」은 위임기관 및 위탁기관은 수임기관 및 수탁기관의 수임 및 수탁사무 처리에 대하여 지휘·감독하고, 그 처리가 위법 또는 부당하다고 인정되는 때에는 이를 취소하거나 정지시킬 수 있다고 규정하고 있다.

☆05 ①②③   2019 국가직 7급
법률에서 직권취소에 대한 근거를 두고 있는 사정만으로 이해관계인인 제3자가 처분청에 대하여 위법을 이유로 행정행위의 취소를 요구할 신청권을 갖는다고 볼 수는 없다.

☆06 ①②③   2019 국가직 7급
행정행위의 위법 여부에 대하여 취소소송이 이미 진행 중인 경우에도 처분청은 위법을 이유로 그 행정행위를 직권취소할 수 있다.

☆07 ①②③   2017 국가직 9급
변상금 부과처분에 대한 취소소송이 진행 중이라도 그 부과권자는 위법한 처분을 스스로 취소하고 그 하자를 보완하여 다시 적법한 부과처분을 할 수도 있다.

p.241

01 ①②③   2016 서울시 9급
특별한 사정이 없는 한 부담적 행정행위의 취소는 원칙적으로 자유롭다.

☆02 ①②③   2022 국가직 7급
당사자가 부정한 방법으로 수익적 처분을 받은 경우에는 행정청이 그 처분을 취소하기 위하여 취소로 인하여 당사자가 입게 될 불이익을 취소로 달성되는 공익과 비교·형량하지 않아도 된다.

03 ①②③   2016 국가직 9급
행정행위의 위법이 치유된 경우에는 그 위법을 이유로 당해 행정행위를 직권취소할 수 없다.

04 ①②③   2012 국가직 7급
수익적 행정행위를 취소 또는 철회하는 경우 비례원칙이 적용된다.

05 ①②③   2013 경행특채
외형상 하나의 행정처분이라 하더라도 가분성이 있거나 그 처분대상의 일부가 특정될 수 있다면 그 일부만의 취소도 가능하다.

☆06 ①②③   2021 군무원 9급
수익적 행정행위에 대한 취소권 등의 행사는 기득권의 침해를 정당화할 만한 중대한 공익상의 필요 또는 제3자의 이익을 보호할 필요가 있고, 이를 상대방이 받는 불이익과 비교·교량하여 볼 때 공익상의 필요 등이 상대방이 입을 불이익을 정당화할 만큼 강한 경우에 한하여 허용될 수 있다.

☆07 ①②③   2015 국가직 9급
수익적 행정행위를 직권취소하는 경우 그 취소권의 행사로 인하여 공익상의 필요보다 상대방이 받게 되는 불이익 등이 막대한 경우에는 재량권의 한계를 일탈한 것으로서 그 자체가 위법하다.

08 ①②③   2020 경행경채
도로관리청이 도로점용허가를 함에 있어서 특별사용의 필요가 없는 부분을 도로점용허가의 점용장소 및 점용면적으로 포함한 흠이 있고 그로 인하여 점용료 부과처분에도 흠이 있게 된 경우, 흠 있는 부분에 해당하는 점용료를 감액하는 것은 당초 처분 자체를 일부취소하는 변경처분에 해당하고, 흠의 치유와는 차이가 있다.

☞ p.243

☆ 01 [1][2][3]　　　　　　　　　　2019 지방직·교육행정직 9급
수익적 처분이 상대방의 허위 기타 부정한 방법으로 인하여 행하여졌다면 상대방은 그 처분이 그와 같은 사유로 인하여 취소될 것임을 예상할 수 없었다고 할 수 없으므로, 이러한 경우에까지 상대방의 신뢰를 보호하여야 하는 것은 아니다.

02 [1][2][3]　　　　　　　　　　　　　　2008 지방직 7급
공장의 용도뿐만 아니라 공장 외의 용도로도 활용할 내심의 의사가 있었다 하더라도 그와 같은 사유만으로는 공장등록 취소사유가 된다고 할 수 없다.

03 [1][2][3]　　　　　　　　　　　　　　2013 경행특채
허위의 고등학교 졸업증명서를 제출하는 사위(詐僞)의 방법에 의한 하사관 지원의 하자를 이유로 하사관 임용일로부터 33년이 경과한 후에 행정청이 행한 하사관 및 준사관 임용취소처분은 적법하다.

04 [1][2][3]　　　　　　　　　　　　　　2021 경행경채
수익적 행정처분에 대한 취소권 등의 행사는 기득권의 침해를 정당화할 만한 중대한 공익상의 필요 또는 제3자의 이익 보호의 필요가 있는 때에 한하여 허용될 수 있다는 법리는, **처분청이 수익적 행정처분을 직권으로 취소·철회하는 경우에 적용되는 법리일 뿐** 쟁송취소의 경우에는 적용되지 않는다.

05 [1][2][3]　　　　　　　　　　　　　　2019 국가직 7급
행정행위의 직권취소는 독립적인 행정행위의 성격을 갖고 있기 때문에 행정절차법상의 처분절차에 따라 행하여져야 한다.

06 [1][2][3]　　　　　　　　　　　　　　2010 국회직 8급
직권취소는 처분의 성격을 가지므로, 이유제시절차 등의 행정절차법상 처분절차에 따라야 하며, 특히 수익적 행위의 직권취소는 상대방에게 침해적 효과를 발생시키므로 행정절차법에 따른 사전통지, 의견청취의 절차를 거쳐야 한다.

07 [1][2][3]　　　　　　　　　　　　　　2022 국가직 7급
행정청은 당사자의 신뢰를 보호할 가치가 있는 등 정당한 사유가 있는 경우에는 위법한 처분을 장래를 향하여 취소할 수 있다.

08 [1][2][3]　　　　　　　　　　2019 지방직·교육행정직 9급
산업재해보상보험법상 각종 보험급여 등의 지급결정을 변경 또는 취소하는 처분과 처분에 터잡아 잘못 지급된 보험급여액에 해당하는 금액을 징수하는 처분이 적법한지를 판단하는 경우, 지급결정을 변경 또는 취소하는 처분이 적법하다고 하여 그에 터잡은 징수처분도 반드시 적법하다고 판단하여야 하는 것은 아니다.

☞ p.245

01 [1][2][3]　　　　　　　　　　　　　　2019 국가직 7급
국민연금법상 연금지급결정을 취소하는 처분과 그 처분에 기초하여 잘못 지급된 급여액에 해당하는 금액을 환수하는 처분이 적법한지를 판단하는 경우 비교·교량할 각 사정이 동일하다고는 할 수 없으므로, 연금지급결정을 취소하는 처분이 적법하다고 하여 환수처분도 반드시 적법하다고 판단하여야 하는 것은 아니다.

02 [1][2][3]　　　　　　　　　　　　　　2020 국가직 7급
운전면허취소처분에 대한 취소소송에서 취소판결이 확정되었다면 운전면허취소처분 이후의 운전행위를 무면허운전이라 할 수는 없다.

☆ 03 [1][2][3]　　　　　　　　　　　　　　2019 지방직 7급
영업허가취소처분이 나중에 항고소송을 통해 취소되었다면 그 영업허가취소처분 이후의 영업행위를 무허가영업이라 할 수 없다.

04 [1][2][3]　　　　　　　　　　　　　　2018 국회직 8급
광업권 허가에 대한 취소처분을 한 후 적법한 광업권 설정의 선출원이 있는 경우에는 취소처분을 취소하여 광업권을 복구시키는 조처는 위법하다.

☆ 05 [1][2][3]　　　　　　　　　　　　　　2022 소방직 9급
과세관청은 과세처분의 취소를 다시 취소함으로써 이미 효력을 상실한 원부과처분을 소생시킬 수 없다.

06 1 2 3　　　　　　　　　　　2022 국회직 8급

지방병무청장이 재신체검사 등을 거쳐 종전의 현역병입영대상편입처분을 보충역편입처분으로 변경한 후에 제소기간의 경과 등으로 보충역편입처분에 형식적 존속력이 생겼다면, 보충역편입처분에 하자가 있다는 이유로 이를 직권으로 취소하더라도 종전의 현역병입영대상편입처분의 효력은 회복되지 않는다.

📖 p.247

01 1 2 3　　　　　　　　　　　2013 경행특채

철회는 적법요건을 구비하여 완전히 효력을 발하고 있는 행정행위를 사후적으로 그 행위의 효력의 전부 또는 일부를 장래에 향해 소멸시키는 행정처분이다.

02 1 2 3　　　　　　　　　　　2006 국가직 9급

철회도 실정법상 취소라고 불리는 경우가 많다.

☆ **03** 1 2 3　　　　　　　　　　　2013 서울시 7급

행정행위의 철회는 행정행위의 사후에 발생한 새로운 사유를 이유로 한다.

☆ **04** 1 2 3　　　　　　　　　　　2017 경행경채

행정행위의 취소사유는 행정행위의 성립 당시에 존재하였던 하자를 말하고, 철회사유는 행정행위가 성립된 이후에 새로이 발생한 것으로서 행정행위의 효력을 존속시킬 수 없는 사유를 말한다.

05 1 2 3　　　　　　　　　　　2022 소방간부

행정행위의 철회는 장래에 향하여 원행정행위의 효력을 상실시키는 효력을 갖는다.

06 1 2 3　　　　　　　　　　　2018 서울시 1회 7급

행정행위의 철회는 처분을 한 행정청만이 할 수 있으며, 감독청은 법률에 근거 없는 한 직접 철회할 수는 없다.

☆ **07** 1 2 3　　　　　　　　　　　2020 지방직·서울시 7급

행정처분을 한 행정청은 원래의 처분을 존속시킬 필요가 없게 된 사정변경이 생겼거나 중대한 공익상의 필요가 생긴 경우 이를 철회할 별도의 법적 근거가 없다 하더라도 별개의 행정행위로 이를 철회할 수 있다.

08 1 2 3　　　　　　　　　　　2021 군무원 9급

행정행위를 한 처분청은 비록 처분 당시에 별다른 하자가 없었고, 처분 후에 이를 철회할 별도의 법적 근거가 없더라도 원래의 처분을 존속시킬 필요가 없게 된 사정변경이 생겼다면 그 효력을 상실케 하는 별개의 행정행위로 이를 철회할 수 있다.

09 1 2 3　　　　　　　　　　　2021 지방직·서울시 9급

행정청은 적법한 처분이 중대한 공익을 위하여 필요한 경우에는 그 처분을 장래를 향하여 철회할 수 있다.

10 1 2 3　　　　　　　　　　　2022 국가직 7급

행정청은 중대한 공익을 위하여 필요한 경우에는 적법한 처분의 전부 또는 일부를 장래를 향하여 철회할 수 있다.

11 1 2 3　　　　　　　　　　　2022 소방간부

처분청이 처분 후에 원래의 처분을 그대로 존속시킬 필요가 없게 된 사정변경이 생겼거나 중대한 공익상의 필요가 발생한 경우에는 별도의 법적 근거가 없어도 별개의 행정행위로 이를 철회할 수 있다고 하여 상대방 등에게 그 철회·변경을 요구할 신청권까지를 부여하는 것은 아니다.

☆ **12** 1 2 3　　　　　　　　　　　2021 경행경채

건축허가는 대물적 성질을 갖는 것이어서 행정청으로서는 그 허가를 할 때에 건축주 또는 토지소유자가 누구인지 등 인적 요소에 관하여는 형식적 심사만 한다.

📖 p.249

01 1 2 3　　　　　　　　　　　2011 국가직 7급

부담적 행정행위의 철회는 원칙적으로 자유롭다고 본다.

☆ **02** 1 2 3　　　　　　　　　　　2012 지방직 9급

수익적 행정행위에 철회원인이 있는 경우에 행정청은 철회원인이 있다는 것만으로 자유로이 철회권을 행사할 수 있는 것은 아니다.

☆ **03** 1 2 3　　　　　　　　　　　　2018 서울시 9급
수익적 행정행위의 철회는 법령에 명시적인 규정이 있거나 행정행위의 부관으로 그 철회권이 유보되어 있는 경우, 또는 원래의 행정행위를 존속시킬 필요가 없게 된 사정변경이 생겼거나 또는 중대한 공익상의 필요가 발생한 경우 등의 예외적인 경우에만 허용된다.

04 1 2 3　　　　　　　　　　　　2009 국회직 8급
행정청이 철회사유가 있음을 알면서도 장기간 철회권을 행사하지 않은 경우 실권의 법리에 의하여 철회권행사가 제한된다.

05 1 2 3　　　　　　　　　　　　2015 교육행정직 9급
행정행위의 철회권행사는 비례의 원칙에 적합해야 한다.

06 1 2 3　　　　　　　　　　　　2018 국회직 8급
건축허가를 받은 자가 법정 착수기간이 지나 공사에 착수한 경우, 허가권자는 착수기간이 지났음을 이유로 건축허가를 원칙적으로 취소할 수는 없다.

07 1 2 3　　　　　　　　　　　　2010 국회직 8급
국고보조조림결정에서 정한 조건에 일부만 위반한 경우 그 보조조림결정의 전부를 취소한 것은 위법하다.

08 1 2 3　　　　　　　　　　　　2022 소방간부
제1종 보통면허로 운전할 수 있는 차량을 운전면허정지기간 중에 운전한 경우 이와 관련된 원동기장치자전거면허까지 취소할 수 있다.

☞ p.251

01 1 2 3　　　　　　　　　　　　2018 서울시 9급
철회 역시 하나의 행정행위이므로 특별한 규정이 없는 한 행정절차법상 처분절차를 적용하여야 하고, 신뢰보호원칙이나 비례원칙과 같은 행정법의 일반원칙을 준수해야 한다.

02 1 2 3　　　　　　　　　　　　2021 지방직·서울시 9급
수익적 행정행위의 철회는 특별한 다른 규정이 없는 한 행정절차법상의 절차에 따라 행해져야 한다.

☆ **03** 1 2 3　　　　　　　　　　　　2022 소방직 9급
구 영유아보육법상 어린이집 평가인증의 취소는 철회에 해당하므로, 평가인증의 효력을 과거로 소급하여 상실시키기 위해서는 특별한 사정이 없는 한 별도의 법적 근거가 필요하다.

☆ **04** 1 2 3　　　　　　　　　　　　2020 지방직·서울시 7급
보건복지부장관이 어린이집에 대한 평가인증이 이루어진 이후에 새로이 발생한 사유를 들어 영유아보육법 제30조 제5항에 따라 평가인증을 철회하는 처분을 하면서도, 그 평가인증의 효력을 과거로 소급하여 상실시키기 위해서는, 특별한 사정이 없는 한 영유아보육법 제30조 제5항과는 별도의 법적 근거가 필요하다.

05 1 2 3　　　　　　　　　　　　2017 국가직 9급
행정청이 의료법인의 이사에 대한 이사취임승인취소처분을 직권으로 취소하면 이사의 지위가 소급하여 회복된다.

06 1 2 3　　　　　　　　　　　　2007 국가직 7급
행정행위의 직권취소는 별개의 행정행위에 의하여 원행정행위의 효력을 소멸시키는 것인 데 반하여, 행정행위의 실효는 일정한 사유의 발생에 따라 당연히 기존의 행정행위의 효력이 소멸하는 것이다.

07 1 2 3　　　　　　　　　　　　2007 국가직 7급
행정행위가 그 성립상의 중대·명백한 하자가 존재한다면 이는 무효가 된다.

☆ **08** 1 2 3　　　　　　　　　　　　2007 국가직 7급
신청에 의한 허가처분을 받은 자가 그 영업을 폐업한 경우에는 그 허가도 당연히 실효된다고 할 것이고, 이 경우 허가행정청의 허가취소처분은 허가가 실효되었음을 확인하는 것에 불과하다.

09 1 2 3　　　　　　　　　　　　2007 국가직 7급
해제조건부 행정행위에 있어서 조건의 성취, 종기부 행정행위에 있어서 종기의 도래는 행정행위의 효력의 소멸을 가져온다.

제18강 확약 등

p.253

01 2016 서울시 9급
행정절차법은 확약에 관한 명문규정을 두고 있다.

02 2014 경행특채 1차
다수설은 본처분권한에 확약에 대한 권한이 포함되어 있다고 보아 확약을 허용하는 별도의 명문의 규정이 없더라도 확약을 할 수 있다는 입장이다.

☆ 03 2021 지방직·서울시 7급
어업권면허에 선행하는 확약인 우선순위결정은 취소소송의 대상이 되지 않는다.

☆ 04 2015 경행특채 2차
어업권면허에 선행하는 우선순위결정은 강학상 확약에 불과하고 행정처분은 아니므로, 우선순위결정에 공정력이나 불가쟁력 같은 효력은 인정되지 않는다.

05 2018 국가직 9급
재량행위는 물론 기속행위도 상대방에게 확약을 하는 경우 확약에 대한 법적 근거가 없이도 가능하다.

06 2016 서울시 9급
확약을 행한 행정청은 확약의 내용인 행위를 하여야 할 자기구속적 의무를 지며, 상대방은 행정청에 그 이행을 청구할 권리를 갖게 된다.

☆ 07 2019 지방직 7급
행정청의 확약이 있은 후에 사실적·법률적 상태가 변경되었다면 확약은 행정청의 별다른 의사표시를 기다리지 않고 실효된다.

p.255

01 2018 국가직 9급
확약의 처분성을 부정하는 판례에 따르면 확약 그 자체에 대해 취소소송 등 항고소송을 제기할 수는 없다.

02 2014 사회복지직 9급
행정청의 확약의 불이행으로 인해 손해를 입은 자는 국가배상법상 요건이 충족되면 손해배상을 청구할 수 있다.

03 2008 지방직 9급
가행정행위는 불가변력이 발생하지 않기 때문에 신뢰보호원칙이 적용된다고 보기 어렵다.

04 2019 국회직 8급
가행정행위는 그 효력발생이 시간적으로 잠정적이라는 것 외에는 보통의 행정행위와 같은 것이므로 가행정행위로 인한 권리침해에 대한 구제도 보통의 행정행위와 다르지 않다.

05 2019 서울시 2회 7급
가행정행위에서 선행처분이 후행처분으로 흡수되어 소멸하는 경우 선행처분의 취소를 구하는 소는 부적법하게 된다.

06 2022 국가직 9급
공정거래위원회가 부당한 공동행위를 한 사업자에게 과징금 부과처분을 한 뒤 다시 자진신고 등을 이유로 과징금 감면처분을 한 경우, 선행처분은 후행처분에 흡수되어 소멸하므로 선행처분의 취소를 구하는 소는 부적법하다.

p.257

01 2016 서울시 9급
사전결정(예비결정)은 단계화된 행정절차에서 최종적인 행정결정을 내리기 전에 이루어지는 행위이지만, 그 자체가 하나의 행정행위이기도 하다.

02 2014 경행특채 1차
예비결정(처분성 O)과 확약(처분성 ×)은 구분된다.

03 2019 서울시 2회 7급
폐기물처리업허가 전의 사업계획에 대한 부적정통보는 행정처분에 해당한다.

04 2017 국가직 9급
구 폐기물관리법 관계법령상의 폐기물처리업허가를 받기 위한 사업계획에 대한 부적정통보는 허가신청 자체를 제한하는 등 개인의 권리 내지 법률상의 이익을 개별적이고 구체적으로 규제하고 있어 행정처분에 해당한다.

05 2017 서울시 9급
구 주택건설촉진법에 의한 주택건설사업계획 사전결정이 있는 경우라고 하더라도 행정청은 사전결정에 기속되지 아니하고 다시 사익과 공익을 비교·형량하여 승인 여부를 결정할 수 있다.

06 2019 서울시 2회 7급
구 원자력법상 원자로 및 관계시설의 부지사전승인처분은 그 자체로서 건설부지를 확정하고 사전공사를 허용하는 법률효과를 지닌 독립한 행정처분이다.

07 2022 국가직 9급
구 원자력법상 원자로 및 관계시설의 부지사전승인처분 후 건설허가처분까지 내려진 경우, 선행처분은 후행처분에 흡수되어 건설허가처분만이 행정쟁송의 대상이 된다.

08 2017 국가직 9급
원자로 및 관계시설의 부지사전승인처분은 그 자체로서 독립한 행정처분이지만, 부지사전승인처분 후 건설허가처분이 있게 되면 부지사전승인처분은 건설허가처분에 흡수되므로 건설허가처분에 대한 항고소송에서 다투어야 한다.

09 2016 서울시 9급
부분허가(부분승인)는 본허가권한에 포함되는 행정행위이기 때문에 부분허가를 위해서는 본허가 이외에 별도의 법적 근거를 필요로 하지 않는다.

01 2022 소방간부
이미 고시된 실시계획에 포함된 상세계획은 대외적 구속력이 있는 행정계획으로서 이에 따라 관리되는 토지 위의 건물의 용도를 상세계획 승인권자의 변경승인 없이 임의로 변경하여 신청한 영업신고를 수리하지 않고 영업소를 폐쇄한 처분은 적법하다.

02 2021 국가직 9급
구 도시계획법상 도시기본계획은 도시의 기본적인 공간구조와 장기발전방향을 제시하는 종합계획으로서 도시계획입안의 지침이 되므로 일반국민에 대한 직접적인 구속력은 없다.

03 2022 소방직 9급
구 도시계획법 및 지방자치단체의 도시계획조례상 규정된 도시기본계획은 장기적·종합적인 개발계획으로서 행정청에 대한 직접적 구속력을 가지지 않는다.

04 2015 교육행정직 9급
국민의 권리·의무에 구체적·개별적인 영향을 미치는 행정계획은 처분성이 인정된다.

05 2022 국가직 9급
구체적인 계획을 입안함에 있어 지침이 되거나 특정 사업의 기본방향을 제시하는 내용의 행정계획은 항고소송의 대상인 행정처분에 해당하지 않는다.

06 2014 서울시 7급
행정계획이 행정활동의 지침으로서만의 성격에 그치거나 행정조직 내부에서의 효력만을 가질 때는 항고소송의 대상으로서의 처분성을 갖지는 않는다.

07 2015 지방직 7급
도시관리계획결정은 행정청의 처분이며, 항고소송의 대상이 된다.

☆ **08** 1 2 3　　　　　　　　　2019 서울시 1회 7급
구 도시재개발법에 의한 재개발조합의 관리처분계획은 토지 등의 소유자에게 구체적이고 결정적인 영향을 미치는 것으로서 조합이 행한 처분에 해당한다.

☆ **09** 1 2 3　　　　　　　　　2020 국가직 9급
「도시 및 주거환경정비법」에 기초하여 주택재건축정비사업조합이 수립한 사업시행계획이 인가·고시를 통해 확정된 경우 구속적 행정계획으로서 행정처분에 해당한다.

10 1 2 3　　　　　　　　　2016 사회복지직 9급
개발제한구역지정처분은 그 입안·결정에 관하여 광범위한 형성의 자유를 가지는 계획재량처분이다.

☆ **11** 1 2 3　　　　　　　　　2017 지방직 9급
위법한 도시기본계획에 대하여 제기되는 취소소송은 법원에 의하여 허용되지 아니한다.

12 1 2 3　　　　　　　　　2018 경행경채 3차
환지계획은 환지예정지지정이나 환지처분의 근거가 될 뿐 그 자체가 직접 토지소유자 등의 법률상의 지위를 변동시키는 것이 아니어서 이를 항고소송의 대상이 되는 처분에 해당한다고 할 수가 없다.

13 1 2 3　　　　　　　　　2017 교육행정직 9급
'4대강 살리기 마스터플랜'은 행정처분에 해당하지 않는다.

☞ p.261

01 1 2 3　　　　　　　　　2012 사회복지직 9급
행정계획 중에서 국민의 권리·의무에 법적 효과를 미치는 구속적인 행정계획은 법률에 근거가 있어야 한다.

02 1 2 3　　　　　　　　　2021 국가직 9급
도시계획의 결정·변경 등에 대한 권한행정청은 이미 도시계획이 결정·고시된 지역에 대하여도 다른 내용의 도시계획을 결정·고시할 수 있고, 이때에 후행 도시계획에 선행 도시계획과 양립할 수 없는 내용이 포함되어 있다면 특별한 사정이 없는 한 선행 도시계획은 후행 도시계획과 같은 내용으로 변경된다.

03 1 2 3　　　　　　　　　2017 서울시 7급
후행 도시계획을 결정하는 행정청이 선행 도시계획의 결정·변경에 관한 권한을 가지고 있지 아니한 경우 선행 도시계획과 양립할 수 없는 후행 도시계획결정은 무효사유에 해당한다.

04 1 2 3　　　　　　　　　2015 서울시 7급
환지계획인가 후에 수정하고자 하는 내용에 대하여 토지소유자 등 이해관계인의 공람절차를 거치지 아니한 채 수정된 내용에 따라 한 환지예정지지정처분은 당연무효이다.

05 1 2 3　　　　　　　　　2021 지방직·서울시 7급
도시관리계획결정·고시와 그 도면에 특정 토지가 도시관리계획에 포함되지 않았음이 명백한데도 도시관리계획을 집행하기 위한 후속계획이나 처분에서 그 토지가 도시관리계획에 포함된 것처럼 표시되어 있는 경우, 이는 원칙적으로 당연무효에 해당한다.

06 1 2 3　　　　　　　　　2021 군무원 7급
구 도시계획법상 도시계획안의 공고 및 공람절차에 하자가 있는 행정청의 도시계획결정은 위법하다.

07 1 2 3　　　　　　　　　2012 지방직 9급
공청회와 이주대책이 없는 도시계획수립행위는 취소사유가 있는 행위이다.

08 1 2 3　　　　　　　　　2021 지방직·서울시 7급
구 도시계획법상 행정청이 정당하게 도시계획결정의 처분을 하였다고 하더라도 이를 관보에 게재하여 고시하지 아니한 이상 대외적으로는 아무런 효력이 발생하지 않는다.

09 1 2 3　　　　　　　　　2015 사회복지직 9급
계획법규범은 목표는 제시하지만 그 목표실현을 위한 수단은 구체적으로 제시하지 않는 목적프로그램의 형식을 취하는 것을 특징으로 한다.

☞ p.263

☆ **01** 2022 국가직 7급
행정주체는 구체적인 행정계획을 입안·결정함에 있어서 비교적 광범위한 형성의 자유를 가진다.

☆ **02** 2022 소방직 9급
행정청은 구체적인 행정계획의 입안·결정에 관하여 광범위한 형성의 재량을 가진다.

03 2018 국가직 7급
행정주체가 행정계획을 입안·결정함에 있어서 행정계획에 관련되는 자들의 이익을 공익과 사익 사이에서는 물론이고 공익 상호 간과 사익 상호 간에도 정당하게 비교·교량하여야 한다.

04 2018 국회직 8급
행정계획의 수립에 있어서 행정청에게 인정되는 광범위한 형성의 자유, 즉 '계획재량'은 '형량명령의 원칙'에 따라 통제한다.

05 2012 사회복지직 9급
법령에서 고려하도록 규정한 이익은 물론 법령에 규정되지 않은 이익도 행정계획과 관련이 있으면 모두 형량명령에 포함시켜야 한다.

06 2012 국회(속기·경위직) 9급
행정계획결정에 있어서 계획청은 행정계획과 관련된 이익을 형량하기 위하여 관련이익을 조사하여야 한다.

07 2020 국가직 9급
행정주체가 구체적인 행정계획을 입안·결정할 때 가지는 형성의 자유의 한계에 관한 법리는 주민의 입안 제안 또는 변경신청을 받아들여 도시관리계획결정을 하거나 도시계획시설을 변경할 것인지를 결정할 때에도 동일하게 적용된다.

08 2014 서울시 7급
형량의 대상 중 당연히 포함되어야 할 사항을 빠뜨린 경우를 형량의 흠결이라고 한다.

09 2014 서울시 7급
형량시에 여러 이익 간의 형량을 행하기는 하였으나 그것이 객관성·비례성을 결한 경우를 오형량이라고 한다.

☆ **10** 2021 군무원 9급
행정주체는 그 행정계획에 관련되는 자들의 이익을 공익과 사익 사이에서는 물론이고 공익 상호 간과 사익 상호 간에도 정당하게 비교·교량하여야 한다는 제한을 받는다.

☆ **11** 2016 서울시 9급
이익형량을 전혀 하지 않았다면 위법하다고 볼 수 있고, 이익형량의 고려사항을 일부 누락하였거나 이익형량에 있어 정당성이 결여된 경우 또한 위법하다고 볼 수 있다.

☞ p.265

01 2022 국가직 7급
행정주체가 행정계획을 입안·결정함에 있어서 이익형량의 고려대상에 마땅히 포함시켜야 할 사항을 누락한 경우 그 행정계획결정은 재량권을 일탈·남용한 것으로서 위법하다.

02 2021 소방직 9급
계획의 가변성으로 인해 행정계획의 변경은 인정된다.

03 2016 서울시 9급
행정계획에는 변화가능성이 내재되어 있으므로 계획보장청구권은 원칙적으로 인정되지 않는다.

04 2008 지방직 9급
행정계획의 변경 등으로 인한 권리구제문제와 관련하여 계획존속청구권은 일반적으로 인정되지 않는다.

05 2013 지방직(하) 7급
판례는 원칙적으로 계획변경청구권을 인정하고 있지 않다.

06 2010 국가직 7급
계획변경신청권의 예외적 인정이 허용될 수 있다.

07 2020 지방직·서울시 9급
구 국토이용관리법상의 국토이용계획은 그 계획이 일단 확정된 후에 어떤 사정의 변동이 있다고 하여 지역주민이나 일반 이해관계인에게 일일이 그 계획의 변경을 신청할 권리를 인정하여 줄 수 없다.

08 2022 소방간부
장래 일정한 기간 내에 관계법령이 규정하는 시설 등을 갖추어 일정한 행정처분을 구하는 신청을 할 수 있는 법률상 지위에 있는 자의 국토이용계획변경신청을 거부하는 것이 실질적으로 당해 행정처분 자체를 거부하는 결과가 되는 경우에는 예외적으로 그 신청인에게 국토이용계획변경을 신청할 권리가 인정된다.

09 2020 지방직·서울시 9급
장래 일정한 기간 내에 관계법령이 규정하는 시설 등을 갖추어 일정한 행정처분을 구하는 신청을 할 수 있는 법률상 지위에 있는 자의 국토이용계획변경신청을 거부하는 것이 실질적으로 당해 행정처분 자체를 거부하는 결과가 되는 경우에는 항고소송의 대상이 되는 처분에 해당한다.

10 2014 국회직 8급
폐기물처리사업의 적정통보를 받은 자가 폐기물처리업 허가를 받기 위해서는 국토이용계획의 변경이 선행되어야 하는 경우 그 변경을 신청할 개인의 권리가 예외적으로 인정된다.

11 2020 지방직·서울시 9급
문화재보호구역 내에 있는 토지의 소유자는 그 보호구역의 지정해제를 요구할 수 있는 법규상 또는 조리상의 신청권이 있으므로 이에 대한 거부행위는 항고소송의 대상이 되는 행정처분에 해당한다.

12 2018 지방직 7급
문화재보호구역 내에 토지를 소유하고 있는 자가 문화재보호구역의 지정해제를 요구하였으나 거부된 경우, 그 거부행위는 행정처분에 해당한다.

p.267

01 2021 국회직 8급
지구단위계획구역의 지정 및 변경과 지구단위계획의 수립 및 변경에 관한 사항에 대해서는 주민이 입안을 제안할 수 있으므로, 이 경우에 도시계획구역 내 토지 등을 소유하고 있는 주민은 입안권자에게 입안을 요구할 수 있는 법규상 또는 조리상의 신청권이 있다.

02 2019 사회복지직 9급
도시계획시설결정에 이해관계가 있는 주민으로서는 도시시설계획의 입안권자 내지 결정권자에게 도시시설계획의 입안 내지 변경을 요구할 수 있는 법규상 또는 조리상의 신청권이 있고, 이러한 신청에 대한 거부행위는 항고소송의 대상이 되는 행정처분에 해당한다.

03 2021 지방직·서울시 7급
산업단지개발계획상 산업단지 안의 토지소유자로서 산업단지개발계획에 적합한 시설을 설치하여 입주하려는 자는 산업단지지정권자 또는 그로부터 권한을 위임받은 기관에 대하여 산업단지개발계획의 변경을 요청할 수 있는 법규상 또는 조리상 신청권이 있다.

04 2015 국회직 8급
판례는 국립대학의 '대학입학고사 주요 요강'을 행정쟁송대상인 처분으로 보지 않으면서도 헌법소원의 대상이 되는 공권력행사로 보고 있다.

05 2022 소방간부
비구속적 행정계획안이라도 국민의 기본권에 직접적으로 영향을 끼치고, 앞으로 법령의 뒷받침에 의하여 그대로 실시될 것이 틀림없을 것으로 예상될 수 있을 때에는 공권력 행사로서 헌법소원의 대상이 될 수 있다.

06 2017 지방직 9급
국공립대학의 총장직선제 개선 여부를 재정지원 평가요소로 반영하고 이를 개선하지 않을 경우 다음 연도에 지원금을 삭감 또는 환수하도록 규정한 교육부장관의 '대학교육역량강화사업 기본계획'은 헌법소원의 대상이 되지 않는다.

07 2020 국가직 9급
장기미집행 도시계획시설결정의 실효제도에 의해 개인의 재산권이 보호되는 것은 입법자가 새로운 제도를 마련함에 따라 얻게 되는 법률에 기한 권리일 뿐 헌법상 재산권으로부터 당연히 도출되는 권리는 아니다.

제19강 공법상 계약 등

p.269

01 2018 교육행정직 9급
공법상 계약은 공법상 효과의 발생을 목적으로 한다.

02 2017 교육행정직 9급
공법상 계약은 공법상의 법률관계의 변경을 가져오는 행정주체를 한쪽 당사자로 하는 양 당사자 사이의 반대방향의 의사표시의 합치를 말한다.

03 2019 사회복지직 9급
행정주체가 체결하는 계약이 모두 공법상 계약인 것은 아니다.

04 2020 지방직·서울시 7급
지방자치단체가 사인과 체결한 자원회수시설에 대한 위탁운영협약은 사법상 계약에 해당하므로 그에 관한 다툼은 민사소송의 대상이 된다.

☆**05** 2017 국가직 9급
다수설에 따르면 공법상 계약은 당사자의 자유로운 의사의 합치에 의하므로 원칙적으로 법률유보의 원칙이 적용되지 않는다고 본다.

☆**06** 2021 지방직·서울시 9급
공법상 계약에는 법률우위의 원칙이 적용된다.

07 2017 국가직 9급
공법상 계약은 행정주체와 사인 간에 체결 가능하며, 행정주체 상호 간에도 공법상 계약이 성립할 수 있다.

08 2011 사회복지직 9급
지방자치단체 간의 교육사무위탁은 공법상 계약이다.

☆**09** 2016 교육행정직 9급
지방전문직 공무원 채용계약은 공법상 계약이다.

☆**10** 2017 서울시 7급
시립무용단원의 채용계약과 공중보건의사 채용계약은 공법상 계약에 해당한다.

11 2021 경행경채
국가 산하 중앙행정기관인 방위사업청과 개발협약을 체결한 상대방이 협약을 이행하는 과정에서 환율변동 등 외부적 요인으로 발생한 초과비용을 청구하는 소송은 행정소송에 해당한다.

12 2011 사회복지직 9급
행정주체인 사인은 공법상 계약의 일방 당사자가 될 수 있다.

13 2012 사회복지직 9급
공법상 계약의 경우, 계약당사자의 일방은 행정주체이어야 하며, 행정주체에는 공무를 수탁받은 사인도 포함된다.

☆ **14** 1 2 3　　　　　　　　2020 소방직 9급
공법상 계약에 관하여는 행정절차법에 명문의 규정을 두고 있지 않다.

📖 p.271

☆ **01** 1 2 3　　　　　　　　2019 사회복지직 9급
계약직 공무원에 대한 채용계약해지의 의사표시는 국가 또는 지방자치단체가 대등한 지위에서 행하는 의사표시로 이해된다.

☆ **02** 1 2 3　　　　　　　　2019 소방직 9급
계약직 공무원 채용계약해지의 의사표시는 판례상 행정처분으로 인정되지 않는다.

☆ **03** 1 2 3　　　　　　2021 지방직·서울시 9급
계약직 공무원 채용계약해지의 의사표시는 항고소송의 대상이 되는 행정처분이 아니므로 행정처분과 같이 행정절차법에 의하여 근거와 이유를 제시하여야 하는 것은 아니다.

04 1 2 3　　　　　　　　2018 국가직 9급
지방공무원법상 지방전문직 공무원 채용계약에서 정한 채용기간이 만료한 경우에는 채용계약의 갱신이나 기간연장 여부는 기본적으로 지방자치단체장의 재량이다.

05 1 2 3　　　2022 국가직 7급, 2021 지방직·서울시 9급
행정청은 공법상 계약의 상대방을 선정하고 계약내용을 정할 때 공법상 계약의 공공성과 제3자의 이해관계를 고려하여야 한다.

☆ **06** 1 2 3　　　　　　　　2013 국가직 7급
공법상 계약에는 공정력이 인정되지 않는다.

☆ **07** 1 2 3　　　　　　　　2022 국가직 9급
공법상 계약이 법령위반 등의 내용상 하자가 있는 경우 무효에 해당하며, 이에 대한 다툼은 당사자소송에 의하여야 한다.

☆ **08** 1 2 3　　　　　　2019 서울시 1회 7급
공법상 계약의 경우 행정주체의 상대방이 계약상 의무를 이행하지 않는 경우라도 법률의 근거가 없으면 행정상 강제집행을 할 수 없다.

☆ **09** 1 2 3　　　　　　　　2018 교육행정직 9급
공법상 계약해지의 의사표시에 대한 다툼은 공법상의 당사자소송으로 무효확인을 청구할 수 있다.

☆ **10** 1 2 3　　　　　　　　2017 서울시 7급
공법상 계약의 일방 당사자인 행정이 계약위반행위를 한다면 타방 당사자인 주민 또는 국민은 행정소송 중 당사자소송으로써 권리구제를 받을 수 있다.

11 1 2 3　　　　　　　　2022 국가직 7급
공법상 계약의 한쪽 당사자가 다른 당사자를 상대로 그 효력을 다투거나 그 이행을 청구하는 소송은 공법상의 법률관계에 관한 분쟁이므로 특별한 사정이 없는 한 공법상 당사자소송으로 제기하여야 한다.

12 1 2 3　　　　　　2021 지방직·서울시 7급
공법상 계약의 한쪽 당사자가 다른 당사자를 상대로 효력을 다투거나 이행을 청구하는 소송은 분쟁의 실질이 공법상 권리·의무의 존부·범위에 관한 다툼이 아니라 손해배상액의 구체적인 산정방법·금액에 국한되는 등의 특별한 사정이 없는 한 공법상 당사자소송으로 제기하여야 한다.

☆ **13** 1 2 3　　　　　　　　2022 소방간부
서울특별시립무용단 단원의 위촉은 공법상 계약에 해당하며, 따라서 그 단원의 해촉에 대하여는 공법상 당사자소송으로 그 무효확인을 청구할 수 있다.

📖 p.273

☆ **01** 1 2 3　　　　　　2020 지방직·서울시 7급
A광역시립합창단원으로서 위촉기간이 만료되는 자들의 재위촉신청에 대하여 A광역시문화예술회관장이 실기와 근무성적에 대한 평정을 실시하여 재위촉을 하지 아니한 것은 항고소송의 대상이 되는 불합격처분이라고 할 수는 없다.

02 1 2 3   2022 소방간부
지방계약직 공무원에 대하여는 채용계약상 특별한 약정이 없는 한 지방공무원법, 「지방공무원 징계 및 소청 규정」에 정한 징계절차에 의하지 않고서는 보수를 삭감할 수 없다.

☆03 1 2 3   2021 국가직 9급
행정청이 자신과 상대방 사이의 법률관계를 일방적인 의사표시로 종료시켰다고 하더라도 곧바로 그 의사표시가 행정청으로서 공권력을 행사하여 행하는 행정처분이라고 단정할 수는 없고, 관계법령이 상대방의 법률관계에 관하여 구체적으로 어떻게 규정하고 있는지에 따라 개별적으로 판단하여야 한다.

☆04 1 2 3   2022 국가직 7급
중소기업정보화지원사업에 따른 지원금 출연을 위하여 중소기업청장이 체결하는 협약은 공법상 대등한 당사자 사이의 의사표시의 합치로 성립하는 공법상 계약에 해당하고 그 협약의 해지 및 그에 따른 환수통보는 공법상 계약에 따라 행정청이 대등한 당사자의 지위에서 하는 의사표시이다.

☆05 1 2 3   2020 소방직 9급
중소기업기술정보진흥원장과 '갑' 주식회사가 체결한 중소기업 정보화지원사업을 위한 협약의 해지 및 그에 따른 환수통보는 공법상 당사자소송에 의한다.

p.275

01 1 2 3   2020 소방직 9급
일정한 행정목적을 실현하기 위하여 상대방인 국민에게 임의적인 협력을 요청하는 비권력적 사실행위를 행정지도라 한다.

02 1 2 3   2018 교육행정직 9급
행정지도는 법적 의무를 부과하는 것이 아니라 상대방의 임의적 협력을 전제로 하는 비권력적 사실행위로서 그 자체로는 아무런 법적 효과가 발생하지 않는다.

03 1 2 3   2004 전북 9급
대법원은 행정지도의 비권력적 사실행위의 성질에 비추어 행정지도만으로 건축법 소정의 도로지정이 있는 것으로 볼 수 없다고 판시하였다.

☆04 1 2 3   2017 국가직 9급
다수설에 따르면 행정지도에 관해서 개별법에 근거규정이 없는 경우에도 행정지도를 할 수 있다고 본다.

☆05 1 2 3   2010 국회속기직 9급
행정지도에도 법률의 우위원칙이 적용된다.

☆06 1 2 3   2015 교육행정직 9급
행정절차법은 행정지도에 관한 규정을 두고 있다.

☆07 1 2 3   2020 소방직 9급
행정지도는 그 목적달성에 필요한 최소한도에 그쳐야 한다.

☆08 1 2 3   2020 소방직 9급
상대방의 의사에 반하여 부당하게 강요하는 행정지도는 위법하다.

☆09 1 2 3   2021 군무원 9급
상대방이 행정지도에 따르지 아니하였다는 것을 직접적인 이유로 하는 불이익한 조치는 위법한 행위가 된다.

☆10 1 2 3   2020 소방직 9급
행정지도를 하는 자는 그 상대방에게 그 행정시도의 취지 및 내용과 신분을 밝혀야 한다.

☆11 1 2 3   2021 소방직 9급
행정지도가 구술로 이루어지는 경우 상대방이 행정지도의 취지·내용 및 신분을 기재한 서면의 교부를 요구하면 당해 행정지도를 행하는 자는 직무수행에 특별한 지장이 없는 한 이를 교부하여야 한다.

☆ **12** 1 2 3   2020 소방직 9급
행정지도의 상대방은 당해 행정지도의 방식·내용 등에 관하여 행정기관에 의견을 제출할 수 있다.

☆ **13** 1 2 3   2018 경행경채
행정기관이 같은 행정목적을 실현하기 위하여 많은 상대방에게 행정지도를 하려는 경우에는 특별한 사정이 없으면 행정지도에 공통적인 내용이 되는 사항을 공표하여야 한다.

14 1 2 3   2004 행정고시
판례는 구청장이 도시재개발구역 내의 건물소유자에게 건물의 자진철거를 요청하면서 '지장물철거촉구'라는 제목의 공문을 보낸 경우 이 요청행위는 행정소송의 대상이 되는 처분으로 볼 수 없다고 한 바 있다.

☆ **15** 1 2 3   2019 국가직 9급
세무당국이 주류제조회사에 대하여 특정 업체와의 주류거래를 일정기간 중지하여 줄 것을 요청한 행위는 권고적 성격의 행위로서 행정처분이라고 볼 수 없다.

p.277

☆ **01** 1 2 3   2021 군무원 9급
국가배상법이 정한 배상청구의 요건인 공무원의 직무에는 행정지도도 포함된다.

☆ **02** 1 2 3   2021 소방직 9급
행정지도가 강제성을 띠지 않은 비권력적 작용으로서 행정지도의 한계를 일탈하지 아니하였다면, 그로 인해 상대방에게 어떤 손해가 발생하였다고 해도 행정기관은 그에 대한 손해배상책임이 없다.

☆ **03** 1 2 3   2018 교육행정직 9급
행정지도의 한계 일탈로 인해 상대방에게 손해가 발생한 경우 행정기관은 손해배상책임이 있다.

☆ **04** 1 2 3   2017 지방직(하) 9급
행정기관의 위법한 행정지도로 일정기간 어업권을 행사하지 못하는 손해를 입은 자가 그 어업권을 타인에게 매도하여 매매대금 상당의 이득을 얻었더라도, 그 이득은 위법한 행정지도와 상당인과관계가 없고 손해의 범위에 대응하는 것으로 볼 수 없으므로, 손해배상액의 산정에서 그 이득을 손익상계할 수 없다.

☆ **05** 1 2 3   2022 국회직 8급
헌법재판소에 따르면 행정지도가 단순한 행정지도로서의 한계를 넘어 규제적·구속적 성격을 상당히 강하게 갖는 것이면 헌법소원의 대상이 되는 공권력행사라고 볼 수 있다.

☆ **06** 1 2 3   2021 소방직 9급
교육인적자원부장관(현 교육부장관)의 (구)공립대학 총장들에 대한 학칙시정요구는 고등교육법령에 따른 것으로, 그 법적 성격은 대학총장의 임의적인 협력을 통하여 사실상의 효과를 발생시키는 행정지도의 일종이지만 단순한 행정지도의 한계를 넘어 규제적·구속적 성격을 갖는 것으로 헌법소원의 대상이 되는 공권력의 행사로 볼 수 있다.

07 1 2 3   2017 지방직(하) 9급
노동부장관(현 고용노동부장관)이 공공기관 단체협약내용을 분석하여 불합리한 요소를 개선하라고 요구한 행위는 행정지도로서의 한계를 넘어 규제적·구속적 성격을 강하게 갖는다고 할 수 없어 헌법소원의 대상이 되는 공권력의 행사에 해당한다고 볼 수 없다.

☆ **08** 1 2 3   2018 서울시 1회 7급
위법한 행정지도에 따라 행한 사인의 행위는 법령에 명시적으로 정함이 없는 한 위법성이 조각된다고 할 수 없다.

☆ **09** 1 2 3   2017 지방직(하) 9급
행정관청이 구 국토이용관리법 소정의 토지거래계약신고에 관하여 공시된 기준시가를 기준으로 매매가격을 신고하도록 행정지도를 하여 그에 따라 허위신고를 한 것이라 하더라도 이와 같은 행정지도는 법에 어긋나는 것으로서 그 범법행위가 정당화될 수 없다.

📖 p.279

01 　　　　　　　　　　　　　　　　2012 지방직 7급
공법상 합동행위는 공법적 효과발생을 목적으로 하는 복수당사자 간의 동일방향의 의사의 합치로 성립되는 공법행위이며, 지방자치단체조합을 설립하는 행위 등이 이에 해당한다.

02 　　　　　　　　　　　　　　　　2008 관세사
행정지도는 비권력적 사실행위이다.

03 　　　　　　　　　　　　　　　　2009 관세사
일반적으로 권력적 사실행위는 법률유보의 적용을 받는다.

☆ **04** 　　　　　　　　　　　　　　　2017 서울시 9급
수도요금체납자에 대한 단수조치는 판례가 항고소송의 대상인 처분성을 인정한다.

☆ **05** 　　　　　　　　　　　　　　　2011 지방직 7급
수형자의 서신을 교도소장이 검열하는 행위는 행정심판이나 행정소송의 대상이 되는 행정처분으로 볼 수 있다.

06 　　　　　　　　　　　　　　　　2014 사회복지직 9급
급수공사 신청자에 대한 수도사업자의 급수공사비 납부통지는 처분이 아니다.

☆ **07** 　　　　　　　　　　　　　　　2021 군무원 9급
사실상의 준비행위 또는 사전안내로 볼 수 있는 국립대학의 대학입학고사 주요요강은 공권력 행사에 해당하지만 항고소송의 대상이 되는 처분은 아니다.

03 　　　　　　　　　　　　　　　　2002 입법고시
일반적으로 행정사법관계는 공법적 규율을 받더라도 그 본질은 사법작용으로 본다.

04 　　　　　　　　　　　　　　　　2017 국가직 7급
「지방자치단체를 당사자로 하는 계약에 관한 법률」에 따라, 지방자치단체가 당사자가 되는 이른바 공공계약은 본질적인 내용이 사인 간의 계약과 다를 바가 없다.

05 　　　　　　　　　　　　　　　　2017 국회직 8급
대법원은 국가나 지방자치단체가 당사자가 되는 공공계약(조달계약)은 상대방과 대등한 관계에서 체결하는 사법상의 계약으로 본다.

06 　　　　　　　　　　　　　　　　2019 사회복지직 9급
국가계약의 본질적인 내용은 사인 간의 계약과 다를 바가 없으므로 법령에 특별한 규정이 있는 경우를 제외하고는 사법의 규정 내지 법원리가 그대로 적용된다.

📖 p.281

01 　　　　　　　　　　　　　　　　2022 소방직 9급
행정청은 법률로 정하는 바에 따라 처분에 재량이 없는 경우 완전히 자동화된 시스템으로 처분을 할 수 있다.

02 　　　　　　　　　　　　　　　　2018 교육행정직 9급
행정사법(行政私法) 영역에서는 본질적으로 사법이 적용되며, 공법원리인 행정법상 일반원칙이 적용될 수 있다.

제3편 행정절차, 행정공개

제20강 민원처리법, 행정절차법(일반론) 등

📄 p.285

01 [1][2][3] 2013 서울시 7급
행정절차는 행정의 민주화, 사전적 행정구제 등의 기능을 수행한다.

☆ **02** [1][2][3] 2014 사회복지직 9급
헌법 제12조 제1항과 제3항은 형사사건의 적법절차에 관한 규정이지만 행정절차에도 적용된다.

☆ **03** [1][2][3] 2020 국회직 8급
행정에서 적법절차원리의 헌법적 근거는 형사절차에서의 적법절차를 규정한 헌법 제12조 제3항에 있다.

04 [1][2][3] 2020 국가직 7급
하나의 납세고지서에 의하여 본세와 가산세를 함께 부과할 때 납세고지서에 본세와 가산세 각각의 세액과 산출근거 등을 구분하여 기재하여야 한다.

05 [1][2][3] 2018 국가직 7급
하나의 납세고지서로 본세와 여러 종류의 가산세를 함께 부과하는 경우에 납세고지서에 가산세의 종류와 세액의 산출근거 등을 따로 구별하지 않고 가산세의 합계액만을 기재하였다면 그 부과처분은 위법하다.

06 [1][2][3] 2013 국회직 8급
개별 세법에 납세고지에 관한 별도의 규정이 없더라도 국세징수법이 정한 것과 같은 납세고지의 요건을 갖추어야 한다는 것은 적법절차의 원칙이 과세처분에도 적용됨에 따른 당연한 귀결이다.

07 [1][2][3] 2020 지방직·서울시 9급
행정절차법은 공법상 행정절차에 관한 일반법이므로 사법(私法)관계에는 적용되지 않는다.

☆ **08** [1][2][3] 2018 경행경채
행정절차법은 절차적 규정뿐만 아니라 신뢰보호원칙과 같은 실체적 규정을 포함하고 있다.

☆ **09** [1][2][3] 2017 교육행정직 9급
행정절차법은 처분, 신고, 확약, 위반사실 등의 공표, 행정계획, 행정상 입법예고, 행정예고 및 행정지도의 절차에 관하여 명문의 규정을 두고 있으나, 공법상 계약에 관하여는 규정하고 있지 않다.

☆ **10** [1][2][3] 2021 소방직 9급
행정절차법은 행정조사절차에 관한 명문의 규정을 두고 있지 않다.

📄 p.287

01 [1][2][3] 2018 서울시 2회 7급
행정절차법상 행정청이 직권으로 또는 신청에 따라 행정절차에 참여하게 한 이해관계인은 당사자 등에 해당한다.

☆ **02** [1][2][3] 2016 사회복지직 9급
행정절차법은 행정조사에 관한 명문의 규정을 두고 있지 않지만 행정조사가 처분에 해당하는 경우에는 행정절차법상의 처분절차에 관한 규정이 적용된다.

03 [1][2][3] 2022 변호사
산업단지관리공단이 「산업집적활성화 및 공장설립에 관한 법률」에 따른 입주계약을 해지하는 경우, 법에 특별한 규정이 없다면 행정절차법의 적용을 받는다.

☆ **04** [1][2][3] 2013 국회직 8급
적법절차의 원칙은 헌법의 기본원리이고 행정절차법은 행정절차에 관한 일반법적 성격을 가지기는 하지만 행정절차법이 모든 행정작용에 적용되는 것은 아니다.

☆ **05** 1 2 3   2019 서울시 9급

지방의회의 의결을 거치거나 동의 또는 승인을 받아 행하는 사항에 대해서는 행정절차법이 적용되지 않는다.

06 1 2 3   2020 지방직·서울시 7급

행정절차법의 적용대상이 되지 않는 것만을 모두 고르면? (다툼이 있는 경우 판례에 의함)

- ㉠ 병역법에 따른 징집·소집
- ㉡ 산업기능요원 편입취소처분
- ㉢ 국가공무원법상 직위해제처분
- ㉣ 헌법재판소의 심판을 거쳐 행하는 사항
- ㉤ 대통령의 한국방송공사 사장의 해임처분

① ㉠, ㉡, ㉢
② ㉠, ㉢, ㉣
③ ㉡, ㉣, ㉤
④ ㉢, ㉣, ㉤

[해설]
㉠㉢㉣ 행정절차법 적용 ×

[정답] ②

☆ **07** 1 2 3   2011 국가직 9급 변형

처분, 신고, 확약, 위반사실 등의 공표, 행정계획, 행정상 입법예고, 행정예고 및 행정지도의 절차에 관한 사항이라도 행정절차법의 적용이 배제되는 경우에 해당하지 않는 것은?
① 감사원이 감사위원회의의 결정을 거쳐 행하는 사항
② 각급 선거관리위원회의 의결을 거쳐 행하는 사항
③ 대통령이 직접 행하는 처분사항
④ 심사청구·해양안전심판·조세심판·특허심판·행정심판 기타 불복절차에 의한 사항

[해설]
③ 행정절차법 적용 ○

[정답] ③

☆ **08** 1 2 3   2019 사회복지직 9급

행정절차법의 적용이 제외되는 공무원 인사관계법령에 의한 처분에 관한 사항이란 성질상 행정절차를 거치기 곤란하거나 불필요하다고 인정되는 처분이나 행정절차에 준하는 절차를 거치도록 하고 있는 처분에 관한 사항만을 말하는 것으로 보아야 한다.

09 1 2 3   2020 국가직 7급

병역법에 따라 지방병무청장이 산업기능요원에 대하여 산업기능요원 편입취소처분을 할 때에는 행정절차법에 따라 처분의 사전통지를 하고 의견제출의 기회를 부여하여야 한다.

10 1 2 3   2022 국가직 9급

별정직 공무원인 대통령기록관장에 대한 직권면직처분에는 처분의 사전통지 및 의견청취 등에 관한 행정절차법 규정이 적용된다.

📖 p.289

☆ **01** 1 2 3   2020 국회직 8급

행정절차법 시행령 제2조 제8호는 '학교·연수원 등에서 교육·훈련의 목적을 달성하기 위하여 학생·연수생들을 대상으로 하는 사항'을 행정절차법이 적용되지 않는 경우로 규정하고 있으나 생도의 퇴학처분과 같이 신분을 박탈하는 징계처분은 여기에 해당한다고 할 수 없다.

02 1 2 3   2020 국회직 8급

미국 국적을 가진 교민에 대한 사증거부처분에도 처분의 방식에 관한 행정절차법 제24조는 적용된다.

☆ **03** 1 2 3   2022 국가직 7급

국가공무원법상 직위해제처분을 할 경우 처분의 사전통지 및 의견청취 등에 관한 행정절차법의 규정이 적용되지 않는다.

04 1 2 3   2021 국가직 7급

군인사법에 따라 단해 직무를 수행할 능력이 없다고 인정하여 장교를 보직해임하는 경우, 처분의 근거와 이유제시 등에 관한 행정절차법의 규정이 적용되지 않는다.

05 1 2 3   2019 지방직·교육행정직 9급

공정거래위원회의 시정조치 및 과징금납부명령에 행정절차법 소정의 의견청취절차 생략사유가 존재하는 경우, 공정거래위원회가 행정절차법을 적용하여 의견청취절차를 생략할 수는 없다.

제3편 행정절차, 행정공개 93

06 1 2 3   2017 서울시 9급

대법원에 따르면 행정절차법 적용이 제외되는 의결·결정에 대해서 행정절차법을 적용하여 의견청취절차를 생략할 수는 없다.

07 1 2 3   2022 서울시 지적 7급

행정절차법상 행정청의 관할이 분명하지 아니한 경우에는 해당 행정청을 공통으로 감독하는 상급행정청이 그 관할을 결정하며, 공통으로 감독하는 상급행정청이 없는 경우에는 각 상급행정청이 협의하여 그 관할을 결정한다.

08 1 2 3   2022 서울시 지적 7급

행정응원을 요청받은 행정청은 다른 행정청이 보다 능률적이거나 경제적으로 응원할 수 있는 명백한 이유가 있는 경우 응원을 거부할 수 있다.

09 1 2 3   2021 소방직 9급

행정응원을 위하여 파견된 직원은 당해 직원의 복무에 관하여 다른 법령 등에 특별한 규정이 없는 한, 응원을 요청한 행정청의 지휘·감독을 받는다.

10 1 2 3   2022 서울시 지적 7급

행정응원에 드는 비용은 응원을 요청한 행정청이 부담하며, 그 부담금액 및 부담방법은 응원을 요청한 행정청과 응원을 하는 행정청이 협의하여 결정한다.

11 1 2 3   2018 서울시 2회 7급

행정절차법상 법인 아닌 사단이나 재단도 행정절차에 있어서 당사자 등이 될 수 있다.

12 1 2 3   2022 국회직 8급, 2014 국가직 7급

처분에 관한 권리 또는 이익을 사실상 양수한 자는 행정청의 승인을 받아 당사자 등의 지위를 승계할 수 있다.

☞ p.291

01 1 2 3   2020 군무원 9급

다수의 당사자 등이 공동으로 행정절차에 관한 행위를 할 때에 정하는 대표자에 관한 행정절차법의 규정내용으로 옳지 않은 것은?

① 당사자 등은 대표자를 변경하거나 해임할 수 있다.
② 대표자는 각자 그를 대표자로 선정한 당사자 등을 위하여 행정절차에 관한 모든 행위를 할 수 있다. 다만, 행정절차를 끝맺는 행위에 대하여는 당사자 등의 동의를 받아야 한다.
③ 대표자가 있는 경우에는 당사자 등은 그 대표자를 통하여서만 행정절차에 관한 행위를 할 수 있다.
④ 다수의 대표자가 있는 경우 그 중 1인에 대한 행정청의 행위는 모든 당사자 등에게 효력이 있다. 다만, 행정청의 통지는 대표자 1인에게 하여도 그 효력이 있다.

[해설]
① 행정절차법 제11조 제3항
② 행정절차법 제11조 제4항
③ 행정절차법 제11조 제5항
④ 행정청의 통지는 대표자 모두에게 하여야 그 효력이 있음(행정절차법 제11조 제6항).

정답 ④

02 1 2 3   2018 서울시 2회 7급

행정절차법상 당사자 등은 당사자 등의 형제자매를 대리인으로 선임할 수 있다.

03 1 2 3   2021 경행경채

징계와 같은 불이익처분절차에서 징계심의대상자에게 변호사를 통한 방어권의 행사를 보장하는 것이 필요하고, 징계심의대상자가 선임한 변호사가 징계위원회에 출석하여 징계심의대상자를 위하여 필요한 의견을 진술하는 것은 방어권 행사의 본질적 내용에 해당하므로, 행정청은 특별한 사정이 없는 한 이를 거부할 수 없다.

04 1 2 3   2022 지방직·서울시 7급

공무원에 대한 징계절차에서 징계심의대상자가 대리인으로 선임한 변호사가 징계위원회 심의에 출석하여 진술하려고 하였음에도 불구하고 징계권자나 그 소속직원이 변호사가 심의에 출석하는 것을 막았다면 징계위원회의 심의·의결의 절차적 정당성이 상실되어 그 징계의결에 따른 징계처분은 위법하며 원칙적으로 취소되어야 한다.

05 1 2 3 　　　　　　　　　　2020 소방직 9급
행정절차에 소요되는 비용은 원칙적으로 행정청이 부담하도록 규정되어 있다.

06 1 2 3 　　　　　　　　　　2015 국회직 8급
법제처장은 입법예고를 하지 아니한 법령안의 심사요청을 받은 경우에 입법예고를 하는 것이 적당하다고 판단하는 때에는 해당 행정청에 입법예고를 권고하거나 직접 예고할 수 있다.

07 1 2 3 　　　　　　　　　　2018 소방직 9급
행정절차법상 행정상 입법예고를 하지 않아도 되는 사유에 해당하지 않는 것은?
① 법령 등을 제정·개정 또는 폐지하려는 경우
② 상위법령 등의 단순한 집행을 위한 경우
③ 입법내용이 국민의 권리·의무 또는 일상생활과 관련이 없는 경우
④ 신속한 국민의 권리보호 또는 예측곤란한 특별한 사정의 발생 등으로 입법이 긴급을 요하는 경우

[해설]
행정절차법 제41조 제1항
① 입법예고 적용사유
②③④ 입법예고 적용제외사유

정답 ①

08 1 2 3 　　　　　　　　　　2019 국가직 9급
상위법령 등의 단순한 집행을 위해 총리령을 제정하려는 경우, 행정상 입법예고를 하지 아니할 수 있다.

p.293

01 1 2 3 　　　　　　　　　　2019 서울시 2회 7급
행정청은 대통령령을 입법예고할 경우에는 국회 소관 상임위원회에 이를 제출하여야 한다.

☆ **02** 1 2 3 　　　　　　　　　　2017 서울시 7급
입법예고기간은 예고할 때 정하되, 특별한 사정이 없으면 40일(자치법규의 입법예고기간은 20일) 이상으로 한다.

☆ **03** 1 2 3 　　　　　　　　　　2013 지방직 9급 변형
행정절차법은 행정계획을 수립·시행하거나 변경하고자 하는 때에는 원칙적으로 이를 예고하도록 규정하고 있다.

04 1 2 3 　　　　　　　　　　2007 관세사
법령 등의 입법을 포함하는 행정예고는 입법예고로 갈음할 수 있다.

05 1 2 3 　　　　　　　　　　2021 지방직·서울시 7급 변형
행정예고기간은 예고내용의 성격 등을 고려하여 정하되, 20일 이상으로 한다. 다만, 긴급한 필요가 있는 경우 10일 이상으로 단축할 수 있다.

제21강 행정절차법(처분 등)

p.295

☆ **01** 1 2 3 　　　　　　　　　　2016 경행경채
행정청은 필요한 처분기준을 해당 처분의 성질에 비추어 되도록 구체적으로 정하여 공표하여야 한다. 다만, 처분기준을 공표하는 것이 해당 처분의 성질상 현저히 곤란하거나 공공의 안전 또는 복리를 현저히 해치는 것으로 인정될 만한 상당한 이유가 있는 경우에는 처분기준을 공표하지 아니할 수 있다.

02 1 2 3 　　　　　　　　　　2015 서울시 9급
당사자 등은 공표된 처분기준이 명확하지 아니한 경우 해당 행정청에 그 해석 또는 설명을 요청할 수 있으며, 이 경우 해당 행정청은 특별한 사정이 없으면 그 요청에 따라야 한다.

☆ **03** 1 2 3 　　　　　　　　　　2018 지방직 7급
행정절차법은 처분의 이유제시의무가 면제되는 경우가 아니라면 당사자에게 그 근거와 이유를 제시하도록 규정하고 있다.

04 1 2 3　　　　　　　　　　　2012 지방직 9급

행정절차법은 행정청이 처분을 하는 때에는 당사자에게 그 근거와 이유를 제시하도록 이유제시원칙을 규정하고 있는 바, 이러한 이유제시의 원칙은 상대방에게 부담을 주는 행정처분의 경우뿐만 아니라 수익적 행정행위의 거부에도 적용된다.

☆ **05** 1 2 3　　　　　　　　　　　2015 국회직 8급

행정청은 신청내용을 모두 그대로 인정하는 처분인 경우 당사자에게 처분의 근거와 이유를 제시하지 아니하여도 된다.

☆ **06** 1 2 3　　　　　　　　　　　2012 국가직 9급

단순·반복적인 처분 또는 경미한 처분으로서 당사자가 그 이유를 명백히 알 수 있는 경우에는 이유제시의무가 면제된다.

07 1 2 3　　　　　　　　　　　2020 소방직 9급

행정절차법상 행정청이 처분을 할 때에는 신청내용을 모두 그대로 인정하는 처분인 경우, 단순·반복적인 처분 또는 경미한 처분으로서 당사자가 그 이유를 명백히 알 수 있는 경우, 긴급히 처분을 할 필요가 있는 경우를 제외하고는 원칙적으로 모든 경우에 있어 당사자에게 그 근거와 이유를 제시하여야 한다.

☆ **08** 1 2 3　　　　　　　　　　　2022 국회직 8급

행정청은 긴급히 처분을 할 필요가 있는 경우 당사자에게 처분의 근거와 이유를 제시하지 않아도 되지만, 처분 후 당사자가 요청하는 경우에는 그 근거와 이유를 제시하여야 한다.

☆ **09** 1 2 3　　　　　　　　　　　2018 국가직 9급

단순·반복적인 처분 또는 경미한 처분으로서 당사자가 그 이유를 명백히 알 수 있는 경우라 하더라도 처분 후 당사자가 요청하는 경우에는 행정청은 그 근거와 이유를 제시하여야 한다.

☆ **10** 1 2 3　　　　　　　　　　　2012 국가직 9급

신청내용을 모두 그대로 인정하는 처분인 경우 이유제시의무가 면제되고, 이때에는 처분 후 당사자가 요청하는 경우에도 그 근거와 이유를 제시해야 하는 것은 아니다.

☆ **11** 1 2 3　　　　　　　　　　　2020 지방직·서울시 7급

면허의 취소처분에는 그 근거가 되는 법령이나 취소권 유보의 부관 등을 명시하여야 함은 물론 처분을 받은 자가 어떠한 위반사실에 대하여 당해 처분이 있었는지를 알 수 있을 정도로 사실을 적시할 것을 요하며, 이와 같은 취소처분의 근거와 위반사실의 적시를 빠뜨린 하자는 피처분자가 처분 당시 그 취지를 알고 있었다거나 그 후 알게 되었다 하여도 치유될 수 없다.

📖 p.297

☆ **01** 1 2 3　　　　　　　　　　　2022 국가직 7급

당사자가 근거규정 등을 명시하여 신청하는 인·허가 등을 거부하는 처분을 함에 있어 당사자가 그 근거를 알 수 있을 정도로 상당한 이유를 제시한 경우에는 당해 처분의 근거 및 이유를 구체적 조항 및 내용까지 명시하지 않았더라도 그로 말미암아 그 처분이 위법한 것이 된다고 할 수 없다.

☆ **02** 1 2 3　　　　　　　　　　　2017 지방직 7급

행정청이 토지형질변경허가신청을 불허하는 근거규정으로 '도시계획법 시행령 제20조'를 명시하지 아니하고 '도시계획법'이라고만 기재하였으나, 신청인이 자신의 신청이 개발제한구역의 지정목적에 현저히 지장을 초래하는 것이라는 이유로 구 도시계획법 시행령 제20조 제1항 제2호에 따라 불허된 것임을 알 수 있었던 경우에는 그 불허처분이 위법하지 않다.

☆ **03** 1 2 3　　　　　　　　　　　2021 지방직·서울시 9급

처분 당시 당사자가 어떠한 근거와 이유로 처분이 이루어진 것인지를 충분히 알 수 있어서 그에 불복하여 행정구제절차로 나아가는 데에 별다른 지장이 없었던 것으로 인정되는 경우에는 처분서에 처분의 근거와 이유가 구체적으로 명시되어 있지 않았다고 하더라도 그 처분이 위법한 것으로 된다고 할 수는 없다.

04 1 2 3　　　　　　　　　　　2022 지방직·서울시 9급

교육부장관이 부적격사유가 없는 후보자들 사이에서 어떤 후보자를 상대적으로 더욱 적합하다고 판단하여 국립대학교의 총장으로 임용제청을 하였다면, 그러한 임용제청행위 자체로서 이유제시의무를 다한 것이다.

☆ **05** 1 2 3 2013 서울시 7급
처분의 이유제시는 처분과 동시에 하며, 원칙적으로 당사자가 그 근거를 알 수 있을 정도로 상당한 이유이어야 하고, 충분히 납득할 수 있도록 구체적이고 명확하여야 한다.

☆ **06** 1 2 3 2013 국가직 7급
세액산출의 근거가 기재되지 않은 납세고지서에 의한 부과처분은 취소사유라고 보는 것이 판례의 태도이다.

☆ **07** 1 2 3 2013 국가직 7급
이유제시의 하자의 치유는 행정쟁송의 제기 전까지만 가능하다고 보는 것이 판례의 태도이다.

08 1 2 3 2014 국가직 9급
행정청이 처분을 할 때에는 다른 법령 등에 특별한 규정이 있는 경우를 제외하고는 문서로 하여야 한다. 다만 공공의 안전 또는 복리를 위하여 긴급히 처분을 할 필요가 있거나 사안이 경미한 경우에는 말, 전화, 휴대전화를 이용한 문자전송, 팩스 또는 전자우편 등 문서가 아닌 방법으로 처분을 할 수 있다.

☆ **09** 1 2 3 2013 지방직 9급
면허관청이 운전면허정지처분을 하면서 통지서에 의하여 면허정지사실을 통지하지 아니한 경우에는 절차와 형식을 갖추지 아니한 조치로서 효력이 없고, 면허관청이 임의로 출석한 상대방의 편의를 위하여 구두로 면허정지사실을 알렸더라도 운전면허정지처분의 효력이 인정되지 않는다.

☞ p.299

01 1 2 3 2009 지방직 9급
처분을 하는 문서에는 그 처분행정청 및 담당자의 소속·성명과 연락처를 기재하여야 한다.

02 1 2 3 2017 경행경채
행정절차법상 행정청은 처분에 오기, 오산 또는 그 밖에 이에 준하는 명백한 잘못이 있을 때에는 직권으로 또는 신청에 따라 지체 없이 정정하고 그 사실을 당사자에게 통지하여야 한다.

03 1 2 3 2014 경행특채 2차
행정청이 처분을 할 때에는 당사자에게 그 처분에 관하여 행정심판 및 행정소송을 제기할 수 있는지 여부, 그 밖에 불복을 할 수 있는지 여부, 청구절차 및 청구기간, 그 밖에 필요한 사항을 알려야 한다.

04 1 2 3 2020 군무원 9급
행정청에 처분을 구하는 신청은 문서로 하여야 한다. 다만, 다른 법령 등에 특별한 규정이 있는 경우와 행정청이 미리 다른 방법을 정하여 공시한 경우에는 그러하지 아니하다.

05 1 2 3 2018 서울시 9급
행정청에 처분을 구하는 신청을 전자문서로 하는 경우에는 행정청의 컴퓨터 등에 입력된 때에 신청한 것으로 본다.

☆ **06** 1 2 3 2015 서울시 9급
행정청은 신청에 구비서류의 미비 등 흠이 있는 경우에는 보완에 필요한 상당한 기간을 정하여 지체 없이 신청인에게 보완을 요구하여야 한다.

07 1 2 3 2021 지방직·서울시 7급
신청인이 신청에 앞서 행정청의 허가업무담당자에게 신청서의 내용에 대한 검토를 요청한 것만으로는 다른 특별한 사정이 없는 한 명시적이고 확정적인 신청의 의사표시가 있었다고 하기 어렵다.

08 1 2 3 2020 군무원 9급
행정청은 신청인의 편의를 위하여 다른 행정청에 신청을 접수하게 할 수 있다. 이 경우 행정청은 다른 행정청에 접수할 수 있는 신청의 종류를 미리 정하여 공시하여야 한다.

09 1 2 3 2016 지방직 9급
행정청은 부득이한 사유로 공표한 처리기간 내에 처분을 처리하기 곤란한 경우에는 해당 처분의 처리기간의 범위에서 한 번만 그 기간을 연장할 수 있다.

10 1 2 3 2017 국가직(하) 9급
행정청이 정당한 처리기간 내에 처분을 처리하지 아니하였을 때에는 신청인은 해당 행정청 또는 그 감독 행정청에 신속한 처리를 요청할 수 있다.

☆ 11 １２３　　　　　　　　　　2008 지방직 7급
처분의 사전통지는 의무를 부과하거나 권익을 침해하는 처분에 한정된다.

📖 p.301

01 １２３　　　　　　　　　　2020 경행경채
행정청은 청문을 하려면 청문이 시작되는 날부터 10일 전까지 행정절차법 제21조 제1항 각 호의 사항(사전통지사항)을 당사자 등에게 통지하여야 한다.

02 １２３　　　　　　　　　　2016 경행경채
행정청은 공공의 안전 또는 복리를 위하여 긴급히 처분을 할 필요가 있는 경우, 처분의 사전통지를 하지 않을 수 있다.

03 １２３　　　　　　　　　　2022 국가직 9급
법령 등에서 요구된 자격이 없거나 없어지게 되면 반드시 일정한 처분을 하여야 하는 경우에 그 자격이 없거나 없어지게 된 사실이 법원의 재판에 의하여 객관적으로 증명된 경우에는 사전통지를 생략할 수 있다.

☆ 04 １２３　　　　　　　　　　2010 지방직 7급
사전통지의무가 면제되는 경우 의견청취의무가 면제된다.

☆ 05 １２３　　　　　　　　　2021 지방직·서울시 7급
신청에 따른 처분이 이루어지지 아니한 경우에는 아직 당사자에게 권익이 부과되지 아니하였으므로 특별한 사정이 없는 한 신청에 대한 거부처분은 직접 당사자의 권익을 제한하는 것은 아니어서 처분의 사전통지대상이 된다고 할 수 없다.

☆ 06 １２３　　　　　　　　　　2021 국가직 7급
식품위생법상의 영업자지위승계신고를 수리하는 경우, 종전 영업자에 대하여 사전통지를 하고, 그에게 의견제출의 기회를 주어야 한다.

☆ 07 １２３　　　　　　　　　　2021 소방직 9급
행정청이 (구)식품위생법 규정에 의하여 영업자지위승계신고를 수리하는 처분은 종전의 영업자의 권익을 제한하는 처분에 해당하므로, 행정청은 이를 처리함에 있어 종전의 영업자에 대하여 처분의 사전통지, 의견청취 등 행정절차법상의 처분절차를 거쳐야 한다.

☆ 08 １２３　　　　　　　　　2022 지방직·서울시 9급
'고시'의 방법으로 불특정 다수인을 상대로 의무를 부과하거나 권익을 제한하는 처분은 성질상 의견제출의 기회를 주어야 하는 상대방을 특정할 수 없으므로, 이와 같은 처분에 있어서까지 그 상대방에게 의견제출의 기회를 주어야 하는 것은 아니다.

☆ 09 １２３　　　　　　　　　　2021 국가직 7급
도로법상 도로구역을 변경할 경우 이를 고시하고 그 도면을 일반인이 열람할 수 있도록 하고 있는바, 도로구역을 변경한 처분은 행정절차법상 사전통지나 의견청취의 대상이 되는 처분이 아니다.

☆ 10 １２３　　　　　　　　　　2020 국회직 8급
침익적 행정처분을 하면서 사전통지 및 의견제출의 기회를 주지 않았다면, 사전통지 및 의견제출절차를 생략해야 할 예외적 사유가 없는 한, 그 처분은 위법하여 취소되어야 한다.

11 １２３　　　　　　　　　　2010 지방직 7급
건축법의 공사중지명령에 대한 사전통지를 하고 의견제출의 기회를 준다면 많은 액수의 손실보상금을 기대하여 공사를 강행할 우려가 있다는 사정은 사전통지 및 의견제출절차의 예외사유에 해당하지 아니한다.

📖 p.303

01 １２３　　　　　　　　　　2022 소방간부
행정청이 온천지구임을 간과하여 지하수 개발·이용신고를 수리하였다가 의견제출기회를 주지 아니한 채 그 신고수리처분을 취소하고 원상복구명령의 처분을 한 경우, 행정지도 방식에 의한 사전고지나 그에 따른 당사자의 자진폐공의 약속 등 사유만으로는 사전통지 등을 하지 않아도 되는 행정절차법 소정의 예외의 경우에 해당한다고 볼 수 없으므로 행정청의 그 처분은 위법하다.

☆ **02** 1 2 3   2019 국회직 8급

정규공무원으로 임용된 사람에게 시보임용처분 당시 지방공무원법에 정한 공무원임용 결격사유가 있어 시보임용처분을 취소하고 그에 따라 정규임용처분을 취소한 경우 정규임용처분을 취소하는 처분에 대하여서는 행정절차법의 규정이 적용된다.

03 1 2 3   2017 국가직 7급

공기업 사장에 대한 해임처분 과정에서 처분내용을 사전에 통지받지 못했고 해임처분시 법적 근거 및 구체적 해임사유를 제시받지 못하였다면, 그 해임처분은 위법하지만 당연무효는 아니다.

04 1 2 3   2008 지방직 7급

행정절차법상의 의견청취는 청문, 공청회, 의견제출로 구분된다.

☆ **05** 1 2 3   2018 서울시 9급

행정청이 공공의 안전 또는 복리를 위하여 긴급히 처분을 할 필요가 있는 경우에는 의견청취를 하지 아니할 수 있다.

☆ **06** 1 2 3   2022 국가직 9급

행정청의 처분으로 의무가 부과되거나 권익이 제한되는 경우라도 당사자가 의견진술의 기회를 포기한다는 뜻을 명백히 표시한 경우에는 의견청취를 생략할 수 있다.

☆ **07** 1 2 3   2019 서울시 1회 7급

행정절차법의 청문배제사유인 '당해 처분의 성질상 의견청취가 현저히 곤란하거나 명백히 불필요하다고 인정될 만한 상당한 이유가 있는 경우'는 당해 행정처분의 성질에 의하여 판단하여야 하는 것이지, 청문통지서의 반송 여부, 청문통지의 방법 등에 의하여 판단할 것은 아니다.

☆ **08** 1 2 3   2020 국가직 7급

행정처분의 상대방에 대한 청문통지서가 반송되었다거나, 행정처분의 상대방이 청문일시에 불출석하였다는 이유로 청문을 실시하지 아니하고 한 침해적 행정처분은 위법하다.

📖 p.305

☆ **01** 1 2 3   2017 국가직 7급

처분상대방이 이미 행정청에 위반사실을 시인하였다는 사정은 사전통지의 예외가 적용되는 '의견청취가 현저히 곤란하거나 명백히 불필요하다고 인정될 만한 상당한 이유가 있는 경우'에 해당하지 않는다.

☆ **02** 1 2 3   2022 국가직 7급

행정청이 당사자와 도시계획사업의 시행과 관련한 협약을 체결하면서 관계법령 및 행정절차법에 규정된 청문의 실시 등 의견청취절차를 배제하는 조항을 두었다고 하더라도, 청문의 실시에 관한 규정의 적용을 배제할 수 있다고 볼 만한 법령상의 규정이 없는 한, 청문의 실시에 관한 규정의 적용이 배제된다거나 청문을 실시하지 않아도 되는 예외적인 경우에 해당한다고 할 수 없다.

☆ **03** 1 2 3   2007 국회직 8급

판례는 법령상 확정된 의무부과의 경우, 의견제출의 기회를 주지 않아도 무방하다고 본다.

☆ **04** 1 2 3   2022 소방간부

퇴직연금의 환수결정은 당사자에게 의무를 과하는 처분이지만 법령에 따라 당연히 환수금액이 정해지는 것이므로, 퇴직연금환수결정에 앞서 당사자에게 의견진술의 기회를 주어야 하는 것은 아니다.

05 1 2 3   2022 소방간부

사회복지시설에 대하여 특별감사를 실시한 후 행한 감사결과 지적사항에 대한 시정지시는 그 성질상 당사자의 사전 의견청취가 불필요하다고 볼 상당한 이유가 인정되는 경우에 해당한다.

☆ **06** 1 2 3   2018 지방직 7급

청문은 행정청이 어떠한 처분을 하기 전에 당사자 등의 의견을 직접 듣고 증거를 조사하는 절차를 말한다.

☆ **07** 1 2 3   2017 지방직 7급

행정절차법상 청문절차를 거쳐야 하는 처분임에도 청문절차를 결여한 처분은 위법하나 당연무효는 아니다.

📖 p.307

01 　　　　　　　　　　　2016 교육행정직 9급
청문 주재자는 소속 직원 또는 대통령령으로 정하는 자격을 가진 사람 중에서 행정청이 선정한다.

02 　　　　　　　　　　　2014 경행특채 1차
청문의 주재자는 행정청이 소속 직원 또는 대통령령으로 정하는 자격을 가진 사람 중에서 선정하는 사람이 될 수 있다.

03 　　　　　　　　　　　2016 교육행정직 9급
행정절차법은 청문 주재자의 제척·기피·회피에 관하여 규정하고 있다.

☆**04** 　　　　　　　　　　　2008 국가직 9급
청문은 당사자의 공개신청이 있거나 청문 주재자가 필요하다고 인정하는 경우 이를 공개할 수 있지만, 공익 또는 제3자의 정당한 이익을 현저히 해할 우려가 있는 경우에는 공개하여서는 아니 된다.

05 　　　　　　　　　　　2015 국회직 8급
청문절차의 당사자 등은 참고인이나 감정인 등에게 질문할 수 있다.

06 　　　　　　　　　　　2022 국회직 8급
청문에서 당사자 등이 의견서를 제출한 경우에는 그 내용을 출석하여 진술한 것으로 본다.

☆**07** 　　　　　　　　　　　2021 군무원 9급
청문 주재자는 직권으로 또는 당사자의 신청에 따라 필요한 조사를 할 수 있으며, 당사자 등이 주장하지 아니한 사실에 대하여도 조사할 수 있다.

08 　　　　　　　　　　　2021 지방직·서울시 9급
당사자 등은 청문조서의 내용을 열람·확인할 수 있고 그 청문조서에 이의가 있으면 정정을 요구할 수 있다.

☆**09** 　　　　　　　　　　　2022 국회직 8급
청문 주재자는 당사자 등의 전부 또는 일부가 정당한 사유 없이 청문기일에 출석하지 아니하거나 의견서를 제출하지 아니한 경우에는 이들에게 다시 의견진술 및 증거제출의 기회를 주지 아니하고 청문을 마칠 수 있다.

10 　　　　　　　　　　　2021 군무원 9급
행정청은 청문을 마친 후 처분을 할 때까지 새로운 사정이 발견되어 청문을 재개(再開)할 필요가 있다고 인정할 때에는 청문조서 등을 되돌려 보내고 청문의 재개를 명할 수 있다.

☆**11** 　　　　　　　　　　　2011 사회복지직 9급
행정청은 처분을 함에 있어서 청문조서, 청문 주재자의 의견서, 그 밖의 관계서류 등을 충분히 검토하고 상당한 이유가 있다고 인정하는 경우에는 청문결과를 반영하여야 한다.

☆**12** 　　　　　　　　　　　2007 국가직 7급
행정청은 청문절차에서 개진된 의견에 기속되지 않는다.

☆**13** 　　　　　　　　　　　2019 지방직·교육행정직 9급
구 광업법에 근거하여 처분청이 광업용 토지수용을 위한 사업인정을 하면서 토지소유자와 토지에 관한 권리를 가진 자의 의견을 들은 경우라도, 처분청은 그 의견에 기속되지 않는다.

📖 p.309

01 　　　　　　　　　　　2014 국가직 9급
행정절차법도 비밀누설금지·목적 외 사용금지 등 개인의 정보보호에 관한 규정을 두고 있다.

02 　　　　　　　　　　　2020 지방직·서울시 9급
청문과 공청회 모두 다른 법령 등에서 규정하고 있는 경우 이외에 행정청이 필요하다고 인정하는 경우에도 할 수 있다.

03 　　　　　　　　　　　2020 소방직 9급
행정청은 해당 처분의 영향이 광범위하여 널리 의견을 수렴할 필요가 있다고 인정하는 경우에 공청회를 개최할 수 있다.

04 1 2 3   2021 경행경채
지방자치단체와 민간단체 등이 공동발족한 추모공원건립추진협의회가 시립화장장 후보지 선정을 위해 개최하는 공청회는 행정청이 도시계획시설결정을 하면서 개최한 공청회가 아니므로 행정절차법에서 정한 절차를 준수하여야 하는 것은 아니다.

☆ **05** 1 2 3   2017 지방직(하) 9급
행정청은 공청회를 개최하려는 경우에는 공청회 개최 14일 전까지 제목, 일시 및 장소 등을 당사자 등에게 통지하고 관보, 공보, 인터넷 홈페이지 또는 일간신문 등에 공고하는 등의 방법으로 널리 알려야 한다.

☆ **06** 1 2 3   2015 교육행정직 9급 변형
행정청이 온라인공청회를 실시하는 경우에는 누구든지 정보통신망을 이용하여 의견을 제출할 수 있다.

07 1 2 3   2010 지방직 9급
행정청은 공청회의 발표자를 발표를 신청한 사람 중에서 우선적으로 선정하고, 발표를 신청한 사람이 없거나 공청회의 공정성을 확보하기 위하여 필요하다고 인정하는 경우에는 관련전문가 중에서 지명하거나 위촉할 수 있다.

📖 p.311

01 1 2 3   2007 국가직 7급
공청회의 주재자는 공청회를 공정하게 진행하여야 하며, 공청회의 원활한 진행을 위하여 발표내용을 제한할 수 있다.

02 1 2 3   2021 국회직 8급
행정청은 공청회를 마친 후 처분을 할 때까지 새로운 사정이 발견되어 공청회를 다시 개최할 필요가 있다고 인정할 때에는 공청회를 다시 개최할 수 있다.

☆ **03** 1 2 3   2020 소방직 9급
행정청이 당사자에게 의무를 부과하거나 권익을 제한하는 처분을 함에 있어 청문이나 공청회를 거치지 않은 경우에는 당사자에게 의견제출의 기회를 주어야 한다.

04 1 2 3   2018 지방직 9급
이해관계가 있는 제3자는 자신의 신청 또는 행정청의 직권에 의하여 행정절차에 참여하여 처분 전에 그 처분의 관할 행정청에 서면이나 말로 또는 정보통신망을 이용하여 의견제출을 할 수 있다.

05 1 2 3   2013 지방직(하) 7급
행정청은 당사자 등이 말로 의견제출을 하였을 때에는 서면으로 그 진술의 요지와 진술자를 기록하여야 한다.

06 1 2 3   2015 지방직 7급
당사자 등이 정당한 이유 없이 의견제출기한까지 의견제출을 하지 아니한 경우에는 의견이 없는 것으로 본다.

☆ **07** 1 2 3   2015 경행특채 2차
행정청은 처분을 할 때에 당사자 등이 제출한 의견이 상당한 이유가 있다고 인정하는 경우에는 이를 반영하여야 한다.

08 1 2 3   2022 국회직 8급
행정청은 처분 후 1년 이내에 당사자 등이 요청하는 경우에는 청문·공청회 또는 의견제출을 위하여 제출받은 서류나 그 밖의 물건을 반환하여야 한다.

📖 p.313

☆ **01** 1 2 3   2018 교육행정직 9급
행정처분이 절차상 하자가 있다면 실체적 하자가 없다고 하더라도 취소판결을 할 수 있다.

☆ **02** 1 2 3   2017 국회직 8급
기속행위의 경우에도 행정처분의 절차상 하자만으로 독자적인 취소사유가 된다.

☆ **03** 1 2 3   2008 지방직 7급
처분에 행정절차상 하자가 있을 경우 기속행위인지 재량행위인지를 불문하고 독자적 위법사유성이 인정되어 법원에 의한 취소의 대상이 된다.

04 2019 국회직 8급

군인사법령에 의하여 진급예정자명단에 포함된 자에 대하여 의견제출의 기회를 부여하지 아니한 채 진급선발을 취소하는 처분을 한 것은 절차상 하자가 있어 위법하다.

☆05 2011 국가직 7급

판례는 절차하자의 치유는 행정쟁송제기 전까지 가능하다고 본다.

제22강 정보공개법과 개인정보보호법

p.315

☆01 2021 국가직 9급

국민의 알권리의 내용에는 일반국민 누구나 국가에 대하여 보유·관리하고 있는 정보의 공개를 청구할 수 있는 이른바 일반적인 정보공개청구권이 포함된다.

☆02 2017 서울시 9급

행정정보공개의 출발점은 국민의 알권리인데, 알권리 자체는 헌법상으로 명문화되어 있지 않음에도 불구하고, 우리 헌법재판소는 초기부터 국민의 알권리를 헌법상의 기본권으로 인정하여 왔다.

☆03 2010 지방직 9급

헌법재판소는 정보공개청구권을 알권리의 핵심으로 파악하고 있으며, 알권리의 헌법상 근거를 헌법 제21조의 표현의 자유에서 찾고 있다.

☆04 2010 지방직 9급

판례는 「공공기관의 정보공개에 관한 법률」과 같은 실정법의 근거가 없는 경우에도 정보공개청구권이 인정될 수 있다고 보고 있다.

☆05 2022 소방간부

정보공개청구권은 헌법 제21조에 의하여 보장되는 알권리에 근거하여 인정되고, 알권리는 자유권적 성질과 청구권적 성질을 함께 가진다.

06 2018 소방직 9급

「공공기관의 정보공개에 관한 법률」상 지방자치단체는 그 소관 사무에 관하여 법령의 범위에서 정보공개에 관한 조례를 정할 수 있다.

07 2013 국가직 9급

청주시의회에서 의결한 청주시 행정정보공개조례안은 행정에 대한 주민의 알권리의 실현을 그 근본 내용으로 하면서도 이로 인한 개인의 권익침해 가능성을 배제하고 있으므로, 이를 들어 주민의 권리를 제한하거나 의무를 부과하는 조례라고는 단정할 수 없고 따라서 그 제정에 있어서 반드시 법률의 개별적 위임이 따로 필요한 것은 아니다.

08 2022 서울시 지적 7급

지방자치단체는 그 내용이 주민의 권리의 제한 또는 의무의 부과에 관한 사항이거나 벌칙에 관한 사항이 아닌 한 법률의 위임이 없더라도 조례를 제정할 수 있다.

09 2022 소방간부

「공공기관의 정보공개에 관한 법률」에서 정한 공개대상정보는 정보 그 자체가 아닌 제2조 제1호에서 예시하고 있는 매체 등에 기록된 사항을 의미한다.

☆10 2016 국가직 9급

국·공립의 초등학교뿐만 아니라 사립초등학교도 공공기관의 정보공개에 관한 법령상 공공기관에 해당한다.

☆11 2014 사회복지직 9급

정보공개법에 따르면 국가 또는 지방자치단체로부터 보조금을 받는 사회복지법인과 사회복지사업을 하는 비영리법인도 공개대상이 되는 공공기관에 포함된다.

☆12 2022 국회직 8급

사립대학교는 정보공개법 시행령에 따른 정보공개의무를 지는 공공기관에 해당하며, 국비의 지원을 받는 범위 내에서만 그러한 공공기관의 성격을 가진다고 볼 수는 없다.

📖 p.317

☆ 01 １ ２ ３ 2017 지방직 9급
한국방송공사는 「공공기관의 정보공개에 관한 법률 시행령」 제2조 제4호에 규정된 '특별법에 따라 설립된 특수법인'에 해당한다.

02 １ ２ ３ 2017 서울시 9급
판례는 '특별법에 의하여 설립된 특수법인'이라는 점만으로 정보공개의무를 인정하는 것이 아니라, 다시금 해당 법인의 역할과 기능에서 정보공개의무를 지는 공공기관에 해당하는지 여부를 판단한다.

☆ 03 １ ２ ３ 2017 지방직 9급
한국증권업협회는 「공공기관의 정보공개에 관한 법률 시행령」 제2조 제4호에 규정된 '특별법에 따라 설립된 특수법인'에 해당하지 아니한다.

04 １ ２ ３ 2022 소방간부
「공공기관의 정보공개에 관한 법률」 제4조 제1항에서 '정보공개에 관하여 다른 법률에 특별한 규정이 있는 경우'에 해당한다고 하여 정보공개법의 적용을 배제하기 위해서는, 특별한 규정이 '법률'이어야 하고, 정보공개의 대상 및 범위, 정보공개의 절차 등의 내용에서 정보공개법과 달리 규정하고 있는 것이어야 한다.

☆ 05 １ ２ ３ 2022 국가직 7급
형사소송법은 형사재판확정기록의 공개 여부 등에 대하여 「공공기관의 정보공개에 관한 법률」과 달리 규정하고 있으므로, 형사재판확정기록의 공개에 관하여는 「공공기관의 정보공개에 관한 법률」에 의한 공개청구가 허용되지 아니한다.

☆ 06 １ ２ ３ 2019 서울시 9급
「공공기관의 정보공개에 관한 법률」상 정보공개청구권자인 '모든 국민'에는 자연인 외에 법인, 권리능력 없는 사단·재단도 포함되지만, 지방자치단체는 정보공개의무자에 해당할 뿐 정보공개청구권자인 국민에 포함되지 않는다.

☆ 07 １ ２ ３ 2022 서울시 지적 7급
정보공개를 청구할 수 있는 권리를 가진 자에는 자연인 이외에 법인, 권리능력 없는 사단 및 재단이 포함되며, 법인, 권리능력 없는 사단 및 재단의 경우 그 설립목적을 불문한다.

☆ 08 １ ２ ３ 2015 교육행정직 9급
외국인은 국내에 주소를 두고 거주하는 경우에 정보공개청구권이 인정된다.

☆ 09 １ ２ ３ 2015 지방직 9급
학술·연구를 위하여 일시적으로 체류하는 외국인은 정보공개청구를 할 수 있다.

10 １ ２ ３ 2021 경행경채
공공기관 중 중앙행정기관 및 대통령령으로 정하는 기관은 전자적 형태로 보유·관리하는 정보 중 공개대상으로 분류된 정보를 국민의 정보공개청구가 없더라도 정보통신망을 활용한 정보공개시스템 등을 통하여 공개하여야 한다.

📖 p.319

01 １ ２ ３ 2010 지방직 7급
공공기관은 국민이 알아야 할 필요가 있는 정보를 국민에게 공개하도록 적극적으로 노력하여야 하며, 정보의 공개에 관한 사무를 신속하고 원활하게 수행하기 위하여 정보공개장소를 확보하고 공개에 필요한 시설을 갖추어야 한다.

☆ 02 １ ２ ３ 2021 지방직·서울시 7급
정보공개를 요구받은 공공기관이 법률에서 정한 비공개사유에 해당하는지를 주장·증명하지 아니한 채 개괄적인 사유만을 들어 공개를 거부하는 것은 허용되지 아니한다.

03 １ ２ ３ 2022 서울시 지적 7급
「공공기관의 정보공개에 관한 법률」상 정보공개를 제한하는 타법령상의 근거에는 대통령령 및 조례를 포함한다.

04 1 2 3　　　　　　　　　　　2018 국회직 8급
「공공기관의 정보공개에 관한 법률」제9조 제1항 제1호의 '법률에서 위임한 명령'은 법률의 위임규정에 의하여 제정된 대통령령, 총리령, 부령 전부를 의미하는 것이 아니라 정보의 공개에 관하여 법률의 구체적인 위임 아래 제정된 법규명령을 의미한다.

☆ **05** 1 2 3　　　　　　　　　2020 지방직·서울시 9급
「공공기관의 정보공개에 관한 법률」에 의하면 "다른 법률 또는 법률에서 위임한 명령에 의하여 비밀 또는 비공개사항으로 규정된 정보"는 이를 공개하지 아니할 수 있다고 규정하고 있는바, 여기에서 '법률에 의한 명령'은 정보의 공개에 관하여 법률의 구체적인 위임 아래 제정된 법규명령(위임명령)을 의미한다.

☆ **06** 1 2 3　　　　　　　　　　　2021 국가직 7급
정보의 공개에 관하여 법률의 구체적인 위임이 없는 교육공무원승진규정상 근무성적평정 결과를 공개하지 않는다는 규정을 근거로 정보공개청구를 거부할 수 없다.

07 1 2 3　　　　　　　　　　2017 지방직(하) 9급
검찰보존사무규칙에서 불기소사건기록 등의 열람·등사 등을 제한하는 것은 「공공기관의 정보공개에 관한 법률」에 따른 '다른 법률 또는 명령에 의하여 비공개사항으로 규정된 경우'에 해당하지 않으므로 위법하다.

☆ **08** 1 2 3　　　　　　　　　2019 지방직·교육행정직 9급
학교폭력대책자치위원회가 피해학생의 보호를 위한 조치, 가해학생에 대한 조치, 학교폭력과 관련된 분쟁의 조정 등에 관하여 심의한 결과를 기재한 회의록은 「공공기관의 정보공개에 관한 법률」소정의 비공개대상정보에 해당한다.

☆ **09** 1 2 3　　　　　　　　　　2018 서울시 2회 7급
「공공기관의 정보공개에 관한 법률」상, 국가정보원이 직원에게 지급하는 현금급여 및 월초수당에 대한 정보는 비공개대상에 해당한다.

☆ **10** 1 2 3　　　　　　　　　2019 지방직·교육행정직 9급
보안관찰법 소정의 보안관찰 관련 통계자료는 공개될 경우 국가의 중대한 이익을 해할 우려가 있는 정보로서 「공공기관의 정보공개에 관한 법률」소정의 비공개대상정보에 해당한다.

☆ **11** 1 2 3　　　　　　　　　　　2016 교육행정직 9급
진행 중인 재판에 관한 정보로서 공개될 경우 형사피고인의 공정한 재판을 받을 권리를 침해한다고 인정할 만한 상당한 이유가 있는 정보는 비공개대상정보에 해당한다.

📖 p.321

☆ **01** 1 2 3　　　　　　　　　　　2017 국가직 7급
「공공기관의 정보공개에 관한 법률」제9조 제1항 제4호의 '진행 중인 재판에 관련된 정보'에 해당한다는 사유로 정보공개를 거부하기 위해서는 그 정보가 진행 중인 재판의 소송기록 그 자체에 포함된 내용일 필요는 없다.

☆ **02** 1 2 3　　　　　　　　　2021 지방직·서울시 7급
비공개대상정보로 '진행 중인 재판에 관련된 정보'는 재판에 관련된 일체의 정보가 그에 해당하는 것은 아니고, 진행 중인 재판의 심리 또는 재판결과에 구체적으로 영향을 미칠 위험이 있는 정보에 한정된다.

03 1 2 3　　　　　　　　　　　　2015 경행특채 1차
교도소에 수용 중이던 재소자가 담당 교도관들을 상대로 가혹행위를 이유로 형사고소 및 민사소송을 제기하면서 그 증명자료 확보를 위해 정보공개를 요청한 '근무보고서'는 공개대상정보에 해당한다.

☆ **04** 1 2 3　　　　　　　　　　　　　2009 관세사
공공기관은 의사결정 과정 또는 내부검토 과정에 있는 사항으로서 공개될 경우 업무의 공정한 수행에 현저한 지장을 초래한다고 인정할 만한 상당한 이유가 있는 정보는 이를 공개하지 아니할 수 있다.

☆ **05** 1 2 3　　　　　　　　　　　2015 사회복지직 9급
사법시험 응시자가 자신의 제2차 시험 답안지에 대한 열람청구를 한 경우 그 답안지는 정보공개의 대상이 된다.

06 ⬜1⬜2⬜3　　2022 지방직·서울시 7급

의사결정 과정에 제공된 회의 관련 자료나 의사결정 과정이 기록된 회의록은 의사가 결정되거나 의사가 집행된 경우에는 더 이상 의사결정 과정에 있는 사항 그 자체라고는 할 수 없으나, 의사결정 과정에 있는 사항에 준하는 사항으로서 비공개대상정보에 포함될 수 있다.

☆**07** ⬜1⬜2⬜3　　2020 군무원 9급

학교환경위생구역 내 금지행위(숙박시설) 해제결정에 관한 학교환경위생정화위원회의 회의록에 기재된 발언내용에서 해당 발언자의 인적사항 부분에 관한 정보는 「공공기관의 정보공개에 관한 법률」 제9조 제1항 제5호 소정의 비공개 대상에 해당한다.

☆**08** ⬜1⬜2⬜3　　2019 국회직 8급

'독립유공자서훈 공적심사위원회의 심의·의결 과정 및 그 내용을 기재한 회의록'은 공개될 경우에 업무의 공정한 수행에 현저한 지장을 초래한다고 인정할 만한 상당한 이유가 있는 정보에 해당한다(비공개대상).

09 ⬜1⬜2⬜3　　2016 사회복지직 9급

'2002학년도부터 2005학년도까지의 대학수학능력시험 원데이터'는 연구목적으로 그 정보의 공개를 청구하는 경우, 비공개대상정보에 해당하지 않는다.

☆**10** ⬜1⬜2⬜3　　2020 국가직 7급

외국 또는 외국기관으로부터 비공개를 전제로 정보를 입수하였다는 이유만으로 비공개대상정보에 해당한다고 볼 수는 없다.

11 ⬜1⬜2⬜3　　2019 사회복지직 9급

「공공기관의 정보공개에 관한 법률」상 직무를 수행한 공무원의 성명·직위는 비공개대상정보가 아니다.

12 ⬜1⬜2⬜3　　2018 국가직 7급

「공공기관의 정보공개에 관한 법률」상 공개하는 것이 공익을 위하여 필요한 경우로서 법령에 따라 국가가 업무의 일부를 위탁 또는 위촉한 개인의 성명·직업은, 공개되면 사생활의 비밀 또는 자유가 침해될 우려가 있다고 인정되더라도 공개대상정보에 해당한다.

📖 p.323

☆**01** ⬜1⬜2⬜3　　2015 사회복지직 9급

공무원이 직무와 관련 없이 개인적 자격으로 금품을 수령한 정보는 공개대상이 되는 정보가 아니다.

☆**02** ⬜1⬜2⬜3　　2015 사회복지직 9급

사면대상자들의 사면실시건의서와 그와 관련된 국무회의 안건자료는 공개대상이 되는 정보이다.

☆**03** ⬜1⬜2⬜3　　2019 지방직·교육행정직 9급

지방자치단체의 업무추진비 세부항목별 집행내역 및 그에 관한 증빙서류에 포함된 개인에 관한 정보는 「공공기관의 정보공개에 관한 법률」 소정의 '공개하는 것이 공익을 위하여 필요하다고 인정되는 정보'에 해당하지 않으므로 비공개 대상이 된다.

☆**04** ⬜1⬜2⬜3　　2020 지방직·서울시 9급

국민의 알권리를 두텁게 보호하기 위해 「공공기관의 정보공개에 관한 법률」 제9조 제1항 제6호 본문의 규정에 따라 비공개대상이 되는 정보는 이름·주민등록번호 등 '개인식별정보'로 한정되는 것이 아니라 '개인에 관한 사항의 공개로 개인의 내밀한 내용의 비밀 등이 알려지게 되고, 그 결과 인격적·정신적 내면생활에 지장을 초래하거나 자유로운 사생활을 영위할 수 없게 될 위험성이 있는 정보'도 포함된다.

☆**05** ⬜1⬜2⬜3　　2019 경행경채 2차 변형

「공공기관의 정보공개에 관한 법률」상 비공개대상정보에는 성명·주민등록번호 등 개인정보보호법에 따른 개인정보로서 공개될 경우 사생활의 비밀 또는 자유를 심해할 우려가 있다고 인정되는 정보도 포함된다.

06 ⬜1⬜2⬜3　　2019 경행경채 2차

불기소처분의 기록 중 피의자신문조서 등에 기재된 피의자 등의 인적사항 이외의 진술내용 역시 개인의 사생활의 비밀 또는 자유를 침해할 우려가 인정되는 경우 「공공기관의 정보공개에 관한 법률」상 비공개대상정보에 해당된다.

07 1 2 3 2019 지방직 7급
정보공개청구권자의 권리구제 가능성 등은 정보의 공개 여부 결정에 아무런 영향을 미치지 못한다.

08 1 2 3 2018 서울시 2회 7급
「공공기관의 정보공개에 관한 법률」상 법인 등의 경영·영업상 비밀은 사업활동에 관한 일체의 비밀사항을 의미한다.

09 1 2 3 2017 국가직(하) 7급
법인 등이 거래하는 금융기관의 계좌번호에 관한 정보는 법인 등의 영업상 비밀에 관한 사항으로서 공개될 경우 법인 등의 정당한 이익을 현저히 해할 우려가 있다고 인정되는 정보에 해당한다.

10 1 2 3 2017 서울시 9급
재건축사업계약에 의하여 조합원들에게 제공될 무상보상평수 산출내역은 법인 등의 영업상 비밀에 관한 사항이 아니며 비공개대상정보에 해당되지 않는다.

☆**11** 1 2 3 2019 소방직 9급
공개될 경우 부동산 투기로 특정인에게 이익 또는 불이익을 줄 우려가 있다고 인정되는 정보는 비공개대상에 해당한다.

☆**12** 1 2 3 2021 국가직 9급
「공공기관의 정보공개에 관한 법률」상 공개청구의 대상이 되는 정보란 공공기관이 직무상 작성 또는 취득하여 현재 보유·관리하고 있는 정보에 한정되나, 반드시 원본인 문서일 필요는 없다.

📖 p.325

☆**01** 1 2 3 2019 국가직 7급
정보공개를 청구한 목적이 손해배상소송에 제출할 증거자료를 획득하기 위한 것이었고 그 소송이 이미 종결되었다고 하더라도, 그러한 정보공개청구가 권리남용에 해당하지는 않는다.

☆**02** 1 2 3 2018 교육행정직 9급
정보공개신청이 오로지 권리남용의 목적임이 명백하다면 행정청은 공개를 거부할 수 있다.

☆**03** 1 2 3 2019 서울시 9급
정보를 취득 또는 활용할 의사가 전혀 없이 사회통념상 용인될 수 없는 부당이득을 얻으려는 목적의 정보공개청구는 권리남용행위로서 허용되지 않는다.

☆**04** 1 2 3 2021 지방직·서울시 9급
오로지 공공기관의 담당공무원을 괴롭힐 목적으로 정보공개청구를 하는 경우 정보공개청구권의 행사는 권리남용에 해당하여 허용되지 아니한다.

☆**05** 1 2 3 2021 국가직 7급
공개청구의 대상이 되는 정보가 이미 다른 사람에게 공개되어 널리 알려져 있다거나 인터넷 등을 통하여 공개되어 인터넷 검색 등을 통하여 쉽게 알 수 있다는 사정만으로는 소의 이익이 없다거나 비공개결정이 정당화될 수 없다.

☆**06** 1 2 3 2012 사회복지직 9급
정보공개의 청구는 정보공개청구서를 제출하거나 또는 말로써 가능하다.

☆**07** 1 2 3 2019 지방직 7급
「공공기관의 정보공개에 관한 법률」상 정보의 공개를 청구하는 자가 청구대상정보를 기재함에 있어서는 사회일반인의 관점에서 청구대상정보의 내용과 범위를 확정할 수 있을 정도로 특정하여야 한다.

☆**08** 1 2 3 2018 소방직 9급
공공기관은 「공공기관의 정보공개에 관한 법률」 제10조에 따라 정보공개의 청구를 받으면 그 청구를 받은 날부터 10일 이내에 공개 여부를 결정하여야 한다.

☆**09** 1 2 3 2017 국가직 9급
공공기관은 정보공개의 청구를 받으면 그 청구를 받은 날부터 10일 이내에 공개 여부를 결정하여야 하나 부득이한 사유로 이 기간 이내에 공개 여부를 결정할 수 없는 때에는 그 기간이 끝나는 날의 다음 날부터 기산하여 10일의 범위에서 공개 여부 결정기간을 연장할 수 있다.

10 1 2 3   2018 교육행정직 9급
공공기관은 정보공개청구의 대상이 된 정보가 제3자와 관련이 있다고 인정할 때에는 제3자에게 지체 없이 통지하여야 하며, 필요한 경우에는 그의 의견을 들을 수 있다.

11 1 2 3   2021 지방직·서울시 9급
공공기관은 공개청구된 정보가 공공기관이 보유·관리하지 아니하는 정보인 경우로서 「민원처리에 관한 법률」에 따른 민원으로 처리할 수 있는 경우에는 민원으로 처리할 수 있다.

12 1 2 3   2016 경행경채
공공기관은 정보의 공개를 결정한 경우에는 공개의 일시 및 장소 등을 분명히 밝혀 청구인에게 통지하여야 한다.

13 1 2 3   2015 교육행정직 9급
공공기관은 정보의 비공개 결정을 한 경우 청구인에게 정보공개법 제9조의 어느 비공개대상인지를 포함한 비공개 이유와 불복의 방법 및 절차를 구체적으로 밝혀 문서로 통지하여야 한다.

14 1 2 3   2019 국가직 9급
「공공기관의 정보공개에 관한 법률」상 행정소송의 재판기록 일부의 정보공개청구에 대한 비공개 결정은 전자문서로 통지할 수 있다.

p.327

☆ **01** 1 2 3   2018 서울시 1회 7급
공개대상의 양이 과다하여 정상적인 업무수행에 현저한 지장을 초래할 우려가 있는 경우에는 이를 기간별로 나누어 교부하거나 열람과 병행하여 교부할 수 있다.

☆ **02** 1 2 3   2017 국회직 8급
정보공개법 제13조 제2항에서 규정한 정보의 사본 또는 복제물의 교부를 제한할 수 있는 사유에 해당하지 아니하는 한 정보공개청구자가 선택한 공개방법에 따라 공개하여야 하므로 공공기관은 정보공개방법을 선택할 재량권이 없다.

☆ **03** 1 2 3   2022 지방직·서울시 7급
공공기관이 공개청구의 대상이 된 정보를 공개는 하되, 청구인이 신청한 공개방법 이외의 방법으로 공개하기로 하는 결정을 하였다면, 이는 정보공개청구 중 정보공개방법에 관한 부분에 대하여 일부 거부처분을 한 것이라 할 수 있다.

☆ **04** 1 2 3   2019 국가직 7급
공공기관이 정보공개청구권자가 신청한 공개방법 이외의 방법으로 정보를 공개하기로 하는 결정을 하였다면, 정보공개청구자는 이에 대하여 항고소송으로 다툴 수 있다.

☆ **05** 1 2 3   2010 국가직 9급
공개를 거부한 정보에 비공개대상정보에 해당하는 부분과 공개가 가능한 부분이 혼합되어 있는 경우라면 법원은 정보공개거부처분 일부를 취소할 수 있다.

☆ **06** 1 2 3   2022 서울시 지적 7급
정보공개를 거부한 비공개사유에 해당하는 부분과 그렇지 않은 부분이 혼합되어 있고, 공개청구의 취지상 두 부분을 분리할 수 있는 경우 법원은 공개가 가능한 정보에 국한하여 일부취소를 명할 수 있다.

07 1 2 3   2022 소방간부
정보의 공개방법 및 절차에 비추어 당해 정보에서 비공개대상정보에 관련된 기술 등을 제외 혹은 삭제하고 나머지 정보만을 공개하는 것이 가능하고 나머지 부분의 정보만으로도 공개가치가 있는 경우 정보의 부분공개가 허용된다.

☆ **08** 1 2 3   2016 경행경채
공공기관은 전자적 형태로 보유·관리하는 정보에 대하여 청구인이 전자적 형태로 공개하여 줄 것을 요청하는 경우에는 그 정보의 성질상 현저히 곤란한 경우를 제외하고는 청구인의 요청에 따라야 한다.

☆ **09** 1 2 3   2011 국가직 7급
공공기관은 전자적 형태로 보유·관리하지 아니하는 정보에 대하여 청구인이 전자적 형태로 공개하여 줄 것을 요청한 경우에는 정상적인 업무수행에 현저한 지장을 초래하거나 그 정보의 성질이 훼손될 우려가 없으면 그 정보를 전자적 형태로 변환하여 공개할 수 있다.

☆ **10** 1 2 3 2011 국가직 9급
정보공개가 결정되고 공개에 오랜 시간이 걸리지 않는 정보는 말로도 공개할 수 있다.

06 1 2 3 2011 지방직 9급
공공기관은 이의신청을 받은 날부터 7일 이내에, 그 이의신청에 대하여 결정하고 그 결과를 청구인에게 지체 없이 문서로 통지하여야 한다.

📖 p.329
01 1 2 3 2021 경행경채
공개청구를 받은 공공기관이 공개청구대상정보의 기초자료를 전자적 형태로 보유·관리하고 있고, 당해 기관에서 통상 사용되는 컴퓨터 하드웨어 및 소프트웨어와 기술적 전문지식을 사용하여 그 기초자료를 검색하여 청구인이 구하는 대로 편집할 수 있으며, 그러한 작업이 당해 기관의 컴퓨터 시스템 운용에 별다른 지장을 초래하지 아니한다면, 그 공공기관이 공개청구대상정보를 보유·관리하고 있는 것으로 볼 수 있다.

☆ **07** 1 2 3 2019 소방직 9급
정보공개청구에 대하여 공공기관이 비공개결정을 한 경우, 청구인이 이에 불복한다면 이의신청절차를 거치지 않고 행정심판을 청구할 수 있다.

☆ **08** 1 2 3 2019 국가직 9급
「공공기관의 정보공개에 관한 법률」상 정보공개청구 후 20일이 경과하도록 정보공개결정이 없는 경우, 이의신청과 행정심판청구가 허용된다.

☆ **02** 1 2 3 2018 서울시 1회 7급
정보의 공개 및 우송 등에 소요되는 비용은 실비의 범위에서 청구인의 부담으로 한다. 다만 정보의 사용목적이 공공복리의 유지·증진을 위하여 필요하다고 인정되는 경우에는 비용을 감면할 수 있다.

☆ **09** 1 2 3 2012 지방직(상) 9급
정보공개청구인이 공공기관에 대해 정보공개를 청구하였다가 거부처분을 받은 경우 취소소송을 제기할 원고적격이 인정된다.

☆ **10** 1 2 3 2021 지방직·서울시 7급
청구인이 공공기관에 대하여 정보공개를 청구하였다가 거부처분을 받은 것 자체가 법률상 이익의 침해에 해당한다고 할 것이고, 거부처분을 받은 것 이외에 추가로 어떤 법률상의 이익을 가질 것을 요구하는 것은 아니다.

☆ **03** 1 2 3 2016 국가직 9급
정보공개청구자는 정보공개와 관련한 공공기관의 비공개결정에 대해서는 이의신청을 할 수 있고, 부분공개의 결정에 대해서도 이의신청을 할 수 있다.

☆ **11** 1 2 3 2021 국가직 7급
공공기관이 정보를 보유·관리하고 있지 아니한 경우에는 특별한 사정이 없는 한 정보공개거부처분의 취소를 구할 법률상의 이익이 없다.

☆ **04** 1 2 3 2015 서울시 7급
정보공개청구 후 20일이 경과하도록 정보공개 결정이 없는 때에는 정보공개청구 후 20일이 경과한 날부터 30일 이내에 해당 공공기관에 문서로 이의신청을 할 수 있다.

☆ **12** 1 2 3 2022 지방직·서울시 7급
정보공개거부처분의 취소를 구하는 소송에서 공공기관이 청구정보를 증거 등으로 법원에 제출하여 법원을 통하여 그 사본을 청구인에게 교부 또는 송달되게 하여 결과적으로 청구인에게 정보를 공개하는 셈이 되었다고 하더라도 당해 정보의 비공개결정의 취소를 구할 소의 이익은 소멸되지 않는다.

☆ **05** 1 2 3 2015 교육행정직 9급
공공기관의 비공개결정에 대하여 불복이 있는 청구인은 해당 공공기관에 이의신청을 할 수 있다.

☞ p.331

☆ 01 2018 교육행정직 9급
공공기관이 정보공개청구에 대해 이를 거부하는 행위는 취소소송의 대상이 되는 처분이다.

02 2011 국가직 9급
정보공개 관련 결정에 대하여 행정소송이 제기된 경우에 재판장은 필요시 당사자 없이 비공개로 해당 정보를 열람할 수 있다.

☆ 03 2020 지방직·서울시 7급
정보공개를 청구하는 자가 공개를 구하는 정보를 행정기관이 보유·관리하고 있을 상당한 개연성이 있다는 점을 입증하여야 한다.

☆ 04 2022 지방직·서울시 7급
공개를 구하는 정보를 공공기관이 한때 보유·관리하였으나 그 후에 그 정보가 담긴 문서 등이 폐기되어 존재하지 않게 된 것이라면 그 정보를 더 이상 보유·관리하고 있지 아니하다는 점에 대한 증명책임은 공공기관에 있다.

05 2022 국회직 8급
공공기관은 공개청구된 공개대상정보의 전부 또는 일부가 제3자와 관련이 있다고 인정할 때에는 그 사실을 제3자에게 지체 없이 통지하여야 하며, 공개청구된 사실을 통지받은 제3자는 그 통지를 받은 날부터 3일 이내에 해당 공공기관에 대하여 자신과 관련된 정보를 공개하지 아니할 것을 요청할 수 있다.

06 2011 사회복지직 9급
제3자의 비공개 요청에도 불구하고 공공기관이 공개결정을 하는 때에는 공개 결정 이유와 공개 실시일을 명시하여 지체 없이 문서로 통지하여야 한다.

07 2011 사회복지직 9급
공공기관은 제3자의 비공개 요청에도 불구하고 공개 결정을 하는 때에는 공개 결정일과 공개 실시일의 사이에 최소한 30일의 간격을 두어야 한다.

☆ 08 2017 국가직(하) 9급
甲은 행정청 A가 보유·관리하는 정보 중 乙과 관련이 있는 정보를 사본 교부의 방법으로 공개하여 줄 것을 청구하였다. A가 정보의 주체인 乙로부터 의견을 들은 결과, 乙이 정보의 비공개를 요청한 경우에도 A는 정보를 공개할 수 있다.

09 2013 서울시 9급
정보공개와 관련하여 법률상 이익을 침해받은 청구인 또는 제3자는 이의신청뿐만 아니라 행정심판, 행정소송도 제기할 수 있다.

10 2019 국회직 8급
정보공개에 관한 정책수립 및 제도개선에 관한 사항을 심의·조정하기 위하여 국무총리 소속으로 정보공개위원회를 둔다.

제4편 행정의 실효성 확보수단

제23강 행정의 실효성 확보수단의 개설

☞ p.335

☆ **01** 　　　　　　　　　　　　　　　　2015 지방직 7급
과징금이란 행정법상 의무를 불이행하였거나 위반한 자에 대하여 당해 위반행위로 얻은 경제적 이익을 박탈하기 위하여 부과하거나 또는 사업의 취소·정지에 갈음하여 부과되는 금전상의 제재를 말한다.

02 　　　　　　　　　　　　　　　　2022 지방직·서울시 7급
행정기본법 제28조 제1항에 과징금에 관한 일반규정을 마련하였지만, 행정청은 개별법률에 구체적 근거가 있는 경우에만 과징금을 부과할 수 있다.

03 　　　　　　　　　　　　　　　　2022 지방직·서울시 7급
과징금의 근거가 되는 법률에는 과징금의 상한액을 명확하게 규정하여야 한다.

04 　　　　　　　　　　　　　　　　2022 국가직 9급
「독점규제 및 공정거래에 관한 법률」상의 과징금은 법이 규정한 범위 내에서 그 부과처분 당시까지 부과관청이 확인한 사실을 기초로 일의적으로 확정되어야 할 것이지, 추후에 부과금 산정기준이 되는 새로운 자료가 나왔다고 하여 새로운 부과처분을 할 수 있는 것은 아니다.

☆ **05** 　　　　　　　　　　　　　　　　2014 국회직 8급
전형적 과징금은 원칙적으로 행정법상의 의무를 위반한 자에 대하여 당해 위반행위로 얻게 된 경제적 이익을 박탈하기 위한 목적으로 부과하는 금전적인 제재이다.

☆ **06** 　　　　　　　　　　　　　　　　2021 지방직·서울시 7급
「독점규제 및 공정거래에 관한 법률」상 부당내부거래에 대한 과징금에는 행정상의 제재금으로서의 기본적 성격에 부당이득환수적 요소도 부가되어 있다.

☆ **07** 　　　　　　　　　　　　　　　　2017 지방직 7급
구「독점규제 및 공정거래에 관한 법률」제24조의2에 의한 부당내부거래행위에 대한 과징금은 부당내부거래 억지라는 행정목적을 실현하기 위하여 그 위반행위에 대한 행정상의 제재금으로서의 기본적 성격에 부당이득환수적 요소도 부가되어 있는 것으로, 이는 헌법 제13조 제1항에서 금지하는 국가형벌권의 행사로서의 '처벌'에 해당하지 아니한다.

08 　　　　　　　　　　　　　　　　2014 국회직 8급
변형된 과징금은 인·허가사업에 관한 법률상의 의무위반이 있음에도 불구하고 공익상 필요하여 그 인·허가사업을 취소·정지시키지 않고 사업을 계속하게 하되, 이에 갈음하여 사업을 계속함으로써 얻은 이익을 박탈하는 행정제재금이다.

☆ **09** 　　　　　　　　　　　　　　　　2022 지방직·서울시 7급
영업정지처분에 갈음하는 과징금이 규정되어 있는 경우 과징금을 부과할 것인지 영업정지처분을 내릴 것인지는 통상 행정청의 재량에 속한다.

☆ **10** 　　　　　　　　　　　　　　　　2012 국가직 9급
과징금 부과·징수에 하자가 있는 경우, 납부의무자는 행정쟁송절차에 따라 다툴 수 있다.

11 　　　　　　　　　　　　　　　　2019 서울시 9급
「여객자동차 운수사업법」제88조의 과징금 부과처분에는 원칙적으로 행정절차법이 적용된다.

12 　　　　　　　　　　　　　　　　2022 국가직 9급
「부동산 실권리자명의 등기에 관한 법률」상 명의신탁자에 대한 과징금의 부과 여부는 행정청의 기속행위이다.

📂 p.337

01 ① ② ③ 2014 사회복지직 9급
「부동산 실권리자명의 등기에 관한 법률」상 실권리자명의 등기의무에 위반하여 부과된 과징금채무는 대체적 급부가 가능한 의무이므로 과징금을 부과받은 자가 사망한 경우 그 상속인에게 포괄승계된다.

☆ **02** ① ② ③ 2012 국가직 7급
대법원 판례는 재량행위인 과징금 부과처분이 법이 정한 한도액을 초과하여 위법할 경우 법원은 그 초과된 부분만 취소할 수 없고 전부를 취소해야 한다고 보았다.

☆ **03** ① ② ③ 2018 교육행정직 9급
행정법규위반에 대하여 벌금 이외에 과징금을 함께 부과하는 것은 이중처벌금지원칙에 위반되지 않는다.

☆ **04** ① ② ③ 2022 국가직 9급
과징금은 행정상 제재금이고 범죄에 대한 국가형벌권의 실행이 아니므로 행정법규위반에 대해 벌금 이외에 과징금을 부과하는 것은 이중처벌금지의 원칙에 위반되지 않는다.

☆ **05** ① ② ③ 2022 소방간부
세법상 가산세는 행정상 제재로서 납세자의 고의·과실은 고려되지 않지만 납세자에게 그 의무해태를 탓할 수 없는 정당한 사유가 있는 경우에는 이를 부과할 수 없다.

☆ **06** ① ② ③ 2021 경행경채
세법상 가산세는 납세의무자가 정당한 이유 없이 법에 규정된 신고, 납세 등 각종 의무를 위반한 경우에 법이 정하는 바에 따라 부과하는 행정상의 제재로서, 그 의무를 게을리한 점을 탓할 수 없는 정당한 사유가 있는 경우에는 부과할 수 없다.

07 ① ② ③ 2021 지방직·서울시 7급
법인세법상 가산세는 형벌이 아니므로 행위자의 고의 또는 과실·책임능력·책임조건 등을 고려하지 아니하며, 조세의 부과절차에 따라 과징할 수 있다.

☆ **08** ① ② ③ 2019 국가직 9급
세법상 가산세는 과세권 행사 및 조세채권 실현을 용이하게 하기 위하여 납세자가 정당한 이유 없이 법에 규정된 신고, 납세 등의 의무를 위반한 경우에 개별 세법에 따라 부과하는 행정상 제재로서, 납세자의 고의·과실은 고려되지 아니하고 법령의 부지·착오 등은 그 의무위반을 탓할 수 없는 정당한 사유에 해당하지 아니한다.

☆ **09** ① ② ③ 2018 지방직 7급
납세의무자가 세무공무원의 잘못된 설명을 믿고 신고납부의무를 이행하지 아니하였다 하더라도 그것이 관계법령에 어긋나는 것임이 명백한 때에는 그러한 사유만으로는 가산세를 부과할 수 없는 정당한 사유가 있는 경우에 해당한다고 할 수 없다.

📂 p.339

☆ **01** ① ② ③ 2022 소방간부
행정법규위반에 대한 제재조치는 현실적 행위자가 아니라도 법령상의 책임자로 규정된 자에게 부과되고, 특별한 사정이 없는 한 위반자에게 고의나 과실이 없더라도 부과할 수 있다.

☆ **02** ① ② ③ 2019 서울시 9급
「여객자동차 운수사업법」제88조의 과징금은 행정목적 달성을 위하여, 행정법규위반이라는 객관적 사실에 착안하여 부과된다.

☆ **03** ① ② ③ 2021 국가직 7급
행정상 의무위반행위자에 대하여 과징금을 부과하기 위해서는 위반자의 고의 또는 과실을 요하지 아니한다.

☆ **04** ① ② ③ 2022 지방직·서울시 7급
과징금 부과처분은 원칙적으로 위반자의 고의·과실을 요하지 아니하나, 위반자의 의무해태를 탓할 수 없는 정당한 사유가 있는 등의 특별한 사정이 있는 경우에는 이를 부과할 수 없다.

05 1 2 3   2010 지방직 9급
행정상 공표는 의무위반자의 명예나 신용의 침해를 위협함으로써 간접적으로 행정법상 의무이행을 확보하는 수단이다.

☆ **06** 1 2 3   2022 국회직 8급
병무청장이 하는 병역의무 기피자의 인적사항 공개는 특정인을 병역의무 기피자로 판단하여 그 사실을 일반 대중에게 공표함으로써 그의 명예를 훼손하고 그에게 수치심을 느끼게 하여 병역의무 이행을 간접적으로 강제하려는 조치로서 공권력의 행사에 해당한다.

p.341

☆ **01** 1 2 3   2022 국가직 7급
병역법에 따라 관할 지방병무청장이 1차로 병역의무 기피자 인적사항 공개대상자결정을 하고 그에 따라 병무청장이 같은 내용으로 최종적 공개결정을 하였다면, 해당 공개대상자는 병무청장의 최종적 공개결정만을 다투는 것으로 충분하고 관할 지방병무청장의 공개대상자결정을 다툴 소의 이익은 없다.

02 1 2 3   2015 사회복지직 9급
행정법상 의무위반자에 대한 명단의 공표는 법적인 근거가 있어야 허용된다.

03 1 2 3   2015 국회직 8급 변형
국세징수법상에는 고액체납자의 명단공개제도에 대하여 규정하고 있다.

04 1 2 3   2010 국회속기직
판례에 따르면, 위법한 공표에 의하여 명예·신용 등이 침해된 경우에는 행정상 손해배상청구소송을 제기하여 그 손해배상을 구할 수 있다.

05 1 2 3   2007 관세사
공표로 타인의 명예를 훼손한 경우에도 국가기관이 공표 당시 이를 진실이라고 믿었고 또 그렇게 믿을 만한 상당한 이유가 있다면 위법성이 없다.

06 1 2 3   2022 소방간부
국가기관이 행정목적달성을 위하여 언론을 통해 행정상 공표의 방법으로 실명을 공개함으로써 타인의 명예를 훼손한 경우라면 사인의 행위에 의한 경우보다 훨씬 엄격한 기준이 요구되지만, 국가기관이 공표 당시 이를 진실이라고 믿었고 또 그렇게 믿을 만한 상당한 이유가 있었다면 위법성이 인정되지 않는다.

07 1 2 3   2014 경행특채 1차
공급거부란 행정법상의 의무를 위반하거나 불이행한 자에 대해 일정한 재화나 서비스의 공급을 거부하는 행정작용을 말한다.

☆ **08** 1 2 3   2021 군무원 9급
위법한 건축물에 대한 단전 및 전화통화 단절조치 요청행위는 권고적 성격에 불과한 것으로 항고소송의 대상이 되는 행정처분이 아니다.

☆ **09** 1 2 3   2018 경행경채 3차
행정상 공급거부에 대한 권리구제에 있어 단수처분은 항고소송의 대상이 되는 행정처분이므로 위법한 단수처분에 대해서는 행정소송을 제기하여 그 취소를 구할 수 있다.

☆ **10** 1 2 3   2018 교육행정직 9급
행정청은 시정명령으로 과거의 위반행위에 대한 중지는 물론 가까운 장래에 반복될 우려가 있는 동일한 유형의 행위의 반복금지까지 명할 수 있다.

☆ **11** 1 2 3   2018 지방직 7급
시정명령이란 행정법령의 위반행위로 초래된 위법상태의 제거 내지 시정을 명하는 행정행위를 말하는 것으로서, 그 위법행위의 결과가 더 이상 존재하지 않는다면 시정명령을 할 수 없다.

제24강 행정상 강제집행(대집행 등)

p.343

01 1 2 3   2022 지방직·서울시 7급, 2019 지방직 7급
관계법령상 행정대집행의 절차가 인정되어 행정청이 행정대집행의 방법으로 건물의 철거 등 대체적 작위의무의 이행을 실현할 수 있는 경우에는 따로 민사소송의 방법으로 그 의무의 이행을 구할 수 없다.

02 1 2 3   2022 지방직·서울시 9급
권원 없이 국유재산에 설치한 시설물에 대하여 관리청이 행정대집행을 통해 철거를 하지 않는 경우 그 국유재산에 대하여 사용청구권을 가진 자는 국가를 대위하여 민사소송으로 그 시설물의 철거를 구할 수 있다.

03 1 2 3   2008 국가직 7급
행정상 강제집행은 행정법상 개별·구체적인 의무의 불이행을 전제로 그 불이행한 의무를 장래에 향해 실현시키는 것을 목적으로 한다는 점에서 과거의 의무위반에 대한 제재로써 가하는 행정벌과 구별된다.

04 1 2 3   2014 서울시 7급
행정상 강제집행을 위해서는 의무부과의 근거법규 외에 별도의 법적 근거를 요한다.

05 1 2 3   2021 국가직 9급
행정상 즉시강제는 직접강제와는 달리 행정상 강제집행에 해당하지 않는다.

p.345

01 1 2 3   2013 국회속기직
대집행은 대체적 작위의무의 이행을 확보하기 위하여 활용하는 대표적인 행정작용의 실효성 확보수단에 해당한다.

02 1 2 3   2021 소방직 9급
대집행의 근거법으로는 대집행에 관한 일반법인 행정대집행법과 대집행에 관한 개별법 규정이 있다.

03 1 2 3   2013 국회속기직 9급
대집행의 주체는 당사자에 의해 불이행되고 있는 의무를 부과한 행정청이다.

04 1 2 3   2013 서울시 9급
대집행의 주체는 당해 행정청이 되나, 대집행의 실행행위는 행정청에 의한 경우 이외에 제3자에 의해서도 가능하다.

05 1 2 3   2013 국가직 7급
행정청의 위임을 받아 대집행을 실행하는 제3자는 대집행의 주체가 아니다.

06 1 2 3   2015 지방직 7급
법령에 의해 대집행권한을 위탁받은 구 한국토지공사(현 한국토지주택공사)는 대집행을 수권받은 자로서 국가배상법 제2조 소정의 공무원에 해당하지 않는다.

07 1 2 3   2020 국가직 7급
대체적 작위의무가 법률의 위임을 받은 조례에 의해 직접 부과된 경우에는 대집행의 대상이 된다.

08 1 2 3   2014 서울시 7급
대집행의 대상이 되는 대체적 작위의무는 공법상 의무여야 한다.

09 1 2 3   2015 지방직 9급
행정주체와 사인 사이의 건축도급계약에 있어서, 사인이 의무불이행을 하였다고 하여도 행정대집행은 허용되지 않는다.

10 1 2 3   2022 소방간부
「공익사업을 위한 토지 등의 취득 및 보상에 관한 법률」에 의한 토지 등의 협의취득시 건물소유자가 협의취득대상 건물에 대한 철거의무를 부담하겠다는 취지의 약정을 하였다고 하더라도 그 철거의무는 대집행의 대상이 되지 않으므로 건물소유자가 약정을 불이행한 경우에도 행정대집행을 할 수 없다.

📖 p.347

01 ☐1☐2☐3 　　　　　　　　2019 경행경채 2차
행정청의 명령에 의한 행위뿐만 아니라 법률에 의하여 직접 명령된 행위도 행정대집행의 대상이 된다.

02 ☐1☐2☐3 　　　　　　　　2020 소방직 9급
공법상 계약에 의한 의무불이행에 대해서는 원칙적으로 행정대집행법이 적용되지 않는다.

☆**03** ☐1☐2☐3 　　　　　　　　2016 서울시 7급
법률상 시설설치금지의무를 위반하여 시설을 설치한 경우 별다른 규정이 없으면 대집행을 할 수 없다.

☆**04** ☐1☐2☐3 　　　　　　　　2020 국가직 7급
관계법령에 위반하여 장례식장 영업을 하고 있는 자에 대한 장례식장 사용중지의무는 대집행의 대상이 되지 않는다.

☆**05** ☐1☐2☐3 　　　　　　　　2015 사회복지직 9급
부작위의무위반행위에 대하여 법률에 부작위의무를 대체적 작위의무로 전환하는 규정이 있으면 부작위의무를 대체적 작위의무로 전환시켜 대집행할 수 있다.

☆**06** ☐1☐2☐3 　　　　　　　　2017 국가직(하) 9급
부작위의무의 근거규정인 금지규정으로부터 그 의무를 위반함으로써 생긴 결과를 시정할 작위의무나 위반결과의 시정을 명할 행정청의 권한이 당연히 추론되는 것은 아니다.

☆**07** ☐1☐2☐3 　　　　　　　　2020 지방직·서울시 9급
대집행의 대상은 원칙적으로 대체적 작위의무에 한하며, 부작위의무위반의 경우 대체적 작위의무로 전환하는 규정을 두고 있지 아니하는 한 대집행의 대상이 되지 않는다.

☆**08** ☐1☐2☐3 　　　　　　　　2022 국회직 8급
부작위의무위반행위에 대하여 대체적 작위의무로 전환하는 규정이 없는 경우, 부작위의무위반결과의 시정을 명하는 원상복구명령은 무효이고, 원상복구명령의 실효성 확보를 위한 대집행의 계고처분 역시 무효로 봄이 타당하다.

☆**09** ☐1☐2☐3 　　　　　　　　2015 교육행정직 9급
비대체적 작위의무의 위반은 그 자체로서 대집행의 대상이 될 수 없다.

☆**10** ☐1☐2☐3 　　　　　　　　2021 군무원 9급
토지·건물 등의 인도의무는 비대체적 작위의무이므로 행정대집행법상 대집행대상이 될 수 없다.

☆**11** ☐1☐2☐3 　　　　　　　　2021 지방직·서울시 9급
도시공원시설 점유자의 퇴거 및 명도의무는 행정대집행법에 의한 대집행의 대상이 아니다.

12 ☐1☐2☐3 　　　　　　　　2019 서울시 9급
구 토지수용법상 피수용자 등이 기업자에 대하여 부담하는 수용대상 토지의 인도의무는 특별한 사정이 없는 한 행정대집행법에 의한 대집행의 대상이 될 수 없다.

13 ☐1☐2☐3 　　　　　　　　2020 지방직·서울시 7급
건축법에 위반하여 증·개축함으로써 철거의무가 있더라도 그 철거의무를 대집행하기 위한 계고처분을 하려면 다른 방법으로는 그 이행의 확보가 어렵고, 그 불이행을 방치함이 심히 공익을 해하는 것으로 인정되는 경우에 한한다.

📖 p.349

01 ☐1☐2☐3 　　　　　　　　2020 지방직·서울시 7급
무허가증축부분으로 인하여 건물의 미관이 나아지고 증축부분을 철거하는 데 비용이 많이 소요된다고 하더라도 건물 철거대집행 계고처분을 할 요건에 해당된다.

☆**02** ☐1☐2☐3 　　　　　　　　2017 국가직 9급
의무를 명하는 행정행위가 불가쟁력이 발생하지 않은 경우에도 그 행정행위에 따른 의무의 불이행에 대하여 대집행을 할 수 있다.

☆**03** ☐1☐2☐3 　　　　　　　　2017 국가직 9급
행정대집행법 제2조에 따른 대집행의 실시 여부는 행정청의 재량에 속한다.

04 1 2 3   2017 국가직 9급

원칙적으로 대집행의 요건은 계고를 할 때에 충족되어 있어야 한다.

☆05 1 2 3   2017 지방직(하) 9급

대집행계고처분을 함에 있어서 의무이행을 할 수 있는 상당한 기간을 부여하지 않은 경우, 대집행영장으로 대집행의 시기를 늦추었다 하더라도 대집행계고처분은 상당한 이행기한을 정하여 한 것이 아니므로 위법한 처분이다.

☆06 1 2 3   2012 사회복지직 9급

대집행의 계고는 문서에 의한 것이어야 하고, 구두에 의한 계고는 무효가 된다.

☆07 1 2 3   2015 국가직 9급

계고는 행정처분으로서 항고소송의 대상이 된다.

☆08 1 2 3   2021 소방직 9급

대집행의 절차인 '대집행의 계고'의 법적 성질은 준법률행위적 행정행위이므로 계고 그 자체가 독립하여 항고소송의 대상이나, 2차 계고는 새로운 철거의무를 부과하는 것이 아니고 대집행기한의 연기 통지에 불과하므로 행정처분으로 볼 수 없다.

09 1 2 3   2016 경행경채

행정청은 비상시 또는 위험이 절박한 경우에 있어서 당해 행위의 급속한 실시를 요하여 계고절차를 취할 여유가 없을 때 계고절차를 생략할 수 있다.

☆10 1 2 3   2022 소방간부, 2021 군무원 9급

계고서라는 명칭의 1장의 문서로서 일정기간 내에 위법건축물의 자진철거를 명함과 동시에 그 소정 기한 내에 자진철거를 하지 아니할 때에는 대집행할 뜻을 미리 계고한 경우라도 건축법에 의한 철거명령과 행정대집행법에 의한 계고처분은 독립하여 있는 것으로서 각 그 요건이 충족되었다고 볼 것이다.

p.351

01 1 2 3   2021 소방직 9급

행정청이 대집행에 대한 계고를 함에 있어서 의무자가 스스로 이행하지 아니하는 경우 대집행할 행위의 내용과 범위가 구체적으로 특정되어야 하지만, 그 내용 및 범위는 대집행계고서에 의해서만 특정되어야 하는 것은 아니고 그 처분 전후에 송달된 문서나 기타 사정을 종합하여 이를 특정할 수 있으면 족하다.

☆02 1 2 3   2015 지방직 7급

대집행의 계고와 대집행영장에 의한 통지는 그 자체가 독립하여 취소소송의 대상이 된다.

☆03 1 2 3   2021 소방직 9급

비상시 또는 위험이 절박한 경우에 있어 당해 행위의 급속한 실시를 요하여 대집행영장에 의한 통지절차를 취할 여유가 없을 때에는 이 절차를 거치지 아니하고 대집행할 수 있다.

☆04 1 2 3   2020 국회직 8급

구두에 의한 계고는 무효이며, 계고와 통지는 동시에 생략할 수 있다.

05 1 2 3   2013 서울시 9급

대집행의 실행행위는 권력적 사실행위로서의 성질을 갖는다.

☆06 1 2 3   2020 지방직·서울시 7급

행정청은 해가 지기 전에 대집행을 착수한 경우에는 해가 진 후에도 대집행을 할 수 있다.

☆07 1 2 3   2022 지방직·서울시 7급

행정대집행에 있어 대집행대상인 건물의 점유자가 철거의무자일 때에는 건물철거의무에 퇴거의무도 포함되어 있는 것이어서 별도로 퇴거를 명하는 집행권원이 필요하지 않다.

☆08 1 2 3   2020 국가직 9급

행정청이 건물철거의무를 행정대집행의 방법으로 실현하는 과정에서, 건물을 점유하고 있는 철거의무자들에 대하여 제기한 건물퇴거를 구하는 소송은 부적법하다.

☆ **09** 1 2 3　　　　　　　　　　2020 소방직 9급
건물철거의무에 퇴거의무도 포함되어 있어 건물철거 대집행과정에서 부수적으로 건물의 점유자들에 대한 퇴거조치를 할 수 있다.

☆ **10** 1 2 3　　　　　　　　　　2020 국가직 9급
철거대상건물의 점유자들이 적법한 행정대집행을 위력을 행사하여 방해하는 경우, 행정청은 필요하다면 경찰관직무집행법에 근거한 위험발생 방지조치 차원에서 경찰의 도움을 받을 수 있다.

11 1 2 3　　　　　　　　　　2011 국가직 9급
대집행비용의 납부명령은 독립하여 항고소송의 대상이 된다.

📖 p.353

☆ **01** 1 2 3　　　　　　　　　　2019 지방직·교육행정직 9급
구 대한주택공사가 대집행권한을 위탁받아 공무인 대집행을 실시하기 위하여 지출한 비용을 행정대집행법 절차에 따라 국세징수법의 예에 의하여 징수할 수 있음에도 민사소송 절차에 의하여 그 비용의 상환을 구하는 청구는 소의 이익이 없어 부적법하다.

☆ **02** 1 2 3　　　　　　　　　　2020 지방직·서울시 9급
대집행을 함에 있어 계고요건의 주장과 입증책임은 처분행정청에 있는 것이지, 의무불이행자에 있는 것이 아니다.

☆ **03** 1 2 3　　　　　　　　　　2016 서울시 7급
대집행절차상 계고, 대집행영장통지, 대집행비용납부명령 상호 간에는 선행행위의 하자가 후행행위에 승계된다.

☆ **04** 1 2 3　　　　　　　　　　2022 소방간부
계고처분과 대집행비용납부명령은 서로 결합하여 하나의 법률효과를 발생시키는 처분이므로 이미 불가쟁력이 발생한 계고처분에 존재하는 하자를 이유로 아무런 하자가 없는 대집행비용납부명령의 효력을 다툴 수 있다.

☆ **05** 1 2 3　　　　　　　　　　2015 국회직 8급
대집행의 실행이 완료된 후에는 소의 이익이 없으므로 행정쟁송으로 다툴 수 없음이 원칙이다.

☆ **06** 1 2 3　　　　　　　　　　2015 국가직 9급
대집행이 완료되어 취소소송을 제기할 수 없는 경우에도 국가배상청구는 가능하다.

07 1 2 3　　　　　　　　　　2017 지방직 7급
공유재산 대부계약이 적법하게 해지되었음에도 불구하고 공유재산의 점유자가 그 지상물을 점유하고 있는 경우, 지방자치단체의 장은 원상회복을 위해 행정대집행의 방법으로 그 지상물을 철거시킬 수 있다.

📖 p.355

☆ **01** 1 2 3　　　　　　　　　　2015 국가직 7급
이행강제금은 작위의무 또는 부작위의무를 불이행한 경우에 그 의무를 간접적으로 강제이행시키는 수단으로서 집행벌이라고도 한다.

☆ **02** 1 2 3　　　　　　　　　　2017 교육행정직 9급
이행강제금은 장래에 의무이행을 확보하기 위한 강제수단이다.

☆ **03** 1 2 3　　　　　　　　　　2019 국회직 8급
건축법상 이행강제금은 시정명령의 불이행이라는 과거의 위반행위에 대한 제재가 아니라 장래의 의무이행의 확보를 위해 의무자에게 심리적 압박을 주어 시정명령에 따른 의무이행을 간접적으로 강제하는 강제집행수단이다.

☆ **04** 1 2 3　　　　　　　　　　2019 국가직 7급
사용자가 이행하여야 할 행정법상 의무의 내용을 초과하는 것을 '불이행 내용'으로 기재한 이행강제금 부과 예고서에 의하여 이행강제금 부과 예고를 한 다음 이를 이행하지 않았다는 이유로 이행강제금을 부과하였다면, 초과한 정도가 근소하다는 등의 특별한 사정이 없는 한 이행강제금 부과 예고는 위법하며, 이에 터잡은 이행강제금 부과처분 역시 위법하다.

☆ **05** 1 2 3　　　　　　　　　2018 소방직 9급
이행강제금은 형벌과 병과할 수 있다.

☆ **06** 1 2 3　　　　　　　　　2021 소방직 9급
개발제한구역 내의 건축물에 대하여 허가를 받지 않고 한 용도변경행위에 대한 형사처벌과 건축법 제83조 제1항에 의한 시정명령 위반에 대한 이행강제금 부과는 이중처벌에 해당하지 아니한다.

☆ **07** 1 2 3　　　　　　　　2021 지방직·서울시 7급
건축법상 이행강제금은 시정명령의 불이행이라는 과거의 위반행위에 대한 제재가 아니라 시정명령을 이행하지 않고 있는 건축주 등에 대하여 다시 상당한 이행기한을 부여하고 기한 안에 시정명령을 이행하지 않으면 이행강제금이 부과된다는 사실을 고지함으로써 의무자에게 심리적 압박을 주어 시정명령에 따른 의무의 이행을 간접적으로 강제하는 수단의 성질을 가진다.

☆ **08** 1 2 3　　　　　　　　　2021 군무원 9급
이행강제금은 행정상 간접적인 강제집행수단의 하나로서, 과거의 일정한 법률위반행위에 대한 제재인 형벌이 아니라 장래의 의무이행 확보를 위한 강제수단일 뿐이어서, 범죄에 대하여 국가가 형벌권을 실행하는 과벌에 해당하지 아니한다.

09 1 2 3　　　　　　　　　2020 소방직 9급
건축법상 이행강제금은 형벌에 해당하지 않으므로 이중처벌금지의 원칙이 적용될 여지가 없다.

☆ **10** 1 2 3　　　　　　　　　2019 서울시 1회 7급
이행강제금은 장래의 의무이행을 심리적으로 강제하기 위한 것으로서 의무이행이 있을 때까지 반복하여 부과할 수 있다.

📖 p.357

01 1 2 3　　　　　　　　2020 지방직·서울시 9급
이행강제금은 침익적 강제수단이므로 법적 근거를 요한다.

☆ **02** 1 2 3　　　　　　　　　2021 군무원 7급
행정대집행은 대체적 작위의무에 대한 강제집행수단으로, 이행강제금은 부작위의무나 비대체적 작위의무에 대한 강제집행수단으로 이해되어 왔으나, 이행강제금은 대체적 작위의무의 위반에 대해서도 부과될 수 있다.

☆ **03** 1 2 3　　　　　　　　2019 지방직·교육행정직 9급
부작위의무나 비대체적 작위의무뿐만 아니라 대체적 작위의무의 위반에 대하여도 이행강제금을 부과할 수 있다.

☆ **04** 1 2 3　　　　　　　　2021 지방직·서울시 9급
건축법상 위법건축물에 대한 이행강제수단으로 대집행과 이행강제금이 인정되고 있는데 행정청은 개별사건에 있어서 위반내용, 위반자의 시정의지 등을 감안하여 대집행과 이행강제금을 선택적으로 활용할 수 있다.

☆ **05** 1 2 3　　　　　　　　　2020 국가직 9급
대집행과 이행강제금 중 어떠한 강제수단을 선택할 것인지에 대하여 행정청의 재량이 인정된다.

📖 p.359

☆ **01** 1 2 3　　　　　　　　　2019 국가직 7급
건축주 등이 장기간 시정명령을 이행하지 아니하였으나 그 기간 중에 시정명령의 이행 기회가 제공되지 아니하였다가 뒤늦게 이행 기회가 제공된 경우, 이행 기회가 제공되지 아니한 과거의 기간에 대한 이행강제금까지 한꺼번에 부과하였다면 그러한 이행강제금 부과처분은 하자가 중대·명백하여 당연무효이다.

02 1 2 3　　　　　　　　2019 지방직·교육행정직 9급
건축법상 허가권자는 이행강제금을 부과하기 전에 이행강제금을 부과·징수한다는 뜻을 미리 문서로써 계고하여야 한다.

03 1 2 3　　　　　　　　2021 지방직·서울시 7급
농지법에 따른 이행강제금을 부과할 때에는 그때마다 이행강제금을 부과·징수한다는 뜻을 미리 문서로 알려야 하고, 이와 같은 절차를 거치지 아니한 채 이행강제금을 부과하는 것은 이행강제금제도의 취지에 반하는 것으로써 위법하다.

04 1 2 3　　　　　　　　　　　2020 지방직·서울시 9급
건축법상 이행강제금은 반복하여 부과·징수될 수 있다.

☆ **05** 1 2 3　　　　　　　　　　　2021 지방직·서울시 7급
건축법상 행정청은 의무자가 행정상 의무를 이행할 때까지 이행강제금을 반복하여 부과할 수 있으나, 의무자가 의무를 이행하면 새로운 이행강제금의 부과를 즉시 중지하여야 하고 이미 부과한 이행강제금은 징수한다.

06 1 2 3　　　　　　　　　　　2021 지방직·서울시 9급
「부동산 실권리자명의 등기에 관한 법률」상 장기미등기자가 이행강제금 부과 전에 등기신청의무를 이행하였다면 동법에 규정된 기간이 지나서 등기신청의무를 이행하였더라도 이행강제금을 부과할 수 없다.

☆ **07** 1 2 3　　　　　　　　　　　2020 국가직 9급
건축법상 시정명령을 받은 의무자가 이행강제금이 부과되기 전에 그 의무를 이행한 경우에는 비록 시정명령에서 정한 기간을 지나서 이행한 경우라도 이행강제금을 부과할 수 없다.

p.361

01 1 2 3　　　　　　　　　　　2020 소방직 9급
건축법상 이행강제금 납부의 최초 독촉은 항고소송의 대상이 되는 행정처분에 해당한다는 것이 판례의 태도이다.

02 1 2 3　　　　　　　　　　　2010 지방직 9급
이행강제금의 부과처분은 행정행위로서의 성질을 가진다.

03 1 2 3　　　　　　　　　　　2015 국가직 7급
이행강제금의 부과는 침익적 행정행위로서 행정절차법상 의견청취절차를 거쳐야 한다.

☆ **04** 1 2 3　　　　　　　　　　　2020 경행경채
이행강제금 부과처분에 대해 비송사건절차법에 의한 특별한 불복절차가 마련되어 있는 경우 이행강제금 부과처분은 항고소송의 대상이 되는 행정처분이 아니다.

☆ **05** 1 2 3　　　　　　　　　　　2021 국가직 7급
농지법상 이행강제금 부과처분에 불복하는 경우에는 비송사건절차법에 따른 재판절차가 적용되어야 하고, 행정소송법상 항고소송의 대상은 될 수 없다.

☆ **06** 1 2 3　　　　　　　　　　　2022 국가직 9급
관할청이 농지법상의 이행강제금 부과처분을 하면서 재결청에 행정심판을 청구하거나 관할 행정법원에 행정소송을 할 수 있다고 잘못 안내한 경우라도 행정법원의 항고소송 재판관할이 생긴다고 볼 수 없다.

☆ **07** 1 2 3　　　　　　　　　　　2012 국회(속기·경위직) 9급
이행강제금 부과처분에 대한 불복방법에는 개별법의 규정에 의한 방법과 일반 행정쟁송에 의하는 방법이 있다.

☆ **08** 1 2 3　　　　　　　　　　　2015 국가직 7급
이행강제금의 부과처분에 대한 불복방법에 관하여 아무런 규정을 두고 있지 않는 경우에는 이행강제금 부과처분은 행정행위이므로 행정기본법상의 이의신청을 비롯하여, 행정심판법상의 행정심판 또는 행정소송법상의 행정소송을 제기할 수 있다.

09 1 2 3　　　　　　　　　　　2017 지방직 9급
건축법상 이행강제금의 부과에 대해서는 항고소송을 제기하여 다툴 수 있다.

☆ **10** 1 2 3　　　　　　　　　　　2019 지방직 7급
건축법상 이행강제금 납부의무는 상속인 기타의 사람에게 승계될 수 없는 일신전속적인 성질을 갖는다.

☆ **11** 1 2 3　　　　　　　　　　　2021 지방직·서울시 9급
이미 사망한 사람에게 건축법상의 이행강제금을 부과하는 내용의 처분이나 결정은 당연무효이다.

☆ **12** 1 2 3　　　　　　　　　　　2017 사회복지직 9급
구 건축법상 이행강제금을 부과받은 자의 이의에 의해 비송사건절차법에 의한 재판절차가 개시된 후에 그 이의한 자가 사망했다면 그 재판절차는 종료된다.

☞ p.363

01 1 2 3　　　　　　　　　　2009 국가직 9급
직접강제는 행정법상의 의무불이행이 있는 경우에 직접 의무자의 신체나 재산에 실력을 가하여 의무의 이행이 있었던 것과 같은 상태를 실현하는 작용이다.

✩ **02** 1 2 3　　　　　　　　　　2019 소방직 9급
식품위생법상 영업소 폐쇄명령을 받은 자가 영업을 계속할 경우 강제폐쇄하는 조치는 행정상 즉시강제가 아니라 직접강제에 해당한다.

✩ **03** 1 2 3　　　　　　　　　　2009 지방직 9급
사업장의 폐쇄, 외국인의 강제퇴거는 직접강제의 예에 해당한다.

04 1 2 3　　　　　　　　　　2020 경행경채
행정상 강제징수란 국민이 국가 등 행정주체에 대하여 부담하고 있는 공법상의 금전급부의무를 이행하지 않은 경우 행정청이 의무자의 재산에 실력을 가하여 의무가 이행된 것과 동일한 상태를 실현하는 행정상 강제집행수단을 말한다.

05 1 2 3　　　　　　　　　　2017 사회복지직 9급
행정상 강제징수는 행정상의 금전급부의무를 이행하지 않는 경우를 대상으로 한다.

☞ p.365

01 1 2 3　　　　　　　　　　2018 경행경채 3차
행정상 강제징수에 있어 독촉은 처분성이 인정되나 최초 독촉 후에 동일한 내용에 대해 반복한 독촉은 처분성이 인정되지 않는다.

02 1 2 3　　　　　　　　　　2018 소방직 9급
독촉은 이후에 행해지는 압류의 적법요건이 되며 최고기간 동안 조세채권의 소멸시효를 중단시키는 법적 효과를 갖는다.

03 1 2 3　　　　　　　　　　2010 국가직 7급
판례에 의하면, 압류는 체납국세의 징수를 실현하기 위하여 체납자의 재산을 보전하는 강제행위로서 항고소송의 대상이 되는 처분이다.

✩ **04** 1 2 3　　　　　　　　　　2022 국가직 7급
납세자가 아닌 제3자의 재산을 대상으로 한 압류처분은 그 처분의 내용이 법률상 실현될 수 없는 것이어서 당연무효이다.

05 1 2 3　　　　　　　　　　2010 국가직 7급
세무공무원이 국세의 징수를 위해 납세자의 재산을 압류하는 경우 그 재산의 가액이 징수할 국세액을 초과한다 하여 위 압류가 당연무효의 처분이라고는 할 수 없다.

06 1 2 3　　　　　　　　　　2020 경행경채
국세징수법상 압류 후 부과처분의 근거법률이 위헌으로 결정된 경우에는 압류를 해제하여야 한다.

07 1 2 3　　　　　　　　　　2010 국가직 7급
체납자가 사망한 후 체납자명의의 재산에 대하여 한 압류는 그 재산을 상속한 상속인에 대하여 한 것으로 본다.

✩ **08** 1 2 3　　　　　　　　　　2021 국회직 8급
과세관청이 체납처분으로서 행하는 공매는 우월한 공권력의 행사로서 행정소송의 대상이 되는 공법상의 행정처분이며 공매에 의하여 재산을 매수한 자는 그 공매처분이 취소된 경우에 그 취소처분의 취소를 구할 법률상 이익이 있다.

✩ **09** 1 2 3　　　　　　　　　　2020 국가직 9급
국세징수법상 공매통지에 하자가 있는 경우, 다른 특별한 사정이 없는 한 체납자 등은 공매통지의 결여나 위법을 들어 공매처분의 취소 등을 구할 수 있는 것이지 공매통지 자체를 항고소송의 대상으로 삼아 그 취소 등을 구할 수는 없다.

✩ **10** 1 2 3　　　　　　　　　　2021 군무원 7급
한국자산공사(현 한국자산관리공사)의 재공매결정과 공매통지는 행정처분에 해당하지 않는다.

☆ **11** 1 2 3 2018 지방직 9급
국세징수법상 체납자 등에 대한 공매통지는 항고소송의 대상이 되는 행정처분에 해당하지 아니하지만, 공매통지는 공매의 절차적 요건으로서 공매통지가 적법하지 아니한 경우 그에 따른 공매처분은 위법하게 된다.

☆ **12** 1 2 3 2017 국가직 7급
국세징수법상 체납자에 대한 공매통지는 국가의 강제력에 의하여 진행되는 공매에서 체납자의 권리 내지 재산상의 이익을 보호하기 위하여 법률로 규정한 절차적 요건으로, 이를 이행하지 않은 경우 그 공매처분은 위법하다.

📖 p.367

01 1 2 3 2020 경행경채
국세징수법상 공매통지는 국가의 강제력에 의하여 진행되는 공매절차에서 체납자 등의 권리 내지 재산상 이익을 보호하기 위하여 법률로 규정한 절차적 요건에 해당하지만, 그 통지를 하지 아니한 채 공매처분을 하였다 하여도 그 공매처분이 당연무효로 되는 것은 아니다.

02 1 2 3 2008 지방직 7급
공매에 있어서 공매재산에 대한 감정평가나 매각예정가격의 결정이 잘못되어 공매재산이 부당하게 저렴한 가격으로 공매된 경우 그 공매처분의 하자는 취소사유에 해당한다.

☆ **03** 1 2 3 2018 소방직 9급
국세징수법상의 독촉, 압류, 압류해제거부 및 공매처분에 대하여는 이의신청을 제기할 수 있고, 심사청구 또는 심판청구 중 하나의 절차를 거친 후에 행정소송을 제기할 수 있다.

☆ **04** 1 2 3 2016 교육행정직 9급
국세기본법에 의하면 강제징수절차에 불복하는 당사자는 심사청구 또는 심판청구를 거친 후 행정소송을 제기하여야 한다.

05 1 2 3 2015 사회복지직 9급
독촉과 체납처분(현 강제징수)에 대하여 불복이 있는 자는 바로 취소소송을 제기할 수 없고, 심사청구 또는 심판청구 중 하나를 거쳐야 한다.

☆ **06** 1 2 3 2019 국가직 9급
조세부과처분에 취소사유인 하자가 있는 경우 그 하자는 후행 강제징수절차인 독촉·압류·매각·청산절차에 승계되지 않는다.

제25강 행정상 즉시강제와 행정조사

📖 p.369

☆ **01** 1 2 3 2019 국가직 9급
행정상 즉시강제는 급박한 위험 또는 장해를 제거하기 위하여 미리 의무를 명할 시간적 여유가 없거나, 그 성질상 의무를 명해서는 목적을 달성할 수 없는 경우에 직접 개인의 신체 또는 재산에 실력을 가함으로써 행정상 필요한 상태를 실현하는 행정작용이며, 의무의 존재와 불이행을 전제로 하지 않는다는 점에서 의무의 존재 및 그 불이행을 전제로 하는 행정상 강제집행과 구별된다.

☆ **02** 1 2 3 2018 교육행정직 9급
즉시강제는 의무의 존재와 불이행을 전제로 하지 않는다. 대체적 작위의무의 불이행이 있는 경우에 행정청이 스스로 의무자가 행할 행위를 대신 수행하는 조치는 대집행이다.

☆ **03** 1 2 3 2022 국가직 9급
행정상 즉시강제는 과거의 의무위반에 대한 제재가 아닌, 장래를 위해 현재의 급박한 행정상 장해의 제거를 목적으로 하는 조치이다.

04 1 2 3 2019 사회복지직 9급
직접강제와 즉시강제는 권력적 사실행위로서의 성격을 가지고 있다.

05 1 2 3 2022 국가직 9급
행정상 즉시강제는 항고소송의 대상이 되는 처분의 성질을 갖는다.

☆ **06** 1 2 3 　2022 국가직 9급
행정상 즉시강제는 목전에 급박한 장해를 제거하기 위하여 엄격한 법률의 근거 아래 발동될 수 있다는 것이 일반적인 견해이다.

☆ **07** 1 2 3 　2019 서울시 9급
행정상 즉시강제는 전형적인 침해적 작용이므로 엄격한 법적 근거를 필요로 한다.

☆ **08** 1 2 3 　2019 경행경채 2차
경찰관직무집행법 제4조 제1항 제1호에서 규정하는 "술에 취하여 자신 또는 다른 사람의 생명·신체·재산에 위해를 끼칠 우려가 있는 사람"에 대한 보호조치는 행정상 즉시강제에 해당한다.

09 1 2 3 　2022 지방직·서울시 7급
경찰관직무집행법상 범죄행위가 목전에 행하여지려고 하고 있고 그 행위로 인하여 사람의 생명·신체에 위해를 끼치거나 재산에 중대한 손해를 끼칠 우려가 있는 경우에 이를 예방하기 위하여 경찰관이 그 행위를 제지할 수 있도록 하고 있는 규정은 범죄예방을 위한 경찰행정상 즉시강제에 관한 근거조항이다.

☞ p.371

☆ **01** 1 2 3 　2019 소방직 9급
소방기본법상 소방활동에 방해가 되는 물건 등에 대한 강제처분은 행정상 즉시강제에 해당한다.

☆ **02** 1 2 3 　2015 지방직 7급
감염병환자의 강제입원, 불법게임물의 폐기는 행정상 즉시강제의 예이다.

03 1 2 3 　2018 국회직 8급
「감염병의 예방 및 관리에 관한 법률」 제47조 제1호의 '일시적 폐쇄'는 의무의 불이행을 전제로 하지 않는 행정상 즉시강제에 해당한다.

04 1 2 3 　2019 사회복지직 9급
즉시강제의 목적과 침해되는 상대방의 권익 사이에는 비례관계가 유지되어야 한다.

☆ **05** 1 2 3 　2017 국가직(하) 9급
행정강제는 행정상 강제집행을 원칙으로 하고, 행정상 즉시강제는 예외적으로 인정되는 강제수단이다.

☆ **06** 1 2 3 　2021 국가직 9급
행정상 즉시강제는 다른 수단으로는 행정목적을 달성할 수 없는 경우에만 허용되며, 이 경우에도 최소한으로만 실시하여야 한다.

☆ **07** 1 2 3 　2021 국가직 9급
구 「음반·비디오물 및 게임물에 관한 법률」상 불법게임물에 대한 수거 및 폐기조치는 행정상 즉시강제에 해당한다.

08 1 2 3 　2021 국가직 9급
대법원은 행정상 즉시강제에서도 사전영장주의원칙이 존중되어야 하고, 다만 사전영장주의를 고수하다가는 즉시강제의 목적을 달성할 수 없는 지극히 예외적인 경우에만 헌법상 사전영장주의원칙의 예외가 인정된다고 본다.

09 1 2 3 　2019 소방직 9급
대법원에 따르면 행정상 즉시강제에서 그 목적을 달성할 수 없는 지극히 예외적인 경우에만 헌법상 사전영장주의원칙의 예외가 인정된다.

10 1 2 3 　2015 경행특채
재범의 위험성이 현저한 자를 상대로 긴급히 보호할 필요가 있는 경우에 한하여 단기간의 동행보호를 허용한 구 사회안전법상 동행보호규정은 사전영장주의를 규정한 헌법규정에 반하지 않는다.

☞ p.373

☆ **01** 1 2 3 　2017 국가직(하) 9급
불법게임물을 발견한 경우 관계공무원으로 하여금 영장 없이 이를 수거하여 폐기하게 할 수 있도록 규정한 구 「음반·비디오물 및 게임물에 관한 법률」의 조항은 급박한 상황에 대처하기 위해 행정상 즉시강제를 행할 불가피성과 정당성이 인정되므로 헌법상 영장주의에 위배되지 않는다.

02 1 2 3　　　　　　　　　　2014 지방직 9급
손실발생의 원인에 대하여 책임이 없는 자가 경찰관의 적법한 보호조치에 자발적으로 협조하여 재산상의 손실을 입은 경우, 국가는 손실을 입은 자에 대하여 정당한 보상을 하여야 한다.

☆ **03** 1 2 3　　　　　　　　　　2019 소방직 9급
행정상 즉시강제는 권력적 사실행위이므로, 항고소송의 대상이 되는 처분성이 인정된다.

04 1 2 3　　　　　　　　　　2007 대구시 9급
즉시강제는 단기간에 그 행위가 완료되는 경우가 대부분이므로 대체로 권리보호의 이익이 없는 경우가 많다.

05 1 2 3　　　　　　　　　　2018 국회직 8급
「감염병의 예방 및 관리에 관한 법률」제47조 제3호의 '입원 또는 격리'가 항고소송의 대상이 된다고 하더라도 입원 또는 격리가 이미 종료된 경우에는 권리보호의 필요성이 부정될 수 있다.

06 1 2 3　　　　　　　　　　2022 국가직 9급
위법한 즉시강제작용으로 손해를 입은 자는 국가나 지방자치단체를 상대로 국가배상법이 정한 바에 따라 손해배상을 청구할 수 있다.

☞ p.375

☆ **01** 1 2 3　　　　　　　　　　2021 국회직 8급
행정기관은 법령 등에서 행정조사를 규정하고 있는 경우가 아니라도 조사대상자의 자발적인 협조를 얻어 행정조사를 실시할 수 있다.

☆ **02** 1 2 3　　　　　　　　　　2020 소방직 9급
행정기관은 법령 등에서 행정조사를 규정하고 있는 경우에 한하여 행정조사를 실시할 수 있지만 조사대상자의 자발적인 협조를 얻어 실시하는 경우에는 그러하지 아니하다.

03 1 2 3　　　　　　　　　　2018 소방직 9급
행정절차법은 행정조사에 관한 명문의 규정을 두고 있지 않다.

04 1 2 3　　　　　　　　　　2010 지방직 9급
조세에 관한 사항은 행정조사기본법상 행정조사의 대상에 해당하지 않는다.

05 1 2 3　　　　　　　　　　2008 지방직(하) 7급
금융감독기관의 감독·검사·조사에 대하여도 행정조사기본법이 적용될 여지는 있다.

06 1 2 3　　　　　　　　　　2022 국가직 7급
조세·보안처분에 관한 사항에 대하여는 행정조사기본법이 적용되지 않지만, 이러한 경우에도 행정조사기본법 제4조(행정조사의 기본원칙)는 적용된다.

07 1 2 3　　　　　　　　　　2018 국가직 9급
헌법 제12조 제1항에서 규정하고 있는 적법절차의 원칙은 형사소송절차에 국한되지 않고 모든 국가작용 전반에 대하여 적용되는 원칙이므로 세무공무원의 세무조사권의 행사에서도 적법절차의 원칙은 준수되어야 한다.

☞ p.377

01 1 2 3　　　　　　　　　　2021 군무원 9급
행정조사는 조사목적을 달성하는 데 필요한 최소한의 범위 안에서 실시하여야 하며, 다른 목적 등을 위하여 조사권을 남용하여서는 아니 된다.

02 1 2 3　　　　　　　　　　2014 서울시 9급
행정기관은 조사목적에 적합하도록 조사대상자를 선정하여 행정조사를 실시하여야 한다.

☆ **03** 1 2 3　　　　　　　　　　2021 군무원 9급
행정기관은 유사하거나 동일한 사안에 대하여는 공동조사 등을 실시함으로써 행정조사가 중복되지 아니하도록 하여야 한다.

☆ **04** 1 2 3　　　　　　　　　　2020 소방직 9급
행정조사는 법령 등의 위반에 대한 처벌보다는 법령 등을 준수하도록 유도하는 데 중점을 두어야 한다.

05 2021 군무원 9급
행정기관은 행정조사를 통하여 알게 된 정보를 다른 법률에 따라 내부에서 이용하거나 다른 기관에 제공하는 경우를 제외하고는 원래의 조사목적 이외의 용도로 이용하거나 타인에게 제공하여서는 아니 된다.

☆ 06 2008 지방직 9급
행정기관은 행정조사를 통하여 알게 된 정보를 임의로 다른 국가기관에 제공할 수 없다.

☆ 07 2018 국가직 7급
우편물 통관검사절차에서 이루어지는 우편물의 개봉, 시료채취, 성분분석 등의 검사는 수출입물품에 대한 적정한 통관 등을 목적으로 한 행정조사의 성격을 가지는 것으로서 수사기관의 강제처분이라고 할 수 없다.

☆ 08 2022 소방간부
우편물 통관검사절차에서 이루어지는 우편물의 개봉, 시료채취, 성분분석 등의 검사는 행정조사의 성격을 가지는 것으로서 수사기관의 강제처분이라고 할 수 없으므로, 압수·수색영장 없이 우편물의 개봉, 시료채취, 성분분석 등 검사가 진행되었다 하더라도 특별한 사정이 없는 한 위법하다고 볼 수 없다.

09 2022 소방간부
「마약류 불법거래 방지에 관한 특례법」에 따른 조치의 일환으로 특정한 수출입물품을 개봉하여 검사하고 그 내용물의 점유를 취득한 행위는 사전 또는 사후에 영장을 받아야 한다.

10 2018 국가직 7급
행정조사기본법에는 조사원이 조사대상자의 신체와 재산에 대해 실력을 행사할 수 있는 명문규정이 없으며, 권력적 행정조사에 상대방이 저항하는 경우 실력으로 그 저항을 배제할 수 있는지에 관해서는 학설의 대립이 있다.

☆ 11 2021 소방직 9급
행정조사는 정기조사를 원칙으로 한다.

01 2018 경행경채 3차
행정조사는 법령 등 또는 행정조사운영계획으로 정하는 바에 따라 정기적으로 실시함을 원칙으로 하되 다른 행정기관으로부터 법령 등의 위반에 관한 혐의를 통보받은 때에는 수시조사를 할 수 있다.

02 2009 국회직 8급
행정기관의 장은 자율적인 준수를 위한 노력 등을 고려하여 명백하고 객관적인 기준에 따라 행정조사의 대상을 선정하여야 한다.

☆ 03 2017 서울시 9급
조사대상자의 동의가 있는 경우 해가 뜨기 전이나 해가 진 뒤에도 현장조사가 가능하다.

☆ 04 2022 서울시 지적 7급
사무실 또는 사업장 등의 업무시간에 행정조사를 실시하는 경우에는 해가 뜨기 전이나 해가 진 뒤라 할지라도 현장조사를 할 수 있다.

05 2015 서울시 7급
조사대상자는 법률·회계 등에 대하여 전문지식이 있는 관계 전문가로 하여금 행정조사를 받는 과정에 입회하게 하거나 의견을 진술하게 할 수 있다.

06 2015 서울시 7급
조사대상자와 조사원은 조사과정을 방해하지 아니하는 범위 안에서 행정조사의 과정을 녹음하거나 녹화할 수 있다.

☆ 07 2020 소방직 9급
조사원이 조사목적을 달성하기 위하여 시료채취를 하는 경우에는 그 시료의 소유자 및 관리자의 정상적인 경제활동을 방해하지 아니하는 범위 안에서 최소한도로 하여야 한다.

08 2018 소방직 9급
시료채취로 조사대상자에게 손실을 입힌 경우 그 손실보상에 관한 명문규정이 있다.

☆ **09** 1 2 3　　　　　　　　　2022 서울시 지적 7급

행정조사기본법 제7조에 따라 정기조사 또는 수시조사를 실시한 행정기관의 장은 동일한 사안에 대하여 동일한 조사대상자를 재조사하여서는 아니 된다. 다만, 당해 행정기관이 이미 조사를 받은 조사대상자에 대하여 위법행위가 의심되는 새로운 증거를 확보한 경우에는 그러하지 아니하다.

☆ **10** 1 2 3　　　　　　　　　2018 국가직 7급

조사원이 현장조사 중에 자료·서류·물건 등을 영치하는 경우에 조사대상자의 생활이나 영업이 사실상 불가능하게 될 우려가 있는 때에는 조사원은 증거인멸의 우려가 있는 경우가 아니라면 사진촬영 등의 방법으로 영치에 갈음할 수 있다.

☆ **11** 1 2 3　　　　　　　　　2021 국회직 8급

행정기관은 조사대상자의 자발적인 협조를 얻어 실시하는 행정조사인 경우 행정조사기본법 제17조 제1항 본문에 따른 사전통지를 하지 않을 수 있다.

☆ **12** 1 2 3　　　　　　　　　2009 국회직 8급

조사대상자의 자발적인 협조를 얻어 실시하는 행정조사의 경우에는 행정조사의 목적 등을 구두로 통지할 수 있다.

📄 p.381

☆ **01** 1 2 3　　　　　　　　　2018 국가직 7급

행정기관의 장이 조사대상자의 자발적인 협조를 얻어 행정조사를 실시하고자 하는 경우 조사대상자는 문서·전화·구두 등의 방법으로 당해 행정조사를 거부할 수 있다.

☆ **02** 1 2 3　　　　　　　　　2019 지방직 7급

행정조사기본법에 의하면 조사대상자의 자발적인 협조를 얻어 실시하는 행정조사의 경우에는 법령 등의 근거 없이도 행할 수 있으며, 이러한 행정조사에 대하여 조사대상자가 조사에 응할 것인지에 대한 응답을 하지 아니하는 경우에는 법령 등에 특별한 규정이 없는 한 그 조사를 거부한 것으로 본다.

☆ **03** 1 2 3　　　　　　　　2022 국가직 7급·국회직 8급

행정기관의 장은 법령 등에 특별한 규정이 있는 경우를 제외하고는 행정조사의 결과를 확정한 날부터 7일 이내에 그 결과를 조사대상자에게 통지하여야 한다.

04 1 2 3　　　　　　　　　2020 소방직 9급

행정기관의 장은 법령 등에서 규정하고 있는 조사사항을 조사대상자로 하여금 스스로 신고하도록 하는 자율신고제도를 운영할 수 있다.

05 1 2 3　　　　　　　　　2012 사회복지직 9급

행정기관의 장은 조사대상자가 신고한 내용이 거짓의 신고라고 인정할 만한 근거가 있거나 신고내용을 신뢰할 수 없는 경우를 제외하고는 그 신고내용을 행정조사에 갈음할 수 있다.

06 1 2 3　　　　　　　　　2015 지방직 9급

행정기관의 장은 인터넷 등 정보통신망을 통하여 조사대상자로 하여금 자료의 제출 등을 하게 할 수 있다.

☆ **07** 1 2 3　　　　　　　　2021 지방직·서울시 7급

위법한 세무조사에 의하여 수집된 과세자료를 기초로 한 과세처분은 위법하다.

☆ **08** 1 2 3　　　　　　　　　2021 소방직 9급

구 국세기본법에 따른 금지되는 재조사에 기초한 과세처분은 특별한 사정이 없는 한 위법하다.

09 1 2 3　　　　　　　　　2022 소방간부

조사과정에서 운전자 본인의 동의를 받지 아니하고 또한 법원의 영장도 없이 채혈조사를 한 결과를 근거로 한 운전면허 정지·취소처분은 특별한 사정이 없는 한 위법한 처분에 해당한다.

10 1 2 3　　　　　　　　　2016 국가직 9급

위법한 행정조사로 손해를 입은 국민은 국가배상법에 따른 손해배상을 청구할 수 있다.

제26강 행정벌(행정형벌, 행정질서벌)

p.383

01 [2022 국가직 7급]
구 행형법에 의한 징벌을 받은 뒤에 형사처벌을 한다고 하여 일사부재리의 원칙에 반하는 것은 아니다.

☆02 [2017 국가직 9급]
이행강제금은 행정법상의 의무불이행이 있는 경우에 장래의 의무이행을 확보하기 위한 강제집행의 수단으로서 과하여지는 것인 데 반해, 행정벌은 과거의 행정법상 의무위반행위에 대한 제재로서 과하여지는 점에서 차이가 있다.

03 [2022 국가직 7급]
일정한 법규위반 사실이 행정처분의 전제사실이자 형사법규의 위반사실이 되는 경우, 형사판결이 확정되기 전에 그 위반사실을 이유로 제재처분을 하였다고 하여 절차적 위반에 해당한다고 할 수 없다.

☆04 [2011 사회복지직 9급]
형사벌의 경우와 마찬가지로 행정형벌에 대해서도 죄형법정주의의 원칙이 적용된다.

☆05 [2021 소방직 9급]
과태료는 행정상의 질서유지를 위한 행정질서벌에 해당할 뿐 형벌이라 할 수 없어 죄형법정주의의 규율대상에 해당하지 않는다.

☆06 [2016 국가직 9급]
행정법규위반행위에 대하여 과하여지는 과태료는 행정형벌이 아니라 행정질서벌에 해당한다.

☆07 [2020 소방직 9급]
행정질서벌인 과태료는 형벌이 아니므로 행정질서벌에는 형법총칙이 적용되지 않는다.

☆08 [2014 지방직 9급]
어떤 행정법규위반행위에 대해 과태료를 과할 것인지 행정형벌을 과할 것인지는 기본적으로 입법재량에 속한다.

p.385

01 [2019 서울시 9급]
죄형법정주의 원칙 등 형벌법규의 해석 원리는 행정형벌에 관한 규정을 해석할 때에도 적용되어야 한다.

☆02 [2009 국가직 9급]
행정형벌에는 특별한 규정이 있는 경우를 제외하고는 형법총칙이 적용된다.

☆03 [2011 사회복지직 9급]
행정형벌의 과벌은 행위자의 고의·과실을 요한다.

☆04 [2019 국가직 9급]
과실범을 처벌한다는 명문의 규정이 없더라도 행정형벌 법규의 해석에 의하여 과실행위도 처벌한다는 뜻이 도출되는 경우에는 과실범도 처벌될 수 있다.

☆05 [2014 국가직 9급]
구 대기환경보전법에 따라 배출허용기준을 초과하는 배출가스를 배출하는 자동차를 운행하는 행위를 처벌하는 규정은 과실범의 경우에도 적용한다.

06 [2011 국회속기직]
행정청의 허가가 있어야 함에도 불구하고 허가를 받지 아니하여 처벌대상의 행위를 한 경우라도, 허가를 담당하는 공무원이 허가를 요하지 아니하는 것으로 잘못 알려주어 이를 믿었기 때문에 허가를 받지 아니하는 것이라면 허가를 받지 않더라도 죄가 되지 않는 것으로 착오를 일으킨 데 대하여 정당한 이유가 있는 경우에 해당하여 처벌할 수 없다.

제4편 행정의 실효성 확보수단 125

07 1 2 3 2022 국가직 9급
양벌규정은 행위자에 대한 처벌규정임과 동시에 그 위반행위의 이익귀속주체인 영업주에 대한 처벌규정이다.

☆ **08** 1 2 3 2020 소방직 9급
양벌규정에 의한 영업주의 처벌은 금지위반행위자인 종업원의 처벌에 종속하는 것이 아니라 독립하여 그 자신의 종업원에 대한 선임·감독상의 과실로 인하여 처벌되는 것이다.

☆ **09** 1 2 3 2022 국가직 9급
종업원의 범죄성립이나 처벌이 영업주 처벌의 전제조건이 되는 것은 아니다.

☆ **10** 1 2 3 2021 국가직 7급
양벌규정에 의해 영업주를 처벌하는 경우, 금지위반행위자인 종업원을 처벌할 수 없는 경우에도 영업주만 따로 처벌할 수 있다.

📄 p.387

01 1 2 3 2012 지방직 9급
행정범의 경우에는 법인의 대표자 또는 종업원 등의 행위자뿐 아니라 법인도 아울러 처벌하는 규정을 두는 경우가 있다.

02 1 2 3 2008 국가직 9급
다단계판매원은 구 「방문판매 등에 관한 법률」의 양벌규정의 적용에 있어서 다단계판매업자의 사용인지위에 있다.

☆ **03** 1 2 3 2021 지방직·서울시 7급
지방자치단체 소속 공무원이 지방자치단체 고유의 자치사무를 수행하던 중 도로법 규정에 의한 위반행위를 한 경우에는 지방자치단체는 도로법의 양벌규정에 따라 처벌대상이 되는 법인에 해당한다.

☆ **04** 1 2 3 2022 소방간부
지방자치단체가 국가의 기관위임사무를 처리하는 경우에는 별도의 독립한 공법인으로 볼 수 없으므로 자동차관리법 제83조의 양벌규정에 의한 처벌대상이 될 수 없다.

05 1 2 3 2022 국가직 9급
양벌규정에 의한 법인의 처벌은 형벌로서의 성격을 가진다.

☆ **06** 1 2 3 2012 지방직 9급
종업원의 위반행위에 대해 사업주도 처벌하는 경우, 사업주가 지는 책임은 과실책임이다.

07 1 2 3 2019 서울시 9급
법인의 독자적인 책임에 관한 규정이 없이 단순히 종업원이 업무에 관한 범죄행위를 하였다는 이유만으로 법인에게 형사처벌을 과하는 것은 책임주의원칙에 반한다.

08 1 2 3 2017 국가직 9급
종업원 등의 범죄에 대해 법인에게 어떠한 잘못이 있는지를 전혀 묻지 않고, 곧바로 그 종업원 등을 고용한 법인에게도 종업원 등에 대한 처벌조항에 규정된 벌금형을 과하도록 규정하는 것은 책임주의에 반한다.

☆ **09** 1 2 3 2022 국가직 9급
법인대표자의 법규위반행위에 대한 법인의 책임은 법인 자신의 법규위반행위로 평가될 수 있는 행위에 대한 법인의 직접책임이다.

📄 p.389

☆ **01** 1 2 3 2009 국가직 9급
행정형벌은 형사소송법이 정하는 절차에 따라 법원이 과벌하는 것이 원칙이다.

02 1 2 3 2011 지방직 7급
통고처분은 행정질서벌에는 인정되지 않는다.

☆ **03** 1 2 3 2018 소방직 9급
통고처분은 현행법상 조세범, 관세범, 출입국관리사범, 교통사범 등에 대하여 인정되고 있다.

☆ 04 1 2 3 2017 서울시 7급
판례는 통고처분을 행정소송의 대상이 되는 행정처분이 아니라고 보고 있다.

☆ 05 1 2 3 2015 지방직 9급
법률에 따라 통고처분을 할 수 있는지는 행정청의 재량에 맡겨져 있으므로, 통고처분 이외의 조치를 취한 것만으로 그 조치가 부적법한 것은 아니다.

☆ 06 1 2 3 2018 경행경채 3차
관세청장 또는 세관장이 관세범에 대하여 통고처분을 하지 않은 채 고발하였다는 것만으로는 그 고발 및 이에 기한 공소의 제기가 부적법한 것은 아니다.

☆ 07 1 2 3 2021 지방직·서울시 9급
경찰서장이 범칙행위에 대하여 통고처분을 한 이상, 통고처분에서 정한 범칙금 납부기간까지는 원칙적으로 경찰서장은 즉결심판을 청구할 수 없고, 검사도 동일한 범칙행위에 대하여 공소를 제기할 수 없다.

p.391

01 1 2 3 2018 경행경채
조세범처벌절차법에 따른 통고처분이 있는 경우 공소시효의 진행은 중단된다.

☆ 02 1 2 3 2019 국가직 9급
통고처분에 따른 범칙금을 납부한 후에 동일한 사건에 대하여 다시 형사처벌을 하는 것은 일사부재리의 원칙에 반한다.

☆ 03 1 2 3 2018 경행경채
범칙자가 범칙금을 납부하면 과형절차는 종료되고, 범칙자는 다시 형사소추되지 아니한다.

04 1 2 3 2017 국가직 7급
통고처분에 의해 범칙금을 납부한 경우, 그 납부의 효력에 따라 다시 벌받지 아니하게 되는 행위사실은 범칙금 통고의 이유에 기재된 당해 범칙행위 자체 및 그 범칙행위와 동일성이 인정되는 범칙행위에 한정된다.

05 1 2 3 2018 지방직 7급
지방국세청장이 조세범칙행위에 대하여 형사고발을 한 후에 동일한 조세범칙행위에 대하여 한 통고처분은 특별한 사정이 없는 한 무효이다.

☆ 06 1 2 3 2015 지방직 9급
행정법규위반자가 통고처분에 의해 부과된 금액을 납부하면 과벌절차가 종료되며 동일한 사건에 대하여 다시 처벌받지 아니한다.

☆ 07 1 2 3 2008 국가직 9급
통고처분을 받은 자가 통고처분의 내용을 이행하지 아니하면 권한행정청은 일정기간 내에 고발할 수 있고, 그에 따라 형사소송절차로 이행되게 된다.

08 1 2 3 2019 국가직 7급
관세법상 통고처분은 상대방의 임의의 승복을 그 발효요건으로 하기 때문에 그 자체만으로는 통고이행을 강제하거나 상대방에게 아무런 권리·의무를 형성하지 않는다.

09 1 2 3 2018 경행경채
헌법재판소는 행정심판이나 행정소송의 대상에서 통고처분을 제외하고 있는 관세법 조항은 법관에 의한 재판받을 권리를 침해하지 않는다고 하였다.

☆ 10 1 2 3 2021 지방직·서울시 7급
도로교통법에 따른 경찰서장의 통고처분은 행정소송의 대상이 되는 행정처분이 아니다.

11 ⬚1⬚2⬚3 2022 소방간부

도로교통법상 경찰서장의 통고처분은 행정처분이 아니므로 그 처분에 대하여 이의가 있는 경우 처분의 취소를 구하는 행정소송은 부적법하고, 그 범칙금의 납부를 이행하지 아니함으로써 경찰서장의 즉결심판청구에 의하여 법원의 심판을 받을 수 있다.

---

1. 지방국세청장 또는 세무서장이 조세범칙행위에 대하여 고발을 한 후에 동일한 조세범칙행위에 대하여 통고처분을 하였더라도 이는 특별한 사정이 없는 한 효력이 없고, 조세범칙행위자가 이러한 통고처분을 이행하였더라도 일사부재리의 원칙이 적용될 수 없다.

2-1. 경찰서장이 범칙행위에 대하여 통고처분을 한 이상, 통고처분에서 정한 범칙금 납부기간까지는 원칙적으로 경찰서장은 즉결심판을 청구할 수 없고, 검사도 동일한 범칙행위에 대하여 공소를 제기할 수 없다.

2-2. 통고처분을 받은 범칙자가 범칙금 납부기간이 지나도록 범칙금을 납부하지 아니하였다면 경찰서장이 즉결심판을 청구하여야 하고, 검사는 동일한 범칙행위에 대하여 공소를 제기할 수 없다.

2-3. 특별한 사정이 없는 이상 경찰서장은 범칙행위에 대한 형사소추를 위하여 이미 한 통고처분을 임의로 취소할 수 없다.

📖 p.393

01 ⬚1⬚2⬚3 2021 지방직·서울시 9급

법률에 따르지 아니하고는 어떤 행위도 질서위반행위로 과태료를 부과하지 아니한다.

02 ⬚1⬚2⬚3 2016 국가직 9급

지방자치단체의 조례도 과태료 부과의 근거가 될 수 있다.

03 ⬚1⬚2⬚3 2017 경행경채

질서위반행위규제법상 과태료의 부과·징수, 재판 및 집행 등의 절차에 관한 다른 법률의 규정 중 이 법의 규정에 저촉되는 것은 질서위반행위규제법이 정하는 바에 따른다.

04 ⬚1⬚2⬚3 2019 지방직·교육행정직 9급

법률상의 의무위반뿐만 아니라 지방자치단체의 조례상의 의무를 위반하여 과태료를 부과하는 행위도 질서위반행위에 해당한다.

05 ⬚1⬚2⬚3 2019 서울시 9급

민법상의 의무를 위반하여 과태료를 부과하는 행위는 질서위반행위규제법상 질서위반행위에 해당하지 않는다.

06 ⬚1⬚2⬚3 2009 국가직 7급

질서위반행위란 '법률(조례 포함)상의 의무를 위반하여 과태료를 부과하는 행위'를 말하고, 이에는 대통령령으로 정하는 법률에 따른 징계사유에 해당하여 과태료를 부과하는 행위는 포함되지 않는다.

07 ⬚1⬚2⬚3 2021 국가직 7급

질서위반행위규제법 원칙상 고의 또는 과실이 없는 질서위반행위에 대해서는 과태료를 부과할 수 없다.

08 ⬚1⬚2⬚3 2018 지방직 7급

질서위반행위를 한 자가 자신의 책임 없는 사유로 위반행위에 이르렀다고 주장하는 경우 법원으로서는 그 내용을 살펴 행위자에게 고의나 과실이 있는지를 따져 보아야 한다.

09 ⬚1⬚2⬚3 2019 서울시 2회 7급

질서위반행위규제법상 자신의 행위가 위법하지 아니한 것으로 오인하고 행한 질서위반행위는 그 오인에 정당한 이유가 있는 때에 한하여 과태료를 부과하지 아니한다.

10 ⬚1⬚2⬚3 2020 국가직 9급

질서위반행위규제법상 다른 법률에 특별한 규정이 없는 경우, 14세가 되지 아니한 자의 질서위반행위는 과태료를 부과하지 아니한다.

11 ⬚1⬚2⬚3 2019 국가직 7급

스스로 심신장애상태를 일으켜 질서위반행위를 한 자에 대하여는 과태료를 면제하거나 감경하지 아니한다.

12 1 2 3　　　　　　　　　　　　　　2017 국가직 9급
질서위반행위규제법상 개인의 대리인이 업무에 관하여 그 개인에게 부과된 법률상의 의무를 위반한 때에는 그 개인에게 과태료를 부과한다.

13 1 2 3　　　　　　　　　　　　　　2013 경행특채
법인에 대해서도 과태료를 부과할 수 있다.

☆ **14** 1 2 3　　　　　　　　　　　　2017 교육행정직 9급
2인 이상이 질서위반행위에 가담한 때에는 각자가 질서위반행위를 한 것으로 본다.

☆ **15** 1 2 3　　　　　　　　　　　　2021 지방직·서울시 9급
신분에 의하여 성립하는 질서위반행위에 신분이 없는 자가 가담한 경우 신분이 없는 자에 대하여도 질서위반행위가 성립한다.

p.395

☆ **01** 1 2 3　　　　　　　　　2022 국회직 8급, 2021 국가직 7급
신분에 의하여 과태료를 감경 또는 가중하거나 과태료를 부과하지 아니하는 때에는 그 신분의 효과는 신분이 없는 자에게는 미치지 않는다.

☆ **02** 1 2 3　　　　　　　　　　　　　　2019 국가직 7급
질서위반행위 후 법률이 변경되어 그 행위가 질서위반행위에 해당하지 아니하게 된 때에는 법률에 특별한 규정이 없는 한 변경된 법률을 적용한다.

☆ **03** 1 2 3　　　　　　　　　　　　　　2022 국가직 7급
질서위반행위규제법상 법원의 과태료재판이 확정된 후에 법률이 변경되어 그 행위가 질서위반행위에 해당하지 아니하게 된 경우에는 변경된 법률에 특별한 규정이 없는 한 과태료의 징수 또는 집행을 면제한다.

04 1 2 3　　　　　　　　　　　　　2015 경행특채 1차
질서위반행위규제법은 대한민국 영역 밖에서 질서위반행위를 한 대한민국의 국민에게 적용한다.

☆ **05** 1 2 3　　　　　　　　　　　　　2019 서울시 9급
하나의 행위가 2 이상의 질서위반행위에 해당하는 경우에는 각 질서위반행위에 대하여 정한 과태료 중 가장 중한 과태료를 부과한다.

☆ **06** 1 2 3　　　　　　　　　　　2020 지방직·서울시 9급
질서위반행위규제법에 따른 과태료는 행정청의 과태료 부과처분이나 법원의 과태료재판이 확정된 후 5년간 징수하지 아니하거나 집행하지 아니하면 시효로 소멸한다.

07 1 2 3　　　　　　　　　　　　　　2021 소방직 9급
행정청이 질서위반행위에 대하여 과태료를 부과하고자 하는 때에는 미리 당사자에게 과태료 부과의 원인이 되는 사실, 과태료 금액 및 적용법령 등을 통지하고 10일 이상의 기간을 정하여 의견을 제출할 기회를 주어야 한다.

08 1 2 3　　　　　　　　　　　　　　2015 서울시 9급
질서위반행위가 종료된 날부터 5년이 경과한 경우에는 해당 질서위반행위에 대하여 과태료를 부과할 수 없는바, 다수인이 질서위반행위에 가담한 경우에는 질서위반행위가 종료된 날은 최종행위가 종료된 날을 말한다.

☆ **09** 1 2 3　　　　　　　　　　　　　2020 국회직 8급
질서위반행위규제법상 행정청의 과태료 부과에 불복하는 당사자는 과태료 부과통지를 받은 날부터 60일 이내에 해당 행정청에 서면으로 이의제기를 할 수 있다.

☆ **10** 1 2 3　　　　　　　　　　　　　2021 국가직 7급
행정청의 과태료 부과에 불복하는 이의제기가 있는 경우에는 과태료 부과처분은 그 효력을 상실한다.

☆ **11** 1 2 3　　　　　　　　　　　　2017 국가직(하) 9급
질서위반행위규제법에 따라 행정청이 부과한 과태료처분은 행정소송의 대상이 되는 행정처분으로 볼 수 없다.

☆ **12** 1 2 3　　　　　　　　　　　　　2015 서울시 9급
과태료사건은 다른 법령에 특별한 규정이 있는 경우를 제외하고는 당사자 주소지의 지방법원 또는 그 지원의 관할로 한다.

13 1 2 3   2021 소방직 9급
과태료재판은 이유를 붙인 결정으로써 하며, 결정은 당사자와 검사에게 고지함으로써 효력이 발생하고, 당사자와 검사는 과태료재판에 대하여 즉시항고할 수 있으며 이 경우 항고는 집행정지의 효력이 있다.

14 1 2 3   2016 경행경채
과태료재판의 경우, 법원으로서는 기록상 현출되어 있는 사항에 관하여 직권으로 증거조사를 하고 이를 기초로 하여 판단할 수 있는 것이나, 그 경우 행정청의 과태료 부과처분 사유와 기본적 사실관계에서 동일성이 인정되는 한도 내에서만 과태료를 부과할 수 있다.

📖 p.397

01 1 2 3   2012 지방직 9급
과태료의 재판은 검사의 명령으로 집행하며, 이 경우 그 명령은 집행력 있는 집행권원과 동일한 효력이 있다.

☆ **02** 1 2 3   2018 경행경채
신규등록신청을 위한 임시운행허가를 받고 그 기간이 끝났음에도 자동차등록원부에 등록하지 않은 채 허가기간의 범위를 넘어 운행한 차량소유자가 관련 법조항에 의한 과태료를 부과받아 납부하였다 하더라도 그 차량소유자에 대해 형사처벌을 하는 것은 일사부재리원칙에 위반하는 것이 아니다.

☆ **03** 1 2 3   2014 국가직 9급
임시운행허가기간을 벗어난 무등록차량을 운행한 자는 과태료와 별도로 형사처벌의 대상이 된다.

☆ **04** 1 2 3   2015 사회복지직 9급
과태료 처분을 받고 이를 납부한 후에 형사처벌을 한다고 하더라도 일사부재리원칙에 반하지 않는다는 것이 대법원의 입장이다.

☆ **05** 1 2 3   2011 지방직 9급
과태료의 고액·상습체납자에 대해서는 자유를 박탈하는 제재인 감치처분을 행할 수 있다.

06 1 2 3   2012 국가직 7급
당사자가 과태료를 자진납부하고자 하는 경우 행정청은 과태료를 감경할 수 있다.

☆ **07** 1 2 3   2018 국가직 7급
질서위반행위규제법상 과태료 부과처분의 경우 이의제기를 해야 과태료 부과처분이 효력을 상실하며, 이의제기 없이 납부기간이 만료됐다면 가산금까지 납부하여야 하며, 납부하지 않으면 행정청은 국세 또는 지방세 체납처분(현 강제징수)의 예에 따라 국세 및 가산금을 징수한다. 한편 통고처분은 통고된 기간 내에 통고처분의 상대방이 이를 납부하지 않으면 통고처분의 효력은 상실되며 원칙적으로 행정청의 고발에 의해 형사소송절차가 진행된다.

08 1 2 3   2016 지방직 7급
과태료는 당사자가 과태료 부과처분에 대하여 이의를 제기하지 아니한 채 질서위반행위규제법에 따른 이의제기 기한이 종료한 후 사망한 경우에는 그 상속재산에 대하여 집행할 수 있다.

제5편 행정구제 1(행정상 손해전보)

제27강 행정구제 개관

p.401

01 [1][2][3] 2014 서울시 7급
행정상 손실보상은 원칙적으로 적법한 공권력행사로 인한 손해의 전보제도로서 위법한 공권력행사로 인한 침해에 대한 보상인 국가배상제도와는 다르다.

02 [1][2][3] 2015 서울시 9급
행정상 손해배상에 관하여는 국가배상법이 일반법적 지위를 갖는다고 본다.

☆**03** [1][2][3] 2020 국가직 9급
甲은 A지방자치단체가 관리하는 도로를 운행하던 중 도로에 방치된 낙하물로 인하여 손해를 입었고, 이를 이유로 국가배상법상 손해배상을 청구하려고 한다. 甲이 배상을 받기 위하여 소송을 제기하는 경우에는 민사소송을 제기하여야 한다.

☆**04** [1][2][3] 2017 교육행정직 9급
판례에 따르면 국가배상청구소송은 민사소송으로 제기하여야 한다.

☆**05** [1][2][3] 2016 서울시 9급
판례에 따르면 국가배상청구소송은 민사소송이다.

06 [1][2][3] 2007 국가직 7급
헌법은 배상책임자를 '국가 또는 공공단체'로 규정하고 있으나, 국가배상법은 배상책임자를 '국가 또는 지방자치단체'로 규정하고 있다.

제28강 행정상 손해배상 1 (국가배상법 제2조 등)

p.403

☆**01** [1][2][3] 2019 사회복지직 9급
국가배상법 제2조의 공무원에는 조직법상 의미의 공무원뿐만 아니라 기능적 의미의 공무원이 포함된다.

☆**02** [1][2][3] 2019 국가직 7급
국가배상법 제2조에 따른 공무원은 국가공무원법 등에 의해 공무원의 신분을 가진 자에 국한하지 않고, 널리 공무를 위탁받아 실질적으로 공무에 종사하고 있는 일체의 자를 가리킨다.

☆**03** [1][2][3] 2022 지방직·서울시 7급
'공무원'에는 공무를 위탁받아 실질적으로 공무에 종사하고 있는 자가 포함되며, 공무의 위탁이 일시적이고 한정적인 사항에 관한 활동을 위한 것이라고 해도 그러한 활동을 하는 자도 포함된다.

☆**04** [1][2][3] 2019 소방직 9급
지방자치단체로부터 어린이보호 등의 공무를 위탁받아 집행하는 교통할아버지는 국가배상법 제2조에서 규정하는 '공무원'이다.

05 [1][2][3] 2016 경행경채
향토예비군(현 예비군)도 그 동원기간 중에는 국가배상법 제2조 소정의 공무원 중에 포함된다.

06 [1][2][3] 2019 소방직 9급
구청 소속 청소차량 운전원은 국가배상법 제2조에서 규정하는 '공무원'이다.

07 2019 소방직 9급
지방자치단체에 근무하는 청원경찰은 국가배상법 제2조에서 규정하는 '공무원'이다.

☆08 2019 소방직 9급
「의용소방대 설치 및 운영에 관한 법률」에 따라 소방서장이 임명한 의용소방대원은 국가배상법 제2조에서 규정하는 '공무원'이 아니다.

☆09 2019 지방직·교육행정직 9급
법령의 위탁에 의해 지방자치단체로부터 대집행을 수권받은 구 한국토지공사는 행정주체로서 국가배상법 제2조 소정의 공무원에 해당하지 않는다.

☆10 2019 서울시 1회 7급
국가배상법 제2조의 직무행위에는 국가나 지방자치단체의 권력적 작용뿐만 아니라 비권력적 작용도 포함된다.

☆11 2012 지방직 9급
국가 또는 공공단체라 할지라도 사경제의 주체로 활동하였을 경우에는 그 손해배상의 책임에 국가배상법의 규정이 적용될 수 없고 민법이 적용된다.

12 2016 지방직 7급
도로개설 등 공사로 인한 무허가건물의 강제철거와 관련하여 이루어지는 지방자치단체의 그 철거건물 소유자에 대한 시영아파트 분양권 부여 등의 업무는, 공행정작용과 관련된 활동이므로 지방자치단체의 사경제주체로서의 활동이라고 볼 수 없다.

13 2020 경행경채
국가의 철도운행사업은 국가가 공권력의 행사로서 하는 것이 아니고 사경제적 작용이라 할 것이므로, 이로 인한 사고에 공무원이 간여하였다고 하더라도 국가배상법을 적용할 것이 아니고 일반 민법의 규정에 따라야 한다.

14 2021 국가직 7급
국가의 철도운행사업과 관련하여 발생한 사고로 인한 손해배상청구의 경우 그 사고에 공무원이 간여하였다고 하더라도 국가배상법이 아니라 민법이 적용되어야 하지만, 철도시설물의 설치 또는 관리의 하자로 인한 손해배상청구의 경우에는 국가배상법이 적용된다.

p.405

☆01 2012 지방직 7급
공무원의 직무상 작위의무가 전적으로 또는 공익과 더불어 사회구성원 개인의 안전과 이익을 보호하기 위하여 설정된 것이어야 국가배상책임이 인정된다.

02 2015 교육행정직 9급
국가배상책임의 요건으로서 직무행위에는 국회의 입법작용도 포함된다.

03 2008 지방직 9급
'직무행위'의 범위에는 원칙적으로 공법상 권력작용을 중심으로 하여 공법상 비권력적 작용을 포함하는 것이며, 준법률행위적 행정행위나 사실행위, 부작위도 포함된다.

04 2016 교육행정직 9급
국회가 제정한 법률이 헌법재판소에 의해 위헌결정을 받았다는 것만으로 국회가 그에 대해 국가배상책임을 지는 것은 아니다.

☆05 2022 국회직 8급
국회의원이 제정한 법률규정이 헌법의 문언에 명백히 위반됨에도 불구하고 국회가 굳이 당해 입법을 한 것과 같은 특수한 경우가 아닌 한 국가배상법상의 위법행위에 해당하지 않는다.

☆06 2019 국가직 9급
국가가 일정한 사항에 관하여 헌법에 의하여 부과되는 구체적인 입법의무를 부담하고 있음에도 불구하고 그 입법에 필요한 상당한 기간이 경과하도록 고의·과실로 입법의무를 이행하지 아니하는 경우, 국가배상책임이 인정될 수 있다.

07 [1][2][3]   2019 사회복지직 9급
헌법에 의하여 부과되는 국가의 구체적인 입법의무 자체가 인정되지 않는 경우에는 애당초 부작위로 인한 불법행위가 성립할 여지가 없다.

08 [1][2][3]   2019 국가직 9급
국가가 일정한 사항에 관하여 헌법에 의하여 부과되는 구체적인 입법의무를 부담하고 있음에도 불구하고 그 입법에 필요한 상당한 기간이 경과하도록 고의·과실로 입법의무를 이행하지 아니하는 경우, 국가배상책임이 인정될 수 있다.

09 [1][2][3]   2017 국가직(하) 7급
법관의 재판행위가 위법행위로서 국가배상책임이 인정되려면 당해 법관이 위법 또는 부당한 목적을 가지고 재판하는 등 법관에게 부여된 권한의 취지에 명백히 어긋나게 이를 행사하였다고 인정할 특별한 사정이 있어야 한다.

☆ **10** [1][2][3]   2022 소방간부
헌법재판소 재판관이 청구기간 내에 제기된 헌법소원심판 청구사건의 청구기간을 오인하여 각하결정을 한 경우, 이에 대한 불복절차 내지 시정절차가 없는 때에는 국가배상책임을 인정할 수 있다.

☆ **11** [1][2][3]   2018 지방직 7급
헌법재판소 재판관이 잘못된 각하결정을 하여 청구인으로 하여금 본안판단을 받을 기회를 상실하게 한 이상, 본안판단에서 어차피 청구가 기각되었을 것이라는 사정이 있더라도 국가배상책임이 인정된다.

p.407

01 [1][2][3]   2008 국회직 8급
검사가 공판과정에서 피고인의 무죄를 입증할 수 있는 결정적인 증거를 입수하였으나 이를 법원에 제출하지 아니하여 유죄판결을 받았다면 국가배상이 인정된다.

☆ **02** [1][2][3]   2018 국가직 9급
국가배상법상 공무원의 직무행위는 객관적으로 직무행위로서의 외형을 갖추고 있다면 주관적 공무집행의 의사가 없어도 요건을 충족한 것으로 본다.

03 [1][2][3]   2014 국가직 7급
행위 자체의 외관이 객관적으로 관찰하여 공무원의 직무행위로 보일 때에는 그것이 실질적으로 직무행위가 아니거나 또는 행위자에게 주관적으로 공무집행의 의사가 없었다고 하더라도 그 행위는 직무행위에 해당한다.

☆ **04** [1][2][3]   2016 사회복지직 9급
직무행위인지 여부는 당해 행위가 현실적으로 정당한 권한 내의 것인지를 묻지 않는다.

05 [1][2][3]   2022 서울시 지적 7급
국가배상법 제2조 제1항 소정의 '직무집행행위' 여부를 판단함에 있어서는 행위 자체의 외관을 객관적으로 관찰하여 공무원의 직무행위로 보여질 때에는 비록 그것이 실질적으로 직무행위에 속하지 않는다 하더라도 그 행위는 공무원이 '직무를 집행함에 당하여' 한 것으로 보아야 한다.

06 [1][2][3]   2011 국회직 8급
상급자가 전입사병인 하급자에게 암기사항에 관하여 교육하던 중 훈계하다가 도가 지나쳐 폭행한 경우에 그 폭행은 국가배상법상의 직무집행에 해당한다.

☆ **07** [1][2][3]   2018 지방직 7급
인사업무 담당공무원이 다른 공무원의 공무원증 등을 위조한 행위는 실질적으로 직무행위에 속하지 아니한다 할지라도 외관상으로는 국가배상법상의 직무집행에 해당한다.

08 [1][2][3]   2018 경행경채 3차
공무원이 통상의 근무지로 자기소유 차량을 운전하여 출근하던 중 교통사고를 일으킨 경우, 특별한 사정이 없는 한 국가배상법 제2조 제1항에 따른 직무집행 관련성이 부정된다.

09 [1][2][3]   2006 관세사
직무행위의 외형을 갖추고 있는 이상 상대방이 공무원의 행위가 실질적으로 공무집행행위가 아니라는 사정을 알았다 하더라도 국가배상책임이 인정된다.

📖 p.409

01 　　　　　　　　　　　　　　2016 지방직 7급
육군중사 甲이 다음 날 실시예정인 독수리 훈련에 대비하여 사전 정찰차 훈련지역 일대를 살피고 귀대하던 중 교통사고가 일어났다면, 甲이 비록 개인소유의 오토바이를 운전하였다 하더라도 실질적·객관적으로 위 甲의 운전행위는 그에게 부여된 훈련지역의 사전 정찰임무를 수행하기 위한 직무와 밀접한 관련이 있다고 보아야 한다.

☆ **02** 　　　　　　　　　　　　　　2015 서울시 9급
국가배상법은 직무행위로 인한 행정상 손해배상에 대하여 과실책임을 명시하고 있다.

☆ **03** 　　　　　　　　　　　　　　2018 국가직 9급
국가나 지방자치단체는 공무원이 직무를 집행하면서 고의 또는 과실로 위법하게 타인에게 손해를 가한 때에 국가배상법상 배상책임을 지고, 공무원의 선임 및 감독에 상당한 주의를 한 경우에도 그 배상책임을 면할 수 없다.

☆ **04** 　　　　　　　　　　　　　　2010 국가직 9급
민법상의 사용자 면책사유는 국가배상법상의 고의·과실의 판단에서는 적용되지 않는다.

05 　　　　　　　　　　　　　　2014 서울시 9급
국가배상청구권은 과실개념의 객관화(客觀化) 경향이 나타나고 있다.

06 　　　　　　　　　　　　　　2019 사회복지직 9급
과실개념을 객관화하려는 태도는 국가배상책임의 성립을 용이하게 하려는 의도를 지니고 있다.

☆ **07** 　　　　　　　　　　　　　　2015 서울시 9급
국가배상법상 공무원의 과실에 관하여 판례는 당해 직무를 담당하는 평균적 공무원의 주의능력을 기준으로 판단한다.

☆ **08** 　　　　　　　　　　　　　　2020 지방직·서울시 7급
행정처분의 담당공무원이 객관적 주의의무를 결하여 그 행정처분이 객관적 정당성을 상실하였다고 인정될 정도에 이른 경우에 국가배상법 제2조의 요건을 충족하였다고 봄이 상당하다.

09 　　　　　　　　　　　　　　2021 국가직 9급
국가배상법상 공무원의 위법한 직무행위로 인한 손해배상책임을 묻기 위해 가해공무원의 특정이 반드시 필요한 것은 아니다.

☆ **10** 　　　　　　　　　　　　　　2014 지방직 7급
가해공무원의 과실 여부에 대한 입증책임은 원고에게 있다.

📖 p.411

☆ **01** 　　　　　　　　　　2022 국회직 8급, 2021 국가직 9급
일반적으로 공무원이 필요한 지식을 갖추지 못하고 법규의 해석을 그르쳐 행정처분을 하였다면 그가 법률전문가가 아닌 행정직 공무원이라고 하여 과실이 없다고는 할 수 없다.

02 　　　　　　　　　　　　　　2008 국회직 8급
행정청이 대법원의 법령해석과 어긋나는 견해를 고집하여 계속 위법한 행정처분을 해서 처분상대방에게 불이익을 주었다면 국가배상책임이 인정된다.

☆ **03** 　　　　　　　　　　　　　　2022 국가직 9급
공무원이 관계법령의 해석이 확립되기 전에 어느 한 설을 취하여 업무를 처리한 것이 결과적으로 위법하더라도 처분 당시 그 이상의 업무처리를 성실한 평균적 공무원에게 기대하기 어려웠던 경우라면 원칙적으로 공무원의 과실을 인정할 수 없다.

☆ **04** 　　　　　　　　　　　　　　2022 소방간부
어떠한 행정처분이 위법하다고 할지라도 그 자체만으로 곧바로 그 행정처분이 공무원의 고의 또는 과실로 인한 불법행위를 구성한다고 단정할 수는 없고, 공무원의 고의 또는 과실의 유무에 대하여는 별도의 판단을 요한다.

☆ **05** 　　　　　　　　　　　　　　2018 경행경채 3차
공무원이 재량준칙에 따라 행정처분을 하였는데 결과적으로 그 처분이 재량을 일탈·남용하여 위법하게 된 사정만으로 그 공무원에게 직무집행상의 과실이 인정된다고 할 수 없다.

☆ **06** 1 2 3　　　　　　　　　　　　2021 국가직 7급
영업허가취소처분이 나중에 행정심판에 의하여 재량권을 일탈한 위법한 처분이 되었더라도 그 처분이 당시 시행되던 공중위생법 시행규칙에 정하여진 행정처분의 기준에 따른 것이라면 그 영업허가취소처분을 한 공무원에게 그와 같은 위법한 처분을 한 데 있어 어떤 직무집행상의 과실이 있다고 할 수 없다.

☆ **07** 1 2 3　　　　　　　　　　　　2016 국회직 8급
재량권의 행사에 관하여 행정청 내부에 일응의 기준을 정해 둔 경우 그 기준에 따른 행정처분을 하였다면 이에 관여한 공무원에게 그 직무상의 과실이 있다고 할 수 없다.

📖 p.413

☆ **01** 1 2 3　　　　　　　　　　　　2022 국가직 9급
행정처분이 후에 항고소송에서 취소되었다고 할지라도 그 기판력에 의하여 당해 행정처분이 곧바로 공무원의 고의 또는 과실로 인한 것으로서 불법행위를 구성한다고 단정할 수는 없다.

☆ **02** 1 2 3　　　　　　　　　　　　2019 사회복지직 9급
처분이 있은 후에 근거법률이 위헌으로 결정된 경우, 그 법률을 적용한 공무원에게 고의 또는 과실이 있었다고 단정할 수 없다.

03 1 2 3　　　　　　　　　　　　2019 지방직·교육행정직 9급
형벌에 관한 법령이 헌법재판소의 위헌결정으로 소급하여 효력을 상실한 경우, 위헌선언 전 그 법령에 기초하여 수사가 개시되어 공소가 제기되고 유죄판결이 선고되었더라도, 그러한 사정만으로 국가의 손해배상책임이 발생한다고 볼 수 없다.

04 1 2 3　　　　　　　　　　　　2018 국회직 8급
행정입법에 관여한 공무원이 입법 당시의 상황에서 다양한 요소를 고려하여 나름대로 합리적인 근거를 찾아 어느 하나의 견해에 따라 경과규정을 두는 등의 조치 없이 새 법령을 그대로 시행하거나 적용하였더라도, 이러한 경우에까지 국가배상법 제2조 제1항에서 정한 국가배상책임의 성립요건인 공무원의 과실이 있다고 할 수는 없다.

05 1 2 3　　　　　　　　　　　　2022 지방직·서울시 7급
공무원의 부작위가 공무원으로서 마땅히 지켜야 할 준칙이나 규범을 위반한 경우를 포함하여 널리 객관적인 정당성이 없는 경우, 그 부작위는 '법령을 위반'하는 경우에 해당한다.

☆ **06** 1 2 3　　　　　　　　　　　　2020 지방직·서울시 9급
국가배상책임에서의 법령위반은, 인권존중·권력남용금지·신의성실·공서양속 등의 위반도 포함해 널리 그 행위가 객관적인 정당성을 결여하고 있음을 의미한다.

☆ **07** 1 2 3　　　　　　　　　　　　2017 서울시 7급
국가배상의 요건 중 법령위반의 의미를 판단하는 데 있어서는 형식적 의미의 법령을 위반한 것뿐만 아니라 인권존중, 권력남용금지, 신의성실과 같이 공무원으로서 당연히 지켜야 할 원칙을 지키지 않은 경우도 포함한다.

☆ **08** 1 2 3　　　　　　　　　　　　2020 소방직 9급
성폭력범죄의 수사를 담당하거나 수사에 관여하는 경찰관이 피해자의 인적사항 등을 공개 또는 누설함으로써 피해자가 손해를 입은 경우, 국가의 배상책임이 인정된다는 것이 판례의 태도이다.

☆ **09** 1 2 3　　　　　　　　　　　　2018 서울시 2회 7급
공무원의 직무집행이 법령이 정한 요건과 절차에 따라 이루어진 것이라면 특별한 사정이 없는 한 이는 법령에 적합한 것이고, 그 과정에서 개인의 권리가 침해되는 일이 생긴다고 하여 그 법령적합성이 곧바로 부정되는 것은 아니다.

10 1 2 3　　　　　　　　　　　　2018 국가직 7급
경찰관이 교통법규 등을 위반하고 도주하는 차량을 순찰차로 추적하는 직무를 집행하는 중에 그 도주차량의 주행에 의하여 제3자가 손해를 입었다고 하더라도 그 추적이 당해 직무목적을 수행하는 데에 불필요하다거나 추적의 개시·계속 혹은 추적의 방법이 상당하지 않다는 등의 특별한 사정이 없는 한 그 추적행위를 위법하다고 할 수는 없다.

📖 p.415

01 1 2 3　　　　　　　　　　　2022 국가직 7급
공무원에 대한 전보인사가 인사권을 다소 부적절하게 행사한 것으로 볼 여지가 있다 하더라도 그러한 사유만으로 그 전보인사가 당연히 불법행위를 구성한다고 볼 수는 없다.

02 1 2 3　　　　　　　　　　　2011 경행특채
시청 소속 공무원이 시장을 구 부패방지위원회에 부패혐의자로 신고한 후 동사무소로 전보된 경우, 사회통념상 용인될 수 없을 정도로 객관적 상당성을 결여하였다고 단정할 수 없어 불법행위를 구성하지 않는다.

☆**03** 1 2 3　　　　　　　　　2022 지방직・서울시 7급
상급행정기관이 소속 공무원이나 하급행정기관에 대하여 업무처리지침이나 법령의 해석・적용 기준을 정해 주는 행정규칙을 위반한 공무원의 조치가 있다고 해서 그러한 사정만으로 곧바로 그 조치의 위법성이 인정되는 것은 아니다.

04 1 2 3　　　　　　　　　　　2013 지방직(하) 7급
공무원의 부작위로 인한 국가배상책임을 인정하기 위하여는 공무원의 작위로 인한 국가배상책임을 인정하는 경우와 마찬가지로 국가배상법 제2조 제1항의 요건이 충족되어야 한다.

05 1 2 3　　　　　　　　　　　2007 국가직 7급
공무원의 부작위에 의한 개인의 손해발생에 대해 국가배상책임이 인정되기 위해서는 공무원의 부작위가 위법하여야 한다.

☆**06** 1 2 3　　　　　　　　　　2017 사회복지직 9급
부작위로 인한 손해에 대한 국가배상청구는 공무원의 작위의무를 명시한 형식적 의미의 법령에 위배된 경우에 한하여 인정되는 것은 아니다.

☆**07** 1 2 3　　　　　　　　　2021 지방직・서울시 7급
공무원의 부작위로 인한 국가배상책임을 인정할 것인지 여부가 문제되는 경우에 관련 공무원에 대하여 작위의무를 명하는 형식적 법률의 규정이 없더라도 국가배상책임이 인정될 수 있다.

📖 p.417

01 1 2 3　　　　　　　　　　　2019 국회직 8급
소방공무원의 권한행사가 관계법률의 규정에 의하여 소방공무원의 재량에 맡겨져 있더라도 구체적인 상황에서 소방공무원이 권한을 행사하지 아니한 것이 현저하게 합리성을 잃어 사회적 타당성이 없는 경우에는 직무상 의무를 위반하여 위법하게 된다.

02 1 2 3　　　　　　　　　　　2012 국가직 7급
토석채취공사 도중 경사지를 굴러 내린 암석이 가스저장시설을 충격하여 화재가 발생한 경우, 토지형질변경허가권자에게 허가 당시 사업자로 하여금 위해방지시설을 설치하게 할 의무가 있다.

03 1 2 3　　　　　　　　　　　2018 국가직 7급
경찰관이 구체적 상황하에서 그 인적・물적 능력의 범위 내의 적절한 조치라는 판단에 따라 범죄수사 직무를 수행한 경우, 그것이 객관적 정당성을 상실하여 현저하게 불합리하다고 인정되지 않는다면 그와 다른 조치를 취하지 아니한 부작위는 국가배상책임의 요건인 법령위반에 해당하지 않는다.

04 1 2 3　　　　　　　　　　　2015 경행특채 1차
인감증명사무를 처리하는 공무원은 인감증명이 타인과의 권리・의무에 관계되는 일에 사용되는 것을 예상하여 그 발급된 인감증명으로 인한 부정행위의 발생을 방지할 직무상의 의무가 있다.

05 1 2 3　　　　　　　　　　　2012 국가직 7급
주민등록사무를 담당하는 공무원은 개명과 같은 사유로 주민등록상의 성명을 정정한 경우에는 반드시 본적지 관할관청에 그 변경사항을 통보하여 본적지의 호적관서로 하여금 그 정정사항의 진위를 재확인할 수 있도록 할 직무상의 의무가 있다.

06 1 2 3　　　　　　　　　2020 지방직・서울시 7급
국민이 법령에 정하여진 수질기준에 미달한 상수원수로 생산된 수돗물을 마심으로써 건강상의 위해 발생에 대한 염려 등에 따른 정신적 고통을 받았다고 하더라도, 이러한 사정만으로는 국가 또는 지방자치단체가 국민에게 손해배상책임을 부담하지 아니한다.

07 1 2 3 2019 국가직 7급
공직선거법이 후보자가 되고자 하는 자와 그 소속 정당에게 전과기록을 조회할 권리를 부여하고 수사기관에 회보의무를 부과한 것은 공공의 이익만을 위한 것이 아니라 후보자가 되고자 하는 자나 그 소속 정당의 개별적 이익까지도 보호하기 위한 것이다.

08 1 2 3 2011 국가직 7급
판례에 의하면 규제 권한을 행사하지 아니한 것이 직무상 의무를 위반하여 위법한 것으로 되는 경우에는 특별한 사정이 없는 한 과실도 인정된다.

📖 p.419

01 1 2 3 2013 지방직(하) 7급
절박하고 중대한 위험상태가 발생하였거나 발생할 우려가 있는 경우가 아닌 한, 원칙적으로 공무원이 관련법령대로만 직무를 수행하였다면 그와 같은 공무원의 부작위를 가지고 '고의 또는 과실로 법령에 위반'하였다고 할 수는 없다.

02 1 2 3 2018 서울시 9급
담당공무원이 주택구입대부제도와 관련하여 지급보증서제도에 관해 알려주지 않은 조치는 법령위반에 해당하지 않는다.

03 1 2 3 2015 교육행정직 9급
절차상의 위법도 국가배상법상 법령위반에 해당한다.

04 1 2 3 2009 국회직 8급
경매 담당공무원이 이해관계인에게 기일통지를 잘못한 것이 원인이 되어 경락허가결정이 취소된 사안에서, 그 사이 경락대금을 완납하고 소유권이전등기를 마친 경락인에 대하여 국가는 배상책임을 진다.

05 1 2 3 2019 일반승진 5급
수익적 행정처분이 신청인에 대한 관계에서 국가배상법상 위법성이 있는 것으로 평가되기 위하여는, 객관적으로 보아 그 행위로 인하여 신청인이 손해를 입게 될 것이 분명하다고 할 수 있어 신청인을 위하여도 당해 행정처분을 거부할 것이 요구되는 경우이어야 한다.

06 1 2 3 2017 사회복지직 9급
사인이 받은 손해란 생명·신체·재산상의 손해뿐만 아니라 정신상의 손해도 인정된다.

07 1 2 3 2019 국회직 8급
도지사에 의한 지방의료원의 폐업결정과 관련하여 국가배상책임이 성립하기 위하여서는 공무원의 직무집행이 위법하다는 점만으로는 부족하고 그로 인하여 타인의 권리·이익이 침해되어 구체적 손해가 발생하여야 한다.

📖 p.421

☆ 01 1 2 3 2022 지방직·서울시 7급
공무원에게 부과된 직무상 의무의 내용이 전적으로 또는 부수적으로라도 사회구성원 개인의 안전과 이익을 보호하기 위하여 설정된 것이어야 직무상 의무위반과 피해자가 입은 손해 사이에 상당인과관계가 인정될 수 있다.

02 1 2 3 2021 소방직 9급
군교도소 수용자들이 탈주하여 일반국민에게 손해를 입혔다면 국가는 그로 인하여 피해자들이 입은 손해를 배상할 책임이 있다.

03 1 2 3 2019 서울시 9급
소방공무원들이 다중이용업소인 주점의 비상구와 피난시설 등에 대한 점검을 소홀히 함으로써 주점의 피난통로 등에 중대한 피난 장애요인이 있음을 발견하지 못하여 업주들에 대한 적절한 지도·감독을 하지 아니한 경우 직무상 의무위반과 주점 손님들의 사망 사이에 상당인과관계가 인정된다.

04 1 2 3 2019 국회직 8급
우편집배원이 압류 및 전부명령 결정 정본을 특별송달함에 있어 부적법한 송달을 하고도 적법한 송달을 한 것처럼 보고서를 작성하여 압류 및 전부의 효력이 발생하지 않아 집행채권자가 피압류채권을 전부받지 못한 경우 우편집배원의 직무상 의무위반과 집행채권자의 손해 사이에는 상당인과관계가 있다.

☆ **05** 1 2 3　　　　　　　　　　2022 국가직 9급
공무원이 직무를 수행하면서 그 근거가 되는 법령의 규정에 따라 구체적으로 의무를 부여받았어도 그것이 국민의 이익과 관계없이 순전히 행정기관 내부의 질서를 유지하기 위한 것이라면 그 의무에 위반하여 국민에게 손해를 가하여도 국가 등은 배상책임을 부담하지 않는다.

☆ **06** 1 2 3　　　　　　　　　2019 서울시 1회 7급
공무원의 직무상 의무위반에 대한 법령의 취지가 전체적으로 공공일반의 이익을 도모하기 위한 것이라면 국가배상법 제2조의 배상책임이 인정되지 않는다.

07 1 2 3　　　　　　　　　2014 지방직 9급
유흥주점의 화재로 여종업원들이 사망한 경우, 담당공무원의 유흥주점의 용도변경, 무허가영업 및 시설기준에 위배된 개축에 대하여 시정명령 등 식품위생법상 취하여야 할 조치를 게을리한 직무상 의무위반행위와 여종업원들의 사망 사이에는 상당인과관계가 존재하지 아니한다.

08 1 2 3　　　　　　　　　2018 경행경채 3차
형사상 범죄행위를 구성하지 않는 침해행위라 하더라도 그것이 민사상 불법행위를 구성하는지 여부는 형사책임과 별개의 관점에서 검토하여야 한다.

09 1 2 3　　　　　　　　　2017 국가직 7급
공무원의 가해행위에 대해 형사상 무죄판결이 있었더라도 그 가해행위를 이유로 국가배상책임이 인정될 수 있다.

📖 p.423

01 1 2 3　　　　　　　　　2008 국가직 7급
국가배상법이 정하는 배상기준의 성격에 대하여 판례는 기준액설을 취함으로써 국가배상법이 정하는 배상금액 이상의 배상도 인정한다.

02 1 2 3　　　　　　　　2020 지방직·서울시 9급
판례는 구 국가배상법(1967.3.3, 법률 제1899호) 제3조의 배상액 기준은 배상심의회 배상액 결정의 기준이 될 뿐 배상범위를 법적으로 제한하는 규정이 아니므로 법원을 기속하지 않는다고 보았다.

03 1 2 3　　　　　　　　　2018 경행경채
국가배상법 제2조 제1항을 적용할 때 피해자가 손해를 입은 동시에 이익을 얻은 경우에는 손해배상액에서 그 이익에 상당하는 금액을 빼야 한다.

☆ **04** 1 2 3　　　　　　　　　2013 서울시 9급
서울특별시 소속의 공무원이 공무집행 중 폭행을 가하여 손해를 입힌 경우, 손해배상청구소송의 피고는 서울특별시이다.

☆ **05** 1 2 3　　　　　　　　2015 사회복지직 9급
국가배상법은 국가배상책임의 주체를 국가 또는 지방자치단체로 규정하고 있다.

☆ **06** 1 2 3　　　　　　　　　2016 서울시 9급
사무귀속주체와 비용부담주체가 동일하지 아니한 경우 피해자는 선택적으로 배상을 청구할 수 있다.

☆ **07** 1 2 3　　　　　　　　2021 지방직·서울시 9급
국가나 지방자치단체가 손해를 배상할 책임이 있는 경우에 공무원의 선임·감독 또는 영조물의 설치·관리를 맡은 자와 공무원의 봉급·급여, 그 밖의 비용 또는 영조물의 설치·관리비용을 부담하는 자가 동일하지 아니하면 그 비용을 부담하는 자도 손해를 배상하여야 한다.

☆ **08** 1 2 3　　　　　　　　2019 경행경채 2차
지방자치단체의 장이 기관위임된 국가행정사무를 처리하는 경우 국가로부터 내부적으로 교부된 금원으로 그 사무에 필요한 경비를 대외적으로 지출하는 지방자치단체는 국가배상법 제6조 제1항 소정의 비용부담자로서 손해를 배상할 책임이 있다.

📖 p.425

☆ **01** 1 2 3 2011 국가직 7급
판례는 지방자치단체장 간의 기관위임이 있을 때 위임받은 하위지방자치단체 소속 공무원이 위임사무를 처리하면서 고의로 타인에게 손해를 가한 경우 상위지방자치단체는 사무귀속주체로서 손해배상책임을 진다고 본다.

☆ **02** 1 2 3 2022 소방간부
공무원이 고의 또는 중과실로 직무상 불법행위를 한 경우에는 피해자는 공무원에 대해 선택적 청구가 가능하나 단순 경과실에 의한 경우에는 선택적 청구가 부정된다.

03 1 2 3 2018 서울시 1회 7급
공무원 책임에 대한 규정인 헌법 제29조 제1항 단서는 그 조항 자체로 공무원 개인의 구체적인 손해배상책임의 범위까지 규정한 것으로 보기는 어렵다.

☆ **04** 1 2 3 2021 국회직 8급
공무원이 직무수행 중 불법행위로 타인에게 손해를 입힌 경우에 국가 등이 국가배상책임을 부담하는 것 외에 공무원 개인도 고의 또는 중과실이 있는 경우에는 불법행위로 인한 손해배상책임을 진다.

☆ **05** 1 2 3 2021 지방직·서울시 9급
공무원 개인이 고의 또는 중과실이 있는 경우에는 불법행위로 인한 손해배상책임을 진다고 할 것이지만, 공무원의 위법행위가 경과실에 기한 경우에는 공무원은 손해배상책임을 부담하지 않는다.

06 1 2 3 2021 소방직 9급
국가배상법에서는 공무원 개인의 피해자에 대한 배상책임을 인정하는 명시적인 규정을 두고 있지 않다.

07 1 2 3 2022 서울시 지적 7급
공무원의 중과실이란 공무원에게 통상 요구되는 정도의 상당한 주의를 하지 않더라도 약간의 주의를 한다면 손쉽게 위법·유해한 결과를 예견할 수 있는 경우임에도 만연히 이를 간과한 경우와 같이, 거의 고의에 가까운 현저한 주의를 결여한 상태를 의미한다.

08 1 2 3 2018 국가직 9급
국가 또는 지방자치단체가 공무원의 위법한 직무집행으로 발생한 손해에 대해 국가배상법에 따라 배상한 경우에 당해 공무원에게 구상권을 행사할 수 있는지에 대해 국가배상법은 당해 공무원에게 고의 또는 중과실이 인정될 경우 국가 또는 지방자치단체는 그 공무원에게 구상권을 행사할 수 있다고 규정하고 있다.

09 1 2 3 2021 군무원 9급
직무를 집행하는 공무원에게 고의 또는 중대한 과실이 있으면 국가나 지방자치단체는 그 공무원에게 구상(求償)할 수 있다.

10 1 2 3 2021 국가직 9급
국가배상법상 국가가 가해공무원에 대하여 구상권을 행사하는 경우 신의칙상 상당하다고 인정되는 한도 내에서만 구상권을 행사할 수 있다.

📖 p.427

01 1 2 3 2015 서울시 7급
경과실이 있는 공무원이 피해자에게 직접 손해를 배상하였다면 그것은 채무자 아닌 사람이 타인의 채무를 변제한 경우에 해당한다.

02 1 2 3 2022 지방직·서울시 9급
경과실로 불법행위를 한 공무원이 피해자에게 손해를 배상하였다면 이는 타인의 채무를 변제한 경우에 해당하므로 피해자는 공무원에게 이를 반환할 의무가 없다.

☆ **03** 1 2 3 2022 국회직 8급
직무수행 중 경과실로 피해자에게 손해를 입힌 공무원이 피해자에게 손해를 배상하였다면, 공무원은 특별한 사정이 없는 한 국가가 피해자에 대하여 부담하는 손해배상책임의 범위 내에서 자신이 변제한 금액에 관하여 구상권을 취득한다.

04 2015 지방직 9급
「자동차손해배상 보장법」은 배상책임의 성립요건에 관하여 국가배상법에 우선하여 적용된다.

05 2015 국회직 8급
공무원이 자기소유 차량으로 공무수행 중 사고를 일으킨 경우 공무원 개인은 경과실에 의한 것인지 또는 고의 또는 중과실에 의한 것인지를 가리지 않고 「자동차손해배상 보장법」상의 운행자성이 인정되는 한 배상책임을 부담한다.

06 2014 경행특채 2차
공무원이 그 직무를 집행하기 위하여 국가 또는 지방자치단체 소유의 공용차를 운행하는 경우, 그 자동차에 대한 운행지배나 운행이익은 그 공무원이 소속한 국가 또는 지방자치단체에 귀속된다고 할 것이므로, 그 공무원이 자기를 위하여 공용차를 운행하는 자로서 「자동차손해배상 보장법」 제3조 소정의 손해배상책임의 주체가 될 수는 없다.

제29강 행정상 손해배상 2 (국가배상법 제5조 등)

p.429

01 2016 교육행정직 9급
영조물의 설치·관리상 하자로 인한 국가배상에 관하여는 명문의 헌법상 근거가 없다.

02 2014 서울시 7급
국가배상법 제5조의 영조물은 민법 제758조의 공작물의 개념보다 넓다.

☆**03** 2014 서울시 7급
국가배상법 제5조는 민법 제758조와는 달리 점유자의 면책규정을 두고 있지는 아니하다.

☆**04** 2009 국가직 7급
국가배상법 제5조의 손해배상책임은 동법 제2조의 책임과는 달리 무과실책임주의로 규정되어 있다.

05 2017 지방직 9급
일반공중이 사용하는 공공용물 외에 행정주체가 직접 사용하는 공용물이나 하천과 같은 자연공물도 국가배상법 제5조의 '공공의 영조물'에 포함된다.

06 2021 지방직·서울시 7급
국가배상법 제5조 소정의 공공의 영조물이란 공유나 사유임을 불문하고 행정주체에 의하여 특정 공공의 목적에 공여된 유체물 또는 물적 설비를 의미한다.

07 2014 국가직 7급
국가 또는 지방자치단체가 관리하지만 사인의 소유에 속하는 공물에 대하여도 국가배상법 제5조가 적용된다.

☆**08** 2021 지방직·서울시 9급
국가배상법 제5조 소정의 '공공의 영조물'은 국가 또는 지방자치단체가 소유권, 임차권 그 밖의 권한에 기하여 관리하고 있는 경우뿐만 아니라 사실상의 관리를 하고 있는 경우도 포함된다.

p.431

01 2020 국가직 7급
국가배상법 제5조의 '공공의 영조물'에는 철도시설물인 대합실과 승강장 및 도로상에 설치된 보행자 신호기와 차량 신호기도 포함된다.

02 2020 국가직 7급
사실상 군민(郡民)의 통행에 제공되고 있던 도로라고 하여도 군(郡)에 의하여 노선인정 기타 공용개시가 없었던 이상 이 도로를 '공공의 영조물'이라 할 수 없다.

☆**03** 2021 소방직 9급
지방자치단체가 옹벽시설공사를 업체에게 주어 공사를 시행하다가 사고가 일어난 경우, 옹벽이 공사 중이고 아직 완성되지 아니하여 일반공중의 이용에 제공되지 않았다면 국가배상법 제5조 소정의 영조물에 해당한다고 할 수 없다.

04 [1][2][3] 2014 서울시 7급
국가배상법 제5조상 하자의 해석과 관련하여 객관설이 주관설보다 피해자의 구제에 유리하다.

☆05 [1][2][3] 2018 국회직 8급
영조물의 설치·관리의 하자란 '영조물이 그 용도에 따라 통상 갖추어야 할 안전성을 갖추지 못한 상태에 있음'을 말한다.

☆06 [1][2][3] 2018 국회직 8급
객관적으로 보아 시간적·장소적으로 영조물의 기능상 결함으로 인한 손해발생의 예견가능성과 회피가능성이 없는 경우에는 영조물의 설치·관리상의 하자를 인정할 수 없다.

☆07 [1][2][3] 2016 국회직 8급
주관적 요소를 고려하는 최근의 판례에 따르면 영조물의 결함이 영조물의 설치·관리자의 관리행위가 미칠 수 없는 상황 아래에 있는 것이 입증되는 경우 영조물의 설치·관리상의 하자를 인정할 수 없다.

☞ p.433

01 [1][2][3] 2014 국가직 7급
고속도로의 관리자에게 도로의 구조, 기상예보 등을 고려하여 사전에 충분한 인적·물적 설비를 갖추어 강설시 신속한 제설작업을 하고 필요한 경우 제때에 교통통제 조치를 취할 관리의무가 있다.

02 [1][2][3] 2021 경행경채
도로의 설치 및 관리에 있어 완전무결한 상태를 유지할 정도의 고도의 안전성을 갖추지 아니하였다고 해서 하자가 있다고 단정할 수는 없다.

03 [1][2][3] 2014 국가직 7급
학생이 담배를 피우기 위하여 3층 건물 화장실 밖의 난간을 지나다가 실족하여 사망한 경우, 학교 관리자에게 그와 같은 이례적인 사고가 있을 것을 예상하여 화장실 창문에 난간으로의 출입을 막기 위한 출입금지장치나 추락위험을 알리는 경고표지판을 설치할 의무는 없으므로 학교시설의 설치·관리상의 하자는 인정되지 아니한다.

☆04 [1][2][3] 2011 지방직 9급
판례는 사격장에서 발생하는 소음 등으로 지역주민들이 입은 피해가 수인한도를 넘는 경우 사격장의 설치 또는 관리에 하자가 있다고 한다.

☆05 [1][2][3] 2021 소방직 9급
김포공항을 설치·관리함에 있어 항공법령에 따른 항공기 소음기준 및 소음대책을 준수하려는 노력을 하였더라도, 공항이 항공기 운항이라는 공공의 목적에 이용됨에 있어 그와 관련하여 배출하는 소음 등의 침해가 인근주민들에게 통상의 수인한도를 넘는 피해를 발생하게 하였다면 공항의 설치·관리상에 하자가 있다고 보아야 한다.

☞ p.435

01 [1][2][3] 2011 사회복지직 9급
A가 운전하던 트럭의 앞바퀴가 고속도로상에 떨어져 있는 타이어에 걸려 중앙분리대를 넘어가 맞은편에서 오던 트럭과 충돌하여 부상을 입었다. 그런데 위 타이어가 사고지점 고속도로상에 떨어진 것은 사고가 발생하기 10분 내지 15분 전이었다. A는 국가배상책임을 물을 수 없다.

02 [1][2][3] 2021 소방직 9급
가변차로에 설치된 두 개의 신호기에서 서로 모순되는 신호가 들어오는 고장으로 인하여 사고가 발생한 경우, 그 고장이 현재의 기술수준상 부득이한 것이더라도 그와 같은 사정만으로 손해발생의 예견가능성이나 회피가능성이 없어 영조물의 하자를 인정할 수 없는 경우라고 단정할 수 없다.

☆03 [1][2][3] 2021 경행경채
하천정비기본계획 등에서 정한 계획홍수량 및 계획홍수위를 충족하여 하천이 관리되고 있다면 특별한 사정이 없는 한, 그 하천은 용도에 따라 통상 갖추어야 할 안전성을 갖추고 있다고 볼 수 있다.

04 2008 국회직 8급

영조물의 설치·관리 하자로 인한 손해배상의 경우 피해자의 위자료청구도 포함된다.

05 2021 소방직 9급

판례는 국가배상법 제5조의 영조물의 설치·관리상의 하자로 인한 손해가 발생한 경우, 피해자의 위자료청구권이 배제되지 아니한다고 판시하였다.

06 2021 국가직 7급

집중호우로 제방도로가 유실되면서 보행자가 강물에 휩쓸려 익사한 경우, 사고 당일의 집중호우가 50년 빈도의 최대 강우량에 해당한다는 사실만으로 불가항력에 기인한 것으로 볼 수 없다.

p.437

☆ **01** 2017 지방직 9급

영조물의 하자 유무는 객관적 견지에서 본 안전성의 문제이며, 국가의 예산부족으로 인해 영조물의 설치·관리에 하자가 생긴 경우에도 국가는 면책될 수 없다.

☆ **02** 2021 소방직 9급

영조물 설치자의 재정사정이나 영조물의 사용목적에 의한 사정은, 안전성을 요구하는 데 대한 참작사유는 될지언정 안전성을 결정지을 절대적 요건은 아니다.

03 2017 지방직 9급

소음 등의 공해로 인한 법적 쟁송이 제기되거나 그 피해에 대한 보상이 실시되는 등 피해지역임이 구체적으로 드러나고 이러한 사실이 그 지역에 널리 알려진 이후에 이주하여 오는 경우에는 위와 같은 위험에의 접근에 따른 가해자의 면책 여부를 보다 적극적으로 인정할 여지가 있다.

04 2016 국가직 9급

소음 등을 포함한 공해 등의 위험지역으로 이주하여 거주하는 것이 피해자가 위험의 존재를 인식하고 그로 인한 피해를 용인하면서 접근한 것이라고 볼 수 있는 경우 가해자의 면책이 인정될 수 있다.

05 2017 국가직 9급

국가배상청구소송에서 공공의 영조물에 하자가 있다는 입증책임은 피해자가 지지만, 관리주체에게 손해발생의 예견가능성과 회피가능성이 없다는 입증책임은 관리주체가 진다.

06 2009 국회직 8급

고속도로의 관리상 하자가 인정되는 이상 고속도로의 점유관리자는 그 하자가 불가항력에 의한 것이거나 손해의 방지에 필요한 주의를 해태하지 아니하였다는 점을 주장·입증하여야 비로소 그 책임을 면할 수 있다.

07 2008 국가직 9급

다른 자연적 사실이나 제3자의 행위 또는 피해자의 행위와 경합하여 손해가 발생하였더라도 영조물의 설치·관리상의 하자가 공동원인의 하나가 된 이상 그 손해는 영조물의 설치·관리상의 하자에 의하여 발생한 것이라고 보아야 한다.

08 2009 국가직 7급

불가항력 등 영조물책임의 감면사유가 있는 경우에도 공무원의 과실로 피해가 확대된 경우에는 그 한도 내에서 국가배상법 제2조의 배상책임이 인정된다.

p.439

☆ **01** 2020 국가직 7급

국가나 지방자치단체가 손해를 배상할 책임이 있는 경우에 영조물의 설치·관리를 맡은 자와 영조물의 설치·관리비용을 부담하는 자가 동일하지 아니하면 그 비용을 부담하는 자도 손해를 배상하여야 한다.

02 2021 국회직 8급

영조물의 설치·관리를 맡은 자와 영조물의 설치·관리비용을 부담하는 자가 동일하지 아니한 경우에 피해자는 영조물의 설치·관리자 또는 설치·관리의 비용부담자에게 선택적으로 손해배상을 청구할 수 있다.

☆ **03** 1 2 3　　　　　　　　　　2020 소방직 9급

지방자치단체장이 설치하여 관할 지방경찰청장(현 시·도경찰청장)에게 관리권한이 위임된 교통신호기의 고장으로 인하여 교통사고가 발생한 경우, 지방자치단체뿐만 아니라 국가도 손해배상책임을 부담한다는 것이 판례의 태도이다.

☆ **04** 1 2 3　　　　　　　　　　2020 지방직·서울시 7급

국가배상법 제6조 제1항에 의하면 지방자치단체장이 설치하여 관할 지방경찰청장(현 시·도경찰청장)에게 관리권한이 위임된 교통신호기의 고장으로 인하여 교통사고가 발생한 경우, 지방자치단체는 사무귀속자로서 손해배상책임을 부담하고, 국가는 경찰관 등에게 봉급을 지급하는 비용부담자로서 국가배상책임을 진다.

☆ **05** 1 2 3　　　　　　　　　　2015 경행특채 1차

지방자치단체의 장인 시장이 국도의 관리청이 되었다 하더라도 국가는 도로관리상 하자로 인한 손해배상책임을 면할 수 없다.

06 1 2 3　　　　　　　　　　2017 지방직 7급

영조물의 설치·관리상의 하자로 인한 손해의 원인에 대하여 책임을 질 사람이 따로 있는 경우에는 국가·지방자치단체는 그 사람에게 구상할 수 있다.

07 1 2 3　　　　　　　　　　2016 서울시 9급

피해자가 외국인인 경우 해당 국가와 상호보증이 있는 경우에 한하여 국가배상청구권이 인정된다.

☆ **08** 1 2 3　　　　　　　　　　2019 소방직 9급

외국인이 피해자인 경우 해당 국가와 상호보증이 있을 때에만 국가배상법을 적용한다.

📖 p.441

☆ **01** 1 2 3　　　　　　　　　　2018 경행경채 3차

국가배상법상 상호보증을 위해 반드시 당사국과의 조약이 체결되어 있을 필요는 없다.

02 1 2 3　　　　　　　　　　2019 서울시 9급

일본 국가배상법이 국가배상청구권의 발생요건 및 상호보증에 관하여 우리나라 국가배상법과 동일한 내용을 규정하고 있는 점 등에 비추어 우리나라와 일본 사이에 우리나라 국가배상법 제7조가 정하는 상호보증이 있다.

03 1 2 3　　　　　　　　　　2021 군무원 9급

군인·군무원이 전투·훈련 등 직무집행과 관련하여 전사(戰死)·순직(殉職)하거나 공상(公傷)을 입은 경우에 본인이나 그 유족이 다른 법령에 따라 재해보상금·유족연금·상이연금 등의 보상을 지급받을 수 있을 때에는 국가배상법 및 민법에 따른 손해배상을 청구할 수 없다.

04 1 2 3　　　　　　　　　　2021 군무원 9급

도로·하천, 그 밖의 공공의 영조물(營造物)의 설치나 관리에 하자(瑕疵)가 있기 때문에 타인에게 손해를 발생하게 하였을 때에는 국가나 지방자치단체는 그 손해를 배상하여야 한다. 이 경우 군인·군무원의 이중배상금지에 관한 규정을 준용한다.

05 1 2 3　　　　　　　　　　2021 소방직 9급

헌법재판소는 국가배상법 제2조 제1항 단서 이중배상금지 규정에 대하여 헌법에 위반되지 아니한다고 판시하였다.

☆ **06** 1 2 3　　　　　　　　　　2019 서울시 1회 7급

공익근무요원은 국가배상법 제2조 제1항 단서의 군인·군무원·경찰공무원 또는 향토예비군대원(현 예비군대원)에 해당하지 않으므로 이중배상청구가 제한되지 않는다.

☆ **07** 1 2 3　　　　　　　　　　2019 경행경채 2차

현역병으로 입영하여 소정의 군사교육을 마치고 전임되어 법무부장관에 의하여 경비교도로 임용된 자는 국가배상법 제2조 제1항 단서에 따라 손해배상청구가 제한되는 군인·군무원·경찰공무원 또는 향토예비군대원(현 예비군대원)에 해당한다고 할 수 없다.

☆ **08** 1 2 3　　　　　　　　　　2019 경행경채 2차

전투경찰순경은 국가배상법 제2조 제1항 단서에 따라 손해배상청구가 제한되는 군인·군무원·경찰공무원 또는 향토예비군대원(현 예비군대원)에 해당한다고 보아야 한다.

📖 p.443

☆ 01 ① ② ③ 2019 경행경채 2차
경찰공무원이 전투·훈련 등 직무집행과 관련하여 순직을 한 경우에는 전투·훈련 또는 이에 준하는 직무집행뿐만 아니라 일반 직무집행에 관하여도 국가나 지방자치단체의 배상책임이 제한된다.

☆ 02 ① ② ③ 2019 국회직 8급
경찰공무원이 낙석사고 현장 부근으로 이동하던 중 대형 낙석이 순찰차를 덮쳐 사망한 사안에서 국가배상법의 이중배상금지 규정에 따른 면책조항은 전투·훈련 또는 이에 준하는 직무집행뿐만 아니라 일반 직무집행에 관하여도 국가나 지방자치단체의 배상책임을 제한하는 것으로 해석하여야 한다.

☆ 03 ① ② ③ 2022 국가직 7급
직무집행과 관련하여 공상을 입은 군인이 먼저 국가배상법에 따라 손해배상금을 지급받은 다음 「국가유공자 등 예우 및 지원에 관한 법률」이 정한 보상금 등 보훈급여금의 지급을 청구하는 것은 이중배상금지원칙에 위배되지 않는다.

☆ 04 ① ② ③ 2022 소방간부
대법원 판례에 따르면 민간인과 직무집행 중인 군인 등의 공동불법행위로 인하여 직무집행 중인 다른 군인 등이 피해를 입은 경우, 민간인이 피해군인 등에게 자신의 귀책부분을 넘어서 배상한 경우라도 국가 등에게 구상권을 행사할 수 없다.

☆ 05 ① ② ③ 2021 소방직 9급
대법원 판례에 따르면 국가배상법 제2조 제1항 단서에 의해 군인 등의 국가배상청구권이 제한되는 경우, 공동불법행위자인 민간인은 피해를 입은 군인 등에게 그 손해 전부에 대하여 배상하여야 하는 것은 아니며 자신의 부담부분에 한하여 손해배상의무를 부담한다.

☆ 06 ① ② ③ 2011 지방직(하) 7급
헌법재판소는 일반국민이 직무집행 중인 군인과의 공동불법행위로 다른 군인에게 공상을 입혀 그 피해자에게 손해 전부를 배상한 경우, 공동불법행위자인 군인의 부담부분에 관하여 국가에 대한 구상권은 허용된다고 본다.

07 ① ② ③ 2021 소방직 9급
생명·신체의 침해로 인한 국가배상을 받을 권리는 양도하거나 압류하지 못한다.

☆ 08 ① ② ③ 2018 서울시 2회 7급
국가배상청구권은 피해자나 그 법정대리인이 그 손해 및 가해자를 안 날로부터 3년간 이를 행사하지 아니하면 시효로 인하여 소멸한다.

09 ① ② ③ 2017 국가직 7급
배상청구권의 시효와 관련하여 '가해자를 안다는 것'은 피해자나 그 법정대리인이 가해 공무원의 불법행위가 그 직무를 집행함에 있어서 행해진 것이라는 사실까지 인식함을 요구한다.

📖 p.445

01 ① ② ③ 2008 지방직 7급
국가배상청구에 있어서 채권자가 동일한 목적을 달성하기 위하여 복수의 채권을 갖고 있는 경우 어느 하나의 청구권을 행사하는 것이 다른 채권에 대한 소멸시효 중단의 효력이 있다고 할 수 없다.

☆ 02 ① ② ③ 2019 서울시 9급
국가배상청구권의 소멸시효기간이 지났으나 국가가 소멸시효 완성을 주장하는 것이 신의성실의 원칙에 반하는 권리남용으로 허용될 수 없어 배상책임을 이행한 경우에는, 그 소멸시효 완성 주장이 권리남용에 해당하게 된 원인행위와 관련하여 해당 공무원이 그 원인이 되는 행위를 적극적으로 주도하였다는 등의 특별한 사정이 없는 한, 국가가 해당 공무원에게 구상권을 행사하는 것은 신의칙상 허용되지 않는다.

03 ① ② ③ 2019 소방직 9급
국가배상법상 배상심의회에 대한 배상신청은 임의절차이다.

04 `1 2 3`   2015 사회복지직 9급
국가배상소송은 배상심의회에 배상신청을 하지 아니하고도 제기할 수 있다.

05 `1 2 3`   2008 선관위 9급
판례에 따르면 국가배상법상 배상심의회에 의한 배상결정은 행정처분이 아니다.

☆ **06** `1 2 3`   2007 국가직 7급
처분의 위법을 원인으로 하는 국가배상청구권은 그 원인관계에 비추어 사권으로 보는 것이 판례의 입장이다.

☆ **07** `1 2 3`   2015 서울시 9급
국가배상책임을 공법적 책임으로 보는 견해는 국가배상청구소송은 당사자소송으로 제기되어야 한다고 보나, 재판실무에서는 민사소송으로 다루고 있다.

제30강   행정상 손실보상 1 (손실보상청구권의 요건)

p.447

01 `1 2 3`   2005 서울시 9급
손실보상은 적법한 공권력의 행사로 인한 손해의 전보제도이다.

02 `1 2 3`   2014 서울시 7급
손실보상청구권을 발생시키는 침해는 재산권에 대한 것이어야 한다.

☆ **03** `1 2 3`   2014 서울시 9급
헌법 제23조 제3항이 손실보상의 헌법적 근거가 된다.

☆ **04** `1 2 3`   2015 경행특채 1차
헌법 제23조 제3항은 "공공필요에 의한 재산권의 수용·사용 또는 제한 및 그에 대한 보상은 법률로써 하되, 정당한 보상을 지급하여야 한다."고 규정하고 있다.

05 `1 2 3`   2017 경행경채
손실보상에 관한 일반법은 없다.

☆ **06** `1 2 3`   2021 군무원 7급
민간기업도 토지수용의 주체가 될 수 있다.

☆ **07** `1 2 3`   2016 서울시 9급
민간기업을 토지수용의 주체로 정한 법률조항도 헌법 제23조 제3항에서 정한 '공공필요'를 충족하면 헌법에 위반되지 아니한다.

☆ **08** `1 2 3`   2020 국가직 7급
국가 등의 공적 기관이 직접 수용의 주체가 되는 것이든 그러한 공적 기관의 최종적인 허부판단과 승인결정하에 민간기업이 수용의 주체가 되는 것이든, 양자 사이에 공공필요에 대한 판단과 수용의 범위에 있어서 본질적인 차이가 있는 것은 아니다.

☆ **09** `1 2 3`   2021 국가직 7급
헌법 제23조 제3항은 재산권 수용의 주체를 한정하지 않고 있으므로 공공필요에 부합하는 경우라면 수용 등의 주체를 국가 등의 공적 기관에 한정하여 해석할 이유가 없다.

10 `1 2 3`   2017 국회직 8급
사업시행자가 사인인 경우에는 공익의 우월성이 인정되는 것 외에 그 사업시행으로 획득할 수 있는 공익이 현저히 해태되지 아니하도록 보장하는 제도적 규율도 갖추어져 있어야 한다.

11 `1 2 3`   2009 관세사
순수 국고목적의 작용인 경우에는 공공필요성이 인정되지 않는다.

☞ p.449

01 ① ② ③　　　　　　　　　　　2018 국회직 8급
정당한 어업허가를 받고 공유수면매립사업지구 내에서 허가어업에 종사하고 있던 어민들에 대하여 손실보상을 할 의무가 있는 사업시행자가 손실보상의무를 이행하지 아니한 채 공유수면매립공사를 시행함으로써 실질적이고 현실적인 침해를 가한 때에는 불법행위를 구성하는 것이고, 이 경우 허가어업자들이 입게 되는 손해는 그 손실보상금 상당액이다.

02 ① ② ③　　　　　　　　　　　2016 경행경채
지장물인 건물은 그 건물이 적법한 건축허가를 받아 건축된 것인지 여부에 관계없이 구 토지수용법상의 사업인정의 고시 이전에 건축된 건물이기만 하면 통상적으로 손실보상의 대상이 된다.

03 ① ② ③　　　　　　　　　　　2011 사회복지직 9급
손실보상이 이루어지는 재산권에는 지가상승에 대한 기대이익이나 영업이익의 가능성이 포함되지 아니한다.

04 ① ② ③　　　　　　　　　　　2016 경행경채
문화적·학술적 가치는 특별한 사정이 없는 한 그 토지의 부동산으로서의 경제적·재산적 가치를 높여 주는 것이 아니므로 구 토지수용법 제51조 소정의 손실보상의 대상이 될 수 없다.

05 ① ② ③　　　　　　　　　　　2015 경행특채 1차
손실보상이 인정되기 위해서는 재산권에 대한 침해가 현실적으로 발생하여야 한다.

☆**06** ① ② ③　　　　　　　　　　　2021 국가직 7급
구 공유수면매립법상 간척사업의 시행으로 인하여 관행어업권이 상실된 경우, 실질적이고 현실적인 피해가 발생한 경우에만 공유수면매립법에서 정하는 손실보상청구권이 발생한다.

☞ p.451

01 ① ② ③　　　　　　　　　　　2018 서울시 9급
공익사업의 시행으로 토석채취허가를 연장받지 못한 경우 그로 인한 손실은 적법한 공권력의 행사로 가하여진 재산상의 특별한 희생이 아니므로 손실보상의 대상이 된다고 볼 수 없다.

02 ① ② ③　　　　　　　　　　　2011 사회복지직 9급
재산권의 수용·사용·제한은 법률로써 하여야 하고, 이 '법률'에 법률종속명령이나 조례는 포함되지 아니한다.

03 ① ② ③　　　　　　　　　　　2012 국가직 7급
헌법은 보상청구권의 근거뿐만 아니라 보상의 기준과 방법에 관해서도 법률에 유보하고 있다.

☆**04** ① ② ③　　　　　　　　　　　2019 소방직 9급
행정상 손실보상에서 헌법 제23조 제3항에 규정된 '정당한 보상'은 완전보상을 의미한다는 것이 헌법재판소의 입장이다.

☆**05** ① ② ③　　　　　　　　　　　2017 국가직(하) 9급
당해 공익사업으로 인한 개발이익을 손실보상액 산정에서 배제하는 것은 헌법상 정당보상의 원칙에 위배되지 아니한다.

☆**06** ① ② ③　　　　　　　　　　　2019 사회복지직 9급
헌법 제23조 제3항의 정당한 보상이란 원칙적으로 피수용재산의 객관적인 재산가치를 완전하게 보상하는 것이어야 한다는 완전보상을 뜻한다.

☆**07** ① ② ③　　　　　　　　　　　2021 국가직 7급
공익사업시행으로 인한 개발이익은 완전보상의 범위에 포함되는 피수용토지의 객관적 가치 내지 피수용자의 손실이라고는 볼 수 없다.

08 1 2 3   2014 국가직 7급

건물의 일부만 수용되어 잔여부분을 보수하여 사용할 수 있는 경우 그 건물 전체의 가격에서 수용된 부분의 비율에 해당하는 금액과 건물 보수비를 손실보상액으로 평가하여 보상하고, 잔여건물에 대하여 가치하락이 있는 경우 가치하락분에 대한 감가보상을 인정함이 상당하다.

☆ **09** 1 2 3   2019 소방직 9급

토지수용으로 인한 보상액을 산정함에 있어서 당해 공공사업과 관계없는 다른 사업의 시행으로 인한 개발이익은 이를 배제하지 아니한 가격으로 평가하여야 한다.

☞ p.453

☆ **01** 1 2 3   2019 경행경채 2차

헌법 제23조 제3항이 규정하는 '정당한 보상'이란 원칙적으로 피수용재산의 객관적인 재산가치를 완전하게 보상하는 완전보상을 의미하는바, 공시지가를 기준으로 수용된 토지에 대한 보상액을 산정하는 것은 헌법에 위반되지 않는다.

☆ **02** 1 2 3   2022 국회직 8급

「공익사업을 위한 토지 등의 취득 및 보상에 관한 법률」상 보상액의 산정은 협의에 의한 경우에는 협의성립 당시의 가격을, 재결에 의한 경우에는 수용 또는 사용의 재결 당시의 가격을 기준으로 한다.

☆ **03** 1 2 3   2017 서울시 9급

보상액을 산정할 경우에 해당 공익사업으로 인하여 토지 등의 가격이 변동되었을 때에는 이를 고려하지 아니한다.

04 1 2 3   2021 군무원 7급

개별공시지가가 아닌 표준지공시지가를 기준으로 보상액을 산정하는 것은 헌법 제23조 제3항에 위반되지 않는다.

☞ p.455

☆ **01** 1 2 3   2018 국회직 8급

재산권의 사회적 제약에 해당하는 공용제한에 대해서는 보상규정을 두지 않아도 된다.

02 1 2 3   2017 국가직(하) 9급

손실보상은 공공필요에 의한 행정작용에 의하여 사인에게 발생한 특별한 희생에 대한 전보이므로 재산권침해로 인한 손실이 특별한 희생에 해당하여야 한다.

☆ **03** 1 2 3   2022 국가직 7급

공공용물에 관하여 적법한 개발행위 등이 이루어짐으로 말미암아 이에 대한 일정 범위의 사람들의 일반사용이 종전에 비하여 제한받게 되었더라도 원칙적으로 그로 인한 불이익은 손실보상의 대상이 되는 특별한 손실에 해당하지 않는다.

☆ **04** 1 2 3   2011 국가직 9급

손실보상청구권의 성질에 관하여 대법원은 전통적으로 사권설의 입장에서 민사소송으로 다루어 왔으나, 최근에는 당사자소송으로 보는 판례도 나타나고 있다.

☆ **05** 1 2 3   2014 국회직 8급

손실보상청구권이 공법상 권리인 경우 손실보상금의 지급을 구하거나 손실보상청구권의 확인을 구하는 손실보상관계소송은 판례상 당사자소송이다.

☞ p.457

☆ **01** 1 2 3   2018 서울시 9급

구 「하천구역 편입토지 보상에 관한 특별조치법」 제2조 제1항의 규정에 의한 손실보상금의 지급을 구하거나 손실보상청구권의 확인을 구하는 소송은 판례가 당사자소송의 대상이라고 판단하고 있다.

☆ **02** 1 2 3   2017 사회복지직 9급

「공익사업을 위한 토지 등의 취득 및 보상에 관한 법률」상 토지수용에 따른 권리구제에서 농업손실에 대한 보상청구권은 행정소송법상 당사자소송에 의해야 한다.

☆ **03** 1 2 3　　　　　　　　　2019 지방직 · 교육행정직 9급
「공익사업을 위한 토지 등의 취득 및 보상에 관한 법률」에 따른 사업폐지 등에 대한 보상청구권은 공법상 권리로서 그에 관한 소송은 행정소송절차에 의하여야 한다.

☆ **04** 1 2 3　　　　　　　　　　　　　2014 국회직 8급
대법원은 헌법 제23조 제3항의 규정에도 불구하고 보상에 관한 구체적 사항이 법률로써 정해져 있지 아니한 때에는 관련법령을 유추적용하여 손실보상을 할 수 있다고 한다.

05 1 2 3　　　　　　　　　　　　　2017 지방직 9급
헌법 제23조 제3항을 불가분조항으로 볼 경우, 보상규정을 두지 아니한 수용법률은 헌법위반이 된다.

06 1 2 3　　　　　　　　　　　　　2017 국가직 9급
헌법 제23조 제3항을 국민에 대한 직접적인 효력이 있는 규정으로 보는 견해는 동 조항의 재산권의 수용·사용·제한 규정과 보상규정을 불가분조항으로 보지 않는다.

07 1 2 3　　　　　　　　　　　　　2017 국가직 9급
헌법재판소는 헌법 제23조 제3항의 '공공필요'는 '국민의 재산권을 그 의사에 반하여 강제적으로라도 취득해야 할 '공익적 필요성'을 의미하고, 이 요건 중 공익성은 기본권 일반의 제한사유인 '공공복리'보다 좁은 것으로 보고 있다.

☞ p.459

01 1 2 3　　　　　　　　　　　　2018 교육행정직 9급
분리이론과 경계이론은 재산권의 내용·한계설정과 공용침해를 보다 합리적으로 구분하려는 이론이다.

02 1 2 3　　　　　　　　　　　　　2008 국가직 7급
재산권의 사회적 제약과 공용침해는 별개의 제도가 아니라 재산권 규제의 강도에 따라서 상대적으로 구분되는 것으로, 사회적 제약의 경계를 벗어나면 보상의무가 있는 공용침해로 전환된다고 보는 경계이론은 독일의 연방최고법원과 우리 대법원이 취하는 입장이다.

☞ p.461

01 1 2 3　　　　　　　　　　　　　2015 국회직 8급
분리이론은 재산권의 가치보장보다는 존속보장을 강화하려는 입장에서 접근하는 견해이다.

02 1 2 3　　　　　　　　　　　　　2008 국가직 7급
사회적 제약을 벗어나는 무보상의 공용침해에 대하여, 분리이론은 당해 침해행위의 폐지를 주장함으로써 위헌적 침해의 억제에 중점을 두고 있음에 비하여 경계이론은 보상을 통한 가치의 보장에 중점을 두고 있다.

☆ **03** 1 2 3　　　　　　　　　　　　　2018 서울시 9급
개발제한구역지정으로 인한 지가의 하락은 원칙적으로 토지소유자가 감수해야 하는 사회적 제약의 범주에 속한다.

☆ **04** 1 2 3　　　　　　　　　　　　　2022 소방간부
개발제한구역의 지정으로 인한 개발가능성의 소멸과 그에 따른 지가의 하락이나 지가상승률의 상대적 감소는 토지소유자가 감수해야 하는 사회적 제약의 범주에 속하는 것으로 보아야 한다.

☞ p.463

☆ **01** 1 2 3　　　　　　　　　　　　　2014 지방직 9급
헌법재판소는 구 도시계획법상 개발제한구역의 지정으로 일부 토지소유자에게 사회적 제약의 범위를 넘는 가혹한 부담이 발생하는 경우에 보상규정을 두지 않은 것은 위헌성이 있는 것이고, 보상의 구체적 기준과 방법은 입법자가 입법정책적으로 정할 사항이라고 결정하였다.

02 1 2 3　　　　　　　　　　　　　2011 국가직 9급
헌법재판소는 재산권의 제한이 사회적 제약의 한계를 넘는 경우에 해당하는 경우에 보상규정을 두지 않는 것은 위헌이라고 하면서도 단순위헌이 아닌 헌법불합치결정을 하였다.

03 ☆ 2013 서울시 7급

甲은 개발제한구역 내 소재한, 지목은 대지이나 건축되지 아니한 토지(나대지)의 소유자이다. 甲은 당해 토지가 개발제한구역으로 지정됨으로써 건축을 할 수 없게 되어 사용 및 수익이 불가능하게 되었다. 이 사례에 대한 설명으로 옳지 않은 것은?

① 헌법재판소는 개발제한구역제도를 공용침해가 아니라 재산권의 내용과 한계에 관한 문제로 본다.
② 헌법재판소의 판례이론에 의할 경우 사례의 근거법률에 손실보상에 관한 규정이 없음에도 불구하고 행정청이 甲에게 손실보상을 하는 것은 국회 입법권의 침해이다.
③ 헌법재판소의 판례이론에 의할 경우 사례와 같은 경우 법률에 조정적 보상규정을 두지 않는 것은 비례의 원칙을 위반한 위헌이다.
④ 대법원의 판례이론에 의할 경우 법률에 손실보상에 관한 규정이 없는 때에도 관련법률의 유추해석 등을 통하여 甲에게 손실보상이 주어질 수 있다.
⑤ 헌법재판소의 판례이론에 의할 경우 甲은 개발제한구역의 지정에 대한 취소소송과 손해배상청구소송을 통하여 재산권침해의 구제를 받을 수 있다.

[해설]
① 재산권의 내용과 한계에 관한 문제 ○ / 공용침해 ×
② 국회 입법권 침해 ○
③ 비례원칙 위반 → 위헌
④ 관련법률 유추해석 등을 통하여 손실보상 가능
⑤ 취소소송, 손해배상청구소송 등을 통하여 개발제한구역지정, 토지재산권 제한 그 자체의 효력에 대한 쟁송 불가능 / 보상입법을 기다려 그에 따른 권리행사 가능

[정답] ⑤

04 ☆ 2019 사회복지직 9급

토지를 종래의 목적으로도 사용할 수 없는 경우에는 토지소유자가 수인해야 할 사회적 제약의 한계를 넘는 것으로 보아야 한다.

제31강 행정상 손실보상 2 (손실보상의 기준과 내용 등)

p.465

01 2021 국가직 7급

「공익사업을 위한 토지 등의 취득 및 보상에 관한 법률」상 보상대상이 되는 '기타 토지에 정착한 물건에 대한 소유권 그 밖의 권리를 가진 관계인'에는 수거 · 철거권 등 실질적 처분권을 가진 자도 포함된다.

02 2020 국회직 8급

토지에 대한 보상액은 가격시점에서의 현실적인 이용상황과 일반적인 이용방법에 의한 객관적 상황을 고려하여 산정하되, 일시적인 이용상황과 토지소유자나 관계인이 갖는 주관적 가치 및 특별한 용도에 사용할 것을 전제로 한 경우 등은 고려하지 아니한다.

03 ☆ 2014 국가직 7급

토지수용으로 인한 손실보상액은 당해 공공사업의 시행을 직접 목적으로 하는 계획의 승인 · 고시로 인한 가격변동을 고려함이 없이 수용재결 당시의 가격을 기준으로 하여 정하여야 한다.

p.467

01 2017 지방직(하) 9급

농지개량사업 시행지역 내의 토지 등 소유자가 토지사용에 관한 승낙을 하였더라도, 그에 대한 정당한 보상을 받은 바가 없다면 농지개량사업 시행자는 토지소유자 및 그 승계인에 대하여 보상할 의무가 있다.

02 ☆ 2015 국회직 8급

생활보상은 피수용자가 종전과 같은 생활을 유지할 수 있도록 실질적으로 보장하는 보상을 말한다.

03 2011 지방직 7급

농업의 손실에 대하여는 농지의 단위면적당 소득 등을 고려하여 실제 경작자에게 보상하여야 하지만, 농지소유자가 해당 지역에 거주하는 농민인 경우에는 농지소유자와 실제 경작자가 협의하는 바에 따라 보상할 수 있다.

04 2021 국가직 7급
하천법 제50조에 따른 하천수 사용권은 「공익사업을 위한 토지 등의 취득 및 보상에 관한 법률」이 손실보상의 대상으로 규정하고 있는 '물의 사용에 관한 권리'에 해당한다.

05 2019 지방직 7급
동일한 토지소유자에 속하는 일단의 토지의 일부가 취득됨으로써 잔여지의 가격이 감소한 때에는 잔여지를 종래의 목적으로 사용하는 것이 가능한 경우라도 그 잔여지는 손실보상의 대상이 된다.

06 2022 국회직 8급
영업을 폐업하거나 휴업함에 따른 영업손실에 대하여는 영업이익과 시설의 이전비용 등을 고려하여 보상하여야 한다.

07 2008 지방직 7급
영업손실에 관한 보상에 있어서 영업의 휴업과 폐지를 구별하는 기준은 당해 영업을 다른 장소로 실제로 이전하였는지의 여부에 달려 있는 것이 아니라 영업을 다른 장소로 이전하는 것이 가능한지에 달려 있다.

08 2015 경행특채 2차
구 토지수용법 제51조가 규정하고 있는 '영업상의 손실'이란 수용의 대상이 된 토지·건물 등을 이용하여 영업을 하다가 그 토지·건물 등이 수용됨으로 인하여 영업을 할 수 없거나 제한을 받게 됨으로 인하여 생기는 직접적인 손실을 말한다.

09 2011 경행특채
구 토지수용법 제51조는 영업을 하기 위하여 투자한 비용이나 그 영업을 통하여 얻을 것으로 기대되는 이익에 대한 손실보상의 근거규정이 될 수 없고, 그 외 관계법령에도 그 보상의 기준과 방법 등에 관한 규정이 없으므로 이러한 손실은 그 보상의 대상이 될 수 없다.

☞ p.469

☆ **01** 2014 사회복지직 9급
「공익사업을 위한 토지 등의 취득 및 보상에 관한 법률」상 이주대책은 이주대책대상자들에 대하여 종전의 생활상태를 원상으로 회복시키면서 동시에 인간다운 생활을 보장하여 주기 위한 생활보상의 일환이다.

☆ **02** 2020 국회직 8급
이주대책은 생활보상의 일환으로 국가의 적극적이고 정책적인 배려에 의하여 마련된 제도이다.

03 2017 국가직(하) 9급
이주대책은 이주자들에게 종전의 생활상태를 회복시키기 위한 생활보상의 일환으로서 국가의 정책적인 배려에 의하여 마련된 제도이므로, 이주대책의 실시 여부는 입법자의 입법정책적 재량의 영역에 속한다.

04 2018 교육행정직 9급
헌법재판소는 헌법 제23조 제3항의 정당한 보상에 세입자의 이주대책은 포함되지 않는다고 본다.

05 2011 사회복지직 9급
세입자를 이주대책대상자에서 제외하는 것은 세입자의 평등권과 재산권을 침해하지 않는다.

06 2011 사회복지직 9급
'공익사업을 위한 관계법령에 의한 고시 등이 있은 날' 당시 주거용 건물이 아니었던 건물이 그 이후에 주거용으로 불법 용도변경된 경우에는 이주대책대상이 되는 주거용 건축물이 될 수 없다.

☞ p.471

01 2015 지방직 9급
「공익사업을 위한 토지 등의 취득 및 보상에 관한 법률」상 행정청이 아닌 사업시행자가 이주대책을 수립·실시하는 경우에 지방자치단체는 비용의 일부를 보조할 수 있으며, 이주정착지에 대한 도로 등 통상적인 생활기본시설에 필요한 비용은 사업시행자가 부담하여야 한다.

02 1 2 3　　　　　　　　　　　　　2009 국회직 8급

이주대책은 인간다운 생활을 보장하여 주기 위한 생활보상의 일환으로서 공익사업시행자의 법적 의무이다.

03 1 2 3　　　　　　　　　　　　　2020 국회직 8급

이주대책의 수립의무자는 사업시행자이며, 법령에서 정한 일정한 경우 이주대책을 수립할 의무가 있다.

04 1 2 3　　　　　　　　　　　　　2010 지방직 7급

사업시행자는 이주대책을 수립할 의무를 지지만 그 내용결정에 있어서 법령에 의해 정해진 것을 제외하고는 재량권을 갖는다.

05 1 2 3　　　　　　　　　　　　　2020 국회직 8급

도시개발사업의 사업시행자가 이주대책기준을 정하여 이주대책대상자 가운데 이주대책을 수립·실시하여야 할 자를 선정하여 그들에게 공급할 택지 등을 정할 때는 재량권을 갖는다.

06 1 2 3　　　　　　　　　　　　　2020 국가직 7급

사업시행자의 이주대책 수립·실시의무 및 이주대책의 내용에 관한 규정은 당사자의 합의 또는 사업시행자의 재량에 의하여 적용을 배제할 수 없는 강행법규이다.

☆**07** 1 2 3　　　　　　　　　　　　　2019 국가직 7급

이주대책은 헌법 제23조 제3항에 규정된 정당한 보상에 포함되는 것이라기보다는 생활보상의 일환으로 국가의 정책적인 배려에 의하여 마련된 제도로서 법률이 사업시행자에게 이주대책의 수립·실시의무를 부과하였다고 하여도 법률에 의하여 이주자에게 이주대책상의 택지분양권이나 아파트입주권 등을 받을 수 있는 구체적인 권리(수분양권)가 직접 발생하는 것이 아니라 사업시행자가 이주대책대상자로 확인·결정하여야만 비로소 구체적인 수분양권이 발생하게 된다.

☆**08** 1 2 3　　　　　　　　　　　　　2016 국가직 7급

이주대책은 생활보상의 한 내용으로 이주대책이 수립될 때 이주자들에게 구체적인 권리가 발생하는 것이 아니라, 사업시행자의 확인·결정이 있어야만 구체적인 수분양권이 발생하는 것이다.

☞ p.473

☆**01** 1 2 3　　　　　　　　　　　　　2017 국가직(하) 9급

「공익사업을 위한 토지 등의 취득 및 보상에 관한 법률」상 공익사업시행자가 하는 이주대책대상자 확인·결정은 행정소송의 대상인 행정처분이다.

02 1 2 3　　　　　　　　　　　　　2010 지방직 7급

사업시행자는 이주대책을 수립·실시하지 아니하는 경우 또는 이주대책대상자가 이주정착지가 아닌 다른 지역으로 이주하려는 경우에는 이주대책대상자에게 이주정착금을 지급하여야 한다.

☆**03** 1 2 3　　　　　　　　　　　　　2019 국가직 7급

「공익사업을 위한 토지 등의 취득 및 보상에 관한 법률」상 주거용 건축물 세입자의 주거이전비 보상청구권은 공법상의 권리이고, 주거이전비 보상청구소송은 당사자소송에 의해야 한다.

04 1 2 3　　　　　　　　　　　　　2015 국회직 8급

대법원에 따르면 사업시행자 스스로 생활대책을 수립·실시하는 경우, 생활대책대상자 선정기준에 해당하는 자는 사업시행자에게 생활대책대상자 선정 여부의 확인·결정을 신청할 수 있는 권리를 가진다.

05 1 2 3　　　　　　　　　　　　　2015 국회직 8급

대법원에 따르면 생활대책대상자 선정기준에 해당하는 자는 자신을 생활대책대상자에서 제외하거나 선정을 거부한 사업시행자를 상대로 항고소송을 제기할 수 있다.

06 1 2 3　　　　　　　　　　　　　2014 지방직 9급

헌법재판소는 생업의 근거를 상실하게 된 자에 대하여 일정 규모의 상업용지 또는 상가분양권 등을 공급하는 생활대책이 헌법 제23조 제3항이 규정하는 정당한 보상에 포함되는 것이라기보다는 생활보상의 일환으로서 국가의 정책적 배려에 의하여 마련된 제도로 보았다.

☞ p.475

01 ①②③   2019 사회복지직 9급
간접적 영업손실도 특별한 희생에 해당하여 손실보상의 대상이 될 수 있다.

02 ①②③   2021 군무원 7급
공유수면매립으로 인하여 위탁판매수수료 수입을 상실한 수산업협동조합에 대해서는 법률의 보상규정이 없더라도 손실보상의 대상이 된다.

03 ①②③   2019 국가직 7급
공공사업 시행으로 사업시행지 밖에서 발생한 간접손실은 손실발생을 쉽게 예견할 수 있고 손실범위도 구체적으로 특정할 수 있다면, 사업시행자와 협의가 이루어지지 않고 그 보상에 관한 명문의 근거법령이 없는 경우라도 보상의 대상이 된다.

04 ①②③   2015 국회직 8급
공공사업의 시행으로 인하여 사업지구 밖에서 수산제조업에 대한 간접손실이 발생하리라는 것을 쉽게 예견할 수 있고 그 손실의 범위도 구체적으로 특정할 수 있는 경우라면, 그 손실의 보상에 관하여 구 「공공용지의 취득 및 손실보상에 관한 특례법 시행규칙」의 간접보상 규정을 유추적용할 수 있다.

05 ①②③   2006 국회직 8급
수산업협동조합이 관계법령에 의하여 대상지역에서의 독점적 지위가 부여되어 있던 위탁판매사업을 공유수면매립으로 인해 중단하게 되어 입은 위탁판매수수료 수입손실에 대하여 판례는 보상을 인정한 바 있다.

☞ p.477

01 ①②③   2019 지방직 7급
토지소유자가 사업시행자에게 잔여지매수청구의 의사표시를 한 경우, 그 의사표시를 관할 토지수용위원회에 한 잔여지수용청구의 의사표시로 볼 수는 없다.

02 ①②③   2011 국가직 7급
잔여지가 이용은 가능하지만 그 이용에 많은 비용이 소요되는 경우에도 잔여지수용을 청구할 수 있다.

☆ **03** ①②③   2020 국가직 7급
잔여지수용청구권은 그 요건을 구비한 때에는 잔여지를 수용하는 토지수용위원회의 재결이 없더라도 그 청구에 의하여 수용의 효과가 발생하는 형성권적 성질을 가진다.

04 ①②③   2019 소방직 9급
「공익사업을 위한 토지 등의 취득 및 보상에 관한 법률」상의 잔여지수용청구는 매수에 관한 협의가 성립되지 아니한 경우에만 할 수 있으며, 사업완료일까지 하여야 한다.

☞ p.479

01 ①②③   2019 지방직 7급
잔여지수용청구는 해당 공익사업의 사업완료일까지 해야 하며, 토지소유자가 그 기간 내에 잔여지수용청구권을 행사하지 아니하면 그 권리가 소멸한다.

☆ **02** ①②③   2019 지방직·교육행정직 9급
「공익사업을 위한 토지 등의 취득 및 보상에 관한 법률」에 의한 잔여지수용청구를 받아들이지 않은 토지수용위원회의 재결에 대하여 토지소유자가 불복하여 제기하는 소송은 항고소송이 아니라 보상금증감청구소송(형식적 당사자소송)에 해당한다.

☆ **03** ①②③   2017 국가직(하) 9급
「공익사업을 위한 토지 등의 취득 및 보상에 관한 법률」상 손실보상은 다른 법률에 특별한 규정이 있는 경우를 제외하고는 원칙적으로 현금으로 보상하여야 하며, 일정한 경우 채권이나 현물로 보상할 수도 있다.

04 ①②③   2022 서울시 지적 7급
사업시행자는 해당 공익사업을 위한 공사에 착수하기 이전에 토지소유자와 관계인에게 보상액 전액을 지급하여야 한다. 다만, 토지보상법 제38조에 따른 천재지변시의 토지사용과 토지보상법 제39조에 따른 시급한 토지사용의 경우 또는 토지소유자 및 관계인의 승낙이 있는 경우에는 그러하지 아니하다.

05 ①②③   2008 지방직 9급

공익사업을 시행하는 경우에는 사전보상이 원칙이나, 천재지변시의 토지사용의 경우에는 사업시행자가 후급할 수 있고 이때는 지연이자를 부담한다.

06 ①②③   2011 국회속기직

판례에 따르면 재결절차에서 정한 보상액과 행정소송절차에서 정한 보상금액의 차액이 수용시기에 지급되지 않은 이상 지연손해금이 당연히 발생한다고 보았다.

☆ 07 ①②③   2014 경행특채 2차

「공익사업을 위한 토지 등의 취득 및 보상에 관한 법률」상 손실보상 지급원칙에는 물건별 보상의 원칙이 아닌 개인별 보상의 원칙이 적용된다.

☆ 08 ①②③   2021 국가직 7급

「공익사업을 위한 토지 등의 취득 및 보상에 관한 법률」에 따른 보상은 수용 또는 사용의 대상이 되는 물건별로 하는 것이 아니라 토지소유자나 관계인 개인별로 행해지는 것이다.

☆ 09 ①②③   2022 서울시 지적 7급

공익사업에 필요한 토지 등의 취득 및 사용으로 인하여 토지소유자나 관계인이 입은 손실은 사업시행자가 보상하여야 한다.

📖 p.481

01 ①②③   2022 서울시 지적 7급·국회직 8급

사업시행자는 동일한 사업지역에 보상시기를 달리하는 동일인 소유의 토지 등이 여러 개 있는 경우 **토지소유자나 관계인이 요구할 때에는 한꺼번에 보상금을 지급하도록 하여야** 한다.

02 ①②③   2022 서울시 지적 7급

사업시행자는 동일한 소유자에게 속하는 일단의 토지의 일부를 취득하거나 사용하는 경우 해당 공익사업의 시행으로 인하여 잔여지의 가격이 증가하거나 그 밖의 이익이 발생한 경우에도 그 이익을 그 취득 또는 사용으로 인한 손실과 상계할 수 없다.

☆ 03 ①②③   2019 지방직·교육행정직 9급

「공익사업을 위한 토지 등의 취득 및 보상에 관한 법률」에 의한 보상합의는 공공기관이 사경제주체로서 행하는 사법상 계약의 실질을 가진다.

04 ①②③   2021 국회직 8급

토지보상법에 의한 보상을 하면서 손실보상금에 관한 당사자 간의 합의가 성립하면 그 합의내용이 토지보상법에서 정하는 손실보상기준에 맞지 않는다고 하더라도 합의가 적법하게 취소되는 등의 특별한 사정이 없는 한 추가로 토지보상법상 기준에 따른 손실보상금 청구를 할 수는 없다.

05 ①②③   2019 국회직 8급

「공익사업을 위한 토지 등의 취득 및 보상에 관한 법률」상 협의가 성립되지 아니하거나 협의를 할 수 없을 때에는 사업시행자는 사업인정고시가 된 날부터 1년 이내에 대통령령으로 정하는 바에 따라 관할 토지수용위원회에 재결을 신청할 수 있다.

📖 p.483

01 ①②③   2022 지방직·서울시 7급

토지소유자 등이 손실보상대상에 해당한다고 주장하며 보상을 요구하는데도 사업시행자가 손실보상대상에 해당하지 아니한다며 보상대상에서 이를 제외한 채 협의를 하지 않아 결국 협의가 성립하지 않은 경우, 토지소유자 등에게는 재결신청청구권이 인정된다.

02 ①②③   2022 지방직·서울시 7급

사업시행자가 토지소유자 등의 재결신청의 청구를 거부하는 경우, **토지소유자 등은 민사소송의 방법으로 그 절차이행을 구할 수는 없다.**

03 ①②③   2019 국회직 8급

「**공익사업을 위한 토지 등의 취득 및 보상에 관한 법률**」상 사업인정고시가 된 후 협의가 성립되지 아니하였을 때에는 토지소유자와 관계인은 대통령령으로 정하는 바에 따라 서면으로 사업시행자에게 재결을 신청할 것을 청구할 수 있다.

04 　　　　　　　　　　　　　　　2011 국가직 9급
토지수용위원회는 손실보상의 신청범위와 관계없이 손실보상의 증액재결을 할 수 있다.

05 　　　　　　　　　　　　　　2022 지방직·서울시 7급
토지수용위원회의 수용재결이 있은 후라고 하더라도 토지소유자와 사업시행자가 다시 협의하여 토지 등의 취득이나 사용 및 그에 대한 보상에 관하여 임의로 계약을 체결할 수 있다.

☞ p.485

☆ **01** 　　　　　　　　　　　　　　　2016 서울시 7급
甲의 토지는 공익사업의 대상지역으로 「공익사업을 위한 토지 등의 취득 및 보상에 관한 법률」에 따라 사업인정절차를 거쳐 甲의 토지에 대한 수용재결이 있었다. 甲이 수용재결에 대해 항고소송으로 다투고자 할 경우, 우선적으로 이의재결을 거쳐야만 하는 것은 아니다.

02 　　　　　　　　　　　　　　2011 지방직 7급 변형
사업시행자, 토지소유자 또는 관계인은 토지수용위원회의 재결에 불복할 때에는 재결서를 받은 날부터 90일 이내에 행정소송을 제기할 수 있다.

03 　　　　　　　　　　　　　　2018 교육행정직 9급 변형
중앙토지수용위원회의 이의재결에 대한 행정소송은 재결서를 받은 날부터 60일 이내에 제기해야 한다.

04 　　　　　　　　　　　　　　　2021 국가직 7급
토지수용에 관한 행정소송에 있어서 토지소유자는 수용재결에 불복이 있는 때에는 재결서를 받은 날로부터 90일 이내에, 중앙토지수용위원회의 이의재결에 대하여 불복이 있을 때에는 이의신청에 대한 재결서를 받은 날로부터 60일 이내에 행정소송을 제기할 수 있다.

05 　　　　　　　　　　　　　　2017 지방직(하) 9급
「공익사업을 위한 토지 등의 취득 및 보상에 관한 법률」상 수용재결이나 이의신청에 대한 재결에 불복하는 행정소송의 제기는 사업의 진행 및 토지 수용 또는 사용을 정지시키지 아니한다.

06 　　　　　　　　　　　　　　　2013 국회직 8급
「공익사업을 위한 토지 등의 취득 및 보상에 관한 법률」에 의한 수용재결에 대해 취소소송으로 다투는 경우에 행정소송법 제20조의 제소기간 규정이 적용되지 않는다.

07 　　　　　　　　　　　　　　　2019 국회직 8급
공익사업으로 인하여 영업을 폐업하거나 휴업하는 자는 구 「공익사업을 위한 토지 등의 취득 및 보상에 관한 법률」에 규정된 재결절차를 거치지 않은 채 곧바로 사업시행자를 상대로 영업손실보상을 청구할 수 없다.

☆ **08** 　　　　　　　　　　　　　　　2019 국회직 8급
중앙토지수용위원회의 이의재결에 불복하여 취소소송을 제기하는 경우에는 원처분인 수용재결을 대상으로 하여야 한다.

☆ **09** 　　　　　　　　　　　　　　2017 사회복지직 9급
「공익사업을 위한 토지 등의 취득 및 보상에 관한 법률」상 토지수용에 따른 권리구제에서 수용재결에 불복하여 이의신청을 거쳐 취소소송을 제기하는 때에는 원칙적으로 수용재결을 한 토지수용위원회를 피고로 해야 한다.

☆ **10** 　　　　　　　　　　　　　　　2022 소방간부
토지소유자 등이 수용재결에 대해 이의신청을 거친 후 취소소송을 제기하는 경우에 그 대상은 이의신청에 대한 재결 자체에 고유한 위법이 없는 한 수용재결이다.

☞ p.487

☆ **01** 　　　　　　　　　　　　　　　2016 서울시 7급
甲의 토지는 공익사업의 대상지역으로 「공익사업을 위한 토지 등의 취득 및 보상에 관한 법률」에 따라 사업인정절차를 거쳐 甲의 토지에 대한 수용재결이 있었다.
(1) 이 경우, 甲이 수용재결에 대해 이의재결을 거쳤다면 항고소송의 대상은 수용재결이 된다.
(2) 이 경우, 甲이 수용재결에서 정해진 보상금에 불복하여 보상금의 증액을 청구하려면 보상금 증액을 구하는 당사자소송(형식적 당사자소송)을 제기하여야 한다.

☆ **02** 1 2 3 2013 국회직 8급

수용재결에서 결정된 손실보상금의 증액을 위해 제기하는 보상금증감청구소송은 형식적 당사자소송에 속한다.

☆ **03** 1 2 3 2016 서울시 9급

토지소유자가 손실보상금의 액수를 다투고자 할 경우에는 사업시행자를 상대로 보상금의 증액을 구하는 소송을 제기하여야 한다.

☆ **04** 1 2 3 2020 지방직·서울시 7급

어떤 보상항목이 손실보상대상에 해당함에도 관할 토지수용위원회가 사실이나 법리를 오해하여 손실보상대상에 해당하지 않는다고 잘못된 내용의 재결을 한 경우, 피보상자는 관할 토지수용위원회를 상대로 그 재결에 대한 취소소송을 제기할 것이 아니라, 사업시행자를 상대로 보상금증감소송을 제기하여야 한다.

05 1 2 3 2021 국회직 8급

하나의 재결에서 피보상자별로 여러 가지의 토지, 물건, 권리 또는 영업의 손실에 관하여 심리·판단이 이루어졌을 때, 피보상자 또는 사업시행자가 반드시 재결 전부에 관하여 불복하여야 하는 것은 아니다.

06 1 2 3 2018 국가직 7급

하나의 수용재결에서 여러 가지의 토지, 물건, 권리 또는 영업의 손실의 보상에 관하여 심리·판단이 이루어졌을 때, 피보상자는 재결 전부에 관하여 불복하여야 하는 것은 아니며, 여러 보상항목들 중 일부에 관해서만 개별적으로 불복할 수도 있다.

☆ **07** 1 2 3 2021 국가직 7급

「공익사업을 위한 토지 등의 취득 및 보상에 관한 법률」상 보상금증액소송은 처분청인 토지수용위원회를 피고로 하지 아니하고 사업시행자를 피고로 한다.

☆ **08** 1 2 3 2014 국가직 7급

토지소유자가 손실보상금의 증액을 구하는 행정소송을 제기하는 경우에는 토지수용위원회가 아니라 사업시행자를 피고로 하여야 한다.

☆ **09** 1 2 3 2017 경행경채

「공익사업을 위한 토지 등의 취득 및 보상에 관한 법률」 제85조 제2항에 의하면, 동법 제1항에 따라 제기하려는 행정소송이 보상금의 증감에 관한 소송인 경우 그 소송을 제기하는 자가 토지소유자 또는 관계인일 때에는 사업시행자를, 사업시행자일 때에는 토지소유자 또는 관계인을 각각 피고로 한다.

제32강 손해전보를 위한 그 밖의 제도 등

p.489

01 1 2 3 2005 서울시 9급

수용유사적 침해란 공용침해의 요건을 구비하였으나 보상규정을 결하고 있는 경우를 말한다.

02

02 - ① 1 2 3 2008 국가직 9급

수용적 침해는 적법한 공행정작용의 비전형적이고 비의도적인 부수적 효과로써 발생한 개인의 재산권에 대한 손해를 전보하는 것을 말하며, 수용유사침해보상은 위법·무책의 공용침해로 야기된 특별한 희생에 대한 손실의 조절적 보상을 말한다.

02 - ② 1 2 3 2008 국가직 9급

수용유사침해보상은 분리이론보다는 경계이론과 밀접한 관련이 있다.

02 - ③ 1 2 3 2008 국가직 9급

수용유사침해는 위법·무책의 공용침해에 대한 손해전보제도라는 점에서, 위법·유책의 침해에 대한 손해배상을 의미하는 국가배상과 구별된다.

02 - ④ 1 2 3 2008 국가직 9급

우리 대법원은 수용유사침해이론에 대해 유보적 입장을 보인 바 있을 뿐 명시적으로 인정한 경우는 없으며, 그에 관한 명시적 법률규정도 없다.

03 1 2 3 ㅤㅤㅤㅤㅤㅤㅤㅤ 2003 국가직 7급
대법원은 수용유사침해이론에 대해 유보적 입장을 보인 바 있을 뿐, 명시적으로 인정한 경우는 없다.

04 1 2 3 ㅤㅤㅤㅤㅤㅤㅤㅤ 2003 국가직 7급
수용유사의 침해란 타인의 재산권에 대한 위법한 공용침해를 말하고, 수용적 침해란 적법한 행정작용의 이형적·비의욕적인 부수적 결과로서 타인의 재산권에 수용적 영향을 가하는 침해를 말한다.

📖 p.491

01 1 2 3 ㅤㅤㅤㅤㅤㅤㅤㅤ 2010 지방직 7급
공법상 결과제거청구권은 공행정작용으로 인하여 야기된 위법한 상태를 제거하여 그 원상회복을 목적으로 하는 권리이다.

02 1 2 3 ㅤㅤㅤㅤㅤㅤㅤㅤ 2010 지방직 7급
공법상 결과제거청구는 가해행위의 위법 및 가해자의 고의 또는 과실을 요건으로 하지 않는다.

03 1 2 3 ㅤㅤㅤㅤㅤㅤㅤㅤ 2021 군무원 9급
공법상 결과제거청구권의 대상은 가해행위와 상당인과관계가 있는 손해가 아니라 공행정작용의 직접적인 결과이다.

04 1 2 3 ㅤㅤㅤㅤㅤㅤㅤㅤ 2021 군무원 9급
결과제거청구는 권력작용뿐만 아니라 관리작용에 의한 침해의 경우에도 인정된다.

05 1 2 3 ㅤㅤㅤㅤㅤㅤㅤㅤ 2010 지방직 7급
공법상 결과제거청구에 있어서 위법한 상태는 적법한 행정작용의 효력의 상실에 의해 사후적으로 발생할 수도 있다.

06 1 2 3 ㅤㅤㅤㅤㅤㅤㅤㅤ 2021 군무원 9급
공법상 결과제거청구의 내용은 원상회복이 행정주체에게 기대 가능한 것이어야 한다.

☆**07** 1 2 3 ㅤㅤㅤㅤㅤㅤㅤㅤ 2010 지방직 7급
공법상 결과제거청구권은 공행정작용의 직접적인 결과만을 그 대상으로 한다.

08 1 2 3 ㅤㅤㅤㅤㅤㅤㅤㅤ 2021 군무원 9급
피해자의 과실이 위법상태의 발생에 기여한 경우에는 그 과실에 비례하여 결과제거청구권이 제한되거나 상실된다.

제6편 행정구제 2(행정쟁송)

제33강 행정심판의 개관 등

☞ p.495

01 ☐☐☐ 2017 경행경채
다른 법률에서 특별행정심판이나 행정심판법에 따른 행정심판절차에 대한 특례를 정한 경우에도 그 법률에서 규정하지 아니한 사항에 관하여는 행정심판법에서 정하는 바에 따른다.

02 ☐☐☐ 2020 군무원 9급
관계행정기관의 장이 특별행정심판 또는 행정심판법에 따른 행정심판절차에 대한 특례를 신설하거나 변경하는 법령을 제정·개정할 때에는 미리 중앙행정심판위원회와 협의하여야 한다.

03 ☐☐☐ 2018 경행경채 3차
이의신청을 제기해야 할 사람이 처분청에 표제를 행정심판청구서로 한 서류를 제출한 경우라 할지라도 서류의 내용에 이의신청 요건에 맞는 불복취지와 사유가 충분히 기재되어 있다면 이를 처분에 대한 이의신청으로 볼 수 있다.

☆ **04** ☐☐☐ 2020 국회직 8급
과세처분에 대해 이의신청을 하고 이에 따라 직권취소가 이루어졌다면 특별한 사정이 없는 한 불가변력이 발생한다.

☆ **05** ☐☐☐ 2016 국가직 7급
과세처분에 관한 이의신청절차에서 과세관청이 이의신청사유가 옳다고 인정하여 과세처분을 직권으로 취소한 이상 그 후 특별한 사유 없이 이를 번복하고 종전 처분을 되풀이하는 것은 허용되지 않는다.

06 ☐☐☐ 2016 국회직 8급
이의신청은 그것이 준사법적 절차의 성격을 띠어 실질적으로 행정심판의 성질을 가진다면 이를 행정심판으로 볼 수 있다.

07 ☐☐☐ 2017 지방직(하) 9급
「공익사업을 위한 토지 등의 취득 및 보상에 관한 법률」상 토지수용위원회의 수용재결에 대한 이의절차는 실질적으로 행정심판의 성질을 갖는 것이므로 동법에 특별한 규정이 있는 것을 제외하고는 행정심판법의 규정이 적용된다.

08 ☐☐☐ 2022 국가직 9급
「공공기관의 정보공개에 관한 법률」상 정보공개와 관련한 공공기관의 비공개결정에 대하여 이의신청을 한 경우에도 행정심판법에 따른 행정심판을 제기할 수 있다.

09 ☐☐☐ 2022 국가직 9급
난민법상 난민불인정결정에 대해 법무부장관에게 이의신청을 한 경우에는 행정심판법에 따른 행정심판을 제기할 수 없다.

☞ p.497

☆ **01** ☐☐☐ 2010 지방직 9급
행정심판법상 행정심판의 종류로는 취소심판, 무효등확인심판, 의무이행심판이 있다.

☆ **02** ☐☐☐ 2020 지방직·서울시 9급
당사자의 신청에 대한 행정청의 위법한 부작위에 대하여 행정청의 부작위가 위법하다는 것을 확인하는 행정심판은 현행법상 허용되지 않는다.

03 ☐☐☐ 2020 지방직·서울시 7급
행정심판법에는 당사자심판에 대한 규정이 없다.

04 ☐☐☐ 2017 국가직(하) 9급
행정심판법에서 규정한 행정심판의 종류로는 취소심판, 무효등확인심판, 의무이행심판이 있다.

05 1 2 3　　　　　　　　　　2020 지방직·서울시 9급
행정청의 부당한 처분을 변경하는 행정심판은 현행법상 허용된다.

☆ **06** 1 2 3　　　　　　　　　2020 지방직·서울시 9급
당사자의 신청에 대한 행정청의 부당한 거부처분에 대하여 일정한 처분을 하도록 하는 행정심판은 현행법상 허용된다.

☆ **07** 1 2 3　　　　　　　　　　2019 경행경채 2차
의무이행심판이란 당사자의 신청에 대한 행정청의 위법 또는 부당한 거부처분이나 부작위에 대하여 일정한 처분을 하도록 하는 행정심판을 말한다.

☆ **08** 1 2 3　　　　　　　　　　　2013 서울시 7급
취소심판에서는 스스로 처분을 취소하거나 다른 처분으로 변경할 수 있다.

☆ **09** 1 2 3　　　　　　　　　　2019 서울시 1회 7급
취소심판의 재결로서 처분취소재결, 처분변경재결, 처분변경명령재결을 할 수 있으며, 처분취소명령재결은 할 수 없다.

☆ **10** 1 2 3　　　　　　　　　　　2019 서울시 9급
무효등확인심판에서는 사정재결이 허용되지 아니한다.

☆ **11** 1 2 3　　　　　　　　　　　2017 국회직 8급
거부처분에 대하여서는 의무이행심판, 무효등확인심판, 취소심판을 제기할 수 있다.

☆ **12** 1 2 3　　　　　　　　　2020 지방직·서울시 9급
당사자의 신청에 대한 행정청의 부당한 거부처분을 취소하는 행정심판은 현행법상 인정된다.

☆ **13** 1 2 3　　　　　　　　　　　2012 지방직 7급
판례는 당사자의 신청을 거부하는 처분을 취소하는 재결을 인정한다.

📄 p.499

01 1 2 3　　　　　　　　　　　2020 군무원 9급
행정청의 처분 또는 부작위에 대하여는 다른 법률에 특별한 규정이 있는 경우 외에는 행정심판법에 따라 행정심판을 청구할 수 있다.

☆ **02** 1 2 3　　　　　　　　　　　2019 소방직 9급
행정심판법상 행정심판의 대상에는 처분 또는 부작위의 위법성뿐만 아니라 부당성도 포함된다.

☆ **03** 1 2 3　　　　　　　　　　　　2012 지방직
행정심판법상 위법한 처분·부작위뿐만 아니라 부당한 처분·부작위에 대해서도 다툴 수 있다.

☆ **04** 1 2 3　　　　　　　　　　　2020 군무원 9급
대통령의 처분 또는 부작위에 대하여는 다른 법률에서 행정심판을 청구할 수 있도록 정한 경우 외에는 행정심판을 청구할 수 없다.

☆ **05** 1 2 3　　　　　　　　　2021 지방직·서울시 9급
심판청구에 대한 재결이 있으면 그 재결 및 같은 처분 또는 부작위에 대하여 다시 행정심판을 청구할 수 없다.

☆ **06** 1 2 3　　　　　　　　　　　2017 국회직 8급
행정심판의 재결에 고유한 위법이 있는 경우에도 재결에 대하여 다시 행정심판을 청구할 수는 없다.

☆ **07** 1 2 3　　　　　　　　　　　2016 지방직 9급
시·도 행정심판위원회의 기각재결이 내려진 경우 청구인은 중앙행정심판위원회에 그 재결에 대하여 다시 행정심판을 청구할 수 없다.

📄 p.501

01 1 2 3　　　　　　　　　　　2018 국회직 8급
법인이 아닌 사단 또는 재단으로서 대표자나 관리인이 정하여져 있는 경우에는 그 사단이나 재단의 이름으로 심판청구를 할 수 있다.

02 　　　　　　　　　　　　　　　　2018 국회직 8급
행정심판의 경우 여러 명의 청구인이 공동으로 심판청구를 할 때에는 청구인들 중에서 3명 이하의 선정대표자를 선정할 수 있다.

03 　　　　　　　　　　　　　　　　2008 국회직 8급
행정심판절차에서 청구인들이 '당사자 아닌 자'를 선정대표자로 선정한 행위는 무효이다.

☆ **04** 　　　　　　　　　　　　　　　2010 국회직 8급
의무이행심판은 처분을 신청한 자로서 행정청의 거부처분 또는 부작위에 대하여 일정한 처분을 구할 법률상 이익이 있는 자가 청구할 수 있다.

☆ **05** 　　　　　　　　　　　　　　　2018 국가직 9급
행정심판의 대상과 관련되는 권리나 이익을 양수한 특정승계인은 행정심판위원회의 허가를 받아 청구인의 지위를 승계할 수 있다.

p.503

☆ **01** 　　　　　　　　　　　　　　　2013 서울시 9급
행정심판에 있어 피청구인은 처분행정청이다.

02 　　　　　　　　　　　　　　　　2015 경행특채 1차
의무이행심판의 경우에는 청구인의 신청을 받은 행정청을 피청구인으로 하여 행정심판을 청구하여야 한다.

03 　　　　　　　　　　　　　　　　2015 경행특채 1차
심판청구의 대상과 관계되는 권한이 다른 행정청에 승계된 경우에는 권한을 승계한 행정청을 피청구인으로 하여야 한다.

04 　　　　　　　　　　　　　　　　2020 지방직·서울시 7급
피청구인의 경정은 행정심판위원회에서 결정하며 행정심판위원회의 직권 또는 당사자의 신청에 의한다.

☆ **05** 　　　　　　　　　　　　　　　2018 서울시 1회 7급
피청구인의 경정이 있으면 새로운 피청구인에 대한 심판청구는 종전의 피청구인에 대한 행정심판이 청구된 때에 제기된 것으로 본다.

06 　　　　　　　　　　　　　　　　2015 사회복지직 9급
행정심판의 결과에 이해관계가 있는 제3자 또는 행정청은 행정심판위원회의 허가를 받아 그 사건에 참가할 수 있다.

07 　　　　　　　　　　　　　　　　2018 국회직 8급
행정심판결과에 이해관계가 있는 제3자나 행정청은 신청에 의하여 행정심판에 참가할 수 있고, 행정심판위원회가 직권으로 심판에 참가할 것을 요구할 수도 있다.

☆ **08** 　　　　　　　　　　　　　　　2018 국회직 8급
참가인은 행정심판절차에서 당사자가 할 수 있는 심판절차상의 행위를 할 수 있다.

09 　　　　　　　　　　　　　　　　2019 국가직 9급
행정심판청구인이 경제적 능력으로 인해 대리인을 선임할 수 없는 경우에는 행정심판위원회에 국선대리인을 선임하여 줄 것을 신청할 수 있다.

p.505

☆ **01** 　　　　　　　　　　　　　　　2009 국가직 9급
행정심판법은 심리·의결기능과 재결기능을 일원화하고 있다.

☆ **02** 　　　　　　　　　　　　　　　2008 지방직 9급
행정심판의 청구를 심리·재결하기 위하여 행정심판위원회를 둔다.

☆ **03** 　　　　　　　　　　　　　　　2014 국가직 9급
국가정보원장의 처분 또는 부작위에 대한 행정심판의 청구는 국가정보원장 소속 행정심판위원회에서 심리·재결한다.

04 　　　　　　　　　　　　　　　　2021 국회직 8급
국회사무총장의 처분 또는 부작위에 대한 행정심판의 청구는 국회사무총장 소속 행정심판위원회에서 심리·재결한다.

05 ①②③　　　　　　　　　　　2018 국회직 8급
국가인권위원회의 처분 또는 부작위에 대한 행정심판의 청구는 국가인권위원회에 두는 행정심판위원회에서 심리·재결한다.

☆ **06** ①②③　　　　　　　　　　　2014 서울시 9급
서울특별시 소속 행정청의 처분에 대한 행정심판은 서울특별시행정심판위원회에서 관할한다.

☆ **07** ①②③　　　　　　　　　　　2019 서울시 9급
종로구청장의 처분이나 부작위에 대한 행정심판청구는 서울특별시행정심판위원회에서 심리·재결하여야 한다.

☆ **08** ①②③　　　　　　　　　　　2015 지방직 9급
시·도의 관할구역에 있는 둘 이상의 시·군·자치구 등이 공동으로 설립한 행정청의 처분에 대하여는 시·도지사 소속 행정심판위원회에서 심리·재결한다.

09 ①②③　　　　　　　　　　　2022 국가직 7급
국가공무원법상 소청심사는 행정심판법에 따른 행정심판기관이 아닌 소청심사위원회에 의하여 처리되는 특별행정심판에 해당한다.

10 ①②③　　　　　　　　　　　2022 국가직 7급
「공익사업을 위한 토지 등의 취득 및 보상에 관한 법률」상 토지수용재결에 대한 이의신청은 행정심판법에 따른 행정심판기관이 아닌 중앙토지수용위원회에 의하여 처리되는 특별행정심판에 해당한다.

11 ①②③　　　　　　　　　　　2019 국회직 8급
중앙행정심판위원회는 위원장 1명을 포함하여 70명 이내의 위원으로 구성하되 위원 중 상임위원은 4명 이내로 한다.

12 ①②③　　　　　　　　　　　2018 교육행정직 9급
예외적으로 당해 지방자치단체의 조례에서 시·도행정심판위원회의 위원장을 공무원이 아닌 위원으로 정한 경우에 그는 비상임으로 직무를 수행한다.

☆ **13** ①②③　　　　　　　　　　　2021 국회직 8급
중앙행정심판위원회의 위원장은 국민권익위원회의 부위원장 중 1명이 되며, 위원장이 부득이한 사유로 직무를 수행할 수 없거나 위원장이 필요하다고 인정하는 경우에는 상임위원이 위원장의 직무를 대행한다.

☆ **14** ①②③　　　　　　　　　　　2021 소방직 9급
행정심판법상 중앙행정심판위원회의 회의는 위원장, 상임위원 및 위원장이 회의마다 지정하는 비상임위원을 포함하여 총 9명으로 구성한다.

15 ①②③　　　　　　　　　　　2022 국가직 7급
도로교통법상 행정심판은 행정심판법에 따른 행정심판기관인 중앙행정심판위원회의 소위원회에서 처리하는 일반행정심판에 해당한다.

☞ p.507

01 ①②③　　　　　　　　　　　2019 국회직 8급
중앙행정심판위원회의 상임위원은 행정심판에 관한 지식과 경험이 풍부한 사람 중에서 중앙행정심판위원회 위원장의 제청으로 국무총리를 거쳐 대통령이 임명한다.

02 ①②③　　　　　　　　　　　2021 소방직 9급
행정심판법상 중앙행정심판위원회의 비상임위원은 일정한 요건을 갖춘 사람 중에서 중앙행정심판위원회 위원장의 제청으로 국무총리가 성별을 고려하여 위촉한다.

03 ①②③　　　　　　　　　　　2015 서울시 7급
행정심판위원회의 위원에 대한 기피신청은 그 사유를 소명한 문서로 하여야 한다.

04 ①②③　　　　　　　　　　　2015 지방직 9급
행정심판에 있어서 사건의 심리·의결에 관한 사무에 관여하는 직원에게도 행정심판법 제10조의 위원의 제척·기피·회피가 적용된다.

제34강 행정심판절차 등

☞ p.509

☆ 01 1 2 3   2009 국가직 9급

행정심판청구는 서면으로 하여야 한다.

☆ 02 1 2 3   2018 서울시 9급

행정심판청구는 엄격한 형식을 요하지 않는 서면행위로 해석된다.

☆ 03 1 2 3   2012 사회복지직 9급

행정심판청구서의 형식을 다 갖추지 않더라도 그 문서내용이 행정심판의 청구를 구하는 것을 내용으로 한다면 특별한 사정이 없는 한 적법한 행정심판청구로 볼 수 있다.

☆ 04 1 2 3   2016 국회직 8급

진정이라는 표현을 사용하더라도 그것이 실제로 행정심판의 실체를 가진다면 행정심판으로 다룰 수 있다.

☆ 05 1 2 3   2019 서울시 2회 7급

행정심판을 청구하려는 자는 심판청구서를 작성하여 피청구인이나 행정심판위원회에 제출하여야 한다.

☆ 06 1 2 3   2018 국가직 9급

행정심판을 청구하려는 자는 행정심판위원회뿐만 아니라 피청구인인 행정청에도 행정심판청구서를 제출할 수 있으나 행정소송을 제기하려는 자는 법원에 소장을 제출하여야 한다.

☆ 07 1 2 3   2017 국회직 8급

행정심판을 청구하려는 자는 심판청구서를 작성하여 피청구인을 경유하여 또는 직접 행정심판위원회에 제출할 수 있다.

08 1 2 3   2011 지방직 9급

심판청구서를 받은 피청구인인 행정청은 그 심판청구가 이유 있다고 인정할 때에는 심판청구의 취지에 따라 처분을 취소·변경 또는 확인을 하거나 신청에 따른 처분을 할 수 있고, 이를 청구인에게 알리고 행정심판위원회에 그 증명서류를 제출하여야 한다.

☞ p.511

☆ 01 1 2 3   2016 경행경채

행정심판은 처분이 있음을 알게 된 날부터 90일 이내에 청구하여야 한다.

02 1 2 3   2016 경행경채

청구인이 천재지변, 전쟁, 사변, 그 밖의 불가항력으로 인하여 행정심판법 제27조 제1항의 기간에 심판청구를 할 수 없었을 때에는 그 사유가 소멸한 날부터 14일 이내에 행정심판을 청구할 수 있다. 다만, 국외에서 행정심판을 청구하는 경우에는 그 기간을 30일로 한다.

☆ 03 1 2 3   2019 소방직 9급

행정심판은 처분이 있었던 날부터 180일이 지나면 청구하지 못한다. 다만, 정당한 사유가 있는 경우에는 그러하지 아니하다.

☆ 04 1 2 3   2019 소방직 9급

부작위에 대한 의무이행심판청구에 있어서는 심판청구기간의 제한이 없다.

☆ 05 1 2 3   2019 경행경채 2차

무효등확인심판과 부작위에 대한 의무이행심판청구의 경우에는 심판청구의 기간에 제한이 없지만 거부처분에 대한 의무이행심판청구에는 심판청구의 기간에 제한이 있다.

☆ 06 1 2 3   2013 서울시 7급

무효등확인심판에는 심판청구기간의 제한이 없다.

☆ 07 1 2 3   2013 서울시 7급

부작위에 대한 의무이행심판에는 심판청구에 기간상의 제한이 없다.

☆ 08 1 2 3   2021 지방직·서울시 9급

심판청구기간의 기산점인 '처분이 있음을 안 날'이라 함은 당사자가 통지·공고 기타의 방법에 의하여 당해 처분이 있었다는 사실을 현실적으로 안 날을 의미한다.

제6편 행정구제 2(행정쟁송)

☆ **09** 1 2 3   2007 관세사
판례는 처분이 있음을 안 날이라 함은 당해 처분이 있었다는 사실을 추상적으로 알 수 있었던 날이 아닌 현실적으로 안 날을 의미한다고 한다.

10 1 2 3   2010 국회직 8급
부재시 등기우편물을 수령하여 전달해 온 주거지 아파트 경비원은 수령권을 위임받은 것으로 볼 수 있으므로, 경비원이 처분서를 수령하였다면 적법한 송달이 있는 것으로 보게 된다.

☆ **11** 1 2 3   2018 서울시 1회 7급
고시 또는 공고에 의하여 행정처분을 하는 경우에는 고시 또는 공고의 효력발생일을 처분이 있었음을 안 날로 보아 그 날로부터 90일 이내에 행정심판을 청구할 수 있다.

📖 p.513

☆ **01** 1 2 3   2010 국회직 8급
행정처분의 직접 상대방이 아닌 제3자는 특별한 사정이 없는 한 180일 기간 적용을 배제할 정당한 사유가 있는 경우에 해당한다고 보아 180일이 경과한 뒤에도 심판청구를 제기할 수 있다고 함이 대법원 판례의 태도이다.

02 1 2 3   2007 관세사
행정청이 행정심판청구기간을 실제보다 긴 기간으로 잘못 알린 경우에는 그 잘못 알린 긴 기간 내에 행정심판을 제기하면 된다.

03 1 2 3   2019 경행경채 2차
행정청이 심판청구의 기간을 알리지 아니한 경우에는 처분이 있었던 날부터 180일 이내에 행정심판을 청구할 수 있다.

04 1 2 3   2015 지방직 9급
행정청이 행정심판청구기간 등을 고지하지 아니하였다면 처분의 상대방이 처분이 있었다는 사실을 알았다 하더라도 처분이 있었던 날부터 180일 이내에 행정심판을 청구할 수 있다.

05 1 2 3   2015 지방직 9급
행정심판청구 후 피청구인인 행정청이 새로운 처분을 하거나 대상인 처분을 변경한 때에는 청구인은 새로운 처분이나 변경된 처분에 맞추어 청구의 취지 또는 이유를 변경할 수 있다.

☆ **06** 1 2 3   2017 국가직(하) 9급
행정심판청구는 처분의 효력이나 그 집행 또는 절차의 속행에 영향을 주지 않는다.

☆ **07** 1 2 3   2009 국가직 9급
행정심판법은 집행부정지의 원칙을 취하면서도 예외적으로 일정한 요건하에 집행정지를 인정한다.

☆ **08** 1 2 3   2016 사회복지직 9급
행정심판법은 집행정지의 적극적 요건으로 '중대한 손해발생의 가능성'을 요구하고 있다.

📖 p.515

☆ **01** 1 2 3   2013 국회속기직
행정심판위원회는 당사자의 신청 또는 직권에 의하여 집행정지결정을 할 수 있다.

02 1 2 3   2018 국가직 7급
행정심판위원회는 심판청구된 행정청의 부작위가 위법·부당하다고 상당히 의심되는 경우로서 당사자가 받을 우려가 있는 중대한 불이익이나 당사자에게 생길 급박한 위험을 막기 위하여 임시지위를 정할 필요가 있는 경우 직권 또는 당사자의 신청에 의하여 임시처분을 결정할 수 있다.

☆ **03** 1 2 3   2022 서울시 지적 7급
행정소송법과 달리 행정심판법은 처분 또는 부작위에 대하여 임시의 지위를 정하는 임시처분제도를 두고 있다.

☆ **04** 1 2 3   2021 국회직 8급
행정심판위원회의 임시처분결정은 당사자의 신청 또는 직권으로 할 수 있다.

★ **05** 1 2 3   2019 지방직·교육행정직 9급
행정심판위원회는 임시처분을 결정한 후에 임시처분이 공공복리에 중대한 영향을 미치는 경우에는 직권으로 또는 당사자의 신청에 의하여 이 결정을 취소할 수 있다.

★ **06** 1 2 3   2017 교육행정직 9급
임시처분은 집행정지로 목적을 달성할 수 있는 경우에는 허용되지 않는다.

★ **07** 1 2 3   2022 국회직 8급
행정심판법상 임시처분에 대한 설명으로 옳지 않은 것은? (다툼이 있는 경우 판례에 의함)
① 임시처분이란 행정청의 처분이나 부작위 때문에 발생할 수 있는 당사자의 중대한 불이익이나 급박한 위험을 막기 위해 당사자에게 임시지위를 부여하는 행정심판위원회의 결정을 말한다.
② 당사자의 임시지위를 정하여야 할 필요성이 인정된다면, 집행정지로 목적을 달성할 수 있는 경우에도 임시처분은 선택적으로 사용될 수 있다.
③ 행정심판위원회는 적극적 가구제수단인 임시처분을 직권으로 결정할 수 있다.
④ 행정심판위원회가 임시처분결정을 하기 위해서 행정심판청구의 계속이 요구된다.
⑤ 임시처분결정절차에는 집행정지결정의 절차에 관한 규정이 준용된다.

[해설]
② 집행정지로 목적을 달성할 수 있는 경우 임시처분 허용 ×
정답 ②

04

04 - ① 1 2 3   2013 지방직(하) 7급
행정심판의 심리는 처분권주의를 원칙으로 하며, 필요한 경우 직권심리를 할 수 있다.

04 - ② 1 2 3   2013 지방직(하) 7급
행정심판위원회의 심리는 당사자가 주장한 사실에 한정되지 않으며, 필요한 때에는 당사자가 주장하지 아니한 사실에 대하여도 심리할 수 있다.

04 - ③ 1 2 3   2013 지방직(하) 7급
행정심판법은 구술심리와 서면심리를 모두 규정하여, 행정심판위원회의 선택에 맡기고 있다.

04 - ④ 1 2 3   2013 지방직(하) 7급
행정심판법에는 명문규정이 없으나, 비공개주의를 채택하고 있다고 봄이 일반적이다.

05 1 2 3   2015 서울시 9급
행정심판에서는 당사자주의가 원칙이며 직권탐지주의가 보충적으로 인정된다.

★ **06** 1 2 3   2016 서울시 7급
행정심판의 심리는 구술심리 또는 서면심리주의를 취하고 있다.

☞ p.517

★ **01** 1 2 3   2016 교육행정직 9급
행정심판위원회는 심판청구의 대상이 되는 처분 또는 부작위 외의 다른 처분 또는 부작위에 대하여 재결할 수 없다.

★ **02** 1 2 3   2018 교육행정직 9급
행정심판위원회는 심판청구의 대상이 되는 처분보다 청구인에게 불리한 재결을 할 수 없다.

★ **03** 1 2 3   2019 지방직·교육행정직 9급
행정심판위원회는 필요하면 당사자가 주장하지 아니한 사실에 대하여도 심리할 수 있다.

★ **07** 1 2 3   2018 국가직 9급
행정심판에서도 항고소송에서와 같이 처분청이 당초처분의 근거로 삼은 사유와 기본적 사실관계가 동일성이 있다고 인정되는 한도 내에서만 다른 사유를 추가 또는 변경할 수 있다.

★ **08** 1 2 3   2018 지방직 7급
행정처분의 취소를 구하는 항고소송에서 처분청은 당초처분의 근거로 삼은 사유와 기본적 사실관계의 동일성이 있다고 인정되는 한도 내에서만 다른 사유를 추가 또는 변경할 수 있다는 법리는 행정심판단계에서도 그대로 적용된다.

📖 p.519

☆ **01** 1 2 3   2015 지방직 9급

행정심판에 있어서 행정처분의 위법·부당 여부는 원칙적으로 처분시를 기준으로 판단하여야 할 것이나, 재결 당시까지 제출된 모든 자료를 종합하여 처분 당시 존재하였던 객관적 사실을 확정하고 그 사실에 기초하여 처분의 위법·부당 여부를 판단할 수 있다.

☆ **02** 1 2 3   2017 국가직(하) 9급

행정심판위원회는 취소심판청구가 이유 있다고 인정하는 경우에도 이를 인용하는 것이 공공복리에 크게 위배된다고 인정하면 그 심판청구를 기각하는 재결을 할 수 있다.

03 1 2 3   2015 국회직 8급

행정심판위원회는 사정재결을 함에 있어서 청구인에 대하여 상당한 구제방법을 취하거나 피청구인에게 상당한 구제방법을 취할 것을 명할 수 있고, 재결주문에 그 처분 등이 위법 또는 부당함을 명시하여야 한다.

☆ **04** 1 2 3   2021 군무원 7급

사정재결은 취소심판 및 의무이행심판의 경우에만 인정되고, 무효확인심판의 경우에는 인정되지 않는다.

☆ **05** 1 2 3   2021 지방직·서울시 9급

행정청의 부작위에 대한 의무이행심판은 심판청구기간 규정의 적용을 받지 않지만, 사정재결은 인정된다.

☆ **06** 1 2 3   2018 국회직 8급

행정심판위원회는 무효확인심판청구의 경우 사정재결을 할 수 없다.

☆ **07** 1 2 3   2015 서울시 9급

행정심판에서는 변경재결과 같이 원처분을 적극적으로 변경하는 것도 가능하다.

08 1 2 3   2021 군무원 7급

취소심판의 심리 후 행정심판위원회는 영업허가취소처분을 영업정지처분으로 적극적으로 변경하는 변경재결 또는 변경명령재결을 할 수 있다.

📖 p.521

01 1 2 3   2021 군무원 7급

의무이행심판의 청구가 이유 있다고 인정되는 경우에는 행정심판위원회는 직접 신청에 따른 처분을 할 수 있고, 피청구인에게 처분을 할 것을 명하는 재결을 할 수도 있다.

02 1 2 3   2008 지방직 9급

재결의 효력으로서 행정청에 대한 불가변력과 불가쟁력이 모두 인정된다.

☆ **03** 1 2 3   2008 국회직 8급

의무이행심판에 관한 재결이 있게 되면 재결기관은 그것이 위법·부당하다고 생각되는 경우에도 스스로 이를 취소 또는 변경할 수 없다.

04 1 2 3   2012 사회복지직 9급

형성력을 가지는 취소재결이 있는 경우 그 대상이 된 행정처분은 재결 자체에 의해 당연취소되어 소멸한다.

05 1 2 3   2012 국회직 8급

재결의 기속력은 행정심판위원회가 직접처분의 취소·변경 등을 하지 않은 처분의 변경명령재결 또는 의무이행명령재결의 경우에 발생한다.

☆ **06** 1 2 3   2018 경행경채 3차

행정심판에서 행정심판위원회에 의한 형성적 재결이 있은 경우에는 그 대상이 된 행정처분은 재결 자체에 의하여 당연히 취소되어 소멸된다.

07 1 2 3   2019 국회직 8급

행정심판법상 심판청구를 인용하는 재결은 피청구인, 그 밖의 관계행정청을 기속하지만 청구인을 기속하는 것은 아니다.

☆ **08** 1 2 3   2021 지방직·서울시 9급

재결의 기속력은 인용재결의 경우에만 인정되고, 기각재결에서는 인정되지 않는다.

☆ **09** 1 2 3　　　　　　　　　　2021 군무원 9급

기각재결이 있은 후에도 원처분청은 원처분을 직권으로 취소 또는 변경할 수 있다.

10 1 2 3　　　　　　　　　　2006 관세사

인용재결에 대하여 처분청은 행정소송으로 불복할 수 없다.

p.523

☆ **01** 1 2 3　　　　　　　　　　2019 경행경채 2차

당사자의 신청을 거부하거나 부작위로 방치한 처분의 이행을 명하는 재결이 있으면 행정청은 지체 없이 이전의 신청에 대하여 재결의 취지에 따라 처분을 하여야 한다.

☆ **02** 1 2 3　　　　　　　　　　2017 사회복지직 9급

판례에 따르면, 처분의 절차적 위법사유로 인용재결이 있었으나 행정청이 절차적 위법사유를 시정한 후 행정청이 종전과 같은 처분을 하는 것은 재결의 기속력에 반하지 않는다.

03 1 2 3　　　　　　　　　　2021 지방직·서울시 9급

재결에 의하여 취소되거나 무효 또는 부존재로 확인되는 처분이 당사자의 신청을 거부하는 것을 내용으로 하는 경우에는 그 처분을 한 행정청은 재결의 취지에 따라 다시 이전의 신청에 대한 처분을 하여야 한다.

04 1 2 3　　　　　　　　　　2019 지방직·교육행정직 9급

당사자의 신청을 거부하는 처분에 대한 취소심판에서 인용재결이 내려진 경우, 의무이행심판과 마찬가지로 행정청은 재처분의무를 진다.

05 1 2 3　　　　　　　　　　2020 지방직·서울시 7급

법령의 규정에 따라 공고하거나 고시한 처분이 재결로써 취소되거나 변경되면 처분을 한 행정청은 지체 없이 그 처분이 취소 또는 변경되었다는 것을 공고하거나 고시하여야 한다.

☆ **06** 1 2 3　　　　　　　　　　2021 지방직·서울시 9급

기속력은 재결의 주문 및 그 전제가 된 요건사실의 인정과 판단, 즉 처분 등의 구체적 위법사유에 관한 판단에만 미친다.

☆ **07** 1 2 3　　　　　　　　　　2019 국가직 7급

재결의 기속력은 재결의 주문 및 그 전제가 된 요건사실의 인정과 판단에 대하여만 미친다.

☆ **08** 1 2 3　　　　　　　　　　2021 국가직 7급

당사자의 신청을 받아들이지 않은 거부처분이 재결에서 취소된 경우에 행정청은 재결 후에 발생한 새로운 사유를 내세워 다시 거부처분을 할 수 있다.

09 1 2 3　　　　　　　　　　2020 국가직 9급

당사자의 신청을 거부한 처분의 이행을 명하는 재결이 있음에도 불구하고 행정청이 재결의 취지에 따른 처분을 하지 않는 경우, 행정심판위원회는 직접처분을 할 수 있다.

p.525

☆ **01** 1 2 3　　　　　　　　　　2019 서울시 1회 7급

처분청이 처분이행명령재결에 따른 처분을 하지 아니한 경우에 행정심판위원회는 당사자가 신청하면 기간을 정하여 서면으로 시정을 명하고 그 기간에 이행하지 아니하면 직접처분을 할 수 있지만, 당사자의 신청 없이 직권으로 직접처분을 할 수는 없다.

☆ **02** 1 2 3　　　　　　　　　　2021 경행경채

행정심판위원회의 직접처분권은 의무이행재결에만 인정되므로 거부처분에 대한 취소재결이 있는 경우에 피청구인이 재결의 취지에 따라 다시 이전의 신청에 대한 처분을 하지 아니하는 경우라도 행정심판위원회가 직접처분을 할 수는 없다.

03 1 2 3　　　　　　　　　　2021 국가직 7급

정보공개명령재결은 행정심판위원회에 의한 직접처분의 대상이 되지 않는다.

☆ **04** 1 2 3　　　　　　　　　　2021 국회직 8급

행정심판법에서는 거부처분에 대한 이행명령재결에 따르지 않을 경우 직접처분에 관한 규정을 두고 있으나, 행정소송법에서는 이에 관한 규정을 두지 않고 있다.

05 ①②③　2022 국회직 8급
행정심판위원회는 사정의 변경이 있는 경우에는 당사자의 신청에 의하여 간접강제결정의 내용을 변경할 수 있으며, 변경결정을 하기 전에 신청 상대방의 의견을 들어야 한다.

☆ **06** ①②③　2022 국회직 8급
행정심판위원회는 피청구인이 재결에 따른 재처분의무를 이행하지 않으면 청구인의 신청에 의하여 결정으로 상당한 기간을 정하고 피청구인이 그 기간 내에 이행하지 아니하는 경우에는 그 지연기간에 따라 일정한 배상을 하도록 명하거나 즉시 배상을 할 것을 명할 수 있다.

☆ **07** ①②③　2021 지방직·서울시 9급
행정심판 인용재결에 따른 행정청의 재처분의무에도 불구하고 행정청이 인용재결에 따른 처분을 하지 아니하는 경우, 행정심판위원회는 청구인의 신청에 의하여 결정으로 상당한 기간을 정하고, 행정청이 그 기간 내에 이행하지 아니하는 경우에는 지연기간에 따라 일정한 배상을 하도록 명할 수 있다.

☆ **08** ①②③　2018 서울시 2회 7급
행정심판위원회는 재처분의무가 있는 피청구인이 재처분의무를 이행하지 아니하면 지연기간에 따라 일정한 배상을 하도록 명하거나 즉시 배상을 할 것을 명할 수 있다.

09 ①②③　2022 국회직 8급
청구인은 행정심판위원회의 간접강제결정에 불복하는 경우 그 결정에 대하여 행정소송을 제기할 수 있다.

10 ①②③　2021 국가직 7급
인용재결의 기속력은 피청구인과 그 밖의 관계행정청에 미치고, 행정심판위원회의 간접강제결정의 효력은 피청구인인 행정청이 소속된 국가·지방자치단체 또는 공공단체에 미친다.

☆ **11** ①②③　2021 국회직 8급
행정심판위원회는 당사자의 권리 및 권한의 범위에서 당사자의 동의를 받아 심판청구의 신속하고 공정한 해결을 위하여 조정을 할 수 있지만, 그 조정이 공공복리에 적합하지 아니하거나 해당 처분의 성질에 반하는 경우에는 그러하지 아니하다.

📖 p.527

01 ①②③　2020 지방직·서울시 7급
조정은 당사자가 합의한 사항을 조정서에 기재한 후 당사자가 서명 또는 날인하고 행정심판위원회가 이를 확인함으로써 성립한다.

02 ①②③　2014 경행특채 2차
중앙행정심판위원회는 심판청구를 심리·재결할 때에 처분 또는 부작위의 근거가 되는 명령 등이 법령에 근거가 없거나 상위법령에 위배되거나 국민에게 과도한 부담을 주는 등 크게 불합리하면 관계행정기관에 그 명령 등의 개정·폐지 등 적절한 시정조치를 요청할 수 있다.

03 ①②③　2012 지방직
행정심판위원회는 재결을 한 후 증거서류 등의 반환신청을 받으면 청구인이 제출한 문서·장부·물건이나 그 밖의 증거자료의 원본을 지체 없이 제출자에게 반환하여야 한다.

☆ **04** ①②③　2018 서울시 1회 7급
취소재결의 경우 기속력은 인정되지만 기판력은 인정되지 않는다.

☆ **05** ①②③　2021 지방직·서울시 9급
재결이 확정된 경우에도 처분의 기초가 된 사실관계나 법률적 판단이 확정되고 당사자들이나 법원이 이에 기속되어 모순되는 주장이나 판단을 할 수 없게 되는 것은 아니다.

06 ①②③　2006 경기도 9급
고지에 관해서는 행정심판법 외에도 규정이 있다.

07 ①②③　2010 국회속기직
행정절차법은 행정청이 처분을 하는 때에는 당사자에게 제소기간을 알려야 한다고 규정하고 있으나 제소기간을 알리지 아니하거나, 알렸지만 잘못 알린 경우에 관하여는 아무런 규정이 없다.

08 ①②③　2004 국회직 8급
고지는 행정심판법에 규정된 심판청구에 필요한 사항을 구체적으로 알려 주는 비권력적 사실행위로 고지 자체는 아무런 법적 효과를 발생하지 않는다.

p.529

01 1 2 3   2011 국회직

신청에 의하여 고지하는 경우 해당 처분이 행정심판의 대상이 되는 처분인지에 대하여 고지하여야 한다.

02 1 2 3   2018 지방직 9급

행정청이 처분을 서면으로 하는 경우 상대방에게 행정심판을 제기할 수 있는지 여부와 제기하는 경우의 행정심판절차 및 청구기간을 직접 알려야 한다.

☆ **03** 1 2 3   2012 국회직 8급

행정청이 처분을 하면서 고지의무를 이행하지 않은 경우 또는 잘못 고지한 경우라도 당해 처분이 위법하게 되는 것은 아니다.

☆ **04** 1 2 3   2011 국회직 8급

행정심판법상의 고지제도에 관한 설명으로 옳은 것을 모두 고르면? (다툼이 있는 경우 판례에 따름)

> ㉠ 직권에 의한 고지와 신청에 의한 고지가 있다.
> ㉡ 고지는 불복제기의 가능성 여부 및 불복청구의 요건 등 불복청구에 필요한 사항을 알려주는 권력적 사실행위로서 처분성이 인정된다.
> ㉢ 직권에 의하여 고지하는 경우 처분의 상대방에 대해서만 고지하면 된다.
> ㉣ 불고지나 오고지는 처분 자체의 효력에 직접 영향을 미치지 않는다.
> ㉤ 신청에 의하여 고지하는 경우 해당 처분이 행정심판의 대상이 되는 처분인지에 대하여 고지하여야 한다.

① ㉠, ㉢
② ㉠, ㉢, ㉤
③ ㉠, ㉣, ㉤
④ ㉠, ㉢, ㉣, ㉤
⑤ ㉠, ㉡, ㉢, ㉣, ㉤

[해설]
㉡ 비권력적 사실행위 → 처분성 ✕

정답 ④

05 1 2 3   2015 서울시 9급

개별법률에서 정한 심판청구기간이 행정심판법이 정한 심판청구기간보다 짧은 경우, 행정청이 행정처분을 하면서 그 개별법률상 심판청구기간을 고지하지 아니하였다면 행정심판법에서 정한 심판청구기간 내에 한하여 심판청구가 가능하다.

☆ **06** 1 2 3   2010 서울시 9급

행정청이 심판청구기간을 잘못 알린 경우, 잘못 알린 기간 내에 심판청구가 있으면 적법한 행정심판 제기로 본다.

제35강 행정소송 개관, 당사자소송 및 객관적 소송

p.531

01 1 2 3   2009 지방직 9급

단순한 사실관계의 존부 등의 문제는 행정소송의 대상이 되지 아니한다.

02 1 2 3   2009 지방직 9급

법령은 그 자체가 직접 국민의 권리·의무를 침해하는 경우 행정소송의 대상이 된다.

03 1 2 3   2009 세무사

법규명령 중 국민의 구체적인 권리·의무에 직접적인 변동을 초래하지 않는 것은 행정소송의 대상이 아니다.

04 1 2 3   2009 세무사

판례는 국가보훈처장 등이 발행한 책자 등에서 독립운동가 등의 활동상을 잘못 기술하였다는 등의 이유로 그 사실관계의 확인을 구하는 것은 항고소송의 대상이 되지 않는다고 한다.

05 1 2 3   2009 관세사

재량행위에 대해 취소소송이 제기된 경우 곧바로 각하할 것이 아니라 본안심사를 통해 재량권의 일탈·남용이 있었는지를 검토하여 재량하자가 있으면 청구를 인용하고, 그렇지 아니한 경우 청구를 기각하여야 한다.

제6편 행정구제 2(행정쟁송) **167**

06 1 2 3   2021 국회직 8급
행정심판법에서는 의무이행심판제도를 두고 있지만, 행정소송법에서는 의무이행소송제도를 두고 있지 않다.

☆ **07** 1 2 3   2021 소방직 9급
판례는 행정소송법상 행정청의 부작위에 대하여 부작위법확인소송은 인정하지만, 작위의무이행소송은 인정하고 있지 않다.

☆ **08** 1 2 3   2009 관세사
대법원 판례는 의무이행소송이나 적극적 형성판결을 구하는 행정소송을 인정하지 아니한다.

☆ **09** 1 2 3   2015 지방직 9급
행정소송법상 행정청이 일정한 처분을 하지 못하도록 그 부작위를 구하는 청구는 허용되지 않는 부적법한 소송이다.

☆ **10** 1 2 3   2018 교육행정직 9급
신축건물의 준공처분을 하여서는 아니 된다는 내용의 부작위를 청구하는 행정소송은 허용되지 않는다.

📖 p.533

☆ **01** 1 2 3   2013 지방직 9급
예방적 금지소송은 행정소송법상 소송유형에 포함되지 않는다.

☆ **02** 1 2 3   2012 지방직 9급
행정소송법 제3조에서는 행정소송을 항고소송, 당사자소송, 민중소송, 기관소송으로 구분한다.

☆ **03** 1 2 3   2013 지방직 9급
당사자소송은 개인의 권익구제를 주된 목적으로 하는 주관적 소송이다.

☆ **04** 1 2 3   2013 서울시 9급
기관소송은 객관적 소송이다.

☆ **05** 1 2 3   2021 소방직 9급
행정소송법상 항고소송은 취소소송·무효등확인소송·부작위법확인소송으로 구분한다.

☆ **06** 1 2 3   2014 국가직 9급
행정소송법에서 규정하고 있는 항고소송은 취소소송, 무효등확인소송, 부작위위법확인소송이다.

☆ **07** 1 2 3   2017 경행경채
항고소송이란 행정청의 처분 등이나 부작위에 대하여 제기하는 소송이다.

📖 p.535

☆ **01** 1 2 3   2021 군무원 9급
공법상 당사자소송이란 행정청의 처분 등을 원인으로 하는 법률관계에 관한 소송, 그 밖에 공법상의 법률관계에 관한 소송으로서 그 법률관계의 한쪽 당사자를 피고로 하는 소송을 말한다.

☆ **02** 1 2 3   2013 지방직 9급
당사자소송은 대등당사자 간에 다투어지는 공법상의 법률관계를 소송의 대상으로 한다.

☆ **03** 1 2 3   2019 소방직 9급
시립합창단원의 위촉은 공법관계에 해당한다.

☆ **04** 1 2 3   2013 지방직 9급
공중보건의사의 채용계약 해지의 의사표시는 징계처분과 달리 당사자소송으로 다투어야 한다.

☆ **05** 1 2 3   2015 지방직 7급
「민주화운동 관련자 명예회복 및 보상 등에 관한 법률」에 따른 보상심의위원회의 결정을 다투는 소송은 항고소송에 해당한다.

☆ **06** 1 2 3   2019 지방직 7급
공무원연금법령상 급여를 받으려고 하는 자는 우선 급여지급을 신청하여 공무원연금공단이 이를 거부하거나 일부 금액만 인정하는 급여지급결정을 하는 경우 그 결정을 대상으로 항고소송을 제기하는 등으로 구체적 권리를 인정받아야 한다.

✩ **07** 1 2 3   2018 서울시 2회 7급

공무원연금법령상 급여를 받으려고 하는 자는 구체적 권리가 발생하지 않은 상태에서 곧바로 공무원연금공단을 상대로 한 당사자소송을 제기할 수 없다.

✩ **08** 1 2 3   2015 서울시 9급

공무원연금관리공단의 퇴직급여결정에 대한 소송은 판례에 따를 때 항고소송에 해당한다.

✩ **09** 1 2 3   2015 서울시 9급

「광주민주화운동 관련자 보상 등에 관한 법률」에 의거한 보상청구소송은 판례에 따를 때 당사자소송에 해당한다.

✩ **10** 1 2 3   2020 국가직 7급

구 공무원연금법상 공무원연금관리공단이 퇴직연금수급자에게 공무원연금법령이 개정되어 퇴직연금 중 일부 금액의 지급정지대상자가 되었다는 사실을 통보하는 행위는 항고소송의 대상이 되지 않는다.

✩ **11** 1 2 3   2021 지방직·서울시 7급

공무원연금공단의 인정에 의해 퇴직연금을 지급받아 오던 중 공무원연금법령 개정 등으로 퇴직연금 중 일부 금액에 대해 지급이 정지된 경우, 미지급퇴직연금에 대한 지급청구권은 공법상 권리로서 그의 지급을 구하는 소송은 당사자소송이다.

✩ **12** 1 2 3   2019 소방직 9급

미지급된 공무원 퇴직연금의 지급청구는 공법관계에 해당한다.

📖 p.537

01 1 2 3   2022 국가직 9급

군인연금법령상 급여를 받으려고 하는 사람이 국방부장관에게 급여지급을 청구하였으나 거부된 경우, 구체적 권리가 발생하지 않은 상태에서 곧바로 국가를 상대로 한 당사자소송으로 급여의 지급을 청구할 수는 없고, 국방부장관을 상대로 항고소송 제기 등의 방법으로 구체적 권리를 인정받은 다음 당사자소송이 가능하다.

✩ **02** 1 2 3   2019 지방직 7급

법관이 이미 수령한 명예퇴직수당액이 구 「법관 및 법원공무원 명예퇴직수당 등 지급규칙」에서 정한 정당한 명예퇴직수당액에 미치지 못한다고 주장하며 차액의 지급을 신청한 것에 대하여 법원행정처장이 행한 거부의 의사표시는 행정처분으로 볼 수 없다.

✩ **03** 1 2 3   2017 지방직(하) 9급

명예퇴직한 법관이 미지급 명예퇴직수당액의 지급을 구하는 소송은 당사자소송에 해당한다.

✩ **04** 1 2 3   2021 국가직 7급

조세부과처분의 당연무효를 전제로 하여 이미 납부한 세금의 반환을 청구하는 것은 민사상 부당이득반환청구로서 당사자소송이 아니라 민사소송절차에 따른다.

05 1 2 3   2017 국가직 7급

「공익사업을 위한 토지 등의 취득 및 보상에 관한 법률」상 환매권의 존부에 관한 확인 및 환매금액의 증감을 구하는 소송은 민사소송으로 청구할 수 있다.

✩ **06** 1 2 3   2021 소방직 9급

2020년 4월 1일부터 시행되는 전부개정 소방공무원법 이전의 경우, 지방소방공무원의 보수에 관한 법률관계는 공법상의 법률관계이므로 지방소방공무원이 소속 지방자치단체를 상대로 초과근무수당의 지급을 구하는 소송은 행정소송상 당사자소송이다.

07 1 2 3   2019 지방직 7급

행정청이 공무원에게 국가공무원법령상 연가보상비를 지급하지 아니한 행위는 항고소송의 대상이 되는 처분이 아니다.

✩ **08** 1 2 3   2017 사회복지직 9급

구 석탄산업법상 석탄가격안정지원금의 지급청구는 당사자소송의 대상이다.

09 1 2 3   2020 지방직·서울시 7급

구 석탄산업법과 관련하여 피재근로자는 석탄산업합리화사업단이 한 재해위로금 지급거부의 의사표시에 불복이 있는 경우 공법상의 당사자소송을 제기하여야 한다.

10 `1` `2` `3` 2018 서울시 9급
공립유치원 전임강사에 대한 해임처분의 시정 및 수령지체된 보수의 지급을 구하는 소송은 판례가 당사자소송의 대상이라고 판단하고 있다.

☆**11** `1` `2` `3` 2019 서울시 1회 7급
구 「공익사업을 위한 토지 등의 취득 및 보상에 관한 법률」에 의한 주거이전비 보상청구는 당사자소송의 대상이다.

☞ p.539

☆**01** `1` `2` `3` 2022 국가직 7급
납세의무자에 대한 국가의 부가가치세 환급세액 지급의무는 그 납세의무자로부터 어느 과세기간에 과다하게 거래징수된 세액 상당을 국가가 실제로 납부받았는지와 관계없이 부가가치세법령의 규정에 의하여 직접 발생하는 것으로서, 그 법적 성질은 부당이득반환의무가 아니라 조세정책적 관점에서 특별히 인정되는 공법상 의무이다.

☆**02** `1` `2` `3` 2022 변호사
재개발사업조합과 조합장 또는 조합임원 사이의 선임·해임을 둘러싼 법률관계는 사법상의 법률관계이므로 조합장의 지위를 다투는 소송은 민사소송에 의하여야 한다.

☆**03** `1` `2` `3` 2019 서울시 1회 7급
재개발조합 조합원의 자격 인정 여부에 관한 다툼은 당사자소송의 대상이다.

04 `1` `2` `3` 2016 교육행정직 9급
TV방송수신료 통합징수권한의 부존재확인은 당사자소송으로 다툴 수 있다.

05 `1` `2` `3` 2021 국가직 7급
지방자치단체가 보조금 지급결정을 하면서 일정 기한 내에 보조금을 반환하도록 교부 조건을 부가한 경우, 보조사업자에 대한 지방자치단체의 보조금반환청구는 당사자소송의 대상이 된다.

06 `1` `2` `3` 2020 국가직 7급
「국토의 계획 및 이용에 관한 법률」상 토지소유자 등이 도시·군계획시설 사업시행자의 토지의 일시사용에 대하여 정당한 사유 없이 동의를 거부한 경우, 사업시행자가 토지소유자를 상대로 동의의 의사표시를 구하는 소송은 당사자소송으로 보아야 한다.

07 `1` `2` `3` 2022 국가직 7급
민간투자사업 실시협약을 체결한 당사자가 공법상 당사자소송에 의하여 그 실시협약에 따른 재정지원금의 지급을 구하는 경우에, 수소법원은 단순히 주무관청이 재정지원액을 산정한 절차 등에 위법이 있는지 여부를 심사하는 데 그쳐서는 아니 되고 실시협약에 따른 적정한 재정지원금액이 얼마인지를 구체적으로 심리·판단하여야 한다.

☆**08** `1` `2` `3` 2021 소방직 9급
「도시 및 주거환경정비법」상의 주택재건축정비사업조합을 상대로 관리처분계획안에 대한 조합총회결의의 무효확인을 구하는 소는 공법관계이므로 당사자소송을 제기하여야 한다.

☆**09** `1` `2` `3` 2020 지방직·서울시 9급
「도시 및 주거환경정비법」상 관리처분계획에 대한 인가가 있은 후에는 항고소송의 방법으로 관리처분계획의 취소 또는 무효확인을 구하여야 하고, 관리처분계획안에 대한 총회결의의 무효확인을 구할 수는 없다.

☞ p.541

01 `1` `2` `3` 2020 지방직·서울시 7급
소송형태는 당사자소송의 형식을 취하지만 실질적으로는 처분 등의 효력을 다투는 항고소송의 성질을 가지는 소송은 현행법상 인정되고 있다.

02 `1` `2` `3` 2016 교육행정직 9급
행정소송법은 당사자소송의 원고적격에 관해 별도의 규정을 두고 있지 않다.

03 `1 2 3` 2017 국가직 7급
공법상 계약의 무효확인을 구하는 당사자소송의 청구는 당해 소송에서 추구하는 권리구제를 위한 다른 직접적인 구제방법이 있는 이상 소송요건을 구비하지 못한 위법한 청구이다.

📖 p.543

★01 `1 2 3` 2018 서울시 9급
취소소송은 다른 법률에 특별한 규정이 없는 한 그 처분 등을 행한 행정청을 피고로 하며, 당사자소송은 국가·공공단체 그 밖의 권리주체를 피고로 한다.

★02 `1 2 3` 2017 서울시 9급
국가나 지방자치단체는 행정청과는 달리 당사자소송의 당사자가 될 수 있고 국가배상책임의 주체가 될 수 있다.

★03 `1 2 3` 2019 지방직·교육행정직 9급
납세의무부존재확인의 소는 공법상 법률관계 그 자체를 다투는 소송으로서 당사자소송이다.

★04 `1 2 3` 2020 지방직·서울시 9급
공법상 당사자소송으로서 납세의무부존재확인의 소는 과세처분을 한 과세관청이 아니라 행정소송법 제3조 제2호, 제39조에 의하여 그 법률관계의 한쪽 당사자인 국가·공공단체, 그 밖의 권리주체가 피고적격을 가진다.

05 `1 2 3` 2017 서울시 7급
국가를 당사자 또는 참가인으로 하는 소송에서는 법무부장관이 국가를 대표하고, 지방자치단체를 당사자로 하는 소송에서는 지방자치단체의 장이 해당 지방자치단체를 대표한다.

06 `1 2 3` 2021 군무원 9급
당사자소송의 원고가 피고를 잘못 지정하여 피고경정신청을 한 경우 법원은 결정으로써 피고의 경정을 허가할 수 있다.

07 `1 2 3` 2009 세무사
당사자소송에서도 피고경정이 인정된다.

08 `1 2 3` 2013 지방직 9급
당사자소송에도 제3자의 소송참가가 허용된다.

09 `1 2 3` 2018 교육행정직 9급
국가가 당사자소송의 피고인 경우에는 관계행정청의 소재지를 피고의 소재지로 본다.

10 `1 2 3` 2016 국회직 8급
당사자소송에서는 취소소송의 제소기간에 관한 규정이 준용되지 않으며, 개별법령에 제소기간이 정해져 있는 경우에 그 기간은 불변기간으로 한다.

11 `1 2 3` 2016 교육행정직 9급
행정소송법상 당사자소송을 항고소송으로 변경하는 것은 허용된다.

12 `1 2 3` 2021 군무원 9급
법원은 당사자소송을 취소소송으로 변경하는 것이 상당하다고 인정할 때에는 청구의 기초에 변경이 없는 한 사실심의 변론종결시까지 원고의 신청에 의하여 결정으로써 소의 변경을 허가할 수 있다.

13 `1 2 3` 2013 지방직 9급
당사자소송이 부적법하여 각하되는 경우 그에 병합된 관련청구소송 역시 부적법 각하되어야 한다.

14 `1 2 3` 2021 군무원 9급
당사자소송의 경우 법원은 필요하다고 인정할 때에는 직권으로 증거조사를 할 수 있고, 당사자가 주장하지 아니한 사실에 대하여도 판단할 수 있다.

📖 p.545

01 `1 2 3` 1999 국가직 7급
당사자소송에는 취소소송과 달리 사정판결의 제도가 없다.

★02 `1 2 3` 2020 지방직·서울시 7급
공법상 당사자소송에서 재산권의 청구를 인용하는 판결을 하는 경우 가집행선고를 할 수 있다.

03 2022 지방직·서울시 7급
「도시 및 주거환경정비법」상 주택재건축정비사업조합을 상대로 관리처분계획안에 대한 조합총회결의의 효력을 다투는 소송은 당사자소송에 해당하므로 당해 소송에서 민사집행법상 가처분에 관한 규정이 준용된다.

04 2021 국가직 7급
당사자소송에는 항고소송에서의 집행정지규정은 적용되지 않고 민사집행법상의 가처분규정은 준용된다.

05 2019 서울시 9급
파면처분을 당한 공무원은 그 처분에 취소사유인 하자가 존재하는 경우 파면처분취소소송을 제기하여야 하고 곧바로 공무원지위확인소송을 제기할 수 없다.

☞ p.547

01 2009 세무사
객관적 소송은 객관적인 적법성의 확보를 구하는 공익적 소송으로 법이 정하는 경우에 한하여 그 법률에 정한 자만이 제기할 수 있다.

02 2021 소방직 9급
민중소송 및 기관소송은 법률이 정한 자에 한하여 제기할 수 있다.

03 2021 소방직 9급
국가 또는 공공단체의 기관이 법률에 위반되는 행위를 한 때에 직접 자기의 법률상 이익과 관계없이 그 시정을 구하기 위하여 제기하는 소송을 민중소송이라 한다.

04 2016 국회직 8급
민중소송은 특별히 법률의 규정이 있을 때에 한하여 예외적으로 인정된다.

05 2007 관세사
국민투표법상 국민투표무효소송은 민중소송의 예에 속한다.

06 2012 사회복지직 9급
다음 중 행정소송법상 행정소송의 유형이 다른 하나는?
① 구 「광주민주화운동 관련자 보상 등에 관한 법률」에 따른 보상금지급청구소송
② 주민투표법에 따른 주민투표의 효력에 관한 소송
③ 구 석탄산업법상의 석탄가격안정지원금 지급청구에 관한 소송
④ 구 방송법에 근거한 수신료부과행위를 다투는 소송

[해설]
①③④ 당사자소송
② 민중소송

[정답] ②

07 2013 국가직 7급
지방자치법상 주민소송은 행정소송법 제3조에서 규정하고 있는 민중소송에 해당한다.

08 2019 경행경채 2차
기관소송이란 국가 또는 공공단체의 기관 상호 간에 있어서의 권한의 존부 또는 그 행사에 관한 다툼이 있을 때에 이에 대하여 제기하는 소송을 말한다.

09 2019 경행경채 2차
헌법재판소법에 따라 헌법재판소의 관장사항으로 되는 소송은 기관소송에서 제외한다.

☞ p.549

01 2009 국가직 7급
지방자치단체 상호 간의 권한쟁의는 헌법재판소의 관할에 속한다.

02 2018 교육행정직 9급
지방자치단체의 장의 재의요구에도 불구하고 지방의회가 조례안을 재의결한 경우 단체장이 지방의회를 상대로 제기하는 소송은 기관소송이다.

03 2009 국가직 7급
기관소송은 개별법률에 특별한 규정이 있는 경우에 인정되고 그 법률에 정한 자만이 제기할 수 있다.

04 　　　　　　　　　　2018 교육행정직 9급

행정소송법에 따르면 민중소송으로써 처분 등의 취소를 구하는 소송에는 그 성질에 반하지 아니하는 한 취소소송에 관한 규정을 준용한다.

05 　　　　　　　　　　2009 국가직 7급

기관소송으로서 처분 등의 취소를 구하는 소송에는 그 성질에 반하지 아니하는 한 취소소송에 관한 규정이 적용된다.

제36강 항고소송 1(취소소송의 의의 등)

p.551

☆01 　　　　　　　　　　2012 지방직 9급

취소소송이란 행정청의 위법한 처분 등을 취소 또는 변경하는 소송을 말한다.

02 　　　　　　　　　　2016 국회직 8급

항고소송은 주관소송으로 보는 것이 통설이며, 취소소송의 소송물은 당해 처분의 위법성 일반이다.

03 　　　　　　　　　　2010 국가직 9급

판례는 취소소송의 소송물을 처분의 위법성 일반이라고 보고 있다.

☆04 　　　　　　　　　　2015 서울시 7급

취소소송의 제1심 관할법원은 피고의 소재지를 관할하는 행정법원으로 한다.

☆05 　　　　　　　　　　2018 경행경채 3차

경찰청장을 피고로 하여 취소소송을 제기하는 경우, 대법원 소재지를 관할하는 행정법원이 제1심 관할법원으로 될 수 있다.

☆06 　　　　　　　　　　2015 서울시 7급

중앙행정기관의 부속기관과 합의제 행정기관 또는 그 장에 대하여 취소소송을 제기하는 경우에는 대법원소재지를 관할하는 행정법원에 제기할 수 있다.

☆07 　　　　　　　　　　2015 서울시 7급

국가의 사무를 위임 또는 위탁받은 공공단체 또는 그 장에 대하여 취소소송을 제기하는 경우에는 대법원소재지를 관할하는 행정법원에 제기할 수 있다.

☆08 　　　　　　　　　　2015 서울시 7급

토지의 수용 기타 부동산 또는 특정의 장소에 관계되는 처분 등에 대한 취소소송은 그 부동산 또는 장소의 소재지를 관할하는 행정법원에 이를 제기할 수 있다.

☆09 　　　　　　　　　　2010 국가직 7급

토지의 수용 및 기타 부동산 또는 특정의 장소에 관계되는 처분 등에 대한 취소소송은 그 부동산 또는 장소의 소재지를 관할하는 행정법원에 제기할 수 있고, 민사소송법상의 합의관할 및 변론관할에 관한 규정도 적용될 수 있다.

p.553

01 　　　　　　　　　　2022 지방직·서울시 7급

원고가 고의 또는 중대한 과실 없이 행정소송으로 제기하여야 할 사건을 민사소송으로 잘못 제기한 경우, 행정소송에 대한 관할을 가지고 있지 아니한 수소법원은 당해 소송이 행정소송으로서의 제소기간을 도과한 것이 명백하여 부적법하게 되는 경우가 아닌 이상 관할법원에 이송하여야 한다.

02 　　　　　　　　　　2021 군무원 9급

원고가 고의 또는 중대한 과실 없이 행정소송으로 제기하여야 할 사건을 민사소송으로 잘못 제기한 경우, 수소법원으로서는 만약 그 행정소송에 대한 관할도 동시에 가지고 있다면 이를 행정소송으로 심리·판단하여야 하고, 그 행정소송에 대한 관할을 가지고 있지 아니하다면 관할법원에 이송하여야 한다.

03 　　　　　　　　　　2009 국가직 7급

관련청구소송의 이송은 그 소송이 계속되어 있는 법원이 당해 소송을 취소소송이 계속되어 있는 법원에 이송하는 것이 상당하다고 인정하는 때에 당사자의 신청 또는 직권에 의하여 할 수 있다.

📖 p.555

01 ① ② ③ 2009 세무사
이송결정은 이송받은 법원을 기속하며 이송받은 법원은 다른 법원으로 다시 이송하지 못한다.

☆ **02** ① ② ③ 2021 변호사
무효확인과 취소청구의 소는 주위적·예비적 청구로서만 병합이 가능하고 선택적 청구로서의 병합이나 단순병합은 허용되지 아니한다.

☆ **03** ① ② ③ 2020 소방직 9급
원고는 취소소송이 계속된 법원에 당해 행정청에 대한 손해배상청구 등을 병합하여 제기할 수 있다.

04 ① ② ③ 2009 세무사
당해 처분 등과 관련되는 손해배상·부당이득반환·원상회복 등 청구소송은 관련청구소송에 해당된다.

05 ① ② ③ 2017 국회직 8급
甲은 A시장의 영업허가취소처분이 위법함을 이유로 국가배상청구소송을 제기하였다. 甲이 국가배상청구소송을 제기한 이후에 영업허가취소처분에 대한 취소소송을 제기한 경우 그 국가배상청구소송을 취소소송에 병합할 수 있다.

06 ① ② ③ 2014 국회직 8급
취소소송에 병합할 수 있는 당해 처분과 관련된 부당이득반환소송은 당해 처분의 취소를 선결문제로 하는 부당이득반환청구가 포함된다.

07 ① ② ③ 2010 국회직 8급
관련청구소송의 병합에 있어서는 취소소송의 적법성이 전제되어야 하며, 사실심변론종결 전에 관련청구가 병합되어야 한다.

📖 p.557

☆ **01** ① ② ③ 2022 지방직·서울시 7급
처분에 대한 취소소송에 당해 처분의 취소를 선결문제로 하는 부당이득반환청구가 병합된 경우, 부당이득반환청구가 인용되기 위해서는 당해 처분이 그 소송절차에서 판결에 의해 취소되면 충분하고 당해 처분의 취소가 확정되어야 하는 것은 아니다.

📖 p.559

01 ① ② ③ 2015 국가직 9급
자연물인 도룡뇽 또는 그를 포함한 자연 그 자체로서는 소송을 수행할 당사자능력을 인정할 수 없다.

02 ① ② ③ 2022 지방직·서울시 7급
국가가 국토이용계획과 관련한 지방자치단체의 장의 기관위임사무의 처리에 관하여 지방자치단체의 장을 상대로 취소소송을 제기하는 것은 허용되지 않는다.

03 ① ② ③ 2018 소방직 9급
판례는 국가기관인 시·도선거관리위원회 위원장과 달리 충북대학교 총장에게는 당사자능력을 인정하지 않았다.

☆ **04** ① ② ③ 2010 지방직 9급
취소소송은 처분 등의 취소를 구할 법률상 이익이 있는 자가 제기할 수 있다.

☆ **05** ① ② ③ 2019 지방직 7급
甲이 단순위법인 취소사유가 있는 A처분에 대하여 행정소송법상 무효확인소송을 제기한 경우 甲이 무효확인소송의 제기 당시에 원고적격을 갖추었더라도 상고심 중에 원고적격을 상실하면 그 소는 부적법한 것이 된다.

☆ **06** ① ② ③ 2017 국가직 7급
사실심 단계에서는 원고적격을 구비하였으나 상고심에서 원고적격이 흠결된 취소소송은 각하되어야 한다.

07 ① ② ③ 2007 세무사
법인격 없는 단체도 대표자를 통해서 단체의 이름으로 소를 제기할 수 있다.

08 ☆ [1][2][3] 2022 국회직 8급
경기도선거관리위원회 소속 공무원인 甲이 「부패방지 및 국민권익위원회의 설치와 운영에 관한 법률」에 따라 국민권익위원회에 신고를 하면서 신분보장조치를 요구하였고, 이에 국민권익위원회가 경기도선거관리위원회 위원장에게 甲에 대한 중징계요구를 취소하고 향후 신고로 인한 신분상 불이익 등을 주지 말 것을 요구하는 조치요구를 한 사안에서 이에 불복하는 경기도선거관리위원회 위원장은 항고소송의 원고적격이 인정된다.

09 ☆ [1][2][3] 2019 국가직 7급
법령이 특정한 행정기관으로 하여금 다른 행정기관에 제재적 조치를 취할 수 있도록 하면서, 그에 따르지 않으면 그 행정기관에 과태료 등을 과할 수 있도록 정하는 경우, 권리구제나 권리보호의 필요성이 인정된다면 예외적으로 그 제재적 조치의 상대방인 행정기관에게 항고소송의 원고적격을 인정할 수 있다.

p.561

01 ☆ [1][2][3] 2022 국가직 9급
국민권익위원회가 소방청장에게 일정한 의무를 부과하는 내용의 조치요구를 한 경우 소방청장은 조치요구의 취소를 구할 당사자능력 및 원고적격이 인정된다.

02 ☆ [1][2][3] 2017 지방직(하) 9급
지방자치단체가 건축물을 건축하기 위하여 구 건축법에 따라 미리 건축물의 소재지를 관할하는 허가권자인 다른 지방자치단체의 장과 건축협의를 한 경우, 허가권자인 지방자치단체의 장이 건축협의를 취소하는 행위는 항고소송의 대상이 되는 처분에 해당한다.

03 ☆ [1][2][3] 2022 지방직·서울시 7급
건축법상 지방자치단체를 상대방으로 하는 건축협의의 취소는 행정처분에 해당하므로 지방자치단체가 건축물 소재지 관할 건축허가권자를 상대로 항고소송을 통해 건축협의 취소의 취소를 구할 수 있다.

04 [1][2][3] 2011 국가직 9급
법률상 이익의 의미에 관하여 법률상 보호이익설(법률상 이익구제설)은 위법한 처분에 의하여 침해되고 있는 이익이 근거법률에 의하여 보호되고 있는 이익인 경우에는 그러한 이익이 침해된 자에게 당해 처분의 취소를 구할 원고적격이 인정된다고 한다.

05 [1][2][3] 2022 서울시 지적 7급
행정소송법 제12조의 '법률상의 이익'이란 당해 처분의 근거법률에 의하여 직접 보호되는 구체적인 이익을 말하고, 이는 제3자가 법률에 의하여 보호되는 개별적·직접적·구체적 이해관계를 가지는 경우에도 인정된다.

06 [1][2][3] 2021 군무원 7급
불이익한 행정처분의 상대방은 직접 개인적 이익을 침해당한 것으로 볼 수 있으므로 처분취소소송에서 원고적격이 인정된다.

07 ☆ [1][2][3] 2013 국가직 9급
처분의 직접 상대방이 아니라도 처분의 근거법률에 의하여 보호되는 법률상 이익이 있는 자의 경우에는 취소소송의 원고적격이 인정될 수 있다.

08 ☆ [1][2][3] 2017 국회직 8급
법률상 보호되는 이익이라 함은 당해 처분의 근거법규에 의하여 보호되는 개별적·구체적 이익을 의미하며, 관련법규에 의하여 보호되는 개별적·구체적 이익까지 포함한다는 것이 판례의 입장이다.

09 ☆ [1][2][3] 2013 국회속기직
판례는 행정소송법 제12조의 법률상 이익은 직접적이고 구체적·개인적 이익을 말하고 간접적이기나 사실적·경제적 이해관계를 가지는 데 불과한 경우 및 공익은 포함되지 않는다고 보고 있다.

10 [1][2][3] 2017 서울시 7급
절대보전지역 변경처분에 대해 지역주민회와 주민들이 항고소송을 제기한 경우에는 절대보전지역 유지로 지역주민회·주민들이 가지는 주거 및 생활환경상 이익은 지역의 경관 등이 보호됨으로써 누리는 반사적 이익이다.

11 ☐☐☐ 2016 국가직 9급
생태·자연도 1등급으로 지정되었던 지역을 2등급 또는 3등급으로 변경하는 내용의 환경부장관의 결정에 대해 해당 1등급 권역의 인근주민은 취소소송을 제기할 원고적격이 인정되지 않는다.

📖 p.563

☆ **01** ☐☐☐ 2017 국가직 9급
행정처분에 있어서 불이익처분의 상대방은 직접 개인적 이익의 침해를 받은 자로서 취소소송의 원고적격이 인정되지만 수익처분의 상대방은 그의 권리나 법률상 보호되는 이익이 침해되었다고 볼 수 없으므로 달리 특별한 사정이 없는 한 취소를 구할 이익이 없다.

02 ☐☐☐ 2019 국회직 8급
구 주택법상 입주자는 하자 있는 건축물에 대한 사용검사처분의 무효확인 및 취소를 구하는 행정소송의 원고적격이 없다.

03 ☐☐☐ 2018 지방직 9급
건축물에 대한 사용검사처분이 취소되면 사용검사 전의 상태로 돌아가 건축물을 사용할 수 없게 되는 것에 그칠 뿐 구 주택법상 입주자나 입주예정자의 법률적인 지위가 달라진 것이 없으므로 입주자나 입주예정자는 사용검사처분의 무효확인 또는 취소를 구할 법률상 이익이 없다.

☆ **04** ☐☐☐ 2021 국가직 7급
어떠한 고시가 다른 집행행위의 매개 없이 그 자체로서 직접 국민의 구체적인 권리·의무나 법률관계를 규율하는 성격을 가질 때에는 행정처분에 해당한다.

☆ **05** ☐☐☐ 2022 서울시 지적 7급
제약회사가 보건복지부 고시인 '약제급여·비급여목록 및 급여상한금액표'로 인하여 자신이 제조·공급하는 약제의 상한금액이 인하됨에 따라 약제에 관한 법률상 이익이 침해당할 경우, 제약회사는 위 고시의 취소를 구할 원고적격이 있다.

06 ☐☐☐ 2020 국회직 8급
체납자는 자신이 점유하는 제3자 소유의 동산에 대한 압류처분의 취소나 무효확인을 구할 원고적격이 있다.

☆ **07** ☐☐☐ 2017 국가직(하) 7급
채석허가를 받은 자로부터 영업양수 후 명의변경신고 이전에 양도인의 법위반사유를 이유로 채석허가가 취소된 경우, 양수인은 수허가자의 지위를 사실상 양수받았다면 그 처분의 취소를 구할 법률상 이익을 가진다.

☆ **08** ☐☐☐ 2013 국가직 7급
공매 등의 절차로 영업시설의 전부를 인수함으로써 영업자의 지위를 승계한 자가 관계행정청에 이를 신고하여 관계행정청이 그 신고를 수리하는 처분에 대해 종전 영업자는 그 처분의 취소를 구할 법률상 이익이 인정된다.

09 ☐☐☐ 2011 국가직 7급
「도시 및 주거환경정비법」상 조합설립추진위원회의 구성에 동의하지 아니한 정비구역 내의 토지 등 소유자는 조합설립추진위원회 설립승인처분의 취소를 구할 원고적격이 있다.

10 ☐☐☐ 2016 지방직 9급
예탁금회원제 골프장에 가입되어 있는 기존회원 C는 그 골프장운영자가 당초 승인을 받을 때 정한 예정인원을 초과하여 회원을 모집하는 내용의 회원모집계획서에 대한 시·도지사의 검토결과 통보의 취소를 구할 법률상 이익이 있다.

📖 p.565

01 ☐☐☐ 2021 군무원 9급
법인의 주주가 그 처분으로 인하여 궁극적으로 주식이 소각되거나 주주의 법인에 대한 권리가 소멸하는 등 주주의 지위에 중대한 영향을 초래하게 되는데도 그 처분의 성질상 당해 법인이 이를 다툴 것을 기대할 수 없고 달리 주주의 지위를 보전할 구제방법이 없는 경우에는 주주도 그 처분에 관하여 직접적이고 구체적인 법률상 이해관계를 가진다고 보이므로 그 취소를 구할 원고적격이 있다.

☆ **02** ☐☐☐ 2017 국회직 8급
기존업자가 특허기업인 경우에는 그 특허로 인하여 받는 영업상 이익은 법률상 이익으로 보는 것이 일반적이나, 허가기업인 경우에는 기존업자가 그 허가로 인하여 받은 영업상 이익은 원칙적으로 반사적 이익으로 본다.

☆ **03** 1 2 3 2013 국회직 8급
면허나 인·허가 등의 수익적 행정처분의 근거가 되는 법률이 해당 업자들 사이의 과당경쟁으로 인한 경영의 불합리를 방지하는 것도 그 목적으로 하고 있는 경우, 기존의 업자는 경업자에 대하여 이루어진 면허나 인·허가 등 행정처분의 상대방이 아니라 하더라도 당해 행정처분의 취소를 구할 원고적격이 있다.

☆ **04** 1 2 3 2022 소방간부
직행형 시외버스운송사업자에 대한 사업계획변경인가처분으로 인하여 기존의 고속형 시외버스운송사업자의 노선 및 운행계통과 일부 중복되고 기존업자의 수익감소가 예상된다면, 기존의 고속형 시외버스운송사업자는 직행형 시외버스운송사업자에 대한 사업계획변경인가처분의 취소를 구할 법률상의 이익이 있다.

☆ **05** 1 2 3 2010 경행특채
동일한 사업구역 내의 동종의 사업용 화물자동차면허대수를 늘리는 보충인가처분에 대하여 기존업자는 그 취소를 구할 법률상 이익이 있다.

06 1 2 3 2013 국회직 8급
구 「석탄수급조정에 관한 임시조치법」 소정의 석탄가공업에 관한 허가는 금지를 해제하는 명령적 행정행위이므로 기존에 허가를 받은 원고들이 신규허가로 인하여 영업상 이익이 감소될 수 있다 해도 이는 반사적 이익의 침해에 불과하므로 신규허가처분의 취소를 구할 법률상 이익이 없다.

☞ p.567

☆ **01** 1 2 3 2019 소방직 9급
한의사면허는 경찰금지를 해제하는 명령적 행위에 해당한다.

☆ **02** 1 2 3 2021 군무원 9급
한의사들이 가지는 한약조제권을 한약조제시험을 통하여 약사에게도 인정함으로써 감소하게 되는 한의사들의 영업상 이익은 법률에 의하여 보호되는 이익이라 볼 수 없다.

03 1 2 3 2018 소방직 9급
당초 병원설치가 불가능한 용도에서 병원설치가 가능한 용도로 건축물 용도를 변경하여 준 처분에 대하여 인근의 기존 병원경영자는 판례가 취소소송의 원고적격을 부정한다.

☆ **04** 1 2 3 2017 지방직 9급
인·허가 등 수익적 처분을 신청한 여러 사람이 상호 경쟁관계에 있어서 일방에 대한 처분이 타방에 대한 불허가 등으로 될 수밖에 없는 때에는 수익적 처분을 받지 못한 사람은 당해 수익적 처분의 취소를 구할 수 있다.

☆ **05** 1 2 3 2008 국회직 8급
경원자소송(競願者訴訟)에서는 법적 자격의 흠결로 신청이 인용될 가능성이 없는 경우를 제외하고는 경원관계의 존재만으로 거부된 처분의 취소를 구할 법률상 이익이 있다.

☆ **06** 1 2 3 2016 지방직 7급
경원관계에서 허가처분을 받지 못한 사람은 원칙적으로 자신에 대한 거부처분의 취소를 구할 소의 이익이 있다.

☆ **07** 1 2 3 2015 경행특채 1차
원자로시설부지 인근주민들이 방사성 물질 등에 의한 생명·신체의 안전침해를 이유로 부지사전승인처분의 취소를 구할 때에는 판례가 원고적격을 인정하고 있다.

☆ **08** 1 2 3 2018 경행경채
상수원보호구역 설정의 근거가 되는 규정이 보호하고자 하는 것은 상수원의 확보와 수질보전일 뿐이고, 그 상수원에서 급수를 받고 있는 지역주민들이 가지는 상수원의 오염을 막아 양질의 급수를 받을 이익은 상수원의 확보와 수질보호라는 공공의 이익이 달성됨에 따라 반사적으로 얻게 되는 이익에 불과하다.

☞ p.569

01 1 2 3 2022 소방간부
토사채취로 인하여 생활환경의 피해를 입으리라고 예상되는 인근 지역 주민들의 주거·생활환경상의 이익은 토사채취허가의 근거법률에 의하여 보호되는 직접적이고 구체적인 법률상 이익이라고 할 수 있다.

☆ **02** 1 2 3   2011 국가직 9급

대법원은 속리산국립공원 용화집단시설지구의 개발을 위한 공원사업시행허가에 대한 취소소송사건에서 자연공원법령 뿐만 아니라 허가와 불가분적으로 관계가 있는 환경영향평가법령도 공원사업시행허가처분의 근거법령이 된다고 판시하여 근거법률의 범위를 확대하였다.

☆ **03** 1 2 3   2014 서울시 9급

환경영향평가대상지역 안의 주민들이 전원개발사업실시계획승인처분의 취소를 구할 경우 원고적격이 있다.

☆ **04** 1 2 3   2022 서울시 지적 7급

환경영향평가대상지역 안의 주민들에 대하여는 특단의 사정이 없는 한 환경상의 이익에 대한 침해 또는 침해우려가 있는 것으로 사실상 추정되어 공유수면매립면허처분 등의 무효확인을 구할 원고적격이 인정된다.

☆ **05** 1 2 3   2012 지방직 7급

행정처분의 근거법규 등에 그 처분으로써 이루어지는 행위 등 사업으로 인하여 환경상 침해를 받으리라고 예상되는 영향권의 범위가 구체적으로 규정되어 있는 경우에는, 그 영향권 내의 주민들의 환경상의 이익은 주민 개개인에 대하여 개별적으로 보호되는 직접적·구체적 이익이다.

☆ **06** 1 2 3   2017 국회직 8급

환경영향평가대상지역 밖의 주민들은 공유수면매립면허처분으로 인하여 그 처분 전과 비교하여 수인한도를 넘는 환경피해를 받거나 받을 우려가 있다는 점을 입증할 경우 법률상 보호되는 이익이 인정된다.

📖 p.571

☆ **01** 1 2 3   2012 지방직 9급

환경상 이익에 대한 침해 또는 침해우려가 있는 것으로 사실상 추정되어 원고적격이 인정되는 사람에는 환경상 침해를 받으리라고 예상되는 영향권 내의 주민들을 비롯하여 그 영향권 내에서 농작물을 경작하는 등 현실적으로 환경상 이익을 향유하는 사람도 포함된다. 그러나 단지 그 영향권 내의 건물·토지를 소유하거나 환경상 이익을 일시적으로 향유하는 데 그치는 사람은 포함되지 않는다.

02 1 2 3   2013 국회직 8급

대법원은 대한의사협회는 국민건강보험법상 요양급여행위, 요양급여비용의 청구 및 지급과 관련하여 직접적인 법률관계를 갖지 않고 있으므로, 보건복지부 고시인 '건강보험요양급여행위 및 그 상대가치점수' 개정으로 인하여 자신의 법률상 이익을 침해당하였다고 할 수 없다는 이유로 위 고시의 취소를 구할 원고적격이 없다고 보고 있다.

03 1 2 3   2016 지방직 9급

학교법인에 의하여 임원으로 선임된 B는 자신에 대한 관할청의 임원취임승인신청 반려처분 취소소송의 원고적격이 있다.

04 1 2 3   2021 국회직 8급

지방법무사회가 법무사의 사무원 채용승인신청을 거부하거나 채용승인을 얻어 채용 중인 사람에 대한 채용승인을 취소하는 것은 처분에 해당하고, 이러한 처분에 대해서는 처분 상대방인 법무사뿐 아니라 그 때문에 사무원이 될 수 없게 된 사람도 이를 다툴 원고적격이 인정된다.

05 1 2 3   2019 국회직 8급

제3자의 접견허가신청에 대한 교도소장의 거부처분에 있어서 접견권이 침해되었다고 주장하는 구속된 피고인은 행정소송의 원고적격을 가지는 자에 해당한다.

06 1 2 3   2012 국회직 8급

운수회사에 대한 과징금 부과처분에 대한 취소소송에서 그 부과처분이 자신의 잘못으로 인한 것으로 사후 사실상 변상하여 줄 관계에 있는 운전기사는 운수회사와 달리 원고적격이 없다.

07 1 2 3   2021 국가직 9급

개발제한구역 중 일부취락을 개발제한구역에서 해제하는 내용의 도시관리계획변경결정에 대하여 개발제한구역 해제 대상에서 누락된 토지의 소유자가 위 결정의 취소를 구하는 경우 항고소송의 원고적격이 인정되지 않는다.

08 ① ② ③   2012 지방직 9급

헌법재판소에 의하면 도시계획사업의 시행으로 토지를 수용당한 사람은 도시계획결정과 토지수용이 당연무효가 아닌 한 도시계획결정 자체의 취소를 청구할 법률상의 이익이 없다.

☞ p.573

01 ① ② ③   2019 서울시 2회 7급

공장설립승인처분이 위법하다는 이유로 쟁송취소되었다고 하더라도 그 승인처분에 기초한 공장건축허가처분이 잔존하는 이상, 인근주민들은 여전히 공장건축허가처분의 취소를 구할 법률상 이익이 있다.

02 ① ② ③   2022 국회직 8급

대학에 대한 국가연구개발사업의 협약해지통보에 불복하여 협약해지통보의 효력을 다투는 그 연구개발사업의 연구팀장인 교수는 항고소송의 원고적격이 인정된다.

03 ① ② ③   2017 국가직(하) 7급

원천징수의무자에 대한 소득금액변동통지는 원천납세의무의 존부나 범위와 같은 원천납세의무자의 권리나 법률상 지위에 어떠한 영향을 준다고 할 수 없으므로 소득처분에 따른 소득의 귀속자는 법인에 대한 소득금액변동통지의 취소를 구할 법률상 이익이 없다.

04 ① ② ③   2016 지방직 9급

재단법인인 甲수녀원은 매립목적을 택지조성에서 조선시설용지로 변경하는 내용의 공유수면매립목적 변경승인처분의 무효확인을 구할 원고적격이 없다.

☆ **05** ① ② ③   2017 국가직(하) 7급

교육부장관이 사학분쟁조정위원회의 심의를 거쳐 학교법인의 이사와 임시이사를 선임한 데 대하여 그 대학교의 교수협의회와 총학생회는 이사선임처분을 다툴 법률상 이익을 가지지만, 직원으로 구성된 노동조합은 법률상 이익을 가지지 않는다.

☆ **06** ① ② ③   2021 국가직 9급

중국 국적자인 외국인이 사증발급 거부처분의 취소를 구하는 경우 항고소송의 원고적격이 인정되지 않는다.

☆ **07** ① ② ③   2021 국회직 8급

외국인이라고 하더라도 대한민국과의 실질적 관련성 내지 법적으로 보호가치가 있는 이해관계를 형성한 경우에는 사증발급 거부처분의 취소를 구할 원고적격이 인정된다.

☆ **08** ① ② ③   2019 국가직 7급

출입국관리법상의 체류자격변경불허가처분, 강제퇴거명령 등을 다투는 외국인에게는 해당 처분의 취소를 구할 법률상 이익이 인정된다.

☆ **09** ① ② ③   2014 서울시 7급

협의의 소익은 상고심 계속 중에도 존속해야 한다.

10 ① ② ③   2017 지방직 9급

법인세 과세표준과 관련하여 과세관청이 법인의 소득처분 상대방에 대한 소득처분을 경정하면서 증액과 감액을 동시에 한 결과 전체로서 소득처분금액이 감소된 경우, 법인이 소득금액변동통지의 취소를 구할 소의 이익이 없다.

☞ p.575

☆ **01** ① ② ③   2014 사회복지직 9급

행정처분의 효력기간이 경과한 후에는 그 처분이 외형상 잔존함으로 인하여 어떠한 법률상 이익이 침해되고 있다고 볼 사정이 없는 한 그 처분의 취소를 구할 법률상 이익이 없다.

☆ **02** ① ② ③   2017 사회복지직 9급

시행규칙에 법위반횟수에 따라 가중처분하게 되어 있는 제재적 처분기준이 규정되어 있다면, 기간의 경과로 효력이 소멸한 제재적 처분을 취소소송으로 다툴 법률상 이익이 있다.

☆ **03** ① ② ③   2010 지방직 9급

제재적 행정처분의 효력이 소멸한 경우에도 행정규칙에 의해 당해 처분의 존재가 가중처분의 전제가 되는 경우 처분의 취소를 구할 이익이 있다.

☆ **04** ① ② ③   2016 국가직 7급

제재적 행정처분의 가중사유나 전제요건에 관한 규정이 법령이 아닌 행정규칙의 형식으로 되어 있더라도 관할행정청이나 담당공무원은 이를 준수할 의무가 있다.

☆ **05** 1 2 3   2016 국가직 9급

장래의 제재적 가중처분기준을 대통령령이 아닌 부령의 형식으로 정한 경우라도 이미 제재기간이 경과한 제재적 처분의 취소를 구할 법률상 이익이 인정된다.

☆ **06** 1 2 3   2019 국가직 9급

가중요건이 법령에 규정되어 있는 경우, 업무정지처분을 받은 후 새로운 제재처분을 받음이 없이 법률이 정한 기간이 경과하여 실제로 가중된 제재처분을 받을 우려가 없어졌다면 특별한 사정이 없는 한 업무정지처분의 취소를 구할 법률상 이익이 인정되지 않는다.

☆ **07** 1 2 3   2017 지방직 9급

건축사 업무정지처분을 받은 후 새로운 업무정지처분을 받음이 없이 1년이 경과하여 실제로 가중된 제재처분을 받을 우려가 없게 된 경우, 그 처분에서 정한 정지기간이 경과한 이상 특별한 사정이 없는 한 업무정지처분의 취소를 구할 법률상 이익이 없다.

☆ **08** 1 2 3   2017 지방직 9급

수형자의 영치품에 대한 사용신청 불허처분 후 수형자가 다른 교도소로 이송된 경우 수형자의 권리·이익침해 등이 해소되지 않았으므로 그 불허처분의 취소를 구할 소의 이익이 인정된다.

☆ **09** 1 2 3   2012 국회직 8급

임원취임승인의 취소처분과 임시이사선임처분의 취소소송을 동시에 제기하여 소송계속 중 임시이사의 임기가 만료되고 새로운 임시이사가 선임된 경우에도 임시이사선임처분의 취소를 구할 소의 이익이 있다.

☆ **10** 1 2 3   2018 지방직 9급

학교법인 임원취임승인의 취소처분 후 그 임원의 임기가 만료되고 구 사립학교법 소정의 임원결격사유기간마저 경과한 경우에도 취임승인이 취소된 임원은 취임승인취소처분의 취소를 구할 소의 이익이 있다.

11 1 2 3   2022 군무원 9급

소송계속 중 해당 처분이 기간의 경과로 그 효과가 소멸하더라도 예외적으로 그 처분의 취소를 구할 소의 이익을 인정할 수 있는 '행정처분과 동일한 사유로 위법한 처분이 반복될 위험성이 있는 경우'란 해당 사건의 동일한 소송당사자 사이에서 반복될 위험이 있는 경우만을 의미하는 것은 아니다.

☞ p.577

☆ **01** 1 2 3   2022 국가직 9급

행정처분의 취소를 구하는 소에서, 비록 행정처분의 위법을 이유로 취소판결을 받더라도 처분에 의하여 발생한 위법상태를 원상회복시키는 것이 불가능한 경우에는 원칙적으로 취소를 구할 법률상 이익이 없으므로, 수소법원은 소를 각하하여야 한다.

02 1 2 3   2021 국회직 8급

대집행계고처분 취소소송의 변론종결 전에 사실행위로서 대집행의 실행이 완료된 경우에는 손해배상이나 원상회복 등을 청구하는 것은 별론으로 하고 대집행계고처분의 취소를 구할 법률상 이익은 없다.

03 1 2 3   2016 국가직 9급

건축허가가 건축법에 따른 이격거리를 두지 아니하고 건축물을 건축하도록 되어 있어 위법하다 하더라도 건축이 완료되어 위법한 처분을 취소한다 하더라도 원상회복이 불가능한 경우에는 그 취소를 구할 법률상 이익이 없다.

04 1 2 3   2014 서울시 7급

건축공사완료 후 건물준공처분의 취소를 구할 협의의 소익은 없다.

05 1 2 3   2021 지방직·서울시 9급

파면처분 취소소송의 사실심변론종결 전에 금고 이상의 형을 선고받아 당연퇴직된 경우에도 해당 공무원은 파면처분의 취소를 구할 이익이 있다.

☆ **06** 1 2 3   2021 지방직·서울시 9급

월정수당을 받는 지방의회의원에 대한 제명의결 취소소송 계속 중 의원의 임기가 만료된 경우 **지방의회의원은 그 제명의결의 취소를 구할 법률상 이익이 있다.**

☆ **07** 1 2 3   2014 지방직 7급

서울대학교 불합격처분의 취소를 구하는 소송계속 중 당해 연도의 입학시기가 지난 경우에도 불합격처분의 취소를 구할 법률상의 이익이 있다.

08 1 2 3   2017 서울시 9급

도시개발사업의 공사 등이 완료되고 원상회복이 사회통념상 불가능하게 된 경우 도시개발사업의 시행에 따른 도시계획변경결정처분과 도시개발구역지정처분 및 도시개발사업 실시계획인가처분의 취소를 구하는 경우에는 협의의 소의 이익(권리보호의 필요)이 인정된다.

09 1 2 3   2022 국가직 9급

해임처분 취소소송계속 중 임기가 만료되어 해임처분의 취소로 지위를 회복할 수는 없다고 할지라도, 그 **취소로 해임처분일부터 임기만료일까지 기간에 대한 보수지급을 구할 수 있는 경우에는 해임처분의 취소를 구할 법률상 이익이 있으므로, 수소법원은 본안에 대하여 판단하여야 한다.**

10 1 2 3   2015 지방직 7급

인사규정 등에서 직위해제처분에 따른 효과로 승진·승급에 제한을 가하는 등의 법률상 불이익을 규정하고 있는 경우에는 직위해제처분을 받은 근로자는 이러한 법률상 불이익을 제거하기 위하여 그 실효된 직위해제처분에 대한 구제를 신청할 이익이 있다.

11 1 2 3   2019 국가직 9급

공장등록이 취소된 후 그 공장시설물이 철거되었고 다시 복구를 통하여 공장을 운영할 수 없는 상태라 하더라도 대도시 안의 공장을 지방으로 이전할 경우 조세감면 및 우선입주 등의 혜택이 관계법률에 보장되어 있다면, 공장등록취소처분의 취소를 구할 법률상 이익이 인정**된다.**

☆ **12** 1 2 3   2015 국가직 9급

사법시험 제2차 시험 불합격처분 이후 새로 실시된 제2차 및 제3차 시험에 합격한 자는 불합격처분의 취소를 구할 협의의 소익이 없다.

☆ **13** 1 2 3   2021 소방직 9급

현역입영대상자는 현역병입영통지처분에 따라 현실적으로 입영을 하였다 할지라도, 입영 이후의 법률관계에 영향을 미치고 있는 현역병입영통지처분을 한 관할 지방병무청장을 상대로 위법을 주장하여 그 취소를 구할 수 있다.

📖 p.579

☆ **01** 1 2 3   2007 세무사

의사국가시험에 불합격한 자가 새로 실시된 의사국가시험에 합격한 후 그 불합격처분의 취소를 구하는 경우에는 협의의 소익이 없다.

02 1 2 3   2021 지방직·서울시 9급

공익근무요원 소집해제신청을 거부한 후에 원고가 계속하여 공익근무요원으로 복무함에 따라 복무기간만료를 이유로 소집해제처분을 한 경우, 원고는 거부처분의 취소를 구할 소의 이익이 없다.

☆ **03** 1 2 3   2018 경행경채

현역병입영대상자로 병역처분을 받은 자가 그 취소소송 도중에 모병에 응하여 현역병으로 자진입대한 경우에는 권리보호의 필요가 없는 경우로서 소의 이익을 인정할 수 없다.

☆ **04** 1 2 3   2016 지방직 7급

고등학교졸업이 대학입학자격이나 학력인정으로서의 의미 밖에 없다고 할 수는 없으므로, 퇴학처분을 받은 자가 고등학교 졸업학력 검정고시에 합격하였다 하여 퇴학처분의 취소를 구할 소송상의 이익이 없다고 볼 수는 없다.

☆ **05** 1 2 3   2013 서울시 7급

행정처분이 취소되면 그 처분은 효력을 상실하여 더 이상 존재하지 않는 것이고, 존재하지 않는 행정처분을 대상으로 한 취소소송은 소의 이익이 없어 부적법하다.

☆ **06** ①②③　　　　　　　　　　　　　2017 서울시 9급
행정청이 영업허가신청 반려처분의 취소를 구하는 소의 계속 중 사정변경을 이유로 위 반려처분을 직권취소함과 동시에 위 신청을 재반려하는 내용의 재처분을 한 경우 당초의 반려처분의 취소를 구하는 경우에는 협의의 소의 이익(권리보호의 필요)이 인정되지 않는다.

☆ **07** ①②③　　　　　　　　　　　　　2016 지방직 7급
행정청이 직위해제상태에 있는 공무원에 대하여 새로운 직위해제사유에 기한 직위해제처분을 한 경우 그 이전에 한 직위해제처분의 취소를 구할 소의 이익이 없다.

08 ①②③　　　　　　　　　　　　　2016 국가직 7급
「도시 및 주거환경정비법」상 이전고시가 효력을 발생하게 된 이후에는 조합원 등이 관리처분계획의 취소 또는 무효확인을 구할 법률상 이익이 없다.

09 ①②③　　　　　　　　　　　　　2022 서울시 지적 7급
처분청의 직권취소에도 완전한 원상회복이 이루어지지 않아 무효확인 또는 취소로써 회복할 수 있는 다른 권리나 이익이 남아 있는 경우, 예외적으로 그 처분의 취소를 구할 소의 이익이 있다.

10 ①②③　　　　　　　　　　　　　2022 서울시 지적 7급
건축허가취소처분을 받은 건축물 소유자는 그 건축물이 완공된 후에도 여전히 취소처분의 취소를 구할 법률상 이익을 가진다.

☞ p.581

01 ①②③　　　　　　　　　　　　　2018 지방직 9급
배출시설에 대한 설치허가가 취소된 후 그 배출시설이 철거되어 다시 가동할 수 없는 상태라면 배출시설의 소유자는 당해 처분의 취소를 구할 법률상 이익이 없다.

☆ **02** ①②③　　　　　　　　　　　　　2018 지방직 9급
구 「도시 및 주거환경정비법」상 조합설립추진위원회 구성승인처분을 다투는 소송계속 중에 조합설립인가처분이 이루어졌다면 조합설립추진위원회 구성승인처분의 취소를 구할 법률상 이익은 없다.

03 ①②③　　　　　　　　　　　　　2022 서울시 지적 7급
거부처분이 재결에서 취소된 경우 재결에 따른 후속처분이 아니라 그 재결의 취소를 구하는 것은 실효적이고 직접적인 권리구제수단이 될 수 없어 분쟁해결의 유효적절한 수단이라고 할 수 없으므로 법률상 이익이 없다.

☆ **04** ①②③　　　　　　　　　　　　　2022 국회직 8급
취소소송은 다른 법률에 특별한 규정이 없는 한 처분 등을 행한 행정청을 피고로 한다.

05 ①②③　　　　　　　　　　　　　2020 국가직 9급
국가나 공공단체의 의사를 실질적으로 결정하는 기관이더라도 대외적으로 의사를 표시할 수 있는 기관이 아니라면 취소소송에서 피고가 될 수 있는 행정청에 포함되지 않는다.

☆ **06** ①②③　　　　　　　　　　　　　2017 국가직(하) 9급
행정권한을 위탁받은 공공단체 또는 사인이 자신의 이름으로 처분을 한 경우에는 그 공공단체 또는 사인이 항고소송의 피고가 된다.

☆ **07** ①②③　　　　　　　　　　　　2019 지방직·교육행정직 9급
국가공무원법에 따른 처분, 그 밖에 본인의 의사에 반한 불리한 처분이나 부작위에 관한 행정소송을 제기할 때에 대통령의 처분 또는 부작위의 경우에는 소속 장관을 피고로 한다.

08 ①②③　　　　　　　　　　　　　2017 경행경채
대법원장이 한 처분에 대한 행정소송의 피고는 법원행정처장이다.

09 ①②③　　　　　　　　　　　　　2015 국가직 9급
처분 등이 있은 뒤에 그 처분 등에 관계되는 권한이 다른 행정청에 승계된 때에는 이를 승계한 행정청을 피고로 한다.

10 ①②③　　　　　　　　　　　　　2008 지방직 7급
처분 후 처분을 한 행정청이 폐지된 경우에는 그 처분 등에 관한 사무가 귀속되는 국가 또는 공공단체가 피고가 된다.

☞ p.583

01 　　　　　　　　　　　　　　　　2021 군무원 9급
합의제 행정청 명의로 한 행정처분의 취소소송의 피고적격자는 원칙적으로 당해 합의제 행정청이다.

02 　　　　　　　　　　　　　　　　2006 국회직 8급
공정거래위원회의 처분에 대한 소는 공정거래위원회를 피고로 하여 제기하여야 한다.

☆ **03** 　　　　　　　　　　　　　　　2022 국회직 8급
중앙노동위원회의 처분에 대한 행정소송은 중앙노동위원회 위원장을 피고로 한다.

☆ **04** 　　　　　　　　　　　　　　　2019 서울시 1회 7급
행정권한의 위임 또는 위탁이 있는 때 취소소송에서의 피고는 수임청·수탁청이 된다.

☆ **05** 　　　　　　　　　　　　　　　2013 서울시 9급
항고소송의 경우 권한을 내부위임한 경우로서 위임청의 명의로 처분을 발하면 위임청이 피고가 된다.

☆ **06** 　　　　　　　　　　　　　　　2022 소방간부
대리기관이 대리관계를 표시하고 피대리 행정청을 대리하여 행정처분을 한 경우, 행정처분에 대한 항고소송의 피고적격은 피대리 행정청에 있다.

☆ **07** 　　　　　　　　　　　　　　　2013 서울시 9급
항고소송의 경우 권한을 내부위임한 경우로서 수임청의 이름으로 처분을 발하면 수임청이 피고가 된다.

☆ **08** 　　　　　　　　　　　　　　　2021 국회직 8급
행정권한을 내부위임받은 하급행정청이 자신의 명의로 처분을 한 경우, 그에 대한 항고소송의 피고는 수임기관인 하급행정청이 된다.

☆ **09** 　　　　　　　　　　　　　　　2018 서울시 9급
대리권을 수여받은 데 불과하여 그 자신의 명의로는 행정처분을 할 권한이 없는 행정청의 경우 대리관계를 밝힘이 없이 그 자신의 명의로 행정처분을 하였다면 그에 대하여는 처분명의자인 당해 행정청이 항고소송의 피고가 되어야 하는 것이 원칙이다.

☆ **10** 　　　　　　　　　　　　　　　2022 지방직·서울시 7급
대리권을 수여받은 행정기관이 대리관계를 명시적으로 밝히지 않고 자신의 명의로 처분을 하였다고 하더라도, 처분명의자가 피대리 행정청 산하의 행정기관으로서 실제로 피대리 행정청으로부터 대리권한을 수여받아 피대리 행정청을 대리한다는 의사로 행정처분을 하였고 처분명의자는 물론 그 상대방도 그 행정처분이 피대리 행정청을 대리하여 한 것임을 알고서 이를 받아들였다면 그 처분의 취소소송에서의 피고는 피대리 행정청이 되어야 한다.

11 　　　　　　　　　　　　　　　　2008 국가직 9급
대법원은 처분청과 통지한 자가 다른 경우에는 처분청이 피고가 된다고 보았다.

☆ **12** 　　　　　　　　　　　　　　　2018 소방직 9급
지방의회가 의결한 조례가 그 자체로서 직접 주민의 권리·의무에 영향을 미쳐 항고소송의 대상이 되는 경우에도 그 피고는 조례를 의결한 지방의회가 아니라 조례를 공포한 공포권자가 된다.

☆ **13** 　　　　　　　　　　　　　　　2020 지방직·서울시 7급
처분적 조례에 대한 무효확인소송을 제기함에 있어서 피고적격이 있는 처분 등을 행한 행정청은 공포권자인 지방자치단체의 장이다.

☆ **14** 　　　　　　　　　　　　　　　2006 국회직 8급
지방의회의원에 대한 지방의회의 제명징계의결에 대하여 항고소송을 제기하는 경우 지방의회가 피고가 된다.

📖 p.585

☆ **01** 1 2 3　　　　　　　　　　2021 군무원 9급
원고가 피고를 잘못 지정한 경우 피고경정은 취소소송과 당사자소송 모두에서 사실심변론종결에 이르기까지 허용된다.

02 1 2 3 ·　　　　　　　　　　2010 세무사
원고가 피고를 잘못 지정한 때에는 법원은 원고의 신청에 의하여 피고를 경정하여야 한다.

03 1 2 3　　　　　　　　　　2008 지방직 7급
피고경정의 결정이 있은 때에는 새로운 피고에 대한 소송은 처음에 소를 제기한 때에 제기된 것으로 본다.

04 1 2 3　　　　　　　　　　2017 지방직(하) 9급
취소소송이 제기된 후에 피고를 경정하는 경우 제소기간의 준수 여부는 처음 소가 제기된 때를 기준으로 판단한다.

☆ **05** 1 2 3　　　　　　　　　　2016 서울시 7급
항고소송에서 원고가 피고를 잘못 지정하였다면 법원은 석명권을 행사하여 피고를 경정하게 하여 소송을 진행하여야 한다.

☆ **06** 1 2 3　　　　　　　　　　2020 국가직 9급
취소소송에서 원고가 처분청 아닌 행정관청을 피고로 잘못 지정한 경우, 법원이 석명권을 행사하여 원고로 하여금 피고를 경정하게 하지 않고 바로 소를 각하한 것은 위법하다.

07 1 2 3　　　　　　　　　　2014 국가직 7급
제3자에 의해 항고소송이 제기된 경우에 제3자효 행정행위의 상대방은 소송참가를 할 수 있다.

08 1 2 3　　　　　　　　　　2012 국가직 9급
취소소송의 제3자 소송참가에 관한 규정은 무효등확인소송, 부작위법확인소송, 당사자소송에도 준용된다.

09 1 2 3　　　　　　　　　　2015 국회직 8급
법원은 소송의 결과에 따라 권리 또는 이익을 침해받을 제3자가 있는 경우에는 당사자 또는 제3자의 신청 또는 직권에 의하여 결정으로써 제3자를 소송에 참가시킬 수 있다.

📖 p.587

01 1 2 3　　　　　　　　　　2007 세무사
제3자의 소송참가는 소송의 결과에 따라 권리 또는 이익의 침해를 받을 제3자에게 인정될 수 있다.

02 1 2 3　　　　　　　　　　2012 국가직 9급
소송에 참가할 수 있는 제3자는 판결의 형성력에 의해 권리 또는 이익의 침해를 받을 자뿐만 아니라, 판결의 기속력에 의해 권리 또는 이익의 침해를 받는 경우도 포함된다.

03 1 2 3　　　　　　　　　　2015 국가직 9급
특정 소송사건에서 당사자 일방을 보조하기 위하여 보조참가를 하려면 당해 소송의 결과에 대하여 사실상·경제상 또는 감정상의 이해관계로 충분하지 않고 법률상의 이해관계가 요구된다.

04 1 2 3　　　　　　　　　　2012 국가직 9급
제3자의 소송참가에는 신청에 의한 경우와 직권에 의한 경우가 있다.

05 1 2 3　　　　　　　　　　2018 지방직 9급
행정소송의 결과에 따라 권리 또는 이익의 침해우려가 있는 제3자는 당해 행정소송에 참가할 수 있으며, 이때 참가인인 제3자는 실제로 소송에 참가하여 소송행위를 하였는지 여부를 불문하고 판결의 효력을 받는다.

06 1 2 3　　　　　　　　　　2020 지방직·서울시 9급
행정소송법상 제3자 소송참가의 경우 참가인이 상소를 한 경우, 소송당사자 본인인 피참가인은 참가인의 의사에 반하여 상소취하나 상소포기를 할 수 없다.

07 1 2 3　　　　　　　　　　2018 국가직 7급
법원은 다른 행정청을 취소소송에 참가시킬 필요가 있다고 인정할 때에는 당사자 또는 당해 행정청의 신청 또는 직권에 의하여 결정으로써 그 행정청을 소송에 참가시킬 수 있다.

08 1 2 3　　　　　　　　　　2017 사회복지직 9급
행정소송 사건에서 민사소송법상 보조참가가 허용된다.

제37강 항고소송 2(처분 등)

📄 p.589

☆ **01** 1 2 3 2013 서울시 7급
각하판결은 소송요건의 불비를 이유로 본안의 심리를 거부하는 판결이다.

☆ **02** 1 2 3 2006 국가직 7급
행정처분의 존부 및 원고적격은 법원의 직권조사사항이다.

☆ **03** 1 2 3 2012 국회(속기·경위직) 9급
제소기간의 도과 여부는 법원의 직권조사사항이다.

☆ **04** 1 2 3 2014 사회복지직 9급
필요적 행정심판전치주의가 적용되는 경우 그 요건을 구비하였는지 여부는 법원의 직권조사사항이다.

☆ **05** 1 2 3 2013 국가직 9급
행정소송법상 '처분'이라 함은 행정청이 행하는 구체적 사실에 관한 법집행으로서의 공권력의 행사 또는 그 거부와 그 밖에 이에 준하는 행정작용을 말한다.

☆ **06** 1 2 3 2013 국회속기
취소소송의 대상은 행정청의 '처분 등', 즉 처분과 재결이다.

☆ **07** 1 2 3 2013 국가직 9급
항고소송의 대상이 되는 행정처분이라 함은 원칙적으로 행정청의 공법상 행위로서 특정사항에 대하여 법규에 의한 권리의 설정 또는 의무의 부담을 명하거나 기타 법률상 효과를 발생하게 하는 등으로 일반국민의 권리·의무에 직접 영향을 미치는 행위를 가리킨다.

☆ **08** 1 2 3 2018 소방직 9급
공무수탁사인의 공무를 수행하는 공권력 행사도 처분에 해당한다.

☆ **09** 1 2 3 2022 지방직·서울시 7급
상대방의 권리를 제한하는 행위라 하더라도 행정청 또는 그 소속 기관이나 권한을 위임받은 공공단체 등의 행위가 아닌 한 이를 행정처분이라고 할 수 없다.

☆ **10** 1 2 3 2018 경행경채
지방의회의장에 대한 불신임의결은 행정처분으로서 항고소송의 대상이 된다.

📄 p.591

☆ **01** 1 2 3 2021 국회직 8급
「국가를 당사자로 하는 계약에 관한 법률」상 국가기관에 의한 입찰참가자격제한행위는 처분에 해당한다.

☆ **02** 1 2 3 2017 국회직 8급
대법원은 지방자치단체가 공공조달계약 입찰을 일정기간 동안 제한하는 부정당업자제재에 대해 처분성을 인정한 바 있다.

☆ **03** 1 2 3 2017 국가직(하) 7급
취소소송의 대상인 처분은 행정청이 행하는 구체적 사실에 관한 법집행행위이므로 불특정 다수인을 대상으로 하여 반복적으로 적용되는 일반적·추상적 규율은 원칙적으로 처분이 아니다.

☆ **04** 1 2 3 2017 국회직 8급
행정규칙인 고시가 집행행위의 개입 없이도 그 자체로서 국민의 구체적인 권리·의무에 직접적인 변동을 초래하는 경우에는 항고소송의 대상이 된다.

☆ **05** 1 2 3 2018 국가직 9급
보건복지부 고시인 구 '약제급여·비급여목록 및 급여상한금액표'는 그 자체로서 국민건강보험가입자, 국민건강보험공단, 요양기관 등의 법률관계를 직접 규율하는 성격을 가지므로 항고소송의 대상이 되는 행정처분에 해당한다.

06 1 2 3 2022 국가직 9급
항정신병 치료제의 요양급여 인정기준에 관한 보건복지부 고시가 다른 집행행위의 매개 없이 그 자체로서 직접 국민의 구체적인 권리·의무와 법률관계를 규율하는 성격을 가질 때에는 항고소송의 대상이 되는 행정처분에 해당한다.

07 1 2 3　　　　　　　　　　2020 지방직·서울시 7급
의료기관의 명칭표시판에 진료과목을 함께 표시하는 경우 글자크기를 제한하고 있는 구 의료법 시행규칙 제31조는 법규명령으로서 그 자체가 국민의 구체적인 권리·의무나 법률관계에 직접적인 변동을 초래하지 아니하므로 항고소송의 대상이 되는 행정처분이라고 할 수 없다.

☆ **08** 1 2 3　　　　　　　　　　2019 서울시 1회 7급
공정거래위원회의 고발조치는 행정소송법상 '처분'에 해당하지 않는다.

☆ **09** 1 2 3　　　　　　　　　　2019 서울시 9급
국세기본법에 따른 과세관청의 국세환급금결정은 항고소송의 대상이 되는 처분에 해당하지 않는다.

☆ **10** 1 2 3　　　　　　　　　　2016 서울시 9급
국세환급금결정신청에 대한 환급거부결정은 항고소송의 대상이 되는 행정처분이 아니다.

☆ **11** 1 2 3　　　　　　　　　　2022 소방간부
군의관이 수행하는 병역법상 신체등위판정은 그 자체만으로 병역법상의 권리·의무가 정해지는 것이 아니므로 행정처분에 해당하지 않는다.

☆ **12** 1 2 3　　　　　　　　　　2017 사회복지직 9급
상급행정기관의 하급행정기관에 대한 승인·동의·지시 등은 행정기관 상호 간의 내부행위로서 항고소송의 대상이 되는 행정처분이라 볼 수 없다.

☆ **13** 1 2 3　　　　　　　　　　2019 국가직 9급
교육부장관이 대학입시기본계획의 내용에서 내신성적산정기준에 관한 시행지침을 정한 경우, 이는 행정처분에 해당하지 않는다.

14 1 2 3　　　　　　　　　　2017 국가직(하) 9급
공무원시험승진후보자명부에 등재된 자에 대하여 이전의 징계처분을 이유로 시험승진후보자명부에서 삭제하는 행위는 행정소송의 대상인 행정처분이 아니다.

15 1 2 3　　　　　　　　　　2019 국회직 8급
각 군 참모총장이 군인 명예전역수당 지급대상자 결정절차에서 국방부장관에게 수당지급대상자를 추천하는 행위는 항고소송의 대상이 되는 행정처분이 아니다.

☞ p.593

☆ **01** 1 2 3　　　　　　　　　　2017 국가직 7급
신청권이 없는 신청에 대한 거부행위에 대하여 제기된 거부처분 취소소송은 행정소송에서 소송이 각하되는 경우에 해당한다.

☆ **02** 1 2 3　　　　　　　　　　2015 교육행정직 9급
행정청의 거부행위가 거부처분이 되려면 국민에게 법규상 또는 조리상의 신청권이 있어야 한다.

☆ **03** 1 2 3　　　　　　　　　　2019 사회복지직 9급
거부행위의 처분성을 인정하기 위한 전제요건이 되는 신청권의 존부는 구체적 사건에서 신청인이 누구인가를 고려하지 말고 관계법규에서 일반국민에게 그러한 신청권을 인정하고 있는가를 살펴 추상적으로 결정하여야 한다.

☆ **04** 1 2 3　　　　　　　　　　2021 지방직·서울시 9급
거부처분의 처분성을 인정하기 위한 전제요건이 되는 신청권은 신청의 인용이라는 만족적 결과를 얻을 권리를 의미하는 것은 아니다.

☆ **05** 1 2 3　　　　　　　　　　2021 지방직·서울시 7급
임용기간이 만료된 국립대학 조교수에 대하여 재임용을 거부하는 취지로 한 임용기간만료의 통지는 취소소송의 대상이 된다.

☆ **06** 1 2 3　　　　　　　　　　2015 국회직 8급
법률에 의하여 당연퇴직된 공무원의 복직 또는 재임용신청에 대한 행정청의 거부행위는 항고소송의 대상이 되는 행정처분에 해당하지 않는다.

07 1 2 3　　　　　　　　　　2016 국회직 8급
국·공립대학 교원 임용지원자가 임용권자로부터 임용거부를 당한 경우, 그 임용거부는 항고소송의 대상이 되는 행정처분에 해당하지 않는다.

08 `1` `2` `3`   2022 국가직 9급

임용지원자가 특별채용대상자로서 자격을 갖추고 있고 유사한 지위에 있는 자에 대하여 정규교사로 특별채용한 전례가 있다 하더라도, 교사로의 특별채용을 요구할 법규상 또는 조리상의 권리가 있다고 할 수 없다.

☞ p.595

☆ **01** `1` `2` `3`   2015 지방직 9급

건축계획심의신청에 대한 반려처분은 항고소송의 대상이 되는 행정처분이다.

☆ **02** `1` `2` `3`   2014 서울시 7급

기간제로 임용되어 임용기간이 만료된 공립대학의 교원은 재임용 여부에 관하여 심사를 요구할 법규상 또는 조리상의 신청권을 가진다.

☆ **03** `1` `2` `3`   2022 국가직 9급

피해자의 의사와 무관하게 주민등록번호가 유출된 경우, 조리상 주민등록번호의 변경을 요구할 신청권을 인정함이 타당하다.

04 `1` `2` `3`   2021 국회직 8급

방위사업법령 및 '국방전력발전업무훈령'에 따른 연구개발확인서발급은 사업관리기관이 개발업체에게 해당 품목의 양산과 관련하여 수의계약의 방식으로 국방조달계약을 체결할 수 있는 지위가 있음을 인정해 주는 확인적 행정행위로서 처분에 해당한다.

05 `1` `2` `3`   2021 국가직 9급

공사중지명령의 원인사유가 해소되었다면 중지명령의 상대방은 공사중지명령의 해제를 신청할 수 있고, 이에 대한 거부는 처분성이 인정된다.

☆ **06** `1` `2` `3`   2022 변호사

행정처분이 신청을 거부하는 처분인 경우, 다시 동일한 내용의 새로운 신청을 하고 행정청이 이를 거부한 경우에는 새로운 거부처분이 있는 것으로 볼 수 있고 상대방은 새로운 거부처분에 대하여 취소소송을 제기할 수 있다.

☆ **07** `1` `2` `3`   2010 세무사

판례에 의할 때 거부처분 이후 동일한 내용의 새로운 신청에 대한 반복된 거부행위는 새로운 거부처분에 해당한다.

☞ p.597

☆ **01** `1` `2` `3`   2018 소방직 9급

구 청소년보호법에 따른 청소년유해매체물 결정 및 고시처분은 당해 유해매체물의 소유자 등 특정인만을 대상으로 한 행정처분이 아니라 일반 불특정 다수인을 상대방으로 하여 일률적으로 각종 의무를 발생시키는 행정처분이다.

☆ **02** `1` `2` `3`   2009 지방직 9급

어업권면허에 선행하는 우선순위결정은 강학상의 확약에 불과하고 행정처분은 아니다.

03 `1` `2` `3`   2009 국회직 8급

표준지공시지가의 결정은 처분성이 인정된다.

☆ **04** `1` `2` `3`   2019 서울시 1회 7급

개발부담금 산정을 위한 개별공시지가결정은 행정소송법상 '처분'에 해당한다.

05 `1` `2` `3`   2017 지방직(하) 9급

제1차 계고처분 이후 고지된 제2차, 제3차의 계고처분은 처분이 아니나, 거부처분이 있은 후 동일한 내용의 신청에 대하여 다시 거절의 의사표시를 한 경우에는 새로운 처분으로 본다.

☆ **06** `1` `2` `3`   2017 국가직(하) 9급

지적공부 소관청의 지목변경신청 반려행위는 국민의 권리관계에 영향을 미치는 것으로서 항고소송의 대상이 되는 행정처분에 해당한다.

☆ **07** `1` `2` `3`   2020 국회직 8급

검사의 공소제기가 적법절차에 따라 정당하게 이루어진 것인지 여부에 관계없이 검사의 공소에 대하여는 형사소송절차에 의하여서만 다툴 수 있고, 행정소송의 방법으로 공소의 취소를 구할 수 없다.

☆ **08** 1 2 3　　　　　　　　　　2019 서울시 2회 7급
행정소송법 제2조 소정의 행정처분이라고 하더라도 그 처분의 근거법률에서 행정소송 이외의 다른 절차에 의하여 불복할 것을 예정하고 있는 처분은 항고소송의 대상이 될 수 없다.

☆ **09** 1 2 3　　　　　　　　　　2019 국가직 9급
검사의 불기소결정은 검찰청법상 항고와 재항고, 형사소송법상 재정신청에 의해서만 불복할 수 있으므로, 항고소송의 대상이 되는 처분에 해당하지 않는다.

☆ **10** 1 2 3　　　　　　　　　　2018 지방직 9급
금융기관임원에 대한 금융감독원장의 문책경고는 상대방의 권리·의무에 직접 영향을 미치므로 행정소송의 대상이 되는 처분에 해당한다.

☆ **11** 1 2 3　　　　　　　　　　2018 서울시 1회 7급
판례에 의하면, 행정규칙에 의한 불문경고조치는 차후 징계감경사유로 작용할 수 있는 표창대상자에서 제외되는 등의 인사상 불이익을 줄 수 있으므로 항고소송의 대상인 행정처분에 해당한다.

12 1 2 3　　　　　　　　　　2012 지방직 9급
행정청의 재량행위에 속하는 처분은 취소소송의 대상이 된다.

📖 p.599

☆ **01** 1 2 3　　　　　　　　　　2008 관세사
이미 확정된 과세처분에 대해 증액경정한 경우 행정소송의 대상은 증액경정처분이다.

☆ **02** 1 2 3　　　　　　　　　　2017 국가직(하) 7급
행정청이 금전부과처분을 한 후 감액처분을 한 경우에 감액되고 남은 부분이 위법하다고 다투고자 할 때에는 감액되고 남은 당초처분을 항고소송의 대상으로 삼아야 한다.

03 1 2 3　　　　　　　　　　2022 국가직 7급
과세표준과 세액을 감액하는 경정처분에 대해서 그 감액경정처분으로도 아직 취소되지 아니하고 남아 있는 부분을 다투는 경우, 적법한 전심절차를 거쳤는지 여부와 제소기간의 준수 여부는 당초처분을 기준으로 판단하여야 한다.

04 1 2 3　　　　　　　　　　2019 지방직 7급
증액경정처분이 있는 경우, 당초처분은 증액경정처분에 흡수되어 소멸하고, 소멸한 당초처분의 절차적 하자는 존속하는 증액경정처분에 승계되지 아니한다.

05 1 2 3　　　　　　　　　　2022 국가직 7급
증액경정처분이 있는 경우, 원칙적으로는 당초 신고나 결정에 대한 불복기간의 경과 여부 등에 관계없이 증액경정처분만이 항고소송의 심판대상이 되고, 납세의무자는 그 항고소송에서 당초신고나 결정에 대한 위법사유도 함께 주장할 수 있다.

06 1 2 3　　　　　　　　　　2018 지방직 9급
부가가치세 증액경정처분의 취소를 구하는 항고소송에서 납세의무자는 과세관청의 증액경정사유를 다툴 수 있을 뿐만 아니라 당초신고에 관한 과다신고사유도 함께 주장하여 다툴 수 있다.

☆ **07** 1 2 3　　　　　　　　　　2022 지방직·서울시 7급
어떠한 처분의 근거가 행정규칙에 규정되어 있는 경우에도, 그 처분이 상대방의 권리·의무에 직접 영향을 미치는 행위라면 취소소송의 대상이 되는 행정처분에 해당한다.

☆ **08** 1 2 3　　　　　　　　　　2012 지방직 9급
항공노선에 대한 운수권배분은 항고소송의 대상이 되는 행정처분에 해당한다.

09 1 2 3　　　　　　　　　　2020 국회직 8급
원천징수의무자인 법인에 대한 소득금액변동통지는 법인의 납세의무에 직접 영향을 미치므로 항고소송의 대상이 되는 처분이다.

★ **10** 1 2 3　　　　　　　　　　2018 소방직 9급

국가인권위원회의 성희롱결정과 이에 따른 시정조치의 권고는 불가분의 일체로 행하여지는 것인데, 이는 행정소송의 대상이 되는 행정처분이다.

11 1 2 3　　　　　　　　　　2010 지방직 9급

정보통신윤리위원회(행위 당시)가 특정 인터넷 웹사이트를 청소년유해매체물로 결정하고 청소년보호위원회(행위 당시)가 효력발생시기를 명시하여 고시하는 행위는 행정소송법상의 처분에 해당한다.

★ **12** 1 2 3　　　　　　　　　　2019 서울시 9급

구 「약관의 규제에 관한 법률」에 따른 공정거래위원회의 표준약관 사용권장행위는 항고소송의 대상이 되는 처분에 해당한다.

13 1 2 3　　　　　　　　　　2019 지방직 7급

지적공부 소관청이 토지대장을 직권으로 말소하는 행위는 항고소송의 대상이 되는 행정처분에 해당한다.

★ **14** 1 2 3　　　　　　　　　　2019 서울시 9급

「국가균형발전 특별법」에 따른 시·도지사의 혁신도시최종입지 선정행위는 항고소송의 대상이 되는 처분으로 볼 수 없다.

15 1 2 3　　　　　　　　　　2017 국회직 8급

구 소득세법 시행령에 따른 소득귀속자에 대한 소득금액변동통지는 원천납세의무자인 소득귀속자의 법률상 지위에 직접적인 법률적 변동을 가져오는 것이 아니므로 항고소송의 대상이 되는 행정처분이라고 볼 수 없다.

★ **16** 1 2 3　　　　　　　　　　2021 지방직·서울시 7급

한국마사회의 조교사·기수 면허취소처분은 취소소송의 대상이 되지 않는다.

17 1 2 3　　　　　　　　　　2022 국가직 7급

한국마사회가 조교사 또는 기수의 면허를 취소하는 것은 국가 기타 행정기관으로부터 위탁받은 행정권한의 행사가 아니라 일반 사법상의 법률관계에서 이루어지는 단체 내부에서의 징계 내지 제재처분이다.

☞ p.601

01 1 2 3　　　　　　　　　　2019 지방직·교육행정직 9급

사업시행자인 한국도로공사가 구 지적법에 따라 고속도로 건설공사에 편입되는 토지소유자들을 대위하여 토지면적등록 정정신청을 하였으나 관할행정청이 이를 반려하였다면, 이러한 반려행위는 항고소송 대상이 되는 행정처분에 해당한다.

★ **02** 1 2 3　　　　　　　　　　2022 국가직 7급

과세관청의 질문조사권이 행해지는 세무조사결정은 납세의무자의 권리·의무에 직접 영향을 미치는 공권력의 행사에 따른 행정작용으로서 항고소송의 대상이 된다.

03 1 2 3　　　　　　　　　　2022 국가직 9급

자동차운송사업양도·양수인가신청에 대하여 행정청이 내인가를 한 후 그 본인가신청이 있음에도 내인가를 취소한 경우, 다시 본인가에 대하여 별도로 인가 여부의 처분을 한다는 사정이 보이지 않는다면 내인가취소는 행정처분에 해당한다.

04 1 2 3　　　　　　　　　　2022 소방간부

「표시·광고의 공정화에 관한 법률」 위반으로 인한 공정거래위원회의 경고의결은 당해 표시·광고의 위법을 확인하되 구체적인 조치까지는 명하지 아니하는 것이나, 사업자가 장래 다시 위반행위를 할 경우 과징금 부과 여부나 그 정도에 영향을 주는 고려사항이 되어 사업자의 자유와 권리를 제한하는 행정처분에 해당한다.

05 1 2 3　　　　　　　　　　2014 국가직 9급

부당한 공동행위의 자진신고자가 한 감면신청에 대해 공정거래위원회가 감면불인정 통지를 한 것은 항고소송의 대상인 행정처분으로 볼 수 있다.

06 1 2 3　　　　　　　　　　2022 소방간부

「진실·화해를 위한 과거사정리 기본법」에 따른 과거사정리위원회의 진실규명결정은 피해자 등에게 진실규명 신청권 및 그 결정에 대한 이의신청권 등이 부여되고, 그 결정에서 규명된 진실에 따라 국가가 법률상 의무를 부담하게 된다는 점 등에서 항고소송의 대상이 된다.

07 　　　　　　　　　　　　　　2017 국회직 8급
지방계약직 공무원의 보수삭감행위는 징계처분의 일종인 감봉처분이다.

08 　　　　　　　　　　　　　2020 지방직·서울시 7급
구 「사회간접자본시설에 대한 민간투자법」에 근거한 서울-춘천 간 고속도로 민간투자시설사업의 사업시행자 지정은 항고소송의 대상이 되는 행정처분이다.

☆ **09** 　　　　　　　　　　　　2022 지방직·서울시 7급
교도소장이 수형자를 '접견내용 녹음·녹화 및 접견시 교도관 참여대상자'로 지정한 행위는 수형자의 구체적 권리·의무에 직접 변동을 가져오는 행정청의 공법상 행위로서 항고소송의 대상이 되는 처분에 해당한다.

10 　　　　　　　　　　　　　　2019 국가직 9급
국가인권위원회가 진정에 대하여 각하 및 기각결정을 할 경우 피해자인 진정인은 인권침해 등에 대한 구제조치를 받을 권리를 박탈당하게 되므로, 국가인권위원회의 진정에 대한 각하 및 기각결정은 처분에 해당한다.

11 　　　　　　　　　　　　　　2019 경행경채 2차
선행처분의 주요 부분을 실질적으로 변경하는 내용으로 후행처분을 한 경우에 선행처분은 특별한 사정이 없는 한 그 효력을 상실하지만, 후행처분이 있었다고 하여 일률적으로 선행처분이 존재하지 않게 되는 것은 아니다.

☆ **12** 　　　　　　　　　　　　　　2017 국가직 7급
택시회사들의 자발적 감차와 그에 따른 감차보상금의 지급 및 자발적 감차 조치의 불이행에 따른 행정청의 직권감차명령을 내용으로 하는 택시회사들과 행정청 간의 합의 및 그에 따른 감차명령은 행정청이 우월한 지위에서 행하는 공권력의 행사로 볼 수 있다.

☆ **13** 　　　　　　　　　　　　　　2017 지방직 7급
구 「산업집적활성화 및 공장설립에 관한 법률」에 따른 산업단지입주계약의 해지통보는 행정청인 관리권자로부터 관리업무를 위탁받은 한국산업단지공단이 우월적 지위에서 그 상대방에게 일정한 법률상 효과를 발생하게 하는 것으로서 항고소송의 대상이 되는 행정처분에 해당한다.

14 　　　　　　　　　　　　　　2017 서울시 7급
행정청이 한 행위가 단지 사인 간 법률관계의 존부를 공적으로 증명하는 공증행위에 불과하여 그 효력을 둘러싼 분쟁의 해결이 사법원리에 맡겨져 있거나 행위의 근거법률에서 행정소송 이외의 다른 절차에 의하여 불복할 것을 예정하고 있는 경우에는 항고소송의 대상이 될 수 없다.

📖 p.603

☆ **01** 　　　　　　　　　　　　　　2019 국가직 7급
재단법인 한국연구재단이 A대학교 총장에게 연구개발비의 부당집행을 이유로 과학기술기본법령에 따라 '두뇌한국(BK)21 사업' 협약의 해지를 통보한 것은 공법상 계약을 계약당사자의 지위에서 종료시키는 의사표시에 불과한 것이 아니라 행정청이 우월적 지위에서 연구개발비의 회수 및 관련자에 대한 국가연구개발사업 참여제한 등의 법률상 효과를 발생시키는 행정처분에 해당한다.

☆ **02** 　　　　　　　　　　　　　　2022 소방간부
교육공무원법상 승진후보자 명부에 의한 승진심사방식으로 행해지는 승진임용에서 승진후보자 명부에 있던 후보자를 승진임용인사발령에서 제외하는 행위는 행정처분에 해당한다.

03 　　　　　　　　　　　　　　2020 국회직 8급
조달청이 국가종합전자조달시스템인 나라장터 종합쇼핑몰에 거래정지조치를 하는 것은 처분으로서 공법관계에 속한다.

☆ **04** 　　　　　　　　　　　　　　2019 국가직 9급
교육부장관이 대통령에게 국립대학교 총장 임용제청을 하면서 대학에서 추천한 복수의 총장 후보자들 중 일부를 임용제청에서 제외한 행위는 처분에 해당한다.

05 　　　　　　　　　　　　　　2022 국가직 9급
「공유재산 및 물품 관리법」에 근거하여 공모제안을 받아 이루어지는 민간투자사업 '우선협상대상자 선정행위'나 '우선협상대상자 지위배제행위'는 항고소송의 대상인 처분에 해당한다.

06 1 2 3 2022 국가직 9급

법무사가 사무원을 채용할 때 소속 지방법무사회로부터 승인을 받아야 할 의무는 공법상 의무이다.

07 1 2 3 2021 국가직 9급

토지대장상의 소유자명의변경신청 거부는 처분성이 부정된다.

08 1 2 3 2017 서울시 9급

주택건설사업이 양도되었으나 그 변경승인을 받기 이전에 행정청이 양수인에 대하여 양도인에 대한 사업계획승인을 취소하였다는 사실을 통지한 경우 이러한 통지만으로는 양수인의 법률상 지위에 어떠한 변동을 일으키는 것은 아니므로 행정처분에 해당하지 않는다.

09 1 2 3 2017 지방직 9급

재단법인 한국연구재단이 甲대학교 총장에게 연구개발비의 부당집행을 이유로 두뇌한국(BK)21 사업 협약을 해지하는 것은 처분이다. 그러나 연구팀장 乙에 대한 대학 자체 징계를 요구한 것은 항고소송의 대상인 행정처분에 해당하지 않는다.

10 1 2 3 2021 국회직 8급

甲시장이 감사원으로부터 감사원법에 따라 乙에 대하여 징계의 종류를 정직으로 정한 징계요구를 받게 되자 감사원에 징계요구에 대한 재심의를 청구하였는데 감사원이 재심의 청구를 기각한 사안에서, 감사원의 징계요구와 재심의청구 기각결정은 항고소송의 대상이 되는 행정처분이 아니다.

11 1 2 3 2019 지방직·교육행정직 9급

구 「민원사무 처리에 관한 법률」에서 정한 사전심사결과 통보는 항고소송의 대상이 되는 행정처분에 해당하지 않는다.

12 1 2 3 2019 국가직 9급

구 국세징수법상 가산금은 국세를 납부기한까지 납부하지 아니하면 과세청의 확정절차 없이도 법률에 의하여 당연히 발생하는 것이므로 가산금의 고지는 항고소송의 대상이 되는 처분이라고 볼 수 없다.

13 1 2 3 2020 지방직·서울시 7급

국세환급금 충당의 법적 성격과 관련하여 국세환급금의 충당은 납세의무자가 갖는 환급청구권의 존부나 범위 또는 소멸에 구체적이고 직접적인 영향을 미치는 처분이라기보다는 국가의 환급금 채무와 조세채권이 대등액에서 소멸되는 점에서 오히려 민법상의 상계와 비슷한 것이다.

☞ p.605

☆ **01** 1 2 3 2020 소방직 9급

취소소송은 처분 등을 대상으로 하나, 재결취소소송은 재결 자체에 고유한 위법이 있음을 이유로 하는 경우에 한한다.

02 1 2 3 2007 국회직 8급

행정심판의 재결은 재결 자체에 고유한 위법이 있는 경우에 한하여 행정소송의 대상이 될 수 있다.

03 1 2 3 2013 국가직 9급

원처분의 위법을 이유로 행정심판재결에 대한 취소소송을 제기할 수는 없다.

04 1 2 3 2015 서울시 7급

서면에 의하지 않은 재결의 경우 형식상 하자가 있으므로 재결에 대해서 항고소송을 제기할 수 있다.

☆ **05** 1 2 3 2016 지방직 9급

재결취소소송에 있어서 재결 자체의 고유한 위법은 재결의 주체, 절차 및 형식상의 위법뿐만 아니라, 내용상의 위법도 이에 포함된다.

☆ **06** 1 2 3 2022 국가직 9급

행정소송법 제19조에서 말하는 '재결 자체에 고유한 위법'이란 원처분에는 없고 재결에만 있는 재결청의 권한 또는 구성의 위법, 재결의 절차나 형식의 위법, 내용의 위법 등을 뜻한다.

07 1 2 3 2019 경행경채 2차

징계혐의자에 대한 감봉 1월의 징계처분을 견책으로 변경한 소청결정 중 그를 견책에 처한 조치가 재량권의 남용 또는 일탈로서 위법하다는 사유는 소청결정 자체에 고유한 위법을 주장하는 것으로 볼 수 없어 소청결정의 취소사유가 될 수 없다.

✩ 08 ①②③
2021 국가직 7급

행정심판청구가 부적법하지 않음에도 각하한 재결은 심판청구인의 실체심리를 받을 권리를 박탈한 것으로서 원처분에 없는 고유한 하자가 있는 경우에 해당하고, 따라서 위 재결은 취소소송의 대상이 된다.

📖 p.607

✩ 01 ①②③
2017 국회직 8급

3월의 영업정지처분을 2월의 영업정지처분에 갈음하는 과징금 부과처분으로 변경하는 재결의 경우 취소소송의 대상이 되는 것은 변경된 내용의 당초처분이지 변경처분은 아니다.

✩ 02 ①②③
2018 국가직 9급

판례에 따를 경우 甲이 제기하는 소송이 적법하게 되기 위한 설명으로 옳은 것은?

> A시장은 2016.12.23. 식품위생법 위반을 이유로 甲에 대하여 3월의 영업정지처분을 하였고, 甲은 2016.12.26. 처분서를 송달받았다. 甲은 이에 대해 행정심판을 청구하였고, 행정심판위원회는 2017.3.6. "A시장은 甲에 대하여 한 3월의 영업정지처분을 2월의 영업정지에 갈음하는 과징금 부과처분으로 변경하라."라는 일부인용의 재결을 하였으며, 그 재결서 정본은 2017.3.10. 甲에게 송달되었다. A시장은 재결취지에 따라 2017.3.13. 甲에 대하여 과징금 부과처분을 하였다. 甲은 여전히 자신이 식품위생법 위반을 이유로 한 제재를 받을 이유가 없다고 생각하여 취소소송을 제기하려고 한다.

① 행정심판위원회를 피고로 하여 2016.12.23.자 영업정지처분을 대상으로 취소소송을 제기하여야 한다.
② 행정심판위원회를 피고로 하여 2017.3.13.자 과징금 부과처분을 대상으로 취소소송을 제기하여야 한다.
③ 과징금 부과처분으로 변경된 2016.12.23.자 원처분을 대상으로 2017.3.10.부터 90일 이내에 제기하여야 한다.
④ 2017.3.13.자 과징금 부과처분을 대상으로 2017.3.6.부터 90일 이내에 제기하여야 한다.

해설

취소소송의 대상: 변경된 내용의 당초처분
제소기간: 행정심판의 재결을 거친 후 취소소송을 제기한 경우이므로 재결서 정본을 송달받은 날로부터 90일

정답 ③

📖 p.609

✩ 01 ①②③
2019 경행경채 2차

변경처분에 의하여 유리하게 변경된 내용의 행정제재가 위법하다는 이유로 그 취소를 구하는 경우 취소소송의 대상은 변경된 내용의 당초처분이지 변경처분은 아니고, 제소기간의 준수 여부도 변경처분이 아닌 변경된 내용의 당초처분을 기준으로 판단하여야 한다.

✩ 02 ①②③
2017 서울시 7급

행정청이 식품위생법령에 따라 영업자에게 행정제재처분을 한 후 당초처분을 영업자에게 유리하게 변경하는 처분을 한 경우, 취소소송의 대상 및 제소기간 판단기준은 변경처분이 아니라 변경된 내용의 당초처분이다.

✩ 03 ①②③
2019 국가직 9급

행정심판을 청구하여 기각재결을 받은 후 재결 자체에 고유한 위법이 있음을 주장하며 그 기각재결에 대하여 취소소송을 제기한 경우, 수소법원은 심리 결과 재결 자체에 고유한 위법이 없다면 기각판결을 하여야 한다.

04 ①②③
2008 세무사

현행 행정소송법은 원처분주의를 채택하고 있으나, 개별법률이 원처분주의에 대한 예외로서 재결주의를 택하는 경우가 있다.

✩ 05 ①②③
2020 지방직·서울시 7급

감사원의 변상판정처분에 대하여 위법 또는 부당하다고 인정하는 본인 등은 이 처분에 대하여 행정소송을 제기할 수 없고, 재결에 해당하는 재심의판정에 대하여서만 감사원을 피고로 행정소송을 제기할 수 있다.

06 ①②③
2006 세무사

원처분인 지방노동위원회의 중재회부결정에 대하여는 취소소송을 제기할 수 없고 재결에 해당하는 중앙노동위원회의 재심판정만이 소송의 대상이 된다.

07 ①②③
2013 서울시 7급

특허출원에 대한 심사관의 거절사정에 대하여 행정소송을 제기할 수 없고, 특허심판원에 심판청구를 한 후 그 심결을 소송대상으로 하여 특허법원에 심결취소를 요구하는 소를 제기하여야 한다.

📎 p.611

01 2020 국회직 8급
사립학교 교원에 대한 징계는 사법관계이나 그에 대한 교원소청심사가 제기되어 그에 대한 결정이 있으면 그 결정은 공법의 문제가 된다.

02 2013 국회직 8급
사립학교 교원의 경우 교원소청심사위원회의 결정에 불복하는 경우 교원소청심사위원회를 피고로 하여 항고소송을 제기할 수 있다.

03 2012 국회직 8급
공립학교 교원에 대한 징계에 있어 교원소청심사위원회의 결정에 불복이 있는 경우에 취소소송을 할 수 있고, 이때 원처분을 소송의 대상으로, 원처분청을 상대로 하는 것이 원칙이다.

제38강 항고소송 3 (그 밖의 소송요건 및 소변경 등)

📎 p.613

☆ **01** 2021 군무원 7급
행정심판을 거친 후에 원처분에 대하여 취소소송을 제기할 경우 재결서의 정본을 송달받은 날부터 90일 이내에 제기하여야 한다.

☆ **02** 2021 국가직 9급
행정청이 행정심판청구를 할 수 있다고 잘못 알려 행정심판을 청구한 경우에는 처분이 있음을 안 날이 아니라 재결서 정본을 송달받은 날부터 취소소송의 제소기간이 기산된다.

03 2019 소방직 9급
취소소송은 처분 등이 있은 날부터 1년을 경과하면 이를 제기하지 못한다. 다만, 정당한 사유가 있는 때에는 그러하지 아니하다.

☆ **04** 2017 교육행정직 9급
제소기간의 준수 여부는 법원의 직권조사사항에 해당한다.

05 2015 사회복지직 9급
제소기간의 적용에 있어 '처분이 있음을 안 날'이란 처분의 존재를 현실적으로 안 날을 의미하는 것이지 처분의 위법 여부를 인식한 날을 말하는 것이 아니다.

06 2013 국회속기직
처분이 있음을 안 날이라 함은 처분에 관한 서류가 당사자의 주소에 송달되는 등 사회통념상 처분이 있음을 당사자가 알 수 있는 상태에 놓여진 때에는 반증이 없는 한 그 처분이 있음을 알았다고 추정할 수 있다.

☆ **07** 2017 국가직(하) 7급
상대방이 있는 행정처분에 대하여 행정심판을 거치지 아니하고 바로 취소소송을 제기하는 경우 처분이 있음을 안 날이란 통지, 공고 기타의 방법에 의해 당해 행정처분이 있었다는 사실을 현실적으로 안 날을 의미한다.

☆ **08** 2021 국가직 9급
'처분이 있음을 안 날'은 처분이 있었다는 사실을 현실적으로 안 날을 의미하므로, 처분서를 송달받기 전 정보공개청구를 통하여 처분을 하는 내용의 일체의 서류를 교부받았더라도, 동 처분이 원고에게 고지되어 원고가 처분이 있다는 사실을 현실적으로 알았을 때 제소기간이 기산된다.

📎 p.615

☆ **01** 2020 지방직·서울시 9급
고시 또는 공고에 의하여 행정처분을 하는 경우 그 행정처분에 이해관계를 갖는 사람이 고시 또는 공고가 있었다는 사실을 현실적으로 알았는지 여부에 관계없이 고시 또는 공고가 효력을 발생한 날에 행정처분이 있음을 알았다고 보아야 한다.

02 2020 경찰경채
처분 당시에는 취소소송의 제기가 법제상 허용되지 않아 소송을 제기할 수 없다가 위헌결정으로 인하여 비로소 취소소송을 제기할 수 있게 된 경우에는 객관적으로는 '위헌결정이 있은 날', 주관적으로는 '위헌결정이 있음을 안 날' 비로소 취소소송을 제기할 수 있게 되어 이때를 제소기간의 기산점으로 삼아야 한다.

03 1 2 3　　　　　　　　　　　　　　2013 지방직 9급
법원은 취소소송의 제소기간을 확장하거나 단축할 수 없으나 주소 또는 거소가 멀리 떨어진 곳에 있는 자를 위하여 부가기간을 정할 수 있다.

04 1 2 3　　　　　　　　　　　　　　2017 교육행정직 9급
제소기간은 불변기간이나 행정소송법 제8조에 의해 준용되는 민사소송법 제172조와 제173조에 따라 일정한 경우 소송행위를 추후에 보완하는 것이 허용된다.

05 1 2 3　　　　　　　　　　　　　　2018 국가직 9급
행정심판에서는 행정청이 상대방에게 심판청구기간을 법정심판청구기간보다 긴 기간으로 잘못 알린 경우에 그 잘못 알린 기간 내에 심판청구가 있으면 그 심판청구는 법정심판청구기간 내에 제기된 것으로 보나, 행정소송에서는 그렇지 않다.

☆ **06** 1 2 3　　　　　　　　　　　　　　2013 경행특채
취소소송은 처분 등이 있음을 안 날부터 90일, 처분 등이 있은 날부터 1년이 경과하면 이를 제기하지 못한다.

07 1 2 3　　　　　　　　　　　　　　2012 국회(속기·경위직) 9급
행정처분이 있은 날이란 상대방이 있는 행정처분의 경우는 특별한 규정이 없는 한 의사표시의 일반적 법리에 따라 그 행정처분이 상대방에게 고지되어 효력이 발생한 날을 말한다.

☆ **08** 1 2 3　　　　　　　　　　　　　　2020 소방직 9급
취소소송은 처분 등이 있음을 안 날부터 90일 이내에, 처분 등이 있은 날부터 1년 이내에 제기할 수 있고, 다만 처분 등이 있은 날부터 1년이 경과하여도 정당한 사유가 있다면 취소소송을 제기할 수 있다.

09 1 2 3　　　　　　　　　　　　　　2019 국회직 8급
제소기간의 요건은 처분의 상대방이 소송을 제기하는 경우는 물론이고 법률상 이익이 침해된 제3자가 소송을 제기하는 경우에도 적용된다.

10 1 2 3　　　　　　　　　　　　　　2019 서울시 9급
제3자효 행정행위의 경우, 제3자가 어떠한 방법에 의하든지 행정처분이 있었음을 안 경우에는 안 날로부터 90일 이내에 행정심판이나 행정소송을 제기하여야 한다.

11 1 2 3　　　　　　　　　　　　　　2012 국회(속기·경위직) 9급
처분이 있음을 안 날과 처분이 있은 날 두 기간 중 어느 하나의 기간이라도 먼저 경과하면 제소기간이 종료된다.

12 1 2 3　　　　　　　　　　　　　　2018 지방직 7급
처분이 있음을 안 날부터 90일이 경과하였다면, 비록 처분이 있은 날부터 1년이 경과되지 않은 시점에서 제기된 취소소송이라고 하더라도 취소소송의 소송요건을 충족하지 않은 경우에 해당한다.

📖 p.617

☆ **01** 1 2 3　　　　　　　　　　　　　　2020 소방직 9급
행정심판을 거친 경우에 취소소송의 제소기간은 재결서의 정본을 송달받은 날부터 90일 이내이다.

02 1 2 3　　　　　　　　　　　　　　2020 경행경채
취소소송은 처분 등이 있음을 안 날부터 90일 이내에 제기하여야 하는데, 행정심판청구를 할 수 있는 경우에 행정심판청구가 있은 때의 기간은 재결서의 정본을 송달받은 날부터 기산하며, 여기서 말하는 '행정심판'은 행정심판법에 따른 일반행정심판과 일반행정심판을 갈음하는 특별한 행정불복절차를 정한 경우의 특별행정심판을 의미한다.

03 1 2 3　　　　　　　　　　　　　　2017 지방직 9급
처분의 불가쟁력이 발생한 이후에 행정청이 당해 처분에 대해 행정심판청구를 할 수 있다고 잘못 알린 경우, 그 처분의 취소소송의 제소기간이 행정심판의 재결서를 받은 날부터 다시 기산되는 것은 아니다.

04 1 2 3　　　　　　　　　　　　　　2021 국가직 9급
행정심판을 청구하였으나 심판청구기간을 도과하여 각하된 후 제기하는 취소소송은 취소소송의 제소기간을 준수한 것으로 볼 수 없다.

05 1 2 3   2020 경행경채
행정처분이 있음을 안 날부터 90일을 넘겨 행정심판을 청구하였다가 부적법하다는 이유로 각하재결을 받은 후 재결서를 송달받은 날부터 90일 내에 원래의 처분에 대하여 취소소송을 제기한 경우, 취소소송의 제소기간을 준수한 것으로 볼 수는 없다.

📖 p.619

01 1 2 3   2019 국가직 7급
甲이 처분에 대해 무효확인소송을 제기하였다가 취소소송으로 소의 종류를 변경하는 경우 제소기간의 준수 여부는 처음의 소인 무효확인소송 제기시를 기준으로 한다.

02 1 2 3   2017 지방직 9급
청구취지를 변경하여 종전의 소가 취하되고 새로운 소가 제기된 것으로 변경되었다면 새로운 소에 대한 제소기간 준수 여부는 원칙적으로 소의 변경이 있은 때를 기준으로 한다.

03 1 2 3   2022 지방직·서울시 7급
어느 하나의 처분의 취소를 구하는 소에 당해 처분과 관련되는 처분의 취소를 구하는 청구를 추가적으로 병합한 경우, 추가적으로 병합된 소의 소제기간의 준수 여부는 그 청구취지의 추가신청이 있은 때를 기준으로 한다.

☆ **04** 1 2 3   2017 지방직 9급
납세자의 이의신청에 의한 재조사결정에 따른 행정소송의 제소기간은 후속처분의 통지를 받은 날부터 기산한다.

☆ **05** 1 2 3   2022 국가직 7급
행정처분의 당연무효를 선언하는 의미에서 취소를 구하는 행정소송을 제기한 경우에는 취소소송의 제소요건을 갖추어야 한다.

📖 p.621

01 1 2 3   2019 소방직 9급
당사자소송에 관하여 법령에 제소기간이 정하여져 있는 경우 그 기간은 불변기간으로 한다.

02 1 2 3   2016 교육행정직 9급
행정소송법은 원칙적으로 임의적 행정심판전치주의를 취하고 있다.

☆ **03** 1 2 3   2016 경행경채
취소소송은 법령의 규정에 의하여 당해 처분에 대한 행정심판을 제기할 수 있는 경우에도 이를 거치지 아니하고 제기할 수 있다. 다만, 다른 법률에 당해 처분에 대한 행정심판의 재결을 거치지 아니하면 취소소송을 제기할 수 없다는 규정이 있는 때에는 그러하지 아니하다.

☆ **04** 1 2 3   2017 교육행정직 9급
국세부과처분 취소소송에는 필요적 행정심판전치주의가 적용된다.

☆ **05** 1 2 3   2013 국가직 7급
도로교통법에 따른 처분에 대해서는 행정심판의 재결을 거치지 아니하면 취소소송을 제기할 수 없다.

☆ **06** 1 2 3   2015 국가직 9급
과세관청의 압류처분에 대해서는 심사청구 또는 심판청구 중 하나에 대한 결정을 거친 후 행정소송을 제기하여야 한다.

07 1 2 3   2015 국회직 8급
기간경과 등의 부적법한 심판제기가 있었다면, 비록 행정심판위원회가 각하하지 않고 기각재결을 한 경우라 하더라도 심판전치의 요건이 구비된 것으로 볼 수 없다.

☆ **08** 1 2 3   2018 경행경채
행정심판전치주의의 요건을 충족하였는지의 여부는 사실심변론종결시를 기준으로 한다.

☆ **09** 1 2 3   2015 국회직 8급
행정심판전치주의가 적용되는 경우에 행정심판을 거치지 않고 소제기를 하였더라도 사실심변론종결 전까지 행정심판을 거친 경우 하자는 치유된 것으로 볼 수 있다.

☆ **10** ① ② ③　　　　　　　　　2015 국회직 8급
필요적 행정심판전치주의가 적용되는 경우 그 요건을 구비하였는지 여부는 법원의 직권조사사항이다.

📖 p.623

01 ① ② ③　　　　　　　　　2014 국회직 8급
행정심판전치주의가 적용되는 경우에 행정심판을 제기하고 행정심판의 재결을 거치지 않아도 되는 경우는 행정소송법 제18조 제2항에 규정하고 있다.

☆ **02** ① ② ③　　　　　　　　　2016 서울시 9급
행정소송법 제18조 제3항에서 규정하고 있는 '행정심판을 거칠 필요가 없는 경우'가 아닌 것은?
① 동종사건에 관하여 이미 행정심판의 기각재결이 있은 때
② 서로 내용상 관련되는 처분 또는 같은 목적을 위하여 단계적으로 진행되는 처분 중 어느 하나가 이미 행정심판의 재결을 거친 때
③ 행정청이 사실심의 변론종결 후 소송의 대상인 처분을 변경하여 당해 변경된 처분에 관하여 소를 제기하는 때
④ 법령의 규정에 의한 행정심판기관이 의결 또는 재결을 하지 못할 사유가 있는 때

[해설]
④ 행정심판제기는 하되 재결을 거칠 필요가 없는 경우에 해당(행정소송법 제18조 제2항 제3호)

정답 ④

03 ① ② ③　　　　　　　　　2010 세무사
통설에 의하면 둘 이상의 심판절차가 규정된 때에는 특별한 규정이 없는 한 하나만 거치면 족하다.

04 ① ② ③　　　　　　　　　2014 국회직 8급
행정처분의 상대방이 아닌 제3자가 제기하는 행정소송의 경우에도 행정심판전치주의가 적용된다.

05 ① ② ③　　　　　　　　　2013 국가직 9급
원고가 전심절차에서 주장하지 아니한 처분의 위법사유를 소송절차에서 새로이 주장한 경우 다시 그 처분에 대하여 별도의 전심절차를 거쳐야 하는 것은 아니다.

📖 p.625

01 ① ② ③　　　　　　　　　2006 관세사
행정소송법상 취소소송은 피고의 변경을 수반하는 다른 종류의 소송으로 변경할 수 있다.

☆ **02** ① ② ③　　　　　　　　　2008 선관위 9급
법원은 소의 변경의 필요가 있다고 판단될 때에는 청구의 기초에 변경이 없는 한 사실심의 변론종결시까지 원고의 신청에 의하여 결정으로써 소의 변경을 허가할 수 있다.

☆ **03** ① ② ③　　　　　　　　　2014 서울시 9급
행정소송법에 따르면 취소소송이 계속 중이고, 청구의 기초에 변경이 없는 한 사실심의 변론종결시까지 원고의 신청에 의하여 법원이 상당하다고 인정하여 허가결정을 한 경우 취소소송과 취소소송 외의 항고소송 간의 소의 변경은 물론, 취소소송과 당사자소송 간의 변경도 가능하다.

04 ① ② ③　　　　　　　　　2009 세무사
소의 변경에 따라 피고를 달리하게 될 때에는 새로운 피고의 의견을 청취하여야 한다.

05 ① ② ③　　　　　　　　　2009 국회직 8급
행정소송법상 소변경의 허가결정이 있으면 신소는 처음 소제기시에 제기된 것으로 보며, 구소는 취하된 것으로 본다.

☆ **06** ① ② ③　　　　　　　　　2017 교육행정직 9급
당사자소송을 취소소송으로 변경할 수 있다.

📖 p.627

01 ① ② ③　　　　　　　　　2006 세무사
처분변경으로 인한 소변경의 경우 당해 처분의 변경이 있음을 안 날로부터 60일 이내에 소변경 신청을 하여야 한다.

☆ **02** ① ② ③　　　　　　　　　2018 경행경채 3차
법원은 행정청이 소송의 대상인 처분을 소가 제기된 후 변경한 때에는 원고의 신청에 의하여 결정으로써 청구의 취지 또는 원인의 변경을 허가할 수 있다.

03 1 2 3   2008 국회직 8급

행정청의 처분의 변경으로 인한 소(訴)의 변경의 경우 변경된 처분이 필요적 행정심판전치의 대상이더라도 행정심판을 거칠 필요가 없다.

04 1 2 3   2022 서울시 지적 7급

행정소송법상 집행정지가 인용될 경우 그 효력으로는 처분 등의 효력정지, 처분 등의 집행정지, 절차속행의 전부 또는 일부의 정지가 있다.

☞ p.629

☆ **01** 1 2 3   2009 관세사

취소소송에 있어 집행정지신청은 민사소송상 가처분과 달리 본안소송과 별도로 독립하여 신청할 수 없다.

☆ **02** 1 2 3   2015 사회복지직 9급

적법한 본안소송이 법원에 계속되어 있을 것을 요하지만, 본안소송의 제기와 집행정지신청이 동시에 행하여지는 경우도 가능하다.

☆ **03** 1 2 3   2014 국가직 9급

본안문제인 행정처분 자체의 적법 여부는 집행정지신청의 요건이 되지 아니하는 것이 원칙이지만, 본안소송의 제기 자체는 적법한 것이어야 한다.

☆ **04** 1 2 3   2018 경행경채

집행정지는 행정처분의 집행부정지원칙의 예외로 인정되는 것으로 적법한 본안소송의 계속을 요건으로 한다.

☆ **05** 1 2 3   2022 소방간부

집행정지결정을 한 후에라도 본안소송이 취하되어 소송이 계속하지 아니한 것으로 되면 집행정지결정은 당연히 그 효력이 소멸되고 별도의 취소조치를 필요로 하는 것은 아니다.

☆ **06** 1 2 3   2010 서울시 9급

집행정지결정은 취소소송에서만 인정되는 것은 아니다.

☆ **07** 1 2 3   2019 경행경채 2차

집행정지는 본안소송이 취소소송이나 무효등확인소송인 경우에만 허용되고, 부작위법확인소송의 경우에는 허용되지 않는다.

08 1 2 3   2012 국가직 9급

행정소송법은 처분의 일부에 대한 집행정지도 가능하다고 규정하고 있다.

☆ **09** 1 2 3   2017 국회직 8급

행정소송법이 집행정지의 요건 중 하나로 '회복하기 어려운 손해'가 생기는 것을 예방할 필요성에 관하여 규정하고 있는 반면, 행정심판법은 집행정지의 요건 중 하나로 '중대한 손해'를 예방할 필요성에 관하여 규정하고 있다.

10 1 2 3   2015 사회복지직 9급

행정소송법상 집행정지와 관련하여 '회복하기 어려운 손해'란 금전보상이 불가능한 경우뿐만 아니라 금전보상으로는 사회관념상 행정처분을 받은 당사자가 참고 견딜 수 없거나 또는 참고 견디기가 현저히 곤란한 경우의 유형·무형의 손해를 말한다.

11 1 2 3   2014 국가직 9급

유흥접객영업허가의 취소처분으로 5,000여 만 원의 시설비를 회수하지 못하게 된다면 생계까지 위협받을 수 있다는 등의 사정은 집행정지를 인정하기 위한 회복하기 어려운 손해가 생길 우려가 있는 경우에 해당하지 아니한다.

12 1 2 3   2022 소방간부

과징금을 납부하기 위하여 무리하게 외부자금을 차입할 경우 자금사정이 악화되어 회사의 존립 자체가 위태롭게 될 정도의 중대한 경영상의 위기를 맞게 될 우려가 있다는 사정은 집행정지요건인 회복하기 어려운 손해에 해당한다.

☆ **13** 1 2 3　　　　　　　　　　2019 사회복지직 9급
집행정지는 공공복리에 중대한 영향을 미칠 우려가 있을 때에는 허용되지 아니한다.

☆ **14** 1 2 3　　　　　　　　　　2018 경행경채
집행정지의 요건으로 규정하고 있는 '공공복리에 중대한 영향을 미칠 우려'가 없을 것이라고 할 때의 '공공복리'는 그 처분의 집행과 관련된 구체적이고 개별적인 공익을 말한다.

☆ **15** 1 2 3　　　　　　　　　　2021 지방직·서울시 9급
신청인의 본안청구의 이유 없음이 명백할 때는 집행정지가 인정되지 않는다.

☞ p.631

☆ **01** 1 2 3　　　　　　　　　　2018 서울시 1회 7급
행정소송법상 집행정지는 본안이 계속되어 있는 법원이 당사자의 신청에 의하여 하거나 당사자의 신청 없이 직권으로 할 수 있다.

02 1 2 3　　　　　　　　　　2009 세무사
집행정지의 관할법원은 본안소송이 계속되고 있는 법원이다.

03 1 2 3　　　　　　　　　　2022 소방간부
회복하기 어려운 손해예방의 필요 등 집행정지의 적극적 요건에 관한 주장·소명책임은 원칙적으로 신청인에게 있으나, 공공복리에 중대한 영향을 미칠 우려가 없을 것 등 집행정지의 소극적 요건에 대한 주장·소명책임은 행정청에 있다.

04 1 2 3　　　　　　　　　　2018 경행경채
행정처분에 대한 효력정지신청을 구함에 있어서도 이를 구할 법률상 이익이 있어야 한다.

05 1 2 3　　　　　　　　　　2014 국가직 7급
제3자효 행정행위에 의해 법률상 이익을 침해받은 제3자는 취소소송의 제기와 동시에 행정행위의 집행정지를 신청할 수 있다.

06 1 2 3　　　　　　　　　　2022 서울시 지적 7급
행정소송법상 집행정지가 거부처분에 대해서도 가능한지에 대해 긍정설과 부정설이 대립하지만 판례의 입장은 부정설을 취하고 있다.

07 1 2 3　　　　　　　　　　2015 사회복지직 9급
집행정지의 대상은 처분 등의 효력, 그 집행 또는 절차의 속행이다.

☆ **08** 1 2 3　　　　　　　　　　2021 지방직·서울시 9급
처분의 효력정지는 처분의 집행 또는 절차의 속행을 정지함으로써 목적을 달성할 수 있는 경우에는 허용되지 아니한다.

09 1 2 3　　　　　　　　　　2022 지방직·서울시 7급
일정한 납부기한을 정한 과징금 부과처분에 대하여 집행정지결정이 내려졌다면 과징금 부과처분에서 정한 과징금의 납부기간은 더 이상 진행되지 아니하고 집행정지결정의 주문에 표시된 종기의 도래로 인하여 집행정지가 실효된 때부터 다시 진행된다.

10 1 2 3　　　　　　　　　　2016 국가직 9급
취소판결의 기속력에 관한 규정은 집행정지결정에도 준용되므로 집행정지결정에도 기속력은 인정된다.

11 1 2 3　　　　　　　　　　2015 교육행정직 9급
집행정지결정이 있는 경우 당사자인 행정청뿐만 아니라 그 밖의 관계행정청에 대하여도 법적 구속력이 발생한다.

12 1 2 3　　　　　　　　　　2008 세무사
판례상 집행정지결정이 있게 되면 당해 처분이 효력 있음을 전제로 한 후속행위는 무효가 된다.

13 1 2 3　　　　　　　　　　2016 사회복지직 9급
집행정지결정의 효력은 결정주문에서 정한 시기까지 존속하며 그 시기의 도래와 동시에 효력이 당연히 소멸한다.

01 [2011 국가직 9급]
집행정지결정 중 효력정지결정은 효력 그 자체를 잠정적으로 정지시키는 것이므로 행정처분이 없었던 원래 상태와 같은 상태를 가져오지만 장래에 향하여 효력을 발생하는 것이 원칙이다.

02 [2022 소방간부]
보조금 교부결정의 일부를 취소한 행정청의 처분에 대하여 법원이 효력정지결정을 하면서 주문에서 그 법원에 계속 중인 본안소송의 판결선고시까지 처분의 효력을 정지한다고 선언하였을 경우, 본안소송의 판결선고에 의하여 정지결정의 효력은 소멸하고 이와 동시에 당초의 보조금 교부결정취소처분의 효력이 당연히 되살아난다.

03 [2018 국가직 7급]
집행정지의 결정이 확정된 후 집행정지가 공공복리에 중대한 영향을 미치거나 그 정지사유가 없어진 때에는 당사자의 신청 또는 직권에 의하여 결정으로써 집행정지의 결정을 취소할 수 있다.

04 [2018 국가직 7급]
집행정지의 결정에 대하여는 즉시항고할 수 있으며, 이 경우 집행정지의 결정에 대한 즉시항고에는 결정의 집행을 정지하는 효력이 없다.

☆05 [2018 교육행정직 9급]
행정소송법은 취소소송의 경우에 집행정지는 규정하고 있으나, 행정심판법과 달리 임시처분에 대해서는 규정하지 않고 있다.

☆06 [2022 소방간부]
항고소송의 대상이 되는 행정처분의 효력이나 집행 혹은 절차속행 등의 정지를 구하는 신청은 행정소송법상 집행정지 신청의 방법으로서만 가능할 뿐이고 민사소송법상 가처분의 방법으로는 허용될 수 없다.

☆07 [2016 국가직 9급]
민사집행법에 따른 가처분은 항고소송에서는 인정되지 않는다.

제39강 항고소송 4(취소소송의 심리 등)

☆01 [2007 세무사]
요건심리는 피고의 항변을 기다릴 필요가 없는 법원의 직권조사사항이다.

☆02 [2015 교육행정직 9급]
소송요건의 구비 여부는 법원에 의한 직권조사사항으로 당사자의 주장에 구속되지 않는다.

☆03 [2007 세무사]
제기된 소가 소송요건을 갖추지 못한 경우에는 각하판결의 대상이 된다.

04 [2014 국가직 9급]
소송요건의 존부는 사실심변론종결시를 기준으로 판단한다.

05 [2015 지방직 9급]
행정소송의 대상이 되는 행정처분의 존부는 소송요건으로서 직권조사사항이고, 자백의 대상이 될 수 없는 것이므로, 설사 그 존재를 당사자들이 다투지 아니한다 하더라도 그 존부에 관하여 의심이 있는 경우에는 이를 직권으로 밝혀 보아야 할 것이다.

06 [2015 지방직 7급]
사실심에서 변론종결시까지 당사자가 주장하지 않던 직권조사사항에 해당하는 사항을 상고심에서 비로소 주장하는 경우 그 직권조사사항에 해당하는 사항은 상고심의 심판범위에 해당한다.

☆07 [2007 세무사]
본안심리의 결과 원고의 청구가 이유 없다고 인정되는 경우에는 기각판결을 한다.

08 [2016 사회복지직 9급]
취소소송에서 처분의 위법성은 소송요건이 아니다.

☆ **09** 1 2 3   2021 국회직 8급
어떠한 처분에 법령상 근거가 있는지, 행정절차법에서 정한 처분절차를 준수하였는지는 본안에서 당해 처분이 적법한가를 판단하는 단계에서 고려할 요소이지, 소송요건심사단계에서 고려할 요소가 아니다.

10 1 2 3   2017 서울시 7급
행정소송의 제기요건은 법원의 직권조사사항이지만 행정소송에 있어서 처분청의 처분권한 유무는 '처분의 위법성'과 관련된 것으로 소송요건이 아니므로 법원의 직권조사사항이 아니다.

📖 p.637

☆ **01** 1 2 3   2010 세무사
취소소송에도 구술심리주의가 적용된다.

02 1 2 3   2009 세무사
현행 행정소송법은 행정심판기록제출명령제도를 채택하고 있다.

☆ **03** 1 2 3   2018 지방직 9급
소송에 있어서 처분권주의는 취소소송에도 적용된다.

☆ **04** 1 2 3   2014 국가직 9급
행정소송법은 법원이 당사자의 신청이 있는 때에는 결정으로써 재결을 행한 행정청에 대하여 행정심판에 관한 기록의 제출을 명할 수 있음을 규정하고 있다.

☆ **05** 1 2 3   2018 경행경채 3차
법원은 필요하다고 인정할 때에는 직권으로 증거조사를 할 수 있고, 당사자가 주장하지 아니한 사실에 대하여도 판단할 수 있다.

☆ **06** 1 2 3   2017 국가직 9급
행정소송법 제26조는 행정소송에서 직권심리주의가 적용되도록 하고 있지만, 행정소송에서도 당사자주의나 변론주의의 기본구도는 여전히 유지된다.

☆ **07** 1 2 3   2015 지방직 7급
행정소송에서 기록상 자료가 나타나 있다면 당사자가 주장하지 않았더라도 행정소송의 특수성에 비추어 법원은 이를 판단할 수 있다.

📖 p.639

01 1 2 3   2022 지방직·서울시 7급
법원이 어느 하나의 사유에 의한 과징금 부과처분에 대하여 그 사유와 기본적 사실관계의 동일성이 인정되지 아니하는 다른 처분사유가 존재한다는 이유로 적법하다고 판단하는 것은 특별한 사정이 없는 한 직권심사주의의 한계를 넘는 것으로 허용될 수 없다.

☆ **02** 1 2 3   2015 지방직 7급
"법원은 필요하다고 인정할 때에는 직권으로 증거조사를 할 수 있고, 당사자가 주장하지 아니한 사실에 대하여도 판단할 수 있다."라고 규정하고 있는 행정소송법 제26조는 당사자소송에도 준용된다.

03 1 2 3   2010 세무사
변론주의 원칙상 당사자에게는 주장책임이 있다.

04 1 2 3   2018 지방직 9급
취소소송의 심리에 있어서 주장책임은 직권탐지주의를 보충적으로 인정하고 있는 한도 내에서 그 의미가 완화된다.

05 1 2 3   2009 세무사
입증책임은 소송상 일정한 사실의 존부가 확정되지 아니할 경우에 불리한 법적 판단을 받게 되는 일방당사자의 불이익 내지는 위험을 말한다.

06 1 2 3   2009 세무사
입증책임의 중심적 문제는 어떤 사실에 대하여 어느 당사자가 입증책임을 질 것인가의 문제로서 이를 입증책임의 분배라고 한다.

📖 p.641

01 ① ② ③ 2006 국가직 9급
처분의 존재, 제소기간의 준수 등 소송요건은 취소소송에서의 직권조사사항이지만, 요건사실의 존부가 불분명한 경우 원고가 입증책임을 진다.

02 ① ② ③ 2016 경행경채
일정한 행정처분으로 국민이 일정한 이익과 권리를 취득하였을 경우에 종전 행정처분에 하자가 있음을 전제로 직권으로 이를 취소하는 행정처분은 이미 취득한 국민의 기존 이익과 권리를 박탈하는 별개의 행정처분으로, 취소될 행정처분의 하자나 취소해야 할 필요성에 관한 증명책임은 기존 이익과 권리를 침해하는 처분을 한 행정청에 있다.

03 ① ② ③ 2021 변호사
공장설립승인 취소처분에 대한 취소소송에서 공장설립승인의 하자나 취소하여야 할 필요성에 관한 증명책임은 행정청에게 있다.

04 ① ② ③ 2021 군무원 7급
처분이 재량권을 일탈·남용하였다는 사정은 처분의 효력을 다투는 자가 주장·증명하여야 한다.

05 ① ② ③ 2020 소방직 9급
행정청의 재량에 속하는 처분이라도 재량권의 한계를 넘거나 그 남용이 있는 때에는 법원은 이를 취소할 수 있고, 재량권 일탈·남용에 관하여는 원고가 증명책임을 부담한다.

06 ① ② ③ 2006 국가직 9급
과세처분의 적법성 및 과세요건사실의 존재에 관하여는 원칙적으로 과세관청인 피고가 그 입증책임을 부담한다.

07 ① ② ③ 2006 세무사
과세대상인 토지가 비과세대상이라는 주장은 원고인 납세의무자가 입증책임을 진다.

☆**08** ① ② ③ 2013 국가직 7급
행정심판절차에서 주장하지 아니한 사항에 대해서도 원고는 취소소송에서 주장할 수 있다.

☆**09** ① ② ③ 2013 국가직 7급
처분사유의 추가·변경은 원칙적으로 행정소송의 제기 이후부터 사실심변론종결시 이전 사이에 문제된다.

📖 p.643

☆**01** ① ② ③ 2020 군무원 9급
처분청이 처분 당시에 적시한 구체적 사실을 변경하지 아니하는 범위 내에서 단지 그 처분의 근거법령만을 추가·변경하거나 당초의 처분사유를 구체적으로 표시하는 것에 불과한 경우에는 새로운 처분사유를 추가하거나 변경하는 것이라고 볼 수 없다.

02 ① ② ③ 2019 서울시 2회 7급
외국인 갑(甲)이 법무부장관에게 귀화신청을 하였으나 법무부장관이 '품행 미단정'을 불허사유로 국적법상의 요건을 갖추지 못하였다며 신청을 받아들이지 않는 처분을 하였는데, 법무부장관이 갑(甲)을 '품행 미단정'이라고 판단한 이유에 대하여 제1심 변론절차에서 자동차관리법 위반죄로 기소유예를 받은 전력 등을 고려하였다고 주장한 후, 제2심 변론절차에서 불법 체류전력 등의 제반 사정을 추가로 주장할 수 있다.

☆**03** ① ② ③ 2015 사회복지직 9급
다음 사례에 대한 설명으로 옳지 않은 것은? (다툼이 있는 경우 판례에 의함)

> 관할행정청은 甲에게 A를 사유로 면허취소처분을 내렸다가 甲이 이를 다투자 소송계속 중에 당해 면허취소처분의 새로운 사유로 B를 주장하였다.

① 처분사유의 추가·변경을 널리 허용한다면 처분의 상대방에게 예기치 못한 불이익이 발생할 가능성이 있다.
② 처분사유를 B로 추가·변경한다는 관할행정청의 주장이 법원에서 받아들여진 경우, 甲은 처분변경으로 인한 소의 변경을 신청하여야 한다.
③ 위와 같은 처분사유의 추가·변경은 사실심변론종결시까지만 허용된다.
④ A사유와 기본적 사실관계가 동일성이 있다고 인정되는 한도 내에서만 B사유로의 추가·변경이 허용된다.

[해설]
② 처분사유 추가·변경시 처분변경으로 인한 소변경을 신청할 필요 ×

정답 ②

☆ **04** 1 2 3   2017 국가직 7급

행정처분의 취소를 구하는 항고소송에서 처분청은 당초처분의 근거로 삼은 사유와 기본적 사실관계가 동일성이 있다고 인정되는 한도 내에서만 다른 사유를 추가하거나 변경할 수 있다.

☆ **05** 1 2 3   2017 국가직 9급

처분사유의 추가·변경이 인정되기 위한 요건으로서의 기본적 사실관계의 동일성 유무는, 처분사유를 법률적으로 평가하기 이전의 구체적인 사실에 착안하여 그 기초적인 사회적 사실관계가 기본적인 점에서 동일한지 여부에 따라 결정된다.

☆ **06** 1 2 3   2019 서울시 2회 7급

추가 또는 변경된 사유가 처분 당시 이미 존재하고 있었거나 당사자가 그 사실을 알고 있었다고 하여, 이러한 사정만으로 당초의 처분사유와 동일성이 있는 것이라 할 수 없다.

07 1 2 3   2018 지방직 9급

당초 행정처분의 근거로 제시한 이유가 실질적인 내용이 없는 경우에는 행정소송의 단계에서 행정처분의 사유를 추가할 수 없다.

📖 p.645

01 1 2 3   2011 사회복지직 9급

토지형질변경 불허가처분의 당초의 처분사유인 국립공원에 인접한 미개발지의 합리적인 이용대책 수립시까지 그 허가를 유보한다는 사유와 그 처분의 취소소송에서 추가하여 주장한 처분사유인 국립공원 주변의 환경·풍치·미관 등을 크게 손상시킬 우려가 있으므로 공공목적상 원형유지의 필요가 있는 곳으로서 형질변경허가 금지대상이라는 사유는 기본적 사실관계에 있어서 동일성이 인정된다.

02 1 2 3   2013 국가직 7급

주택신축을 위한 산림형질변경허가신청에 대한 거부처분의 근거로 제시된 준농림지역에서의 행위제한이라는 사유와 나중에 거부처분의 근거로 추가한 자연경관 및 생태계의 교란, 국토 및 자연의 유지와 환경보전 등 중대한 공익상 필요라는 사유는 기본적 사실관계의 동일성이 있다.

03 1 2 3   2017 서울시 9급

주류면허 지정조건 중 제6호 무자료 주류판매 및 위장거래 항목을 근거로 한 면허취소처분에 대한 항고소송에서, 지정조건 제2호 무면허판매업자에 대한 주류판매를 새로이 그 취소사유로 주장하는 것은 기본적 사실관계의 동일성이 인정되지 않는다.

04 1 2 3   2011 사회복지직 9급

행정청의 당초 처분사유인 기존 공동사업장과의 거리제한 규정에 저촉된다는 사실과 피고 주장의 최소 주차용지에 미달한다는 사실은 기본적 사실관계에 있어서 동일성이 인정되지 않는다.

05 1 2 3   2011 사회복지직 9급

의료보험요양기관 지정취소처분의 당초의 처분사유인 구 의료보험법 제33조 제1항이 정하는 본인부담금 수납대장을 비치하지 아니한 사실과 항고소송에서 새로 주장한 처분사유인 같은 법 제33조 제2항이 정하는 보건복지부장관의 관계서류 제출명령에 위반하였다는 사실은 기본적 사실관계에 있어서 동일성이 인정되지 않는다.

06 1 2 3   2017 국가직(하) 9급

甲은 행정청 A가 보유·관리하는 정보 중 乙과 관련이 있는 정보를 사본 교부의 방법으로 공개하여 줄 것을 청구하였다. A가 내부적인 의사결정 과정임을 이유로 정보공개를 거부하였다가 정보공개거부처분 취소소송의 계속 중에 개인의 사생활침해 우려를 공개거부사유로 추가하는 것은 허용되지 않는다.

07 1 2 3   2013 국가직 7급

군사시설보호구역 밖의 토지에 주유소를 설치·경영하도록 하기 위한 석유판매업 허가를 함에 있어서 관할 부대장의 동의를 얻어야 할 법령상의 근거가 없음에도 그 동의가 없다는 이유로 한 불허가처분에 대한 소송에서, 당해 토지가 탄약창에 근접한 지점에 위치하고 있다는 사실을 불허가사유로 추가하는 것은 허용되지 않는다.

08 1 2 3   2017 서울시 9급

당초의 처분사유인 중기취득세의 체납과 그 후 추가된 처분사유인 자동차세의 체납은 기본적 사실관계의 동일성이 부정된다.

📖 p.647

✮ **01** 1 2 3　　　　　　　　　　2017 서울시 9급

취소소송에서 행정청의 처분사유의 추가·변경은 사실심변론종결시까지만 허용된다.

✮ **02** 1 2 3　　　　　　　　　　2017 국가직 9급

처분청은 원고의 권리방어가 침해되지 않는 한도 내에서 당해 취소소송의 사실심변론종결시까지 처분사유의 추가·변경을 할 수 있다.

03 1 2 3　　　　　　　　　　2017 국가직 7급

위법판단의 기준시점을 처분시로 볼 경우, 처분 이후에 발생한 새로운 사실적·법적 사유를 추가·변경하고자 하는 것은 허용될 수 없고 이러한 경우에는 계쟁처분을 직권취소하고 이를 대체하는 새로운 처분을 할 수 있다.

✮ **04** 1 2 3　　　　　　　　　　2019 사회복지직 9급

행정처분의 위법 여부는 행정처분이 행하여졌을 때의 법령과 사실상태를 기준으로 판단해야 한다.

✮ **05** 1 2 3　　　　　　　　　　2020 소방직 9급

행정소송에서 행정처분의 위법 여부는 행정처분이 있을 때의 법령과 사실상태를 기준으로 하여 판단하여야 하고 처분 후 법령의 개폐나 사실상태의 변동에 의하여 처분의 위법성이 치유될 수 없다.

✮ **06** 1 2 3　　　　　　　　　　2013 경행특채

행정소송에서 행정처분의 위법 여부는 처분시를 기준으로 판단하며, 처분 후 법령의 개폐나 사실상태의 변동에 의하여 영향을 받지 않는다.

✮ **07** 1 2 3　　　　　　　　　　2022 국회직 8급

법원은 행정처분 당시 행정청이 알고 있었던 자료뿐만 아니라 사실심변론종결 당시까지 제출된 모든 자료를 종합하여 처분 당시 존재하였던 객관적 사실을 확정하고 그 사실에 기초하여 처분의 위법 여부를 판단할 수 있다.

08 1 2 3　　　　　　　　　　2020 국가직 9급

행정처분에 있어 여러 개의 처분사유 중 일부가 적법하지 않다고 하더라도 다른 처분사유로써 그 처분의 정당성이 인정되는 경우에는 그 처분을 위법하다고 할 수 없다.

09 1 2 3　　　　　　　　　　2018 국가직 7급

행정처분의 이유로 제시한 수개의 처분사유 중 일부가 위법하더라도, 다른 처분사유로써 그 처분의 정당성이 인정되는 경우에는 그 처분을 위법하다고 할 수 없다.

📖 p.649

01 1 2 3　　　　　　　　　　2013 지방직(하) 7급

사정판결은 행정의 법률적합성 원칙의 예외적 현상이다.

✮ **02** 1 2 3　　　　　　　　　　2021 지방직·서울시 9급

사정판결은 본안심리 결과 원고의 청구가 이유 있다고 인정됨에도 불구하고 처분을 취소하는 것이 현저히 공공복리에 적합하지 아니하다고 인정하는 때 원고의 청구를 기각하는 판결을 말한다.

✮ **03** 1 2 3　　　　　　　　　　2017 경행경채

행정소송법상 사정판결에서 원고의 청구가 이유가 있다고 인정하는 경우에도 처분 등을 취소하는 것이 현저히 공공복리에 적합하지 아니하다고 인정하는 때에는 법원은 원고의 청구를 기각할 수 있다.

04 1 2 3　　　　　　　　　　2008 관세사

원고가 사정판결에 불복하면 상소할 수 있다.

✮ **05** 1 2 3　　　　　　　　　　2015 국가직 9급

사정판결은 처분이 위법하여 청구가 이유 있는 경우이어야 한다.

✮ **06** 1 2 3　　　　　　　　　　2015 국가직 9급

사정판결은 청구의 인용판결이 현저히 공공복리에 적합하지 아니하여야 한다.

제6편 행정구제 2(행정쟁송) **203**

07 ⬜1⬜2⬜3   2022 서울시 지적 7급

사정판결은 극히 예외적인 제도이므로 위법한 행정처분을 취소하여야 할 필요와 그 취소로 발생할 수 있는 공공복리에 반하는 사태 등을 비교·교량하여 엄격하게 판단하여야 한다.

☆ **08**

08 - ① ⬜1⬜2⬜3   2012 지방직 9급

사정판결의 요건으로서 처분이 위법하여야 한다.

08 - ② ⬜1⬜2⬜3   2012 지방직 9급

사정판결의 요건으로서 처분을 취소하는 것이 현저히 공공복리에 적합하지 아니하다고 인정되어야 한다.

08 - ③ ⬜1⬜2⬜3   2012 지방직 9급

사정판결의 경우 처분 등의 위법성은 처분시를 기준으로 판단하여야 한다.

08 - ④ ⬜1⬜2⬜3   2012 지방직 9급

공공복리를 위한 사정판결의 필요성은 변론종결시를 기준으로 판단하여야 한다.

☆ **09** ⬜1⬜2⬜3   2013 서울시 7급

사정판결은 처분이 위법함에도 청구가 기각되는 것으로, 이로 인하여 당해 처분의 위법성이 치유되어 적법하게 되는 것은 아니다.

☆ **10** ⬜1⬜2⬜3   2022 서울시 지적 7급

사정판결의 필요성 판단기준시는 판결시점인 변론종결시이며, 법원은 원고의 청구를 기각하면서 그 판결의 주문에서 그 처분이 위법함을 명시하여야 한다.

☆ **11** ⬜1⬜2⬜3   2013 서울시 7급

사정판결에서의 소송비용은 피고가 부담한다.

☆ **12** ⬜1⬜2⬜3   2022 서울시 지적 7급, 2021 지방직·서울시 9급

법원이 사정판결을 함에 있어서는 미리 원고가 그로 인하여 입게 될 손해의 정도와 배상방법 그 밖의 사정을 조사하여야 한다.

☆ **13** ⬜1⬜2⬜3   2021 지방직·서울시 9급

사정판결이 있는 경우 원고는 피고인 행정청이 속하는 국가 또는 공공단체를 상대로 손해배상, 제해시설의 설치 그 밖에 적당한 구제방법의 청구를 당해 취소소송 등이 계속된 법원에 병합하여 제기할 수 있다.

☆ **14** ⬜1⬜2⬜3   2017 경행경채

법원은 당사자의 명백한 주장이 없는 경우에도 일건 기록에 나타난 사실을 기초로 하여 직권으로 사정판결을 할 수 있다.

☆ **15** ⬜1⬜2⬜3   2021 지방직·서울시 9급

사정판결은 취소소송에서만 인정되며, 무효등확인소송에서는 인정되지 않는다.

📖 p.651

☆ **01** ⬜1⬜2⬜3   2019 서울시 2회 7급

공개를 거부한 정보에 비공개사유에 해당하는 부분과 그렇지 않은 부분이 혼합되어 있고, 공개청구의 취지에 어긋나지 않는 범위 안에서 두 부분을 분리할 수 있는 경우에는 법원은 공개가 가능한 정보에 한하여 일부취소를 명할 수 있다.

02 ⬜1⬜2⬜3   2019 서울시 9급

「독점규제 및 공정거래에 관한 법률」을 위반한 광고행위와 표시행위를 하였다는 이유로 공정거래위원회가 사업자에 대하여 법위반사실공표명령을 행한 경우, 표시행위에 대한 법위반사실이 인정되지 아니한다면 법원으로서는 그 부분에 대한 공표명령의 효력만을 취소할 수 있을 뿐, 공표명령 전부를 취소할 수 있는 것은 아니다.

03 ⬜1⬜2⬜3   2022 소방간부

공정거래위원회가 위반행위에 대한 과징금을 부과하면서 여러 개의 위반행위에 대하여 외형상 하나의 과징금납부명령을 하였으나 여러 개의 위반행위 중 일부의 위반행위에 대한 과징금부과만이 위법하고 소송상 그 일부의 위반행위를 기초로 한 과징금액을 산정할 수 있는 자료가 있는 경우에는, 하나의 과징금납부명령일지라도 그 일부의 위반행위에 대한 과징금액에 해당하는 부분만을 취소하여야 한다.

04 1 2 3 2022 국가직 7급
행정청이 여러 개의 위반행위에 대하여 하나의 제재처분을 하였으나, 위반행위별로 제재처분의 내용을 구분하는 것이 가능하고 여러 개의 위반행위 중 일부의 위반행위에 대한 제재처분 부분만이 위법하다면, 법원은 그 재제처분 중 위법성이 인정되는 부분만 취소하여야 한다.

☆ **05** 1 2 3 2022 소방간부
행정청이 행정제재수단으로 사업정지 또는 과징금을 부과할 것인지, 과징금의 경우 얼마로 할 것인지의 재량이 부여된 경우에 과징금 부과처분이 법이 정한 한도액을 초과하여 위법하다면 법원은 그 초과된 부분만을 취소할 수는 없다.

☆ **06** 1 2 3 2018 국회직 8급
외형상 하나의 행정처분이라 하더라도 가분성이 있거나 그 처분대상의 일부가 특정될 수 있다면 그 일부만의 취소도 가능하고 그 일부의 취소는 당해 취소부분에 관하여 효력이 생긴다.

07 1 2 3 2018 지방직 9급
「국가유공자 등 예우 및 지원에 관한 법률」에 따른 여러 개의 상이에 대한 국가유공자 요건 비해당처분에 대한 취소소송에서 그중 일부 상이만이 국가유공자요건이 인정되는 상이에 해당하는 경우, 국가유공자 요건 비해당처분 중 그 요건이 인정되는 상이에 대한 부분만을 취소하여야 한다.

📖 p.653

01 1 2 3 2010 세무사
판결이 확정되면 선고법원도 스스로 그 판결을 철회하거나 변경할 수 없다.

☆ **02** 1 2 3 2010 세무사
판결이 확정되면 당사자는 이후의 소송에서 동일한 사항에 대하여 판결의 내용과 모순되는 주장을 할 수 없다.

☆ **03** 1 2 3 2010 국가직 9급
기판력은 일단 판결이 확정된 때에는 동일한 사항이 다시 소송상 문제되었을 때 당사자와 법원은 이에 저촉되는 주장이나 판단을 할 수 없는 효력을 의미한다.

04 1 2 3 2011 지방직 9급
행정소송법은 기판력에 관한 명문의 규정을 두고 있지는 않지만, 행정소송에서도 기판력이 인정된다는 것이 통설의 입장이다.

05 1 2 3 2021 국가직 9급
행정소송에 관하여 행정소송법에 특별한 규정이 없는 사항에 대하여는 법원조직법과 민사소송법 및 민사집행법의 규정을 준용한다.

☆ **06** 1 2 3 2021 국회직 8급
처분의 취소소송에서 청구를 기각하는 확정판결의 기판력은 그 처분에 대해 무효확인을 구하는 소송에 대해서도 미친다.

📖 p.655

☆ **01** 1 2 3 2022 지방직·서울시 9급
공사중지명령의 상대방이 제기한 공사중지명령 취소소송에서 기각판결이 확정된 경우, 이후 공사중지명령의 상대방은 공사중지명령해제신청 거부처분취소소송에서 그 공사중지명령의 적법성을 다시 다툴 수 없다.

☆ **02** 1 2 3 2009 관세사
기판력은 당해 소송의 당사자 및 당사자와 동일시할 수 있는 자에게만 미치고, 제3자에게는 미치지 않는다.

☆ **03** 1 2 3 2010 국가직 9급
취소소송의 피고는 처분청이므로 행정청을 피고로 하는 취소소송에 있어서의 기판력은 당해 처분이 귀속하는 국가 또는 공공단체에 미친다.

☆ **04** 1 2 3 2019 서울시 9급
세무서장을 피고로 하는 과세처분취소소송에서 패소하여 그 판결이 확정된 자가 국가를 피고로 하여 과세처분의 무효를 주장하여 과오납금반환청구소송을 제기한 경우 취소소송의 기판력에 반한다.

☞ p.657

☆ 01 1 2 3 2016 국회직 8급
취소판결의 기판력은 소송물로 된 행정처분의 위법성 존부에 관한 판단 그 자체에만 미친다.

☆ 02 1 2 3 2011 지방직 9급
판례는 기판력의 객관적 범위가 판결의 주문에만 미치고 판결이유에 설시된 그 전제가 되는 법률관계의 존부에는 미치지 않는다고 판시하고 있다.

☆ 03 1 2 3 2018 지방직 9급
취소소송의 소송물을 처분의 위법성 일반으로 보게 되면, 어떠한 처분에 대한 청구기각의 확정판결이 있는 경우 후에 제기되는 취소소송에서 그 처분의 위법성을 주장할 수 없다.

04 1 2 3 2009 국회직 8급
취소소송에서 전소와 후소가 그 소송물을 달리하는 경우에는 전소확정판결의 기판력이 후소에 미치지 아니한다.

☆ 05 1 2 3 2008 세무사
기판력은 사실심변론종결시를 기준으로 하여 발생한다.

☞ p.659

☆ 01 1 2 3 2016 국회직 8급
甲이 관할행정청으로부터 영업허가취소처분을 받았고, 이에 대해 취소소송을 제기하여 취소판결이 확정된 경우, 위 취소판결에는 기판력뿐만 아니라 형성력도 발생한다.

☆ 02 1 2 3 2008 세무사
형성력은 원고승소판결에 인정된다.

☆ 03 1 2 3 2008 국가직 9급
확정된 청구인용판결의 형성력은 소송당사자인 원고와 피고행정청 사이에 발생할 뿐 아니라 제3자에게도 미친다.

☆ 04 1 2 3 2015 경행특채 1차
행정처분을 취소한다는 확정판결이 있으면 그 취소판결의 형성력에 의하여 당해 행정처분의 취소나 취소통지 등의 별도의 절차를 요하지 아니하고 당연히 취소의 효과가 발생한다.

☆ 05 1 2 3 2012 지방직 7급
취소판결 후에 취소된 처분을 대상으로 하는 처분은 당연히 무효이다.

☆ 06 1 2 3 2021 군무원 7급
취소판결이 확정된 과세처분을 과세관청이 경정하는 처분을 하였다면 이는 존재하지 않는 과세처분을 경정한 것으로서 그 하자가 중대하고 명백한 당연무효의 처분이다.

☆ 07 1 2 3 2015 국회직 8급
「도시 및 주거환경정비법」상 주택재개발사업조합의 조합설립인가처분이 법원의 재판에 의하여 취소된 경우 그 조합설립인가처분은 소급하여 효력을 상실한다.

☞ p.661

☆ 01 1 2 3 2014 국가직 7급
제3자효 행정행위를 취소하거나 무효를 확인하는 확정판결은 제3자에 대해서도 효력을 미친다.

02 1 2 3 2021 군무원 7급
행정처분의 무효확인판결은 확인판결이라고 하여도 행정처분의 취소판결과 같이 소송당사자는 물론 제3자에게도 미치는 것이다.

☆ 03 1 2 3 2015 서울시 7급
처분을 취소하는 판결은 그 사건에 관하여 당사자인 행정청과 그 밖의 관계행정청을 기속한다.

04 1 2 3 2010 국가직 9급
현행 행정소송법은 취소판결에 대하여 기속력 있음을 규정하고 무효등확인소송과 부작위위법확인소송 및 당사자소송에 이를 준용하고 있다.

☆ **05** 1 2 3   2019 서울시 9급
기속력은 청구인용판결에만 인정되고 청구기각판결에는 인정되지 않는다.

☆ **06** 1 2 3   2016 국가직 9급
취소소송의 기각판결이 확정되면 기판력은 발생하나 기속력은 발생하지 않는다.

☆ **07** 1 2 3   2015 국가직 7급
취소소송이 기각되어 처분의 적법성이 확정된 이후에도 처분청은 당해 처분이 위법함을 이유로 직권취소할 수 있다.

08 1 2 3   2004 입법고시
청구인용판결이 확정되면 행정청은 동일한 사실관계 아래서 동일 당사자에 대하여 동일한 내용의 처분을 반복할 수 없다.

☆ **09** 1 2 3   2020 국회직 8급
기속력을 위반한 행정청의 행위는 당연무효이다.

📖 p.663

☆ **01** 1 2 3   2021 국회직 8급
행정절차의 하자를 이유로 한 취소판결이 확정된 경우, 판결의 취지에 따라 절차를 보완한 후 종전의 처분과 동일한 내용의 처분을 다시 하더라도 기속력에 위반되지 아니한다.

📖 p.665

01 1 2 3   2017 서울시 9급
법규위반을 이유로 내린 영업허가취소처분이 비례의 원칙 위반으로 취소된 경우에 동일한 법규위반을 이유로 영업정지처분을 내리는 것은 기속력에 반한다고 보기 어렵다.

☆ **02** 1 2 3   2019 사회복지직 9급
거부처분취소판결에 따른 행정청의 재처분의무와 관련하여 행정청의 재처분내용은 판결의 취지를 존중하는 것이면 되고 반드시 원고가 신청한 내용대로 처분해야 하는 것은 아니다.

03 1 2 3   2016 국가직 7급
거부처분의 취소판결이 확정된 경우에 그 처분을 행한 행정청은 종전 처분 후에 발생한 새로운 사유를 내세워 다시 거부처분을 할 수 있다.

☆ **04** 1 2 3   2019 국가직 7급
甲이 개발제한구역 내의 토지에 건축물을 건축하기 위하여 건축허가를 신청하였는데, 허가가 거부되자 이에 대해 취소소송을 제기하여 승소하였고 판결이 확정된 경우, 관할행정청은 이전 처분사유와 다른 사유를 들어 다시 허가를 거부할 수 있다.

📖 p.667

01 1 2 3   2017 서울시 9급
종전 확정판결의 행정소송 과정에서 한 주장 중 처분사유가 되지 아니하여 판결의 판단대상에서 제외된 부분을 행정청이 그 후 새로이 행한 처분의 적법성과 관련하여 새로운 소송에서 다시 주장하는 것은 확정판결의 기판력(편저자 주: 기속력)에 저촉되지 않는다.

02 1 2 3   2015 서울시 7급
신청에 따른 처분이 절차의 위법을 이유로 취소되는 경우에는 판결의 취지에 따라 다시 이전의 신청에 대한 처분을 하여야 한다.

03 1 2 3   2020 국회직 8급
거부처분이 있은 후 법령이 개정되어 시행된 경우에는 개정된 법령과 그에 따른 기준을 새로운 사유로 들어 다시 거부처분을 하더라도 기속력에 반하는 것은 아니다.

📖 p.669

01 1 2 3   2012 국회직 8급
자동차의 압류처분이 취소되면 행정청은 그 자동차를 원고에게 반환해야 한다.

02 1 2 3   2021 군무원 7급
행정처분의 취소판결이 확정되면 그 판결에서 확인된 위법사유를 배제한 상태에서 다시 처분을 하거나 그 밖에 위법한 결과를 제거하는 조치를 할 의무가 있다.

☆ **03** 1 2 3   2020 국회직 8급
기속력의 주관적 범위는 그 사건에 관하여 당사자인 행정청과 그 밖의 관계행정청에 미친다.

☆ **04** 1 2 3   2021 국가직 7급
취소확정판결의 기속력은 판결의 주문(主文)뿐만 아니라 그 전제가 되는 처분 등의 구체적 위법사유에 관한 이유 중의 판단에 대하여도 인정된다.

05 1 2 3   2017 서울시 7급
기속력은 판결의 취지에 따라 행정청을 구속하는바, 여기에는 판결의 주문과 판결이유 중에 설시된 개개의 위법사유가 포함된다.

☆ **06** 1 2 3   2020 국가직 9급
취소판결의 기속력은 주로 판결의 실효성 확보를 위하여 인정되는 효력으로서 판결의 주문뿐만 아니라 그 전제가 되는 처분 등의 구체적 위법사유에 관한 이유 중의 판단에 대하여도 인정된다.

07 1 2 3   2022 국가직 7급
심판청구 등에 대한 결정의 한 유형으로 실무상 행해지고 있는 재조사결정은 재결청의 결정에서 지적된 사항에 관하여 **처분청의 재조사결과를 기다려** 그에 따른 후속처분의 내용을 심판청구 등에 대한 결정의 일부분으로 삼겠다는 의사가 내포된 변형결정에 해당하므로, 처분청은 재조사결정의 취지에 따라 재조사를 한 후 그 내용을 보완하는 후속처분만을 할 수 있다.

08 1 2 3   2018 경행경채 3차
처분청이 재조사결정의 주문 및 그 전제가 된 요건사실의 인정과 판단, 즉 처분의 구체적 위법사유에 관한 판단에 반하여 당초처분을 그대로 유지하는 것은 재조사결정의 기속력에 저촉된다.

☆ **09** 1 2 3   2017 국회직 8급
징계처분의 취소를 구하는 소에서 징계사유가 될 수 없다고 취소확정판결을 한 사유와 동일한 사유를 내세워 다시 징계처분을 하는 것은 확정판결에 저촉되는 행정처분으로 허용될 수 없다.

10 1 2 3
행정처분이 판결에 의해 취소된 경우, 취소된 처분의 사유와 기본적 사실관계에서 동일성이 인정되지 않는 다른 사유를 들어 새로이 처분을 하는 것은 기속력에 반하지 않는다.

11 1 2 3   2021 경행경채
새로운 처분의 처분사유가 종전 처분의 처분사유와 기본적 사실관계에서 동일하지 않은 다른 사유에 해당하는 이상, 처분사유가 종전 처분 당시 이미 존재하고 있었고 당사자가 이를 알고 있었더라도 이를 내세워 새로이 처분을 하는 것은 확정판결의 기속력에 저촉되지 않는다.

☆ **12** 1 2 3   2014 국회직 8급
취소소송에서 위법성판단 기준시점인 처분시 이후에 생긴 새로운 사실관계나 개정된 법령과 같이 새로운 처분사유를 들어 동일한 내용의 처분을 하는 것은 가능하다.

13 1 2 3   2021 행정사
거부처분의 취소판결의 취지에 따라 행정청이 처분을 하지 않는 경우, 당사자는 수소법원에 간접강제를 신청할 수 있다.

☞ p.671
☆ **01** 1 2 3   2020 국회직 8급
거부처분취소소송에서 재처분의무의 실효성을 확보하기 위한 간접강제제도는 부작위위법확인소송에도 준용된다.

02 1 2 3   2021 국가직 7급
처분청이 재처분을 하였지만 그 처분이 종전 거부처분에 대한 취소확정판결의 기속력에 반하는 경우에는 간접강제의 대상이 될 수 있다.

☆ **03** 1 2 3   2013 국가직 7급

간접강제결정에 기한 배상금은 확정판결에 따른 재처분의 지연에 대한 제재 또는 손해배상이 아니라, 재처분의 이행에 관한 심리적 강제수단에 불과하다고 보는 것이 판례의 입장이다.

☆ **04** 1 2 3   2021 국가직 7급

특별한 사정이 없는 한 간접강제결정에서 정한 의무이행기한이 경과한 후에라도 확정판결의 취지에 따른 재처분의 이행이 있으면 더 이상 배상금의 추심은 허용되지 않는다.

☆ **05** 1 2 3   2018 지방직 9급

처분을 취소하는 판결에 의하여 권리의 침해를 받은 제3자는 자기에게 책임 없는 사유로 인하여 소송에 참가하지 못함으로써 판결의 결과에 영향을 미칠 공격 또는 방어방법을 제출하지 못한 때에는 이를 이유로 확정된 종국판결에 대하여 재심의 청구를 할 수 있다.

p.673

☆ **01** 1 2 3   2011 지방직 7급

행정소송법상 제3자에 의한 재심청구는 확정판결이 있음을 안 날로부터 30일 이내에 제기하여야 한다.

☆ **02** 1 2 3   2008 지방직 9급

행정처분에 대한 취소청구가 사정판결에 의하여 기각된 경우에 소송비용은 피고가 부담한다.

☆ **03** 1 2 3   2013 국가직 7급

행정청이 처분 등을 취소 또는 변경함으로 인하여 취소청구가 각하 또는 기각된 경우, 소송비용은 피고의 부담이 된다.

04 1 2 3   2019 소방직 9급

행정소송에 관하여 행정소송법에 특별한 규정이 없는 사항에 대하여는 법원조직법과 민사소송법 및 민사집행법의 규정을 준용한다.

제40강 항고소송 5 (무효등확인소송, 부작위위법확인소송)

p.675

☆ **01** 1 2 3   2013 국가직 7급

무효등확인소송에는 취소소송의 제소기간에 관한 규정이 준용되지 않는다.

☆ **02** 1 2 3   2010 국가직 7급

사정판결에 관한 행정소송법 규정은 무효등확인소송에는 준용되지 않는다.

03 1 2 3   2012 사회복지직 9급

행정소송의 대상은 구체적인 권리·의무에 관한 분쟁이어야 하므로 구체적인 권리·의무에 관한 분쟁을 떠나서 법령 자체의 무효확인을 구하는 청구는 행정소송의 대상이 아닌 사항에 대한 것으로서 부적법하다.

☆ **04** 1 2 3   2018 교육행정직 9급

대법원은 종래 무효확인소송에서 요구해 왔던 보충성을 더 이상 요구하지 않는 것으로 판례태도를 변경하였다.

☆ **05** 1 2 3   2020 지방직·서울시 9급

무효인 과세처분에 근거하여 세금을 납부한 경우 부당이득 반환청구의 소로써 직접 위법상태의 제거를 구할 수 있는지 여부와 관계없이 행정소송법 제35조에 규정된 '무효확인을 구할 법률상 이익'을 가진다.

☆ **06** 1 2 3   2015 교육행정직 9급

항고소송으로 무효확인소송을 제기하는 경우 무효확인소송의 '보충성'이 요구되는 것은 아니라는 것이 판례의 입장이다.

☆ **07** 1 2 3   2020 국가직 7급

무효확인소송에서 '무효확인을 구할 법률상 이익'이 있는지를 판단할 때, 행정처분의 무효를 전제로 한 이행소송 등과 같은 직접적인 구제수단이 있는지를 먼저 따질 필요는 없다.

★ **08** 1 2 3   2022 국회직 8급
기본행위인 사업의 양도·양수계약이 무효인 경우, 기본행위의 무효를 구함이 없이 곧바로 영업자지위승계신고수리처분에 대한 무효확인소송을 제기할 법률상 이익이 있다.

09 1 2 3   2017 국회직 8급
압류등기가 말소된다고 하여도 압류처분이 외형적으로 효력이 있는 것처럼 존재하는 이상, 압류처분에 가한 압류등기가 경료되어 있는 경우에도 압류처분의 무효확인을 구할 이익이 있다.

📖 p.677
01 1 2 3   2014 경행특채 2차
무효등확인소송은 다른 법률에 특별한 규정이 없는 한 그 처분 등을 행한 행정청을 피고로 한다.

★ **02** 1 2 3   2020 경행경채
무효등확인소송의 경우 제소기간에 제한이 없다.

03 1 2 3   2019 국가직 7급
甲에 대한 과세처분 이후 조세부과의 근거가 되었던 법률에 대해 헌법재판소의 위헌결정이 있었고, 위헌결정 이후에 그 조세채권의 집행을 위해 甲의 재산에 대해 압류처분이 있었던 경우, 甲은 무효확인심판을 거칠 필요없이 곧바로 압류처분에 대해 무효확인소송을 제기할 수 있다.

★ **04** 1 2 3   2010 세무사
무효확인소송은 행정심판을 거치지 아니하고 제기할 수 있다.

★ **05** 1 2 3   2014 국회직 8급
행정심판전치주의가 적용되도록 하는 규정이 있는 경우, 처분의 무효를 구하는 소송에는 행정심판전치주의가 적용되지 않지만, 무효사유의 하자가 있는 처분에 대해 취소소송을 제기하여 다투는 경우에는 행정심판을 거쳐야 한다.

06 1 2 3   2017 지방직 7급
무효확인소송의 제기는 처분의 효력이나 그 집행 또는 절차의 속행에 영향을 주지 아니한다.

07 1 2 3   2018 서울시 1회 7급
무효등확인소송에서는 취소소송의 집행정지에 관한 규정이 준용된다.

★ **08** 1 2 3   2017 지방직 7급
행정처분의 당연무효를 주장하여 그 무효확인을 구하는 행정소송에 있어서는 원고에게 그 행정처분이 무효인 사유를 주장·입증할 책임이 있다.

09 1 2 3   2019 서울시 9급
처분 등의 무효를 확인하는 확정판결은 소송당사자 이외의 제3자에 대하여도 효력이 미친다.

★ **10** 1 2 3   2017 지방직 7급
원고의 청구가 이유 있다고 인정하는 경우에도 원고의 청구를 인용하는 것이 현저히 공공복리에 적합하지 아니하다고 인정하는 때에는 사정판결을 할 수 있으나, 이러한 사정판결은 무효등확인소송에서는 할 수 없다.

📖 p.679
01 1 2 3   2017 국회직 8급
처분 등을 취소하는 확정판결의 기속력 및 행정청의 재처분의무에 관한 행정소송법 제30조가 무효확인소송에도 준용되므로 무효확인판결 자체만으로도 실효성이 확보될 수 있다.

★ **02** 1 2 3   2019 지방직·교육행정직 9급
거부처분에 대하여 무효확인판결이 확정된 경우, 행정청에 대해 판결의 취지에 따른 재처분의무가 인정될 뿐 그에 대하여 간접강제까지 허용되는 것은 아니다.

03 1 2 3   2021 국회직 8급
중대·명백한 하자가 있어 무효인 처분에 대해 취소소송을 제기한 경우 법원은 무효선언적 의미의 취소판결을 할 수 있다.

☆ **04** 1 2 3   2013 국가직 7급
판례는 무효를 선언하는 의미의 취소판결을 인정하고 있다.

☆ **05** 1 2 3   2014 지방직 9급
무효인 처분에 대하여 취소소송이 제기된 경우 취소소송으로서의 소송제기요건이 구비되었다면 법원은 당해 소를 각하하여서는 아니 되며, 무효를 선언하는 의미의 취소판결을 하여야 한다.

☆ **06** 1 2 3   2020 국가직 7급
무효인 행정행위에 대해서 무효선언을 구하는 의미의 취소소송을 제기하는 경우 취소소송의 제소요건을 구비하여야 한다.

☆ **07** 1 2 3   2017 국가직(하) 7급
무효확인소송을 제기하였는데 해당 사건에서의 위법이 취소사유에 불과한 때, 법원은 취소소송의 요건을 충족한 경우 취소판결을 내린다.

☆ **08** 1 2 3   2021 변호사
과징금 부과처분에 대하여 무효확인의 소를 제기하면서 위 처분의 취소를 구하지 아니한다고 밝히지 아니하였다면, 무효확인의 소에는 그 처분이 당연무효가 아니라면 그 취소를 구하는 취지도 포함되어 있는 것으로 보아야 한다.

09 1 2 3   2021 국가직 9급
동일한 처분에 대하여 무효확인의 소를 제기하였다가 그 처분의 취소를 구하는 소를 추가적으로 병합한 경우, 주된 청구인 무효확인의 소가 적법한 제소기간 내에 제기되었다면 추가로 병합된 취소청구의 소도 적법하게 제기된 것으로 볼 수 있다.

10 1 2 3   2021 변호사
과징금 부과처분의 하자가 취소사유임에도 무효확인의 소를 제기하였는데 만약 취소소송의 제기요건을 구비하지 못하였다면 무효확인청구는 기각된다.

☞ p.681

☆ **01** 1 2 3   2016 서울시 7급
집행정지결정은 부작위위법확인소송에 준용되지 않는다.

02 1 2 3   2013 국가직 9급
행정소송법상 취소소송에 관한 규정 중 행정심판과의 관계, 제소기간, 거부처분취소판결의 간접강제에 관한 규정은 부작위위법확인소송에 준용된다.

03 1 2 3   2010 국회속기직 9급
압수가 해제된 것으로 간주된 물건에 대한 피압수자의 환부신청에 대하여 검사가 아무런 결정이나 통지를 하지 않았다고 하더라도 그와 같은 부작위는 부작위위법확인소송의 대상이 되지 않는다.

☆ **04** 1 2 3   2015 교육행정직 9급
부작위위법확인소송의 대상이 되는 부작위는 당사자의 신청이 있어야 성립할 수 있다.

☆ **05** 1 2 3   2013 국회직 8급
부작위가 성립하기 위해서는 당사자의 신청이 있어야 하며, 여기서 신청이란 법규상 또는 조리상 신청권의 행사로서의 신청을 말한다.

☆ **06** 1 2 3   2022 국가직 7급
당사자가 행정청에 대하여 어떠한 행정처분을 하여 줄 것을 요청할 수 있는 법규상 또는 조리상의 권리를 갖고 있지 아니한 경우에 제기한 부작위위법확인의 소는 부적법하다.

07 1 2 3   2018 국회직 8급
행정청이 행한 공사중지명령의 상대방은 그 명령 이후에 그 원인사유가 소멸하였음을 들어 행정청에게 공사중지명령의 철회를 요구할 수 있는 조리상의 신청권이 있다.

08 2013 국회직 8급
행정청이 행한 공사중지명령의 상대방이 그 명령 이후에 그 원인사유가 소멸하였음을 들어 공사중지명령의 철회를 신청하였으나 행정청이 아무런 응답을 하지 않고 있는 경우 행정청의 부작위는 그 자체로 위법하다.

09 2014 서울시 7급
4급 공무원이 당해 지방자치단체 인사위원회의 심의를 거쳐 3급 승진대상자로 결정되고 임용권자가 그 사실을 대내외에 공표한 경우 그 공무원에게 승진임용신청권이 있다.

10 2022 소방간부
행정청이 당사자의 신청에 대하여 거부처분을 한 경우에는 부작위위법확인소송의 원고적격이 없거나 위 항고소송의 대상인 위법한 부작위가 있다고 볼 수 없어 그 부작위위법확인의 소는 부적법하다.

☞ p.683

01 2010 세무사
행정청의 아무런 처분이 없는 경우에도 이를 거부처분으로 간주하는 법규정이 있는 때에는 부작위에 해당하지 않는다.

☆ **02** 2018 지방직 7급
행정입법부작위는 행정소송법상 부작위위법확인소송의 대상이 되지 않는다.

☆ **03** 2016 국가직 7급
법률의 집행을 위해 시행규칙을 제정할 의무가 있음에도 불구하고 행정청이 시행규칙을 제정하지 않고 있는 경우, 부작위위법확인소송을 통하여 다툴 수는 없다.

04 2018 경행경채 3차
부작위위법확인소송은 처분의 신청을 한 자로서 부작위의 위법의 확인을 구할 법률상 이익이 있는 자만이 제기할 수 있다.

05 2022 소방간부
국회의원에게는 대통령 및 외교통상부장관의 특임공관장에 대한 인사권행사 등과 관련하여 대사의 직을 계속 보유하게 하여서는 아니 된다는 요구를 할 수 있는 법규상 또는 조리상 신청권이 인정되지 않는다.

06 2013 국회직 8급
부작위의 직접 상대방이 아닌 제3자라도 당해 행정처분의 부작위위법확인을 구할 법률상의 이익이 있는 경우 원고적격이 인정된다.

☆ **07** 2019 국가직 9급
허가처분 신청에 대한 부작위를 다투는 부작위위법확인소송을 제기하여 제1심에서 승소판결을 받았는데 제2심 단계에서 피고 행정청이 허가처분을 한 경우, 제2심 수소법원은 각하판결을 하여야 한다.

☆ **08** 2022 소방간부
조례를 통하여 노동운동이 허용되는 사실상의 노무에 종사하는 공무원의 구체적 범위를 규정하지 않고 있는 것에 대하여 부작위위법확인의 소를 제기하였으나 상고심 계속 중에 정년퇴직한 경우에 소의 이익은 인정되지 않는다.

☆ **09** 2020 국가직 9급
처분의 신청 후에 원고에게 생긴 사정의 변화로 인하여, 그 처분에 대한 부작위가 위법하다는 확인을 받아도 종국적으로 침해되거나 방해받은 원고의 권리·이익을 보호·구제받는 것이 불가능하게 되었다면, 법원은 각하판결을 내려야 한다.

☞ p.685

☆ **01** 2019 지방직·교육행정직 9급
행정청의 부작위에 대하여 행정심판을 거치지 않고 부작위위법확인소송을 제기하는 경우에는 제소기간의 제한을 받지 않는다.

☆ **02** [1][2][3]   2022 국가직 7급
부작위위법확인소송은 행정심판 등 전심절차를 거친 경우에는 행정소송법 제20조가 정한 제소기간 내에 부작위위법확인의 소를 제기하여야 한다.

03 [1][2][3]   2010 세무사
부작위위법확인소송에 대해서도 행정심판전치에 관한 규정이 준용된다.

04 [1][2][3]   2022 소방간부
부작위위법확인소송에 대해서도 행정심판과 취소소송의 관계를 준용하여 임의적 전치가 원칙이며, 다른 법률이 정한 경우에만 예외적으로 필요적 행정심판전치주의가 적용된다.

05 [1][2][3]   2016 서울시 7급
부작위위법확인소송에서 예외적으로 행정심판전치가 인정될 경우 그 전치되는 행정심판은 의무이행심판이다.

06 [1][2][3]   2006 세무사
부작위위법확인소송에서 본안심리의 범위와 관련하여 판례는 절차적 심리설의 입장이다.

07 [1][2][3]   2018 국회직 8급
법원은 부작위위법확인의 소에서 단순히 행정청의 방치행위의 적부에 관한 절차적 심리만 하게 되고, 신청에 따른 특정 처분의무가 있는지 여부 등의 실체적 내용까지는 심리할 수 없다.

08 [1][2][3]   2016 서울시 7급
부작위위법확인소송은 부작위의 위법함을 확인함으로써 행정청의 응답을 신속하게 하여 부작위 내지 무응답이라고 하는 소극적인 위법상태를 제거하는 것을 목적으로 한다.

09 [1][2][3]   2022 국가직 7급
부작위위법확인소송의 경우 사실심의 구두변론종결시점의 법적·사실적 상황을 근거로 행정청의 부작위의 위법성을 판단하여야 한다.

10 [1][2][3]   2013 국회직 8급
부작위위법확인소송에 대해서는 행정소송법상 처분변경으로 인한 소의 변경에 관한 규정이 준용되지 않는다.

📖 p.687

01 [1][2][3]   2006 세무사
부작위위법확인소송은 거부처분취소소송에서의 간접강제에 관한 규정이 준용된다.

☆ **02** [1][2][3]   2008 세무사
판례의 태도에 비추어 볼 때, 부작위위법확인소송에서 인용판결(확인판결)이 확정되면 행정청은 이전의 신청에 대한 처분을 하여야 하는데, 이 경우 거부처분을 할 수도 있다.

☆ **03** [1][2][3]   2016 지방직 9급
도로법 제61조에서 "공작물·물건, 그 밖의 시설을 신설·개축·변경 또는 제거하거나 그 밖의 사유로 도로를 점용하려는 자는 도로관리청의 허가를 받아야 한다."고 규정하고 있다. 甲은 도로관리청 乙에게 도로점용허가를 신청하였으나, 상당한 기간이 지났음에도 아무런 응답이 없어 행정쟁송을 제기하여 권리구제를 강구하려고 한다. 다음 설명으로 옳은 것은? (다툼이 있는 경우 판례에 의함)
① 甲이 의무이행심판을 제기한 경우, 도로점용허가는 기속행위이므로 의무이행심판의 인용재결이 있으면 乙은 甲에 대하여 도로점용허가를 발급해 주어야 한다.
② 甲이 부작위위법확인소송을 제기한 경우, 법원은 乙이 도로점용허가를 발급해 주어야 하는지의 여부를 심리할 수 있다.
③ 甲이 제기한 부작위위법확인소송에서 법원의 인용판결이 있는 경우, 乙은 甲에 대하여 도로점용허가신청을 거부하는 처분을 할 수 있다.
④ 甲은 의무이행소송을 제기하여 권리구제가 가능하다.

[해설]
① 도로점용허가는 재량행위 ○
② 신청에 따른 특정처분의무가 있는지 여부 등의 실체적 내용까지 심리 ✕
③ 거부처분을 하여도 재처분의무 이행 ○
④ 행정소송법상 의무이행 소송 허용 ✕

[정답] ③

MEMO

MEMO

박준철 교수

약력
고려대학교 법과대학 법학과 졸업
고려대학교 법과대학원 행정법 전공
現, 공단기 행정법 전임 강사
　　소방단기 행정법 전임 강사
前, 남부고시학원 7·9급 행정법 전임 강사
　　KG패스원(웅진패스원) 7·9급 행정법 전임 강사

주요 저서
써니 행정법총론(도서출판 지금)
7급 써니 행정법각론(도서출판 지금)
7·9급 써니 행정법총론 기출문제집(에스티유니타스)
써니 행정법총론 소방 기출문제집(에스티유니타스)
7급 써니 행정법각론 기출문제집(에스티유니타스)
써니 행정법총론 핵심집약(도서출판 지금)
7·9급 써니 행정법총론 단원별 모의고사(도서출판 지금)
써니 행정법총론 소방 단원별 모의고사(도서출판 지금)
7·9급 써니 행정법총론 실전동형 모의고사(도서출판 지금)
써니 행정법총론 소방 실전동형 모의고사(도서출판 지금)
써니 행정법총론 오답노트(에스티유니타스)
7·9급 써니 행정법총론 SOS(에스티유니타스)
7·9급 써니 행정법총론 판례특강(에스티유니타스)
써니 행정법총론 오답노트 하프모의고사(에스티유니타스)
7·9급 써니 행정법총론(웅진패스원)
코드에 맞는 행정법총론(이끌림)
7급 써니 행정법각론(좋은책 출판사)
7·9급 써니 행정법총론 기출문제집(도서출판 지금)
7·9급 써니 행정법총론 단원별 모의고사(에스티유니타스)
7·9급 써니 행정법총론 판례집(도서출판 지금)
7·9급 써니 행정법총론 최종 마무리(웅진패스원)
9급 최종모의고사 일반행정직(공편저, 웅진패스원)
9급 서울시 최종모의고사 일반행정직(공편저, 웅진패스원)
7·9급 실전모의고사 써니 행정법총론(웅진패스원)

써니 행정법총론 SOS

고객 HOT LINE
온라인 강의	gong.conect.com
	카카오톡 플러스 친구 [gongdangi]
오프라인 강의	공단기고시학원 TEL. 02-812-6521

펴낸날	초판 3쇄 2023년 5월 1일
펴낸이	김정택
펴낸곳	(주)에스티유니타스
주소	서울시 구로구 경인로 662 타워동 30층/31층
도서문의	카카오톡 플러스 친구 [공부서점]
등록번호	제25100-2022-000072호

파본은 구매일로부터 30일 이내에 구입처에서 교환해 드립니다.
이 책에 실린 모든 글과 사진, 일러스트를 포함한 디자인 및 편집 형태, 배포에 대한 권리는 (주)에스티유니타스에 있으므로 무단으로 전재하거나 복제, 배포, 전송할 수 없습니다.

2023 써니 행정법총론과 함께 학습하는 필수 OX 문제 애플리케이션

- 〈써니 행정법총론〉 기본서 및 기출문제집과 연계하여 언제, 어디서든지 OX 문제로 행정법을 쉽고 편리하게 공부할 수 있도록 구성 개발한 애플리케이션입니다. 안드로이드 및 iOS 모두 지원됩니다.
  * Android 4.1 이상 지원
  * iOS 11.0 이상, iPhone, iPad 및 iPod touch와 호환
- 초보 수험생은 물론 기존 수험생들도 기본서와 함께 학습하면 높은 학습 효과를 기대할 수 있습니다.

- 강별, 전범위 OX 문제 풀기
- 한 문제, 랜덤문제 중 선택
  * 한 문제씩 연속 풀기 : 정답 바로 확인, 코멘트 확인 가능
  * 랜덤문제 풀기 : 모두 풀고 난 후 내 점수 확인 가능
- 틀린 문제 저장 및 삭제 기능 지원
- 틀린 문제별로 문제와 코멘트 확인 가능
- 자주 보는 강만 쉽게 볼 수 있는 즐겨찾기, 순위보기 기능 지원
- 애플리케이션 내에서 "써니행정법" 카페 (cafe.naver.com/sunnylaw), 학원 홈페이지 바로가기 지원
- 새로운 문제 등록시 실시간 문제 업데이트 지원
- 점수 초기화, PUSH 알림 등 설정 기능 지원
- 최신 기출문제 제공
- 주요 관련법조문 바로가기 지원
- **행정직/소방직 중 선택하여 다운로드 가능**

최적의 학습 커뮤니티
써니행정법 카페
cafe.naver.com/sunnylaw(써니 행정법)

- 빠르고 정확한 행정법 질답과 학습 상담
- 수시로 제공되는 시험정보
- 활성화된 학습 커뮤니티
- 매일 업데이트되는 문제풀이
- 풍부한 자료실(추록, 정오표, 최신 개정법령 등)

기출지문 암기 APP
- ☑ 써니 행정법총론 교재와 연계학습 가능
- ☑ 강별, 전범위 학습을 자유롭게
- ☑ 주요 기출지문 엄선

2023년 대비
써니행정법 APP
이용쿠폰

01. 구글 플레이 스토어 또는 앱스토어에서 [써니행정법]을 검색해 주세요.
02. '써니 행정법 APP'을 다운로드해 주세요.
03. 5강 이후 학습시 쿠폰 입력창이 나오면 아래의 쿠폰번호를 입력해 주세요.
   ※ 쿠폰 번호에 표기된 O는 숫자가 아니라 알파벳입니다.

IZUX-BB7N-S8RS-DNV8

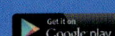 
구글 플레이, 앱스토어에서 다운로드 가능합니다.

박준철 교수